廣開土王碑文
新研究

| 권인한(權仁瀚)

서울대학교 국어국문학과 문학사(1985), 문학석사(1987), 문학박사(1995)
국어연구소 연구원 및 국립국어연구원 학예연구사(1990. 7. ~ 1996. 2.)
울산대학교 국어국문학과 조교수·부교수(1996. 3. ~ 2002. 2.)
성균관대학교 국어국문학과/동아시아학과 교수(2002. 3. ~ 현재)

【주요 저서】

『조선관역어의 음운론적 연구』(태학사, 1998),『중세한국한자음훈집성』(J&C, 2005/개정판2009),『동
아시아 자료학의 가능성』(성균관대학교출판부, 2009_공저),『광개토왕비의 재조명』(동북아역사재단,
2013_공저),『학문장과 동아시아』(성균관대학교출판부, 2013_공저),『삼국지 동이전의 세계』(성균관대
학교출판부, 2013_공저) 등

본서는 성균관대학교의 2011학년도 성균학술연구비에 의하여 연구되었음.

廣開土王碑文 新研究

초판 1쇄 발행   2015년 12월 28일
초판 2쇄 발행   2016년 07월 12일

저   자   권 인 한
발 행 인   윤 석 현
발 행 처   도서출판 박문사
책 임 편 집   최인노
등 록 번 호   제2009-11호

우 편 주 소   서울시 도봉구 우이천로 353 성주빌딩 3층
대 표 전 화   02) 992 / 3253
전   송   02) 991 / 1285
홈 페 이 지   http://www.jncbms.co.kr
전 자 우 편   bakmunsa@hanmail.net

ⓒ 권인한, 2016. Printed in KOREA

ISBN 978-89-98468-83-5 93700   정가 38,000원

廣開土王碑文 新研究

權仁瀚 著

박문사

차 례

프롤로그 ▎「광개토왕비문」과의 만남 10년   11

제1부 ▎비문 석문편

제1장	광개토왕비 개관	47
	1.1. 비의 발견	48
	1.2. 비의 위치	53
	1.3. 비의 형태와 크기	54
	1.4. 비문 구성 및 서체	55
제2장	비문 탁본 현황	57
	2.1. 원석탁본	58
	2.2. 묵수곽전본	60
	2.3. 석회탁본	65
제3장	「광개토왕비문」의 판독과 해석	73
	3.1. 서사: 광개토왕의 세계와 행장	75
	3.1.1. 추모왕의 출자와 순행	76
	3.1.2. 추모왕의 건도~대주류왕의 소승	88
	3.1.3. 광개토왕의 행장	102

3.2. 본론1: 광개토왕의 훈적　　　　　　107
　　3.2.1. 영락 5년조　　　　　　107
　　3.2.2. 영락 6년조　　　　　　113
　　3.2.3. 영락 8년조　　　　　　131
　　3.2.4. 영락 9년조　　　　　　134
　　3.2.5. 영락 10년조　　　　　　136
　　3.2.6. 영락 14년조　　　　　　144
　　3.2.7. 영락 17년조　　　　　　147
　　3.2.8. 영락 20년조　　　　　　150
3.3. 수묘인 연호와 그 규정　　　　　　153
　　3.3.1. 수묘인 연호　　　　　　153
　　3.3.2. 광개토왕 유언　　　　　　158
　　3.3.3. 수묘 규정　　　　　　159

제2부 | 국어학적 연구편

제4장　비문 해석 및 연구사 정리　　　　　　165
4.1. 비문 해석 정리　　　　　　166
4.2. 연구사 정리　　　　　　177

제5장　음운사적 고찰　　　　　　189
5.1. 고유명사 표기의 수집과 정리　　　　　　191
5.2. 고유명사 표기자 분석 결과와 그 의의　　　　　　216

제6장　문법사적 고찰　　　　　　227
6.1. 정격 한문의 사례들　　　　　　229
6.2. 변격 한문과 초기 이두의 경계　　　　　　231

제7장　어휘사적 고찰 257

7.1. 단락별 한자어(구) 분석 260

7.2. 분석 결과와 그 의미 285

제3부 | 관련 논고편

제8장　규장각 소장 원석탁본의 가치 295

8.1. 규장각본과 길림본의 대비 297

8.2. 규장각본과 청명본의 관계 311

제9장　동이전의 고유명사 표기자 분석 317

9.1. 고유명사 표기의 수집과 정리 319

9.2. 고유명사 표기자의 분석 결과와 그 의미 326

제10장　한문 어법의 선택적 수용과 변용 339

10.1. 목간의 판독과 해석 보유 342

10.2. 한문 어법의 선택적 수용과 변용 350

제11장　출토자료로 본 신라의 유교경전 문화 361

11.1. 신라 이전 한반도에서의 유교문화 수용 양상 361

11.2. 신라의 유교경전 문화 368

에필로그 | 「광개토왕비문」 그 이후 387

참고 문헌 407

찾아보기 419

[표 차례]

<표 1>   이초경본과 사카와본의 자형 비교   62
<표 2>   석회탁본 불착묵 패턴 대조표   66
<표 3>   부여계 고유명사 표기자의 한어 중고음 체계   206
<표 4>   한계 고유명사 표기자의 한어 중고음 체계   207
<표 5>   부여계 고유명사 표기자의 성모 분포   216
<표 6>   한계 고유명사 표기자의 성모 분포   217
<표 7>   부여계 고유명사 표기자의 운모 분포   220
<표 8>   한계 고유명사 표기자의 운모 분포   221
<표 9>   부여·한계 고유명사 표기자의 성조 분포   223
<표 10> 부여·한계 고유명사에서의 來母字 분포   225
<표 11> 부여계 고유명사 표기자의 성모 분포(동이전)   326
<표 12> 한계 고유명사 표기자의 성모 분포(동이전)   327
<표 13> 부여계 고유명사 표기자의 운모 분포(동이전)   329
<표 14> 한계 고유명사 표기자의 운모 분포(동이전)   329
<표 15> 한어 상고음 魚部字의 분포(동이전)   331
<표 16> 부여·한계 고유명사 표기자의 성조 비교(동이전)   332
<표 17> 부여·한계 고유명사에서의 來母字 분포(동이전)   334
<표 18> 한국의 고대목간 주요 출토 현황(2011. 12. 현재)   339
<표 19> 가나[仮名] 'シ'의 자형 분포   344
<표 20> 6세기 신라 금속문 속 주요 한자어구의 중국 고전 분포   371

[칼럼 차례]

[칼럼 1]   우리 옛 기록 속의 광개토왕비   49
[칼럼 2]   미즈타니 구장 정탁본의 정체   69
[칼럼 3]   '朱蒙'의 어원론   81
[칼럼 4]   '不樂世位'의 행간   93
[칼럼 5]   비문 지명 위치 비정 논의 종합   184
[칼럼 6]   한어음운학 관련 용어 정리   208

[사진 차례]

[사진 1]   월전미술관 소장 탁본 실견회 모습(2010.8.13.)   17
[사진 2]   오사카 민족학박물관 전시 설명서(2010.12.7.)   20
[사진 3]   한국목간학회 하계 워크숍 토론회(2011.8.26.)   26
[사진 4]   미즈타니 원석탁본 실견 장면(2011.10.29.)   28
[사진 5]   비문 4면 관찰 장면(2012.6.23.)   33
[사진 6]   광개토왕비각 앞에서의 기념 촬영(2012.6.23.)   34
[사진 7]   동북아역사재단 발표 장면(2012.10.18.)   34
[사진 8]   오녀산성 전경(2012.6.24.)   50
[사진 9]   비문 1면 하단부   55
[사진 10] 광개토왕비 표면   57
[사진 11] 비면상의 석회 자국   65
[사진 12] 곤코도서관장「초탁호태왕비」관련 사진   70
[사진 13] '履龍首昇天' 관련 용 그림들   99, 100
[사진 14] 1·9·13자의 위치   115
[사진 15] 초균덕「수초본」   116
[사진 16] 교토의 귀무덤[耳塚]   160
[사진 17] 집안 고구려비 탁본   236, 364
[사진 18] 모두루묘지명   236
[사진 19] 오녀산성 정상부에서 본 혼강   239
[사진 20] 永和9年銘塼, 德興里壁畵古墳銘   243
[사진 21] 氾崇慶墓表   253
[사진 22] 『翰苑』종결조자의 사례들   253
[사진 23] 「廣開土大王陵碑拓本」(표지)   295
[사진 24] 『書通』창간호에 영인된 청명본   313
[사진 25] 월성해자 149호 목간   342
[사진 26] 森ノ内 2호 목간   347, 348
[사진 27] 평양 정백동『논어』죽간   362
[사진 28] 능9호 목간 전면   365

[사진 29] 울진 봉평신라비   369

[사진 30] 마운령 진흥왕순수비   370

[사진 31] 임신서기석   375

[사진 32] 안압지 187호 목간   379

[사진 33] 인천 계양산성 『논어』 목간   380

[사진 34] 김해 봉황동 『논어』 목간   381

[사진 35] 저자의 자료조사 노트들   391

[사진 36] 『무량수경연의술문찬』 첫면(사본)   392

[사진 37] 포항 중성리비 판독문   395

[사진 38] 포항 중성리비 1행 7자   396

[사진 39] 『법장화상전』 권두 부분   398

[사진 40] 모리 선생 일행이 朱熹來作 "雨中嵐山" 시비를 관찰하는 장면   400

[사진 41] 『무량의경소 상』 조사 노트   401

[사진 42] 園城寺 일체경 조사 장면   402

[사진 43] 일본 목간 조사 장면   404

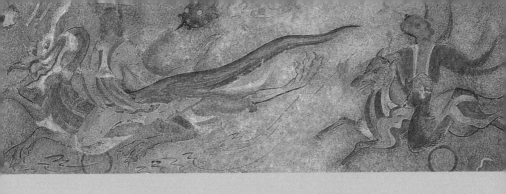

「광개토왕비문」과의
만남 10년

廣開土王碑文 新研究

프롤로그
「광개토왕비문」과의
만남 10년

2005년 10월 22일 저자는 서초동 양지원陽地原 세미나실*에서 열린 구결학회 월례연구발표회에서 이용李勇 교수(서울시립대)의 발표를 통하여 「광개토왕비문」(앞으로 필요시 '(이) 비문'으로 줄임)을 처음으로 만났다. 이 교수의 발표문은 (1)「광개토왕비에 대하여」, (2)「광개토왕비문」, (3)「광개토왕비문에 이두적吏讀的 요소의 존재 가능성에 대한 논의 정리」라는 제목의 세 편으로 되어 있었는데, 특별히 저자의 흥미를 끈 것은 발표문(3)이었다.

이 발표문은 이듬해 8월 간행된 『구결연구』 17집에 「광개토대왕비문의 이두적 요소」라는 제목으로 발표된 바 있거니와, 그의 주장을 요약해서 보이면 다음과 같다.

---

* 소곡素谷 남풍현南豊鉉 선생의 저택 4층에 마련된 세미나실인데 소곡서실로 불린다. 2004년 3월 경부터 구결학회를 비롯한 각종 학회의 연구발표회가 열리고 있다. 이 자리를 빌어 당신의 사저를 후학들의 연구력 증진을 위해 흔쾌히 내어주신 소곡 선생님의 은덕에 감사의 인사를 올린다.

① '我是皇天之子 母河伯女郎 鄒牟王 爲我連葭浮龜'에서 문제가 된 '추모왕鄒
牟王'은 앞뒤 문맥의 어디에 붙여도 어색하기는 하나 그렇다고 해서 이를 이
두吏讀의 맹아萌芽라고까지 주장하는 것은 성급하다.

② '我是皇天之子'의 '是'는 계사繫辭로서 중국의 진간秦簡 자료에서부터 보이
는 한문漢文 용법이다.

③ '王於忽本東岡'의 '於'는 문법사적 측면을 고려할 때 대격조사對格助詞로 볼
수 없다.

④ '黃龍負昇天'과 관련된 종래의 주장들에 대해서는 이 구절의 정확한 판독判
讀이 선행되어야 한다.

⑤ '而倭以辛卯年來渡'를 한문韓文*이라 주장하는 핵심 근거로 삼고 있는 '來'
의 용법에 대해서 문제점을 지적함으로써 이 구절이 한문韓文일 가능성을 부
정한다.

⑥ '買人制令守墓之'의 마지막 글자 '之'는 한문漢文과 이두吏讀의 가능성을 둘
다 가지고 있어서 어느 한 쪽으로 정하기는 어렵지만, 이두의 가능성에 더 무
게를 두고 싶다.

차분하고도 자신감 넘치는 어조로 이 비문에 초기 이두적 요소가 있다는
기존의 논의들에 대하여 조목조목 반박하는 분위기는 자못 숙연하기까지 하
였다. 특히, 탁본 사진들을 제시하면서 한국어학계의 기존 논의들에서의 잘
못된 판독의 관행을 지적하였을 때에는 공감하는 바가 없지 않았다.

사실 구결口訣 자료에 대한 연구 경험이 일천日淺함에도 불구하고 구결학회
에 가입하여 음차자音借字의 한자음 재구에 관련된 지엽적인 문제 제기에 그
치고 있었던 저자가 조금은 본격적으로 이두 연구에 뛰어들 수 있는 용기를
얻게 된 것은 바로 이 교수의 발표가 하나의 계기가 되었음을 솔직히 고백하
고 싶다. '정확한 판독과 문면에 충실한 해석'의 중요성을 깨닫게 된 계기가

---

* '한국식 한문漢文'을 가리키는 김영욱金永旭 교수의 용어.

되었다는 점에서 이 교수께 감사한다.

그러나 당장은 이 비문을 살펴볼 수 있는 형편이 되지는 못하였다. 이 교수에 뒤이어 2005년 11월의 구결학회 월례연구발표회에서 「무령왕릉武寧王陵에서 출토된 명문銘文들에 대하여」라는 제목으로 이두 연구의 첫 걸음을 떼게 되면서 무령왕 지석誌石 및 매지권買地券, 무령왕비 지석 및 은천명銀釧銘 등을 대상으로 정확한 판독과 해석의 중요성을 강조하게 된 것도 따지고 보면 이 교수의 발표에 대한 저자 나름대로의 공감의 표출이었으리라. 그럼에도 불구하고 저자는 비문 연구로 곧장 나아가지 못한 채, 금석문이나 목간 자료를 대상으로 한 소품 연구에 머무를 수밖에 없었다.

- 2006년 08월: 「무령왕릉武寧王陵 출토 명문銘文들에 대한 어학적 고찰」, 『구결연구』 17.
- 2007년 02월: 「정창원장正倉院藏 '제2 신라문서'의 정해正解를 위하여」, 『구결연구』 18.
- 2008년 12월: 「고대 지명형태소 '본파本波/본피本彼'에 대하여」, 『목간과 문자』 2.
- 2008년 12월: 「함안咸安 성산산성城山山城 목간木簡 속의 고유명사 표기에 대하여」, 『사림』 31.
- 2009년 08월: 「화엄문의요결華嚴文義要訣 및 관련 자료 조사기」, 『구결연구』 23 등.

세월이 한참 지나 2009년도 2학기에 접어들면서 저자의 비문 연구는 새로운 전기轉機를 맞이하게 되었다.

그것은 성균관대학교 대학원 동아시아학과에서 개설한 "동아시아학특강"을 통해 고대한국의 금석문들을 대상으로 한 강의를 맡게 되었는데, 이때

에 다시 「광개토왕비문」을 강의실에서 만날 수 있게 된 것이다. 당시의 강의
계획서를 보면, 무령왕릉 출토 명문, 「포항중성리신라비浦項中城里新羅碑」·
「영일냉수리신라비迎日冷水里新羅碑」·「울진봉평신라비蔚珍鳳坪新羅碑」 등과 함
께 이 비문에 대한 판독과 해석도 포함되어 있었다. 국어국문학과와 동아시
아학과 학생들이 수강한 이 과목의 진행은 저자의 강의와 수강생들의 발표와
토론을 병행하였는데, 수강생들은 무척 어려워하였으면서도 저마다 맡은 바
발표를 열심히 준비하고 토론에도 임하였던 것으로 기억된다.

9주차 쯤부터 국어국문학과 박사과정의 이계정李繼征 군이 몇 주에 걸쳐 이
비문에 대한 판독과 해석에 관한 발표를 맡아주었는데, 중국 유학생으로서
어눌한 한국어에 비하여 발표 내용은 저자의 관심을 끌기에 충분한 것이었
다. 이 군의 발표는 왕젠췬王健群 저『호태왕비연구好太王碑硏究』(길림인민출판사,
1984)와 권오엽·권정 역『광개토왕비문 연구』(제이앤씨, 2004)의 두 책의 내용
을 비교, 정리하면서 군데군데 자신의 의견을 보태는 방식으로 진행되었다.

부끄러운 고백이지만, 이때까지만 해도 저자는 이 비문을 강의할 만큼의
충분한 역량을 갖추고 있지는 못한 형편이었다. 이 군의 발표에 대하여『역주
한국고대금석문譯註韓國古代金石文 Ⅰ』(가락국사적개발연구소, 1992)에 실린 노태
돈盧泰敦 선생의 역주문과 비교하면서 사소한 문제점을 지적하는 정도에 그쳤
을 뿐이기 때문이다. "가르침은 배움의 반"[惟敎學半]이라 했던가. 이 군의 발
표를 통하여 비문에 대한 이해를 조금은 진전시킬 수 있었으니 이 또한 감사
할 일 아닌가! 특히, 소위 신묘년조辛卯年條 기사에서의 '來渡海'(바다를 건너오
다)의 '來'자가 조동사 용법일 수 있다는 발표를 들었을 때의 놀라움은 지금도
잊혀지지 않는다. 고대한어古代漢語의 문법에 대한 무지를 깨닫게 된 순간이
었기 때문이다.

三 2010년이 되면서 이 비문에 대한 본격적인 연구를 결심하게 되었다. 1학기 동안에 시라사키 쇼이치로白崎昭一郎 선생의 저서(=권오엽・권정 역, 2004)를 통독通讀하면서 이 비문에 대한 이해를 높이고자 노력하였다.

시라사키 선생은 전문 역사학자는 아니다. 의사라는 직업에 종사하면서도 20여 년 이상이나 비문 연구에 정성을 쏟은 그야말로 집념의 재야 사학자의 한 분이다. 기왕에 발표된 비문 관련 논저들을 섭렵涉獵하고, 접할 수 있는 탁본들을 두루 실견하면서 한 글자 한 글자 원석 탁본에서의 실획實劃과 늑흔泐痕(비면碑面의 요철凹凸 때문에 탁본에 나타나는 여러 형태의 무늬들)을 구별하려는 그의 세심한 관찰력은 저자에게 무척이나 인상적이었다. 때로는 경탄을 넘어서 경외감마저 느낀 것은 저자 한 사람만은 아니었으리라.

2010년 8월 13일, 교토산업대학京都産業大學 중국어학과 교수이신 모리 히로미치森博達 선생의 가르침을 통하여 비문 연구의 구체적인 방향을 정할 수 있었음은 특기할 만하다. 그날은 이천 시립월전미술관利川市立月田美術館에서 한국목간학회

[사진 1] 월전미술관 소장 탁본 실견회 모습
(2010.8.13. ⓒ한국목간학회)

의 하계워크숍이 열린 날이었는데, 마침 동 미술관 소장의 「광개토왕비문」 석회탁본을 실견할 기회까지 얻은 뜻깊은 날이기도 하였다. 탁본 실견장에서 모리 선생께 조심스레 비문 연구에 뜻을 굳힌 저자의 속마음을 털어놓으면서 어떤 주제, 어떤 방향으로 연구에 임해야 할 지에 대해 선생의 고견高見을 청하게 되었다. 선생께서는 당시 두 가지 말씀을 해주셨는데, 하나는 이 비문 속에

무수히 등장하는 지명地名·인명人名 등 고유명사 표기에 대한 정밀한 분석이
필요함을, 다른 하나는 비문의 맨 끝 문장인 "買人制令守墓之"에서의 '之'자
가 해당 행의 끝 자리에 위치해 있다는 점에서 어떤 다른 의도는 없는지에 대
한 면밀한 검토가 필요함을 강조하셨다. 이에 저자는 선생께 우선 조만간 비
문 속의 고유명사 표기자固有名詞 表記字에 대한 분석 결과를 내놓을 것임을 약
속드린 바 있다.

  구체적인 연구 방향이 정해지자 저자의 마음이 바빠지기 시작하였다. 우
선 시급한 것은 비문 연구에 필요한 원석탁본 영인본들을 구입하는 일이었
다. 2학기에 접어들면서 이 방면의 책들을 백방으로 수소문하기 시작하였다.

  2010년 11월 22일, 이날 저자의 비문 연
구에 또 하나의 전기를 맞게 되었다. 그것
은 그토록 애타게 찾고 있었던 『서품書品』
100호(東洋書道協會, 1959)를 손에 넣을 수 있
게 되었기 때문이다. 이 책에는 유명한 미
즈타니水谷悌二郎 선생의 기념비적 논문인
「호태왕비고好太王碑考」와 함께 「고려·호태
왕비高麗·好太王碑」라는 제목으로 비문의 탁
본 전문이 영인 수록되어 있기에 꼭 구하고
싶었던 책 중의 하나였다. 이 탁본은 왼편
에서 보듯이 1행 6자, 1면당 4행씩 총 70면

『書品』 100호 「高麗·好太王碑」 첫 면

으로 이루어져 있는데, 비록 그 실체에 대하여 의심스러운 점이 없지 않으나
(칼럼 2 참조), 미즈타니 선생의 초기 비문 연구에 크게 이용된 것으로 알려져
있다.

  이 보물을 저자에게 선물한 고마운 분은 이안구李安九 교수(오카야마대岡山大)

이다. 이 자리를 빌려 다시 한 번 이 교수께 감사의 마음을 전하며 그녀의 앞날
에 행운이 함께하기를 빌어마지 않는다.

간절하게 바라면 이루어진다 하였던가! 그로부터 얼마되지 않아 또 한 권의
귀중한 영인본을 얻게 되었으니, 그것은 임기중林基中 선생께서 편찬한『광개
토왕비 원석초기탁본집성廣開土王碑 原石初期拓本集成』(동국대학교출판부, 1995)이
다. 이 책은 2010년 12월 초에 정년을 앞둔 성대 국어국문학과의 춘당春塘 김학
성金學成 선생님(고전시가론 전공)으로부터 얻은 당신의 수택본手澤本으로서 북
경대학 도서관 소장의 초기 원석탁본들을 담고 있는 귀중서이다. 어느날 점
심 때에 춘당께서 저자에게 당신의 연구실에 있는 책 중에서 원하는 것이 있
으면 한 책에 한해서 무조건 주시겠다고 제안하셔서 저자가 염치없음을 무릅
쓰고 말씀올린 것인데, 막상 당신의 손때 묻은 장서를 선뜻 내주실 때의 황송
惶悚함은 이루 다 말로 표현하기 어려웠다. 춘당 선생께 반드시 좋은 연구로써
선생의 학은에 보답할 것과 저자의 서가에 고이 간직할 것을 약속드린 바 있
다. 이 자리를 빌려 춘당 선생께 다시 한 번 감사의 인사를 올림과 동시에 내내
강건康健하시기를 빌어마지 않는다.

이어서 2010년 12월에는 다케다 유키오武田幸男 편저『광개토왕비 원석탁
본집성廣開土王碑 原石拓本集成』(東京大學出版會, 1988)을, 다음 해 1월에 이르러서
는 쉬젠신徐建新 저『호태왕비 탁본 연구好太王碑拓本の研究』(東京堂出版, 2006)를
연속적으로 구입하는 행운을 누릴 수 있었다. 다케다 선생의 편저는 미즈타
니 선생이 1945년 5월 15일 동경 폭격 직전에 구입한「미즈타니 소장 원석정
탁본水谷藏原石整拓本」즉, 미즈타니 원석탁본水谷原石拓本을 비롯하여 대만臺灣
중앙연구원 역사어언연구소 갑본中央研究院 歷史語言研究所甲本, 가네코 유테이
소장본金子鷗亭本, 사카와 가게아키본酒匂景信本 등 저자의 비문 연구에 없어서
는 안될 탁본들로 가득찬 책이어서 교토京都의 준쿠도淳久堂 서점에서 보자마

자 바로 낚아챘을 정도로 묵직한 손맛을 느끼게 해준 책이다. 쉬젠신 교수의
저서도 광개토왕릉비문의 탁본들에 관한 깊이있는 연구 성과를 담고 있는
노작勞作으로서 역시 준쿠도 서점에서 구입한 책이다. 이런 고가高價의 책들
을 구입할 수 있었던 것은 성균관대학교 동아시아학술원 산하 HK・BK 사업
단에서 재정적 지원을 해준 덕분이었음을 밝혀 동 사업단 관계자들께도 감사
의 뜻을 전하는 바이다.

이리하여 주위 분들의 도움으로 『書品』 소재所載 미즈타니 석회탁본水谷石
灰拓本, 북경대학교본北大本, 미즈타니 원석탁본水谷原石拓本, 중앙연구소본中研
本, 가네코본金子本, 사카와본酒匂本 등 비문 연구에 필요한 탁본 수집에 어느 정
도 성공할 수 있었다.

四   탁본 영인본들을 거의 구하게 되면서 방학을 이용하여 이들을 스캔
하여 발표 등을 위한 이미지 자료로 준비하는 한편, 그간의 연구들에
서 문제가 된 글자들에 대한 저자 나름대로의 판독안을 세워가며 한 문장 한
문장 문맥에 충실한 해석안을 도출해내는 작업에 몰두하였다.

[사진 2] 오사카 민족학박물관 전시 설명서
(2010.12.7. ⓒ한국목간학회)

이 즈음, 정확히는 2010년
12월 7일, 오사카大阪의 국립
민족학박물관國立民族學博物館
에서 미즈타니 원석 탁본을
실견할 수 있었음은 특기할
만한 일이었다. 한국목간학
회 제4차 해외현지조사단의
일원으로 2012년 12월 3일부

터 오사카大阪—나라奈良 일원의 문자자료 유적 답사를 마치고서 귀국하던 날 아침, 특별한 기대감 없이 민박民博의 전시실들을 둘러보던 중 기획전시실에서 그야말로 거짓말처럼 미즈타니 원탁原拓을 만났던 것이다. [사진 2]에서 보듯이 민박民博의 전시 의도는 비문 3면 3, 4행의 13번째 자리에 '倭'라는 글자가 나란히 보임을(圖圖圖圖) 강조한 것인데, 저자의 눈길을 끈 것은 전시된 탁본이 앞서 월전미술관에서 보았던 석회탁본 계열과의 확연한 차이를 보인 점이었다. 나중에 민박 홈페이지를 통하여 그날이 미즈타니 원석탁본이 전시된 마지막 날이었음을 알게 되었다. 꿈에도 그리던 원탁原拓을 전시 막바지 잠깐 동안이나마 만날 수 있었던 것은 우연치고는 참으로 묘하다 하지 않을 수 없었다.

그후 2011년 3월 말 무렵 비문에 대한 1차 해석 작업이 어느 정도 마무리되면서 주위 분들께 자문諮問할 차례가 되었다.

그 첫 번째로 한국목간학회의 창립을 계기로 만나 함께 학문의 길을 걷고 있는 도반道伴이자 저자의 절친한 멘토들인 김영욱金永旭(서울시립대, 국어문법사), 김병준金秉駿(서울대, 중국고대사), 윤선태尹善泰(동국대, 한국고대사) 교수들과의 자전거 모임에서 저자의 판독 및 해석안을 발표하고, 자문하였다. 그때가 3월 말인지 4월 초인지 정확히 기억이 나지는 않지만, 강일IC 근처 식당 살구꽃이 만발하였던 것을 기억나는 걸 보면 후자 쪽이 아닐까 한다. 뒷마당 한 켠에 마련된 평상 위에서 음식을 시켜놓고 자못 진지한 강독과 토론을 이어나갔다. 이날 특별히 기억에 남는 것은 윤 선생의 토론이었다. 예를 들면, 광개토왕의 왕호王號인 '국강상광개토경평안호태왕國岡上廣開土境平安好太王'에서의 '上'자가 경주 남산신성비 제1비에서의 '군상촌주郡上村主'의 예와 더불어 속격 내지 처소격 용법에 해당하는 예일 수 있다는 지적은 저자로 하여금 이두자吏讀字 '上'에 대한 인식을 새롭게 하게 된 계기가 되었기 때문이다.

한편, 당시 구결학회의 대표이사 직을 맡고 있었던 저자로서는 학회의 월례연구발표회를 이끌어가야 하는 책무도 안고 있었다. 특히, 이두 자료의 강독을 맡아줄 만한 분들이 많지 않은 상황인지라 그 해 5~6월의 월례연구발표회에서 이 비문에 대한 판독 및 해석안을 발표하고서 학회 분들께 자문하고자 자원自願하여 발표를 신청하기에 이르렀다.

구결학회 발표를 준비하면서 국내 유일의 원석탁본이면서 1889년에 탁출拓出하였음을 알려주는 발문跋文이 달려 있는 청명靑溟 임창순任昌淳 선생 구장본(=靑溟本)의 영인본도 구입하였다. 국제적으로도 가치가 인정된 원석탁본을 빠트린다는 것은 국학 연구에 이바지하신 청명 선생에 대한 예의가 아닐뿐더러 전체적인 균형에도 맞지 않는다는 판단에 따른 것인데, 안동의 한국국학진흥원韓國國學振興院에 연락하여 『한국금석문집성(1)-고구려1 광개토왕비』(한국국학진흥원·청명문화재단, 2002)을 구입하였다. 한 면에 6자씩 총 239면에 달하는 탁본 사진들을 하나 하나 살펴보면서 제대로 된 결정이었음을 확신할 만큼 상태가 좋아보였다.

구결학회에서의 발표는 「광개토왕릉비문廣開土王陵碑文의 판독判讀과 해석解釋(1), (2)」이라는 제목으로 5월과 6월 두 차례에 걸쳐 진행되었다. 5월에는 다소 많은 설명이 필요하여 1·1·1(=1면 1행 제1자, 이하 동일)에서 1·6·39까지의 서사序辭 부분만 강독하는 데 그쳤으나, 6월에는 속도를 내어서 나머지 부분(1·7·1~4·9·41)을 다 강독할 수 있었다. 남풍현南豊鉉 선생님을 비롯하여 구결학회 회원들께서 저자의 발표에 대하여 많은 격려激勵와 지적指摘을 해주셨다. 강독 시에 지적된 몇 가지 문제점들을 보완하여 7월 교토대京都大에서 있을 제3회 역학서학회譯學書學會 국제학술회의에서 발표할 원고를 준비하면서 6월을 마무리하게 되었다.

五 역학서학회 원고를 마무리하고서 은사이신 이기문李基文 선생님께 연락을 드렸다. 선생께서는 이 비문의 맨 끝 글자 '之'자에 대하여 중국 한문漢文의 문법에 어긋나는 만큼 문장의 종결형終結形으로 보아야 한다는 주장을 이미 40여 년 전(1981년)에 펼치시는 등 우리 국어사학계를 선도하신 대가大家이시다. 당시 저자는 문제의 "買人制令守墓之" 부분이 한문 문법에 큰 어긋남이 없는 정상적인 문장으로 볼 수는 없을까 고심하고 있던 때였으므로 이런 고민을 선생님께 솔직하게 말씀드리고서 당신의 고견高見을 청하고자 연락드린 것이었다.

사실 '之'자의 문제에 대해서는 박시형(1966/2007), 왕젠췬王健群(1984), 이형구·박노희李亨求·朴魯姬(1986), 김영만金永萬(2005, ※ 김 선생의 주장은 2005년도 구결학회 전국학술대회 발표문인 「구결과 한문 문법」에 담겨져 있는데, 이 논고를 수소문 끝에 장경준張景俊 교수(고려대)로부터 구할 수 있었음을 밝혀 장 교수께 감사의 뜻을 전한다) 등에서의 해석들을 참조하여 정상적인 한문 문장으로 해석하고자 한 것이었다. 당시 저자의 고민은 이러한 해석을 방증할 수 있는 중국의 용례用例를 찾을 수 있느냐 하는 것이었다.

그러던 중 약속을 잡은 2011년 7월 어느 토요일 잠실운동장역에서 선생님을 뵙고서 신천동 식당골목(백제고분로 7길) 입구 쪽에 위치해 있는 한식당으로 이동하였다. 이 식당은 선생님의 단골집의 한 곳으로 곰탕 맛이 일품인 집이다. 특곰탕을 시켜주셔서 이런 저런 말씀을 나누면서 한 그릇을 맛있게 비웠다. 이어서 장소를 가까운 커피숍으로 옮겨 준비해간 비문 해독문 원고 1부를 선생님께 드리면서 화제話題를 자연스럽게 「광개토왕비문」으로 돌릴 수 있었다. 별지로 준비한 「"買人制令守墓之"에 대한 제가諸家의 해석解釋과 견해見解」에 덧붙여 저자의 해석안을 설명해 드렸다. 한참을 기다려도 선생님의 반응은 가可타 부否타 아무런 말씀이 없으셨다. 마치 '그래 자네의 해석을 뒷받침할 수 있는 증거證據는 있는가?' 하고 정곡正鵠을 찌르는 하문下問을 하시는 듯 느껴져 마음이 무거울 수밖에 없었다. 그래도 선생님께서는 헤어지는 자리에서 "젊음이 부럽네, 열심히 하게나!"라고 다독이시며 못난 제자의 용기를 북돋우는 말씀을 해주셨다.

이기문 선생을 뵙고나서 한 동안 '之'자 문제를 풀 수 있는 용례를 찾는 일에 매달렸다. 여러 중국의 고대문법서들을 찾아보는 한편, 중국 진·한대秦·漢代 간독簡牘 자료에 정통하신 김병준金秉駿, 김경호金慶浩 교수(성균관대 동아시아 학술원)를 만나 자문諮問하기도 하였지만, 저자를 만족시킬 만한 결정적인 자료는 구하지 못한 채 역학서학회 참석을 위해 일본으로 떠날 수밖에 없었다.

　　六　　2011년 7월 30~31일 교토대 인문과학연구소의 대회의실에서 제3회 역학서학회 국제학술회의가 열렸는데, 저자의 발표는 둘쨋 날 오후에 잡혀 있었다. 제목은 「광개토왕릉비문廣開土王陵碑文의 고유명사固有名詞 표기자表記字에 대한 분석」이었는데, 저자가 2009년 9월 12일 우석又石대학교에서 열린 제1회 역학서학회 학술회의에서 발표한 「『삼국지』·위서·동이전三國志·魏書·東夷傳의 고유명사 표기자에 대한 분석」이라는 논문(2011년 8월, 『구결연구口訣研究』 27집 및 본서 제9장에 수록)의 속편續篇을 목표로 한 것이었다.

이날의 발표는 우리 학계의 원로이신 기곡基谷 강신항姜信沆 선생님, 몸소 참관을 위해 오신 모리森博達 선생 등 한국과 일본의 저명한 학자들께서 참석하신 가운데 자못 긴장된 분위기 속에서 진행되었다.

이때 발표를 위해서 미리 제출된 원고 외에 수정요약본을 따로 준비했었는데, 수정의 주요 내용은 바로 "買人制令守墓之"에 대한 해석을 "산 사람은 영令을 제정制定하여 그에게 수묘守墓하게 한다"에서 "산 사람은 제령制令으로

[制하여/制로써] 수묘守墓하게 한다"로 바꾼 것이었다. 이 즈음에 비문 마지막 '之'자에 대하여 한문 문법에 부합되는 빈어賓語일 수 있다는 생각을 버리고 학계의 중론을 좇아서 종결사적終結詞的 용법을 받아들이는 방향으로 선회한 셈이었다.

저자의 발표에서 특별히 주목을 끈 것은 어두語頭 /l/의 분포 제약分布制約 즉, 이른바 두음법칙頭音法則의 연원淵源이 광개토왕비가 세워진 5세기 초반, 더 나아가 「동이전東夷傳」이 쓰여진 3세기 후반으로까지 소급遡及될 수 있을 것이라는 주장이었다.

토론회 모두冒頭에 모리 선생께서는 두음법칙의 존재 가능성을 분석해낸 것에 대한 과분한 평가와 함께 몇 가지 문제점도 지적해주셨다. 그것은 한계韓系 지명들에서 소위 연합가나連合仮名('巖門'[-mm-], '散那, 潤奴'[-nn-] 등과 같이 선행자의 종성終聲과 후행자의 초성初聲을 일치시키는 표기법)으로 설명될 수 있는 예들에 대한 고려가 부족한 점, '南蘇城, 國岡, 太山韓城, 百殘' 등 밑줄친 글자들의 의역意譯(=훈독訓讀, 한자를 음이 아닌 훈으로 읽

모리 선생 친필 토론 요지

는 방식) 가능성을 고려하지 않은 점 등이었다. 친필로 쓰신 토론 요지를 저자에게 건네신 모리 선생님께 감사의 인사와 함께 지적해주신 문제들에 대한 해결에 노력할 것을 약속하였다.

결과적으로 이런 저런 문제들이 드러나지 않은 바는 아니나, 국제학술회의에서의 첫 정식 발표를 많은 분들의 격려와 성원 속에서 무사히 마칠 수 있었음은 다행스러운 일이 아닐 수 없었다.

　귀국 후 복중(伏中) 더위 속에서도 비문 연구의 고삐를 늦출 수는 없었다(저자는 특이하게 1년 중 복중에 신체 리듬이 가장 좋기는 하다). 또 하나의 발표회가 저자를 기다리고 있었기 때문인데, 한국목간학회의 하계워크숍이 그것이었다.

　2011년 8월 26일 충주대학교 본부 세미나실에서 열린 한국목간학회 하계 워크숍의 주제는 "광개토대왕릉비廣開土大王陵碑"였다. 모리 선생의 기조 강연에 이어서 이 비문에 대한 한국어학적 연구를 주제로 한 저자의 발표와 광개토왕비 탁본의 편년編年에 관한 백승옥 연구관(부산박물관)의 발표로 구성되어 있어서 자연스레 정해진 주제인 듯싶었다. 저자의 발표는 크게 비문의 판독과 해석, 비문에 대한 한국어학적 연구라는 두 부분으로 구성된 것이었다. 구결학회와 역학서학회의 발표문을 합치고 다듬어 발표에 임하였다.

[사진 3] 한국목간학회 하계 워크숍 토론회
(좌로부터 전덕재〈사회〉·장경준·저자·여호규 교수,
ⓒ한국목간학회)

　발표에 이은 토론회는 매우 진지한 시간이었던 것으로 기억된다. 지정 토론은 여호규余昊奎(한국외국어대), 장경준張景俊(고려대) 교수께서 맡아주셨는데, 두 분 모두 바쁜 일정 속에서도 장문의 토론문을 준비하셔서 건설적인 제안들을 해주신 점에 감사드린다.

　특히, 여호규 교수는 고구려사 전공자로서의 풍부한 식견識見을 바탕으로 14가지 점에 걸쳐 의문점을 꼼꼼히 지적해주셨다. "호천부조昊天不弔"(하늘이 (왕을) 불쌍히 여기지 아니하니)의 대상을 '왕'이 아니라 '왕이 다스리는 고구려 또는 백성'으로 고쳐야 한다는 점, "묘상불안석비墓上不安石碑"(무덤 위에 석비를 안치하지 않았기 때문에) 부분의 해석에서 '무덤 위'는 '무덤의 정상부'라는 뜻으로 오해할 소지가 있으므로 '묘 곁'으로 해석함이 좋겠다는 점, "買人制令守墓之"의 '之'자를 종전처럼 단순히 맨끝 문장의 종결사로만 볼 것이 아니라 1면의 '其辭曰' 이후 4면의 마지막까지 종결사가 전혀 등장하지 않는다는 점에서 '其辭曰' 이후의 서술 내용 전체를 종결짓는 '대종결사大終結詞'일 가능성도 상정해볼 만하다고 한 점 등 저자의 비문 해석을 되돌아보지 않을 수 없도록 한 건설적인 제안들을 해주셨다.

　장경준 교수도 "응성즉위연가부구應聲卽爲連葭浮龜"의 해석문 "그 소리에 응답하여 곧 이어진 갈대와 뜬 거북이의 다리(=부교浮橋)를 만들었다."에 대하여 '爲'자의 용법 가운데 '되다, 당하다'로 해석되는 경우가 있음을 불경佛經 속에서 몸소 찾은 예들을 들어 "갈대가 연결되고 거북이 떠오르게 되었다."로 수정하면 좋겠다는 제안을 해주셨다.

　청중석에 계신 분들도 많은 제안을 해주셨으니, 정구복鄭求福(한국학중앙연구원 명예교수) 선생님, 주보돈朱甫暾(경북대, 한국목간학회장) 선생님, 박재연朴在淵(선문대), 윤선태尹善泰(동국대) 교수, 윤진석(계명대), 스기야마 유타카杉山豊(서울대) 선생 등 실로 많은 분들로부터 분에 넘치는 지지와 지적을 받았다. 당시의 토론 내용들을 일일이 다 기억하여 옮기지는 못하지만, 기억의 편린片鱗 속에 남아 있는 여러 선생님들의 말씀 한 마디 한 마디가 저자의 비문 연구를 계속 나아가게 만든 소중한 자산이었음에 틀림없다. 이 자리를 빌려 다시금 모든 분께 감사의 말씀을 올리고자 한다.

 2011년 2학기의 시작과 함께 한국목간학회·성균관대 HK사업단 공동 주최의 '제3기 문자문화사' 진행을 맡으면서 바쁜 나날을 보내게 되었다. '삼국지의 세계'를 주제로 모리 히로미치, 주보돈 선생님을 비롯하여 김문경金文京(교토대), 권오영權五榮(한신대), 윤용구尹龍九(인천도시개발공사), 여호규, 윤선태 교수 등 사계斯界의 전문가들로 구성된 막강 강사진을 모실 수 있었다. 저자도 강사진으로 참여하여 제4강 「삼국지·동이전과 고대 한반도의 언어」란 제목으로 모리 선생의 제1강 「삼국지·왜인전과 야요이弥生 시대의 언어」에 보조를 맞춰 「동이전」에 실려 전하는 각종의 한반도 관련 고유명사 표기자에 대한 음운학적 분석을 행하여 보이었다(이 원고들은 2013년 『삼국지 동이전의 세계』라는 제목으로 출간되었다).

이어서 10월에는 성균관대학교로부터 '성균학술연구비'를 지원받게 되었는데, 연구 과제명은 "고구려 광개토왕릉비문의 국어학적 연구"로서 바로 이 책이 그때의 연구비의 결과물로 상재上梓하게 된 것이다. 이 자리를 빌려 연구비 지원 및 연구과제 결과 보고 기한을 한참이나 넘겼음에도 인내심으로써 기다려주신 학교 당국에 감사드리는 바이다.

[사진 4] 미즈타니 원석탁본 실견 장면(2011.10.29, 저자)

2011년 10~11월은 저자의 비문 연구에 또하나 잊을 수 없는 경험을 한 때이기도 하다. 그것은 국립중앙박물관의 특별전 "문자, 그 이후"를 통하여 미즈타니 원석탁본을 다시 만날 수 있었을 뿐만 아니라, 이를 기념하여 열린 "광개토왕비와 탁본"을 주제로 한 심포지엄"(2011.11.18, 국립중앙박물관)에서 다시 한번 발표자로 나서게 된 점이었다.

앞서 소개한 바와 같이 2010년 12월 오사카 민박에서 잠시 만난 바 있는 미즈타니 원석 탁본을 서울에서 그것도 4면 전체를 다시 만날 수 있었던 것은 크나큰 행운이었다. 오사카에서의 시간적인 아쉬움을 달랠 수 있었던 기회였기 때문이다. 당시 "문자, 그 이후" 특별전(2010.10.5~11.27)에서는 미즈타니 원석 탁본을 전시 전 기간 동안 2주에 한 면씩 차례로 전시한 바 있는데, 저자는 토요일 이용하여 10월 15일, 10월 29일, 11월 5일, 11월 18일에 걸쳐 전체를 시간적인 여유를 가지고서 꼼꼼히 살펴볼 수 있었다. 이때의 탁본 실견은 저자의 비문 연구에 큰 힘이 되어주었다. 자칫 비문 연구에서 가장 중요한 원석탁본 중 하나를 제대로 살피지 못한 채 연구에 임했을 때의 불안감을 조금이나마 해소할 수 있는 기회가 되었기 때문이다.

한편, 이형구 선생의 기조 강연과 쌍구가묵본 작성 시연으로 시작된 심포지엄에서 저자가 발표한 글의 제목은 「국어사 자료로서의 광개토왕릉비문廣開土王陵碑文의 가치」로 잡았다. 그 내용은 저자의 비문 해석의 소개에 이어서 비문의 국어사적 가치를 음운·문법·어휘사적 측면에 걸쳐 소개한 것이었다. 이 심포지엄의 발표에 대해서는 연합뉴스 김태식 기자의 2011.11.16일자 「국립중앙博, '광개토대왕비와 탁본' 심포지엄」이란 제목의 기사에서 "권인한 성균관대 국문학과 교수는 비문에서 102종에 이르는 고유명사를 추출하고 이를 부여계(북방계)와 한계(남방계)로 분류한 다음, 광개토왕비 단계에서 이미 두음법칙이 적용되었다고 발표한다."라고 소개되기도 하였다.

예상 외로 많은 청중들의 호응 속에 진행된 심포지엄 말미에 저자의 발표에 대한 김영욱 교수의 토론이 있었다. 김 교수는 우선 내모자來母字의 분포에 대한 분석을 통하여 광개토왕비문 당시에 이미 두음법칙의 존재를 상정할 수 있다는 저자의 주장에 대하여 고구려어의 국어사적 위치 설정 논의에 기여할 수 있으리라는 평가와 함께, 맨 마지막 문장 "制令守墓之"의 '之'자에 대하여

'대종결사大終結詞'로 본 여호규 교수의 설을 지지하는 말씀도 해주셨다.

　이 심포지엄에서의 발표문은 그후 약간의 수정을 거쳐 2012년 1월에 구결학회에 투고하였고, 정해진 심사 과정을 거쳐『구결연구』 28집(2012년 2월 발행)에 「광개토왕릉비문의 국어학적 연구 서설」이란 제목으로 발표된 바 있다. 이 글은 본서 제2부 "국어학적 연구편"의 기본 골격을 이룬 것으로 저자의 비문 연구 성과를 서설序說의 형식으로나마 한국어학계에 보고한 것에 의의가 있었다고 하겠다.

八　　2012년 3월 즈음 김병준 교수를 통하여 서울대학교 인문대학에서 고구려 유적 답사 계획이 있음을 듣고서 광개토왕비문을 직접 조사해볼 결심을 하였다. 그리하여 2012년 6월 23일에 이르러 집안集安에서 비문과의 첫 대면對面이 이루어진 것이다.

2012 중국 동북지방
고구려 유적 답사

2012년 6월 21일~26일
중국 심양 본계 통화 통성 당동 집안 환인

고구려 유적 답사집 표지

서울대학교 인문대학 해외문명탐방의 일환으로 이루어진 "2012 중국 동북지방 고구려 유적 답사"(2012.6.21~26)는 서울대학교 국사학과의 송기호 교수를 단장으로 홍기승 외 학생 14명, 김건태, 마일란, 이강승, 박양진, 김영심, 전덕재, 윤선태, 이해련, 오영찬 교수 등 총 27명에 이르는 대규모 답사단을 꾸려 진행되었다. 송교수님을 비롯하여 소중한 답사의 기회를 제공하고자 애쓰신 서울대학교 인문대학의 교수 및 학생 여러분께 감사의 인사를 올리는 바이다. 저자의 노트에 기록된 것을 바탕으로 당시의 답사 일지를 간략하게 소개하면 다음과 같다.

- 6월 21일(목)
  08:50 - 심양瀋陽 도착
  10:20 - 본계박물관本溪博物館 관람
  14:30 - 봉황산성鳳凰山城 답사
  17:30 - 단동丹東 압록강 일대 관람

- 6월 22일(금)
  08:40 - 호산장성虎山長城 답사 및 동 역사박물관 관람
  10:40 - 애하첨고성靉河尖古城 답사
  11:30 - 단동 전쟁박물관抗美援朝戰爭紀念館 관람
  13:40 - 집안集安으로 출발
  17:00 - 혼강구대교渾江口大橋 정차
  18:30 - 집안集安 도착

- 6월 23일(토)
  08:30 - 환도산성丸都山城 답사(남문지→궁전지→귀족묘)
  10:30 - 칠성산하고분군七星山下古墳群 답사(서대묘→천추묘→831호분)
  13:40 - 우산하禹山下 3319호묘 답사
  14:00 - 오회분五盔墳 답사
  15:10 - 무용총舞踊塚 답사
  15:30 - 장군총將軍塚 답사
  16:05 - 태왕릉太王陵 답사
  16:40 - 광개토왕비 답사
  17:20 - 압록강변 유람선 관람

● 6월 24일(일)

    07:50 - 환인桓仁으로 출발

    12:50 - 상하성고자묘군上下城古子墓群 답사

    14:00 - 오녀산성五女山城 답사

● 6월 25일(월)

    09:10 - 고검지산성高儉地山城 답사

    13:00 - 후금 고성後金古城(=興京城趾) 관람

    15:10 - 청 영릉淸永陵 관람

    18:40 - 심양瀋陽 도착

● 6월 26일(화)

    09:10 - 신락유지박물관新樂遺趾博物館 관람

    12:00 - 요녕성박물관遼寧省博物館 관람

    21:55 - 인천 도착

위의 일정에서 보듯이 당시의 유적 답사는 고구려의 초기 역사를 이해함에 있어서 정말 유익한 일정 속에서 진행되었다. 특히, 6월 23일의 일정은 오전, 오후 모두 당시 답사의 하이라이트라고 하여도 과언過言이 아닐 정도로 알차게 진행되었다. 오전의 환도산성 답사를 마칠 즈음 쏟아진 소나기 속에서 산성하고분군山城下古墳群 전체를 바라보면서 고구려의 초기 모습을 상상해보기도 하였다.

오후 1시 반 무렵 드디어 광개토왕비를 볼 수 있는 우산하고분군禹山下古墳群에 도착하였다. 인면 석각人面石刻으로 유명한 3319호묘 답사(13:40 ~ 13:55)와 오회분五盔墳 답사(14:00 ~ 14:50)를 마치고서 15시 03분 우리가 탄 버스는 광개토왕비각과 태왕릉을 통과하고 있었다. 이제 곧 꿈에도 그리던 비문을 보게 되었구나 기대하는 순간, 버스는 웬일인지 다시 방향을 바꾸어 무용총으로 향하고 있었다. 할 수 없이 무용총을 먼저 답사한 후(15:10~15:25), 장군총 답사(15:30~16:00), 태왕릉 답사(16:05~16:30)를 마치고 나서야 광개토왕비각에 도착할 수 있었다. 그때가 바로 2012년 6월 23일 오후 4시 40분 경이었다.

　비각 안으로 들어서는 순간 답사단원 모두 6미터가 넘는 비의 웅대한 규모에 압도당한 듯 보였다. 우리에게 주어진 시간은 20분, 일체의 근접 촬영이 불허된 상황이었기에 1~4면을 바쁘게 둘러볼 수밖에 없음이 못내 아쉬웠다. 그래도 1·1·34자(1면 1행 34자)의 자형(), 1·3·41자의 자형()은 비교적 자세히 살펴볼 수 있었다. 전자는 여전히 어떤 글자인지 특정하기가 어려웠으나, 후자는 분명히 '履'자에 가까운 글자임을 확인할 수 있었다. 전덕재 교수와 함께 비교적 선명한 4면 하단부 조사를 마치고 서둘러 일행 전체의 기념 촬영을 하는 것으로 비문 조사를 끝내야 했다. 오후 5시까지 모든 일정이 끝나야 했기 때문이다. 되돌아보건대 사진 또는 탁본으로만 보아 왔던 비문을 매우 짧은 시간 안에 제한적으로 둘러볼 수밖에 없는 형편이었지만, 그럼에도 불구하고 1600년 전에 돌아가신 국강상광태토경평안호태왕國岡上廣開土境平安好太王을 추모하여 그 2년 후에 세운 장수왕長壽王대 고구려인들의 소리없는 함성을 직접 저자의 눈과 귀로 느낄 수 있었음에 의의를 찾고 싶었다.

[사진 5] 비문 4면 관찰 장면
(저자·전덕재 교수, ⓒ홍기승)

[사진 6] 광개토왕비각 앞에서의 기념 촬영(2012.6.23)

九 시간이 조금 더 흘러 2012년 10월에는 동북아역사재단 주최의 국제 학술회의에 참가할 수 있는 기회를 다시 얻었다. 9월 둘째 아니면 셋째 주 즈음 동북아역사재단 연민수延敏洙 연구위원으로부터 한국어학적 관점에서 광개토왕비문에 대한 발표를 부탁받고 고민 끝에『구결연구』제28집에 실었던 글을 소폭 수정·보완하여 역사학계의 평가를 받아보기로 결심하였다.

[사진 7] 동북아역사재단 발표 장면
(2012. 10. 18, ⓒ문화일보 신창섭 기자)

이 학술회의는 동북아역사재단에서 주최한 광개토왕 1600주기 기념 국제학술회의로서 그 주제는 "광개토왕비의 재조명"이었다. 다케다 유키오武田幸男 교수(동경대 명예교수)의 기조 강연을 비롯하여 국내외 학자 총 15

명의 논고가 4부로 나누어져 발표된, 규모면에서 상당한 국제학술회의였
다. 「광개토대왕비문의 국어학적 연구」라는 제목으로 저자는 제1부 광개
토왕비문의 고고·금석·언어학적 고찰이라는 세션의 다섯 번째 발표자로
나섰다(2012.10.18, 오후).

저자의 발표 내용에 대한 사학자들의 반응은 엇갈렸다. 먼저 요코하마시
역사박물관장이신 스즈키 야스타미鈴木靖民 선생께서는 비문을 한국어사 자
료로 활용할 수 있다는 저자의 관점이 신선하다는 긍정적인 평가를 해주셨
다. 지정토론자이신 윤선태 교수도 중국에서 기원한 조사 용법의 '上'의 용례
들(國岡上廣開土境平安好太王, …墓上不安石碑……墓上立碑…)을 이두 발달의 초
기 사례로 본 저자의 의견에 동의해주셨다. 그러나 긍정적인 평가만 있었던
것은 아니다. 단국대 명예교수이신 서영수 선생님은 이른바 신묘년조의 '來
渡海'를 '바다를 건너와서'로 풀이한 저자의 해석에 대하여 현대한국어의
'내방來訪'이 목적어를 취할 수 없는 자동사로 쓰임을 근거로 비판하셨다. 이
듬해 5월에 동북아역사재단 기획연구 56집으로 출판된 『광개토왕비의 재조
명』의 해설문에서 서 교수님은 다음과 같이 비판하고 있다.

> 광개토왕비문을 국어학적인 입장에서 재해석한 권인한은 「광개토왕릉비문
> 의 국어학적 연구」를 발표하였다. 발표자는 고유명사 표기자에 대한 음운학적
> 분석과 이두요소의 존재 및 한자어의 수용정도 등 음운·문법·어휘 등 국어학의
> 전 부문에 걸치는 방법론을 동원하여 비문을 분석하였다. 다만 신묘년 기사의
> '래도해來渡海'를 '바다를 건너오다'로 해석하여 문법적으로 맞는 것으로 본 것
> 은 오류로 보인다. '래來+동사動詞'는 관찰자의 시점에서 상대방의 행위의 종결
> 을 의미하므로[래도(來渡), 래침(來侵), 래방(來訪), 래하(來下) 등] 동사 다음에 명사를
> 수반할 수 없으며 그런 용례도 보이지 않는다. 아무튼 광개토왕비가 역사적 사
> 료일 뿐 아니라 국어사 연구의 보고라는 점을 환기시킨 논문으로 앞으로의 연구
> 에 기대를 걸게 해준다.

전반적으로 긍정적인 평가이면서도 서 교수님의 지적은 '來渡' 다음에 명사 즉, 빈어賓語를 수반할 수 없을 뿐만 아니라 그런 용례도 보이지 않는다고 단언하고 있다. 그러나 저자의 관찰 결과는 이와 다르다. 본론에서도 다시 소개되겠지만, 다음과 같은 용례는 서 교수님의 주장에 반례가 될 수 있을 것이다.

- 晉永嘉中, 有天竺胡人<u>來渡</u>江南.(晉나라 永嘉年間에 어떤 印度 胡人이 江南으로 <u>건너왔다</u>.)
  <『搜神記』·卷2>

위의 예는 '來渡'가 빈어賓語로 '江南'을 취하고 있음을 보여주기 때문이다. 물론 현대어적 관점에서는 서 교수님의 입론이 틀렸다고 하기 어려우나, 저자로서는 동아시아 고전들에서의 한문 문법 용례를 바탕으로 한 설명이어야 함을 강조하고 싶은 것이다.

이 국제학술회의를 통하여 비문 탁본과 관련한 중요한 정보를 얻을 수 있었음도 특기할 만하다. 둘쨋 날 종합토론회 석상에서 스즈키 선생께서는 우선 미즈타니 구장탁본舊藏拓本이 재발견되었다는 반가운 소식을 전하셨다. 그동안 행방이 묘연하였던 구장탁본이 오카야마현岡山縣 아사쿠치시淺口市 소재 곤코대학 도서관金光大圖書館에서 발견되어 한국에 오시기 며칠 전에 다케다 유키오 선생, 이나다 나츠코稻田奈津子(동경대사료편찬소) 선생과 함께 조사를 했다고 말씀하셨다. 또한 이에 대한 이나다 선생의 논문이 있음도 덧붙이셨다. 한동안 잊고 지내다가 2014년 1월 10일에 있었던 한국목간학회 발표회 후 만찬 석상에서 이병호 선생(국립중앙박물관)께 부탁하여 이나다 선생의 논문에 대한 정보를 알아주실 것을 부탁하였는데, 놀랍게도 1월 14일 이나다 선생의 논문 파일을 이메일로 전해 받았다. 이에 대한 자세한 것은 본론에서 소개하겠거니와(칼럼 2 참조), 우선 이 자리를 빌려 두 분께 감사의 뜻을 전하는 바이다.

또 하나 놀라운 말씀은 소위 신묘년조의 한 글자를 새로 판독할 수 있다는 것이었다. 이것은 사정상 학술회의 불참하신 다케다 유키오 선생의 의견을 대신 전언한 것으로서 그 동안 "而倭以辛卯年, 來渡海破百殘□□新羅, 以爲臣民."으로 판독해온 신묘년조의 "破百殘" 다음 글자가 '東'자일 수 있다는 것이었다. 우측에 제시한 쉬젠신徐建新 교수의 임사문臨寫文에서 '百殘' 아래에 '⌐' 처럼 보이는 자획을 확인할 수 있음에 평소에도 이 글자의 정체에 대하여 궁금해 하던 차였다. 이것이 사실이라면 이것은 신묘년조 해석에 매우 중요한 단서가될 수 있는 글자라는 점에서 다케다 선생의 글을 직접 읽어야 할 필요를 느껴 선생의 저서 『광개토왕비와의 대화廣開土王碑との對話』(白帝社, 2007)도 구입하였다. 자세한 것은 역시 본론에서 소개하겠으나(3.2.2. ㉔에 대한 논의 참조), 우선 이 글자가 '東'자일 가능성을 확인하였는데, 그렇게 되면 신묘년조의 주어를 '왜倭'로 본 저자의 해석이 올바른 방향을 잡은 것임에 확신을 가지게 되었다.

2013년은 구결학회 발표 원고를 준비하는 것으로 시작하였다. 2월에 있을 구결학회口訣學會 제45회 전국학술대회에 발표할 원고로 제목은 "규장각장奎章閣藏 「광개토대왕릉비탁본」의 가치"로 잡았다. 발표 내용은 규장각 소장의 탁본집 1책(청구기호 古929.5-G994)이 청명본靑溟本의 3면 초반 결락 부분과 정확히 일치하는 원석탁본임을 증명하는 것이었다. 이형구 선생 등 선행 연구들에서 규장각 탁본책이 청명본과 밀접한 관련성을 지니는 원석탁본일 가능성이 제기된 바 있으나, 이를 구체적으로 논의된 적은 없었기에 저자가 용기를 낸 것이다.

『호태왕비』(1999) 표지

이 논의가 가능할 수 있었던 것은 앞서 소개한 고구려 유적답사시 장군총 답사를 마친 후, 매점에서 윤선태 교수의 혜안에 이끌려 중국저명비첩선집 27 『호태왕비好太王碑』(吉林文史出版社, 1999)를 구입한 것이 계기가 되었다. 처음에는 단지 방문 기념 정도의 의미로 손에 넣었으나, 답사 기간 동안 내용을 살펴본 결과, 이것은 북경대본을 페이지당 6자씩 재정리하여 출판한 전장본剪裝本의 형식임이 우선 눈에 들어왔다. 사실 그 동안 공개된 능비 탁본 중에서 1면당 6자씩의 전장본은 청명본과 규장각본이 거의 유이唯二한 것임을 떠올리고서 이 책을 바탕으로 조사하면 양자간의 관계 규명에 이바지할 수 있겠구나 생각하기에 이른 것이다.

규장각본에 대해서는 2011년 12월 29일에 이현희李賢熙 부원장님 등 규장각 열람실 관계자의 도움을 받아 마이크로필름 복사본을 출력하여 보관하고 있었다. 한 동안 돌보지 않다가 고구려 유적 답사에서 돌아온 직후 길림본(위의 길림문사출판사본)의 3면 초반부와 마이크로필름본의 대비 작업에 들어갔다. 마이크로필름본의 장차張次에 따라 대비한 1차 조사 결과는 실망스러웠다. 양자간 일치보다는 불일치가 더 많았기 때문이다. 그러다가 어느 순간 상당히 뒤쪽에 배치된 마이크로필름본 출력지 한 장을 길림본과 대비한 결과, 글자는 판독하기 어려웠으나 그것이 길림본 3면의 첫 장과 흡사한 것임을 발견하게 되었다. 그리하여 마이크로필름본의 원 장차를 무시하고 비슷한 특징이 있는 것끼리 대응시켜본 결과, 양자간에 한 면의 흐트러짐도 없이 아귀가 딱 들어맞는다는 사실을 알게 된 것이다. 아! 잘만 하면 그 동안 주목받지 못했던 원탁의 일부를 새롭게 되살릴 수도 있겠구나 기뻐했던 기억이 새롭다(2012년 6월 29일의 일).

상당한 가능성을 발견한 이상, 정식 논문으로 발전시키기로 결심하고서 발표처를 물색하던 중 그해 8월에 열릴 예정인 제44회 구결학회 전국학술대회에 발표 신청을 하였다. 그런데 이번에는 발표 신청자가 너무 많아 고민이라는 황선엽 교수의 전언傳言에 다음 기회로 미루기로 하여 결국 2013년 2월 22일 규장각에서 개최된 구결학회의 전국학술대회에서 발표하기에 이른 것이다.

나중에 안 사실이지만 발표를 늦춘 것이 나쁘지는 않았던 듯하였다. 2월 학술대회에서는 신라 사경팀의 초청으로 스기모토 가즈키杉本一樹 정창원사무소장을 비롯한 정창원팀도 함께 정창원 소장의 경권經卷에 관한 발표를 해주셨는데, 앞서 소개한 동경대사료편찬소의 이나다 선생이 이 분들을 통하여 학술대회 발표 자료집을 구할 수 있었다니 말이다.

여하튼 저자의 발표에 대한 정광鄭光, 이현희李賢熙 교수님의 논평을 반영·수정하여 구결학회에 투고하여 『구결연구』 30집(2013년 2월 발행)에 실린 바 있다. 본서 제3부 제8장에 실은 「규장각 소장 원석탁본의 가치 구명」이 바로 그 논문이다. 해당 논문의 결론부에서도 말한 바와 같이 규장각본과 청명본에 대한 원본 조사를 시도하지 못한 아쉬움을 남기고 말았다.

十一 　　2014년은 저자의 계획상으로는 그 동안의 연구를 마무리하여 출판에 부치기로 한 해였다. 본래 성균관대 산학단에는 2013년 9월 말까지 출간하기로 약속하였으나, 2013년 9월 1일부터 BK21+ 동아시아학 융합사업단의 책임을 맡은 이후 원고 집필 사정이 여의치 않아 출판을 한 해 정도 더 미루기로 하면서 비문 연구에서 미진한 점들을 대한 보완을 꾀하게 되었다.

첫 번째로는 규장각본에 대한 조사를 행한 점이다. 2월 27일 오후 규장각한

국학연구원 김인걸金仁杰 원장님의 호의로 정재영 교수와 함께 고문헌열람실
(101A)에서 두 시간 가까이 각 면의 지질 및 착묵 상태와 탁본 크기 등에 대하
여 조사할 수 있었다.

　두꺼운 백색지 속에 탁본 한 면씩을 담고 있는 탁본첩의 크기는 54.0×34.5
cm로 큼직한 것이었다. 탁본지의 지질은 중국의 선지宣紙 계열로 보였으나, 정
확한 종류를 가리기는 어려웠다. 탁본지의 표면은 상당히 거칠었는데 탁본
과정 중 두드림의 결과인지 뭉쳐 있는 부분이 많았고, 착묵 상태도 담묵淡墨,
농묵濃墨 부분이 혼재해 있었다. 탁본지의 크기는 면에 따라 약간씩 차이를 보
였는데, 41.2×26.5cm(1a·b), 40.1×26.7cm(2a), 40.0×26.7cm(2b), 40.8×26.4cm(15a),
40.8×26.5cm(15b)로 측정되었다. 여기서 보면 규장각본 1a·b면의 세로 길이가
비정상적으로 긴 것으로 드러나는데, 다른 면들은 기존에 알려진 청명본의
크기인 40.4×26.1cm(졸고 2013: 26)와 비교하여 두 탁본간 길이의 차이가 더 좁
혀질 수 있음이 반갑게 느껴졌다.

규장각 원탁 조사 메모

　또하나 특징적인 것은 7b, 8a, 9b,
11a·b, 17a, 20b면 곳곳에 삼베무늬
(▨)와 비슷한 가는 무늬가 다수 보였
는데, 이는 탁본 시에 쓰인 솜방망이
의 천 무늬인 듯이 생각되었다. 덧붙
여 15a면 좌상左上의 글자가 길림본과
는 달리 '到'자가 아닌 미상의 글자임
이 정재영 교수에 의하여 지적되었
다. 이러한 규장각본의 특징들은 향
후 청명본에 대한 조사가 이루어질
경우, 상호 동일성 여부를 가릴 수 있

는 하나의 기준이 될 수 있으리라 생각되어 다소 장황하나마 소개한 것임을 밝혀둔다(특히 15b면은 청명본의 제3면 첫 장으로 연결되는 것이므로 위의 제원 정보가 중요할 듯하다. 앞으로의 조사를 기약한다).

두 번째는 '문헌과 해석'(대표: 정승혜 교수)의 정기학술모임을 통해 저자의 비문 해석안에 대한 평가를 받아보기로 한 것이다.

첫 발표는 8월 8일 「광개토왕비문 이야기」라는 제목으로 본서에 실린 [칼럼 1~4]의 내용을 소개한 것이다. '#1 우리 옛 기록 속의 광개토왕비, #2 미즈타니水谷 구장 정탁본舊藏精拓本의 정체, #3 '朱蒙'의 어원 문제, #4 '不樂世位'의 행간行間'이라는 네 가지 독립된 단편이었는데, 모임에 참가한 회원들로부터 몇 가지 지적을 받아 그 내용을 다듬을 수 있었다. #1에서 성현成俔의 한시 '望皇城郊'(황성교를 바라보다)의 19~20행의 해석과 관련하여 김종서 선생을 비롯한 여러분들의 지적을 받아 해석을 고칠 수 있었다. 또한 #4의 결론부에 대한 이종묵 교수의 예리한 비판에 힘입어 '世位'에 대해 "고대 제후국에서의 작위 세습爵位世襲"이라는 『漢語大詞典』의 뜻풀이를 버리는 대신, 화엄경華嚴經에서 "세속의 지위"를 뜻하는 확실한 용례를 찾아냄으로써 전후 문맥을 좀더 매끄럽게 이을 수 있게 된 것도 이날의 큰 성과였다(#1·3·4 세 논제의 수정본은 『문헌과 해석』 68호에 실린 바 있다).

예상보다 큰 호응을 받은 발표에 이어진 자리에서 이종묵 교수로부터 전체 비문 해석안에 대한 발표를 제안 받고, 저자가 이를 수락함으로써 '문헌과 해석'에서의 발표는 좀더 이어지게 되었다. 이를 위하여 「광개토왕비문」의 판독과 해석'이라는 발표문(=본서 제1부 3장의 내용)을 사전에 배포한 후 8월 29일, 9월 5일, 9월 19일, 10월 10일 네 차례에 걸쳐 발표와 토론을 진행하였다.

신학기 시작 전후의 바쁜 가운데에서도 많은 회원들께서 열띤 토론에 참여해준 결과, 본서 중 상당 부분이 이때의 토론 내용을 반영하여 개선된 점

에 대하여 감사드린다. 몇 가지 재미있었던 토론 장면을 소개해보면 다음과
같다.

3.1.1. 추모왕의 출자와 순행 부분 중 추모왕이 엄리대수 나루에서 "나는 천
제의 아들이며, 어머니가 하백의 따님이신 추모왕이다.(我是皇天之子, 母河伯女
郎, 鄒牟王)"라고 외치는 장면에서 한문 어순의 문제점을 말하였는데, 이에 대
한 안대회 교수의 지적은 저자를 크게 계몽시킨 바 있다. 그것은 해당 장면이
엄리대수의 수신水神에게 앞 길을 열 것을 명하는 주술적 상황에 가깝다는 점
에서 일상의 언어가 아닌 주술의 언어 문법으로 설명되어야 할 것이고, 주
술의 상황에서는 일상의 언어 질서를 깨트리는 일까지 있을 수 있다는 점
에서 위의 어순 문제에 접근해야 할 것이라는 점을 설득력 있게 지적해주
셨다.

3.1.2. 추모왕의 승하 장면에서 "왕은 홀본 동쪽 언덕에서 용의 머리를 밟고
서 승천하였다.(王於忽本東岡, 履龍首昇天)."라는 부분에서의 '履龍首'에 대해서
도 많은 의견이 오고갔다. 탁본들에서 '首'자의 자형이 자못 특이함을 『대
서원大書源』에서의 자형 자료로 설명하고자 한 시도에 대한 문제점 지적, '履'
자를 글자 그대로 '밟다'로 해석할 것인지 아니면 '이행履行' 등의 예에 비추어
'오르다'로 할 것인지에 대한 지적 등 강도 높은 토론이 이루어졌다. 그런 가
운데 민화民畵나 불화佛畵 속에 실제로 신선이 용의 머리를 밟고 있는 그림을
본 적이 있다는 놀랄 만한 말씀도 이어졌다(권중서 선생 등). 해당 그림에 대한
정보를 요청하면서 이 책 저 책을 뒤진 결과, [사진 13]의 그림⑥ '용그림'을 찾
아내기에 이른 것은 이러한 토론에 힘입은 것이었다.

이 밖에도 영락 10년조의 "임나가라의 종발성에 이르니(至任那加羅從拔城)"
부분에서의 '從拔城'에 대하여 "뒤쫓아가[從=追逐] 성을 깨부수다[拔]" 또는
"거리낌없이[從=縱] 성을 깨부수다[拔]"로 해석할 수 있을 가능성을 제안한 분

도 있었고, 영락 5년조의 '염수상鹽水上', 수묘인 연호조의 '묘상墓上' 등에서의 '上'자에 대하여 성급하게 처격조사로 보기보다는 『한어대사전』 등에 따라 '~의 가[邊] 또는 곁[傍]'으로 보아야 할 것이라는 지적을 해주신 분도 계셨다.

여하튼 2014년 가을을 보낸 '문헌과 해석' 정기학술모임에서의 발표와 토론은 저자의 비문 연구에서 또하나 잊을 수 없는 추억으로 남아 있다. 건설적인 비판과 제안을 해주신 모든 분들께 이 자리를 빌려서 다시 한번 감사의 말씀을 올린다. 이 책의 출판이 몇 달 늦어진 이유가 되긴 했으나, 이 발표와 토론이 없었으면 그대로 남았을 잘못들을 바로잡을 수 있는 계기가 되었기 때문이다.

지금까지 저자가 지난 10년 동안 「광개토왕비문」을 만나 이에 대한 연구를 진행하며 겪은 열 한 가지 에피소드를 소개하였다. 말과 글이 서툴러 순간 순간의 느낌을 제대로 전하지 못한 부분도 없지 않으나 대체로 시간순으로 저자의 연구 과정을 비교적 담담하게 그려냈다고 생각한다.

이제는 비문에 대한 저자의 연구를 본격적으로 시작할 차례가 되었다. 저자는 국어사학자이면서 한국한자음 내지 동아시아 한자문화에 관심을 가지고 있다. 따라서 저자는 국어학자의 눈에 비친 광개토왕비문에 대한 어학적 연구에 초점焦點을 맞추어 '정확한 판독과 문면에 충실한 해석'에 의거한 비문의 국어사적 가치 구명究明을 추구할 것이다. 정치적 쟁점이 큰 기사記事들에 대한 해석 문제는 역사학자들의 몫으로 남기면서 국어학자의 역할에 충실하고자 하는 것이다. 이 점을 미리 밝혀 독자 여러분들의 혜량惠諒을 바라마지 않는다.

廣開土王碑文 新研究

● ● ●

제1부

비문 석문편

제1장 광개토왕비 개관

제2장 비문 탁본 현황

제3장 「광개토왕비문」의 판독과 해석

廣開土王碑文 新研究

제1장
광개토왕비 개관

    지금으로부터 1,601년 전인 갑인년(甲寅年, 414) 음력 9월 29일(乙酉), 2년 전에 돌아가신 광개토왕의 업적을 기리고 부왕父王의 유언 형식을 빌려 왕릉을 지키는 수묘인守墓人 제도에 관한 개혁을 천명하고자 장수왕長壽王이 세운 비석이 바로 광개토왕비[1]이다. 6미터가 넘는 자연석 위에 1,775자의 명문銘文을 새겨 고구려의 건국 내력을 밝히고, 광개토왕의 무훈武勳을 기리며, 수묘인 제도의 개혁改革을 천명한 이 비문 텍스트는 국어의 역사 시대를 연 첫 번째 자료로서 지대至大한 가치를 지니고 있다.

---

1   이 비의 명칭에 대해서는 '광개토왕릉비廣開土王陵碑, 광개토대(/태)왕비廣開土大(/太)王碑, 광개토호태왕비廣開土好太王碑, 호태왕비好太王碑' 등 의견이 다양하다. 저자도 최근까지 여러 글에서 '광개토왕릉비'로 명명해왔으나, 김현숙(2013)에서 "광개토왕비는 단순히 능비이자 훈적비, 또는 수묘인 연호에 관한 법령을 공시하기 하기 위한 석비라고만 한정해서 부르기 어려운 특수한 성격의 비라고 할 수 있다. 이 비석의 건립에는 선조왕 및 부왕의 권위를 배경으로 자신의 향후 정치적 구상을 거침없이 펼쳐가고자 하는 의지를 국내외에 표방하려는 장수왕의 의중도 담겨있다고 볼 수 있기 때문이다."라고 한 견해에 따라 본서에서는 '광개토왕비'로 수정하였음을 밝혀둔다.

1.1. 비의 발견

　광개토왕비는 고구려 멸망 이후 19세기 말까지 잊혀지다시피 하였다. 간
간히 조선조의 문헌에 이 비에 관한 언급이 등장하지 않은 바 아니나(칼럼 1 참
조), 광개토왕비가 다시 발견되어 세상을 일깨운 것은 1880년 경이다. 최초로
이 비를 발견한 사람은 청말淸末 회인현懷仁縣에서 황무지 개간에 종사하던 농
부로 알려져 있으며, 그가 관청에 보고하자 초대 회인현 지사였던 장월章樾(재
직 1877~1882)이 금석문에 밝은 관월산關月山을 현지에 보내 조사케 하였는데,
이때에 관월산(또는 현지의 채탁자採拓者)가 비를 덮고 있던 이끼와 덩굴을 태우
고(이때 비신碑身에 상당한 상처를 남긴 것으로 알려져 있으나 확실한 증거는 없는 듯하
다. 광개토왕비를 둘러싼 각종 수난설受難說의 내용과 그 진위에 대해서는 다케다武田幸男
2007: 115-142의 논의를 참조) 부분 탁본을 떠서 북경의 금석문 애호가들에게 소
개함으로써 비로소 이 비가 세상에 알려지기 시작하였다(서길수 1998: 314, 임기
환 2004: 381, 다케다武田幸男 2009: 8-9, 쉬젠신徐建新 2013: 25-26 등 종합).

우리 옛 기록 속의 광개토왕비

우리 옛 기록 속에 광개토왕비가 처음으로 등장하는 것은 『용비어천가龍飛御天歌』(1447)이다.

> ① 東至皇城。北至東寧府。西至海。南至鴨綠。爲之一空。[平安道江界府西越江一百四十里。有大野。中有古城。諺稱大金皇帝城。城北七里有碑。又其北有石陵二。爲去聲](동쪽으로 황성에 이르고, 북쪽으로 동녕부에 이르며, 서쪽으로 바다에 이르고, 남쪽으로 압록강에 이르는 땅을 모두 비웠다.[평안도 강계부 서쪽으로 강 건너 140리에 넓은 들판이 있고, 그 가운데에 오래된 성이 있는데, 세간에서는 대금大金 황제성皇帝城이라고 한다. 성 북쪽 7리에 비석이 있고, 또 그 북쪽에 석릉 2기가 있다. '爲'자의 성조는 거성.])
>
> <용비어천가 五:48b, 제39장 주해>

이 기사가 『용비어천가』에 실리게 된 배경은 태조 이성계李成桂가 1369년 12월에 동녕부東寧府를 공격하여 압록강을 건너 우라산성兀剌山城을 장악하였기 때문이다. 우라산성은 지금의 환인현桓仁縣에 있는, 고구려 첫 도읍지인 오녀산성五女山城을 말하는 것으로 추측된다. 우라산성 정복 시 추장 고안위高安慰가 처자식을 버리고 '밧줄을 타고 성을 넘어 밤에 달아났다'[縋城夜遁]고 기록되어 있음이 지금의 오녀산성의 지형과 잘 어울린다. [사진 8] 참조. 당시 이성계는 우라산성으로 가기 위하여 집안集安 즉, 고구려 두 번째 수도인 국내성國內

城 지역도 지났는데, 안타까운 점은 당시 이곳을 '금나라 황제의 성大金皇帝城'으로 인식하였을 뿐만 아니라, '성 북쪽 7리에 비석이 있다'고만 기록했을 뿐 그것이 광개토왕비였는지에 대해서

[사진 8] 오녀산성 전경(2012.6.24)

는 전혀 모르고 있었다는 사실이다. 말하자면 조선 초기에는 집안의 고구려 유적을 금나라의 것으로 생각하고 있었음에 미루어 비碑 또한 금나라의 것으로 인식하고 있었던 것으로 판단된다. 이러한 인식은 조선조 내내 이어졌다.

② 至今猶謂皇城畿(지금까지 황성의 기내畿內라고 불리는가)_4행
　⋮
歸然惟有千尺碑(천 자나 되는 비만 우뚝하게 서 있구나)_18행
江流咫尺隔天塹(지척에 강이 흘러 천혜의 해자垓字로 격隔해 있으니)_19행
恨不讀字摩蛟螭(글자를 읽지 못함이 한스러워 비신碑身을 (눈으로만) 어루만지노라)_20행
　　　　　　　<성현成俔, 황성교를 바라보다望皇城郊>

②는 성현成俔(1439~1504)이 평안도 관찰사 시절이던 1487년 경 국경 지대를 시찰하면서 남긴 한시로서 비의 존재를 분명히 인식하였음에도 불구하고(18행) 비문의 글자를 읽지 못함을 한스러워 하고 있다(20행). 집안 지역을 여전히 청나라 황제성의 기내畿內로 인식한점에 미루어 보아(4행) 실제 비를 직접 관찰한 결과는 아닐 듯하다.

③ 皇城=집안, 皇帝墓=장군총, 碑=광개토왕비
　　　<『건주기정도기建州紀程圖記』(신충일申忠一, 1596), 국내성 부분>

『건주기정도기建州紀程圖記』는 1595년 청 태조 누르하치가 여을고女乙古 등을 사신으로 보내어 통교를 요청해오자, 신충일(1554~1622)이 답사로 임명되어 그 이듬해 건주의 누르하치 성을 다녀와서 쓴 견문록이다. 그는 누르하치 성

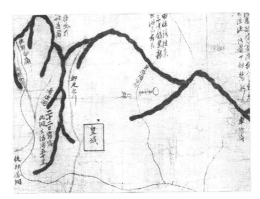

『건주기정도기』 속의 국내성 부분(조법종 2013: 56)

으로 가는 동안의 견문을 97개조로 나누어 쓰고 정밀한 지도를 붙여 완성하였다. 사진에서 보듯이 국내성 지역에는 황성과 황제묘, 비가 뚜렷하게 표시되어 있는데, 황제묘와 비, 그리고 황성의 위치 대비 관계가 현재 상황에 부합된다. 따라서 신충일은 조선조에 가장 가까이서 광개토왕비를 살펴본 인물이 아니었을까 생각된다.

④ 皇城坪 故金都[滿浦隔江有大墳 相傳爲完顏皇帝墓 有巨碣墓下大池 荷花甚盛 卽金古城也 ……](황성평은 옛 금나라 수도[만포에서 강을 건너면 큰 무덤이 있는데, (금나라 초대 황제인) 완안황제묘라 전해진다. 큰 비석이 있고, 무덤 아래에 큰 연못에 연꽃이 흐드러지게 피어 있는데, 곧 금나라의 옛날 성이다. ……])
　　　　<『팔도지도』(규장각 고축4709-48, 18세기 중엽 이후), 국내성 지역 부분>

이상에서 보는 바와 같이 성현 이후 조선조 내내 황성, 황제묘라는 표현과 함께 거대한 비의 존재도 언급되고 있지만, 어느 누구도 그것이 광개토왕비임을 알지 못하고 있다. 단지 금나라의 황제비라는 소문만 전할 뿐이다.

　누구라도 조금만 주의해서 비문을 읽었더라면 하는 아쉬움이 남을 수밖에 없다. 더욱이 17세기 이후 청나라가 집안 지역에 대한 봉금封禁 정책을 실시하면서 비의 존재는 세간의 관심에서 더욱 멀어질 수밖에 없었던 것이다.

[참고문헌]

서길수(1998), 『고구려 역사유적 답사: 홀본·국내성편』, 사계절, pp.309-315.
성현 지음/조순희 옮김(2011), 『허백당집 3』, 한국고전번역원, pp.124f.
윤석민 외(2006), 『쉽게 읽는 용비어천가 Ⅱ』, 박이정, pp.235f.
임기환(2004), 「100년 동안의 논쟁, 광개토왕릉비」, 『고대로부터의 통신』, 푸른역사, pp.379ff.
조법종(2013), 「고구려 국내성의 공간과 광개토왕릉: 지도와 능비문을 중심으로」, 『광개토왕비의 재조명』, 동북아역사재단, p.56, 61 등.

1.2. 비의 위치

이 비는 현재 중국 길림성吉林省 집안시集安市 태왕향太王鄕 태왕촌太王村 대비가大碑街에 위치해 있다. 이는 압록강 중류의 만포진萬浦鎭에서 마주 보이는 중국 길림성 집안현의 현청 소재지인 통구성通溝城으로부터 동북쪽으로 약 4.5 ㎞ 떨어진 지점으로 우산하고분군禹山下古墳群에 속해 있다(이우태 2013: 161). 비의 서남쪽 약 300m 지점에 태왕릉이 있고, 동북쪽 약 1.5㎞ 지점에는 장군총이 자리잡고 있다(유적 분포도 참조).

이 비는 현재 앞서 제시한 [사진 6]에서 보듯이 단층의 대형 비각碑閣 속에 보호되고 있다. 이는 1982년 중국 당국에 의하여 새로 건립된 것이다. 앞서 1928년~1976년까지는 집안현 지사였던 유천성劉天成이 세운 2층의 비각 속에 있었다(이우태 2013: 161). 국내성 부근 유적 분포도에서 보

국내성 부근 유적 분포도(이우태 2013: 162)

듯이, 비와의 거리상 장군총보다는 태왕릉이 광개토왕릉일 가능성이 더 큰 것으로 보이나, 비가 능의 동북쪽에 위치하고 있을 뿐만 아니라 그 방향도 일치하지 않음으로써(비의 1면이 동남쪽을 향하고 있다) 광개토왕릉의 비정 문제는 계속해서 논란이 되고 있다.

1.3. 비의 형태와 크기

광개토왕비는 크게 대석臺石(받침돌)과 비신碑身(비문을 새긴 비석의 몸체)의 두 부분으로 되어 있는데, 개석蓋石(뚜껑돌)이 없는 고구려 석비 특유의 선돌[立石] 형태로 되어 있다.

먼저 대석은 약 20cm 두께의 화강암을 사각형으로 다듬은 것인데, 길이 3.35m, 너비 2.7m의 장방형長方形으로 3면을 제외하고는 모두 깨진 상태이다. 다음으로 비신은 방주형方柱形의 각력응회암角礫凝灰巖[2]을 약간 다듬은 것으로 높이 6.39m, 하단 너비 1.41m~1.99m에 달하므로 한반도 일원 최대 크기를 자랑한다. 중국의 측천무후 무자비則天武后無字碑가 제원상(높이 7.53m, 너비 2.1m, 두께 1.49m) 광개토왕비보다 큰 것으로 인정되나, 글자 그대로 한 글자도 쓰이지 않은 비인 까닭에 엄밀한 의미에서의 금석문으로 보기 어렵다. 따라서 이 비를 동양 더나아가 세계 최대의 금석문으로 보아도 과언은 아니다(이우태 2013: 153-161 참조).

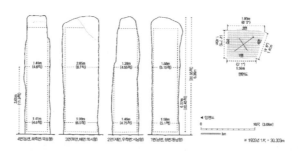

광개토왕비 실측 도면 재구성도(국립중앙박물관 2010: 17)

---

2 고구려연구재단(현 동북아역사재단)의『환인·집안 지역 고구려 유적 지질조사 보고서』 (2005)에서는 비신의 석질에 대하여 연한 녹회색의 기공을 가진 안산암질andesitic 또는 석 영안산암질dacitic 용결 래필리응회암welded lapilli tuff로 보고된 바 있다(고광의 2013: 119).

1.4. 비문 구성 및 서체

비문은 위의 실측 도면에서 보듯이, 4면에 점선으로 그려진 사각형의 구획을 정하고 그 안에 세로로 선을 그어 괘선罫線으로 삼아 글자들을 음각陰刻하고 있다([사진 9] 참조).

글씨는 위에서 아래로, 오른쪽에서 왼쪽으로 써나갔으며, 글자 크기

[사진 9] 비문 1면 하단부(ⓒ홍기승)

는 세로 9~12㎝, 가로 10~12㎝로 매우 큰 편이며, 깊이는 5㎜ 정도이다(고광의 2013: 119- 120 등).

한 행의 최대 글자수는 41자로 제1면 11행 449자, 제2면 10행 387자, 제3면 14행 574자, 제4면 9행 369자로 현재까지 1,775자의 명문이 확인되며, 이 중에서 140여 자는 훼손되어 판독이 불가능하다.

명문의 내용은 다음과 같이 크게 세 단락으로 나누어진다.

첫째 단락(1·1·1~1·6·39): 광개토왕廣開土王의 세계世系와 행장行狀
   1) 추모왕의 출자出自와 순행巡幸(1·1·1~1·3·8)
   2) 추모왕의 건도建都와 유류·대주류왕의 소승紹承(1·3·9~1·4·23)
   3) 광개토왕의 행장行狀(1·4·24~1·6·39)

둘째 단락(1·7·1~3·8·15): 광개토왕의 훈적勳績
   1) 영락永樂 5년조(1·7·1~1·8·33)
   2) 영락 6년조(1·8·34~2·5·32)
   3) 영락 8년조(2·5·33~2·6·30)
   4) 영락 9년조(2·6·31~2·8·8)

5) 영락 10년조(2·8·9~3·3·6)

6) 영락 14년조(3·3·7~3·4·20)

7) 영락 17년조(3·4·21~3·6·2)

8) 영락 20년조(3·6·3~3·8·15)

셋째 단락(3·8·16~4·9·41): 수묘인 연호守墓人煙戶 및 수묘 규정

1) 수묘인 연호(3·8·16~4·5·4)

2) 광개토왕의 유언(4·5·5~4·7·32)

3) 수묘 규정(4·7·33~4·9·41)

한편, 이 비문의 서체에 대해서는 '고예古隸·한예漢隸·팔분八分·예해지간隸楷之間·진서眞書·동진예서東晉隸書·예서隸書·구체명석서舊體銘石書·의식용 국정서체·고구려 관방서체·광개토태왕비체·고구려체' 등 다양한 견해가 제시되어 있다. 그러나 광개토왕비에는 예서隸書, 해서楷書의 결구結構와 함께('예해지간') 행서行書나 초서草書, 심지어 전서篆書의 필치까지 보이고 있다는 점에서 기존의 서체 분류 방식으로는 적절하게 설명되기 어려운 특징을 지니고 있다. 따라서 자형에 내포된 예술성과 당시 고구려에서 이 비가 지니는 특수성을 고려하여 '광개토왕비체'로 불러도 좋을 것이다(고광의 2013: 123-146).

광개토왕비체의 다른 예: 경주 호우총壺杅塚 출토의 청동합 명문(『문자로 본 신라』, p.11)

제2장
비문 탁본 현황

[사진 10] 광개토왕비 표면
(http://contents.nahf.or.kr/directory/item.do?le
velId=cr_005_0040_0010_0010, ⓒ동북아역사넷)

금석문의 연구는 흔히 탁본에 의거하여 행해짐이 일반적이다. 특히 광개토왕비처럼 거대한 자연석의 표면을 거의 다듬지 않음으로써([사진 10] 참조), 또한 세월에 따른 풍화 작용, 발견 초기에 탁본을 위해 비에 덮인 이끼와 덩굴을 태웠을 때의 상처[火難] 등으로 해서 탁출拓出 시 수많은 늑흔泐痕들이 나타나는 경우 글자들의 정확한 자형을 알아보기란 여간 어려운 일이 아니기 때문이다(아래의 탁본 대비표 참조). 물론 이러한 이유에서 되도록 선본善本의 탁본을 만들기 위해 석회를 발라 탁출한 석회탁본들이 유행하기도 하였다.

'惟'자(1·1·1)의 탁본 대비표(미즈타니 원석탁본/이천월전미술관
석회탁본/사카와 묵수곽전본)

광개토왕비 탁본은 앞서 소개한 바와 같이 비의 발견 직후부터 제작되기 시작하였는데, 현재까지 국내외에 알려진 탁본만 해도 100여 본에 이른다(古瀨奈津子 編(2013: 215-221)의「史料2 주요탁본일람」참조). 이들은 제작 방법/시기에 따라 크게 원석탁본原石拓本, 묵수곽전본墨水廓塡本, 석회탁본石灰拓本 등으로 나누어진다.

2.1. 원석탁본

원석탁본은 글자 그대로 비면에 아무런 가공 없이 채탁한 탁본을 말한다. 종이를 물에 적셔 비면에 강하게 부착한 후 채탁하기 때문에 비면의 거친 표면이나 요철凹凸이 그대로 탁지拓紙에 반영되어 나타난다(백승옥 2011: 21).

이 유형에 속하는 탁본들을 다케다武田幸男(2009)에서는 A형 묵본墨本으로 부르고 있거니와, 1880년~1889년 경에 제작된 것으로 추정되며 다음과 같이 네 가지 하위 유형으로 구분된다.

> A1형: 1880년 비 발견 직후 관월산關月山에 의해 탁출된 1자 정도의 부분 탁본으로 추정되나, 현재 실물은 남아 있지 않다.

A2형: 1881년 경부터 채탁된 것으로 추정되며, 144~162매의 용지로 각 면 11~12
단으로 정리된 매연 담묵煤煙淡墨 정탁본整拓本. 탁출 수법이 조잡하고, 자
체字體는 다소 굵으며, 먹이 묻지 않은 공백 부분도 있다. 여기에 속하는 것
으로는 대만의 중앙연구원 을본乙本(4면×11단, 162매)이 대표적이며, 중
국의 왕소잠본王少箴本(4면×11단, 151매), 중국국가도서관본(1~3면 11
단·4면 12단, 155매), 북경대학도서관 E본(4면×11단, 144매) 등이 있다.

A3형: 1881년~1889년 사이의 어느 시기에 채탁된 것으로 추정되며, 60매 내외
의 용지로써 각 면 8~9단으로 정리된 정탁본整拓本. 탁출 수법이 정교할 뿐
만 아니라 자체字體도 가는 전면 착묵본이다. 『서통書通』창간호(서울: 동
방연서회, 1973년 가을호) 부록본, 북경대학도서관 A본(각 면 5~7단, 합
56매) 등이 여기에 속한다.

A4형: 1889년 이운종李雲從에 의해 채탁된 것으로 추정되며, 각 면 3단 3매(두 장
을 중첩한 종이) 합계 12매로 정리된 정탁본整拓本. 탁출 수법이 정교할 뿐
아니라 자체도 가는 전면 착묵본이다. 한국의 청명靑溟 임창순본任昌淳本
(2행 6자씩의 전장본剪裝本), 일본의 미즈타니水谷 탁본, 대만의 중앙연구
원 갑본甲本, 중국의 북경대학도서관 B·C·D본, 가네코본金子本(2행 6자씩
의 전장본)이 여기에 속하며,[3] 이 밖에 규장각 소장奎章閣 所藏의 「광개토
대왕릉비탁본」(古929.5-G994; 3면 1~6행 부분)도 청명본과 한 조組를 이
루는 원석탁본일 가능성이 높다(졸고 2013a).[4]

---

3 이상의 원석탁본에 대한 하위 유형 분류 및 편년은 다케다(2009: 111-112, 125, 152-154,
   367-382)의 서술에 주로 의거한 것이다. 한편, 쉬젠신徐建新(2006: 251f.)에는 A2~A4형에
   대하여 약간의 다른 견해가 제시되어 있으므로 여기에 함께 소개하고자 한다.
   ● 제1유형의 원석탁본: 대략 <u>1887년 이후</u>에 채탁된 것으로, 대만의 중앙연구원 을본, 중국
     의 북경대도서관 E본, 왕소잠본, 중국국가도서관본 등이 있는데, 이들은 <u>1887년 담광경
     談廣慶 제작본과 1888년 양이楊頤 등이 북경으로 들여온 것일 가능성이 높다.</u>
   ● 제2유형의 원석탁본: 1889년 이운종李雲從이 채탁한 것으로 북경대도서관 A(발문 有)·
     D본, 가네코본, 임창순본(발문 有), 중앙연구원 갑본, 북경대도서관 B·C본, 『<u>서통</u>』부록
     본, 미즈타니 원석탁본 등이 이 유형에 속한다.
4 최근에는 국내 소장의 새로운 원석탁본으로 경희대 혜정박물관 소장본이 소개되기도 하
   였다(서영수 2012 참조). 저자는 아직 이 탁본을 직접 보지는 못하였으나, 공개된 탁본 사진
   들에 의하건대 원석탁본일 가능성을 인정할 만한 특징들을 지닌 것으로 생각하고 있다. 다

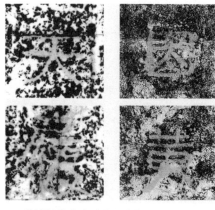

원석탁본(좌)과 석회탁본(우)의 자형 차이
(『문자, 그 이후』, p.115)

이상의 원석탁본들이 비문 연구에서 가히 절대적인 가치를 지님은 잘 알려진 사실이다. 특히 비문 자형字形에 대한 판독 과정에서의 논란이 일어날 경우 이를 해소함에 있어서는 미즈타니(1959) 이래로 원석탁본의 자형이 그 가장 큰 근거로 되고 있기 때문이다. 예를 들어 자형상 석회탁본과의 가장 큰 차이의 하나로 지목되는 1·3·27자(좌측 사진 위쪽)와 1·3·41자(좌측 사진 아래쪽)의 경우, 원석탁본을 바탕으로 각각 '天', '履'자로 확정됨으로써 종래 한국어학계에서 이두의 존재 여부를 둘러싼 논란마저도 해소될 수 있었던 것이다(본서 6.1.의 논의를 참조). 따라서 다음 장에서 행할 비문 판독 과정에서는 원석탁본들의 자형에 크게 의지하여 논란을 정리하고자 한다.

2.2. 묵수곽전본

묵수곽전본墨水廓塡本은[5] 비면에 종이를 대고 탁본(=원석탁본)을 떠서 그 탁

만, 1·3·27자('天')와 1·3·41자('履') 부분 등 곳곳에 결락 부분이 있는 듯하므로 원석탁본으로 확정되기에는 다소간의 걸림돌이 될 것으로 예상된다.

5 종래에는 '묵수곽전본'보다는 '쌍구가묵본雙鉤加墨本'이라는 용어가 좀더 일반적이었다. 그러나 현재 남아 있는 두 묵본(사카와본, 이초경본) 다 '쌍구'의 흔적 즉, 비면에 탁지를 직접 대고 글자를 본떴을[雙鉤] 때에 당연히 남아 있어야 할 자국 즉, 용지 뒷면 등에 남아 있어야 할 비면의 거친 표면이나 요철 따위의 흔적이 전혀 남아 있지 않으므로 최근에 일반화된

본을 보아가면서 문자를 석문釋文(=채탁된 글자가 어떤 글자인지를 파악)하고, 이를 바탕으로 그 위에 별지別紙를 대고 글자를 베낀 후 글자의 테두리 바깥 쪽을 먹물로 채워서 제작한 것을 말한다. 따라서 엄밀한 의미에서는 탁본이라고 말하기 어렵다. 그 제작 과정에서 원석탁본이 만들어졌지만 그것은 묵수곽전본을 만들기 위한 시료試料에 불과하였다(백승옥 2011: 20).

이 유형에 속하는 모탁본들을 다케다(2009)에서는 B형 묵본墨本으로 부르고 있거니와, 1880년~1883년 경에 제작된 것으로 추정되며 현재 두 본이 남아 있다(다케다 2009: 371, 쉬젠신 2006: 252, 280 종합).

> 이초경본李超瓊本: 4면, 134엽葉(매 엽 4행, 각 행 3자, 합 12자)의 전장본剪裝本. 북경 개인 소장. 이초경이 1881년에 입수한 두 본 중의 하나로서[6] 그가 이홍예李鴻裔를 경유하여 1883년 4월~ 1884년 6월 사이에 공부상서工部尚書 반조음潘祖蔭에게 바친 묵본이다. 따라서 이것은 1881년 이전에 제작된 것으로 추정된다.

> 사카와[7]본酒匂景信本: 4면 4매의 표장본表裝本. 원본은 134매의 소탁지小拓紙로 모탁模拓된 것인데, 후에 이들을 합쳐 1면 1매의 대형 걸개그림[掛軸] 형태로 다시 제작된 것이다. 현재 도쿄국립박물관 소장. 잘 알려진 것처럼 이 묵본

'묵수곽전본'이라는 용어를 채택한 것임을 밝혀둔다. 쉬젠신은 '모탁본模拓本' 또는 '초기곽전본初期廓塡本'으로 부르고 있다.

6 이러한 사실은 이 묵본에 달려 있는 이초경의 발문을 통하여 알 수 있다. 쉬젠신(2005: 196f., 2006: 53, 55) 참조.
　(제2 발문) 나는 이 비(문)을 요서[遼左]에서 얻었는데 계미년(1883년)에 오吳(=蘇州)로 가지고 왔다. 그 중 한 질을 중강中江(=江南)의 미생眉生 홍예鴻裔에게 주었더니 매우 좋아하였다.(此碑余得自遼左, 癸未携之來吳. 以一帙轉贈中江眉生丈鴻裔極蒙賞愛.)
　(제4 발문) 이 비(문)은 내가 광서光緒 신사년(1881)에 봉황성에 있을 때 얻었다.(是碑余以光緒辛巳客鳳凰城時得之.)

7 '酒匂景信'의 성姓 '酒匂'를 어떻게 읽는지 사람마다 다양하다. 일본학자들의 경우도 다케다 선생은 '사카와'로, 스즈키 선생이나 山近久美子 외(2011) 등에서는 '사코(우)'로 읽고 있는데, 여기에서는 다케다 선생의 비문 연구의 권위에 기대어 '사카와'로 읽은 것임을 밝혀둔다.

은 1883년에 일본 육군참모부 소속의 밀정密偵 사카와 가케아키酒匂景信 중위가 회인현懷仁縣 통구洞溝(현 집안시)의 탁공으로부터 구입하여 이듬해 5월 이전에 일본으로 가지고온[將來] 것이다. 위의 이초경본과 자형상의 차이가 두드러지지 않으므로(<표 1> 참조) 둘의 제작 시기는 비슷하였을 것으로 추정되고 있다.[8]

<표 1> 이초경본(좌)와 사카와본(우)의 자형 비교(쉬젠신 2006: 304f. 참조)

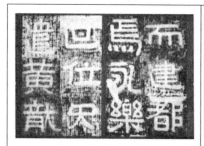

① 1·3·19~30자 "而建都焉永(不)樂世位 因(天)遣黃龍"부분에서

제2행 제2자 「不」은 사카와본이 원석탁본의 자형(丕)에 가까운 필치를 보이고 있는 반면, 제3행 제3자 「天」은 반대로 이초경본이 원석탁본의 자형(天)에 가까운 필치를 보이고 있다.

② 2·3·25~36자 "出交(百)戰王威赫怒渡阿被(利)水遣" 부분에서

제1행 제2자 「百」과 제4행 제1자 「利」는 양본 모두 원석탁본의 자형과 달리 각각 「交」, 「被」자로 모탁摹拓되어 있는 반면, 제3행 제1자 「怒」는 사카와본이 「奴」로 잘못되어 있다.

---

8 쉬젠신(2005: 251, 2006: 201ff.)에는 이 밖에 기록으로만 전해지는 묵수곽전본으로 오대징본吳大徵本(진사운陳士芸이 1886년 오대징에게 선사)과 장금파본張金波本(장봉대張鳳台가 『장백휘징록長白彙徵錄』에서 장금파의 방안에서 봄) 등을 소개하고 있다.

③ 1·2·24~35자 "母河伯女郎鄒牟王爲<u>木</u>(我)連葭" 부분에서

제4행 제1자 「我」는 양본 모두 원석탁본의 자형과 달리 「木」자로 모탁되어 있는 반면,
제2행 제2자 「郎」과 제4행 제3자 「葭」는 양본 사이에 필획상의 미세한 차이가 나타난다.

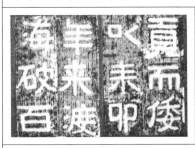

④ 1·9·4~15자 "貢而倭以辛卯年來渡海破百" 부분에서

제3행 제3자 「渡」와 제4행 제1자 「海」는 양본 사이에 필획상의 미세한 차이가 나타난다.

이상의 묵수곽전본 특히, 사카와본은 초기의 비문 연구를 이끌어온 주요한 기초 자료로 이용되었으나, 1913년의 집안유적 현지 조사단에 참여한 세키노關野貞 등에 의해 그 동안 채탁되지 않았던 제3면 1행이 확인되고, 1918년에 현지 조사한 구로이타黑板勝美에 의해 의심스러운 글자들에 대한 비판이 제기되면서(백승옥 2011: 18-19 등) 점차 사료로서의 가치가 떨어질 수밖에 없었다. 앞서 말한 바와 같이 다수의 원석탁본이 확보된 현재로서는 비문 연구에서 묵수곽전본들이 지니는 가치는 거의 없다고 해도 과언이 아닐 것이다.

다만, 이 유형의 묵본은 비문 발견 당시의 사람들이 채탁된 비문의 글자[碑

字들을 어떻게 이해하고 석문釋文하였는지를 알려주는 자료로서의 가치는 있는 것으로 판단된다. 또 하나 이 묵본들은 발견 당시의 비문 상태를 알려준 다는 데에 더 큰 의의를 찾을 수 있을 것이다. 예를 들어 한·일간에 첨예한 논 쟁을 불러일으키고 있는 이른바 신묘년조辛卯年條 기사가 일부의 이해대로 과 연 사카와에 의해 변조되었는가 하는 문제에 대하여 일정한 답을 해줄 수 있 을 것으로 기대된다. 특히 사카와본보다 제작 연도가 앞서는 이초경본의 발 굴로 이 문제의 해결에 대한 단서를 얻을 수 있다. <표 1>의 ④에 제시된 두 묵 본의 자형을 비교해보면, 「渡」자와 「海」자에 필획상의 미세한 차이만 나타날 뿐 당시인들의 비자碑字에 대한 이해가 일치한다는 점이 중요하다.

비문 변조설을 이끈 이진희李進熙 선생은 다음과 같이 말한다.

> "우선 문제가 되는 것은 (1)에 표시한 유명한 '倭以辛卯年來渡海破百殘'의 '來 渡海破' 네 문자로, … 酒匂 쌍구본이나 小松宮 탁본, 석회를 바른 직후의 楊·內 藤 탁본에서는 명확한 字畫이 되어 있다. 한데 시기가 내려가는 東洋文庫 탁본 이 되면 '海'字는 前行 같은 위치의 '平'보다 약 半字쯤이나 下方으로 몰려서 명 백히 다른 字畫이 되어 있다. 다음 水谷 탁본이 되면 문제의 縱線이 잘 보이는 반 면에 '海'字가 아님이 더욱 뚜렷해지고 있다. …… '來渡'의 두 글자도 석회가 剝 落해 가자 '來渡'라고는 판독되지 않고, 1918년 사진에서는 原碑面이 노출하고 있지만 거기서 '破'字를 인정할 수 없다. …… 자료에 나타나는 사실, 특히 小松 宮 탁본에 대한 三宅의 판독이 엄밀한 것으로 보여지는 이상 酒匂에 의한 變造 는 의심할 여지가 없는 것이다." <이진희(저)/이기동(역) 1982: 125-127>

그러나 위의 설명에서 석회 도포塗布 이전의 자료로 고마츠미야小松宮 탁본 만 증거 자료의 하나로 제시되어 있으나, 현재 이 탁본은 소장자나 소장 형태 가 미상일 뿐만 아니라 원석탁본인지도 불분명한 이상, 사카와 변조설의 결정 적인 증거로 삼기에는 부족함이 있다. 오히려 사카와가 집안 현지를 여행한 것이 1883년임이 더욱 분명해졌을 뿐만 아니라[9] 각기 독립적으로 제작되었을 양 묵본에서 문제의 '來渡海破' 구절에 대한 이해가 일치한다는 점에서 보면 석회 도포 등에 의한 비문 변조설은 더 이상 설 자리를 찾기 어려운 것이다.

2.3. 석회탁본

석회탁본은 비면에 석회를 발라 자획을 확실하게 표현한 다음 탁출한 탁본을 말한다. 비면에 석회를 바른 목적은 앞서 말한 바와 같이 선본의 탁본을 구함에 있었던 만큼, 석회를 바른 곳은 괘선罫線이나 글자가 없는 주변 중 비면 요철로 움푹 패인 곳 등으로 판단된다. [사진 11]에서 보듯이 글자가 있는 부분에는 석회 흔적이 거의 보이지 않는 것으로 보아서 글자를 인위적으로 새기거나 한 시도는 없었거나, 있었다고 해도 그리 많지 않았을 가능성이 높다 할 것이다. 이러한 점에서 석

[사진 11] 비면상의 석회 자국 (1918년 구로이타黑板勝美가 촬영한 1면 상부, 〈이진희 1972: 72〉)

회보수탁본으로 부르는 것이 좀더 정확한 명칭일 수 있겠다(백승옥 2011: 21).

이 유형에 속하는 탁본들을 다케다(2009)에서는 C형 묵본墨本으로 부르고 있거니와, 1895년 경부터 1980년까지 제작된 것으로 추정되며 다음과 같이 네 가지 하위 유형으로 구분된다. 그 근거는 '착묵 패턴법'에 따른 다음의 6개 포인트에서의 먹이 묻지 않은[不着墨] 양상이다(<표 2> 참조).

---

9 최근에 '明治十六年 酒勾景信'으로 쓰여진 「만주동부여행도滿洲東部旅行圖」가 미국 의회 도서관에서 발견되었음을 참조(山近久美子 외 2011).

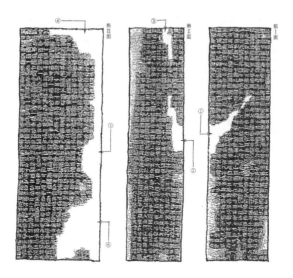

6개 불착묵 포인트(다케다 2009: 115)

〈표 2〉 석회탁본 불착묵 패턴 대조표(다케다 2009: 125, 2013a: 32 종합)

비 면 포인트	제1면 ①	제2면 ②	③	제3면 ④	⑤	⑥	비고 (제작 연대)
C1형	연속 4~7행	연속 3행 ×10~11字格	연속2~1행 ×6~4字格	연속 9행	연속 3행	연속 7행 ×11字格	
C1-1형	연속 4행	(10字格이 多)	연속 2행 ×6字格				(1895년 전후~)
C1-2형	연속 5행						(1903년 경~)
C1-3형	연속 6~7행	(11字格이 多)	연속2~1행 ×6~4字格				(1912년 경~)
C2형	右方先端6~ 8행 (7행 이상 多) 좌측 착묵	연속 2~3행 ×2~6字格 (2행×5字格 多)	[착묵]	연속 7행 이상 (5행 이상 多)	연속 3행	연속 7행 이하 ×10字格 이하 (7행×10字格 多)	① 드물게 좌측 불착묵 예가 있음 ① 極細白線右端까지의 예를 포함 (1925년 경 전후)
C3형	右方先端7~ 9행 좌측 착묵	[착묵] 또는 1행×4~3字格	[착묵]	[착묵]	[착묵]	[착묵]	① 極細白線右端까지의 예가 많음 ④⑤ 드물게 1행의 예가 있음 (1935~1938년 경)
C4형							(1963~1980년)

C1형[10]

C1-1형 : 가쿠인대학도서관 을본學習院大學圖書館乙本(4면·4매 정탁본整拓本), 오
초보본吳椒甫本(4첩 전장본剪裝本), 장엄본莊嚴本(16폭 전장본), 『晋好太
王碑』(1985, 중화서국 홍콩분국中華書局香港分局) 소재본所載本(전장본),
천진 문운당본天津文運堂本(4책 전장본, 현 대한민국 독립기념관 소장),
교토대학 인문과학연구소본京都大學人文科學硏究所本(=內藤湖南本, 4
면·4매 정탁본), 양수경본楊守敬本(4면·4매(추정) 정탁본), 요녕성박물
관본遼寧省博物館本(4면·4매(추정) 정탁본)

C1-2형 : 샤반느본Chavanne本(4면·4매 정탁본, 1907년 샤반느가 집안에서 탁출),
덴리대학도서관장 갑본天理大學圖書館甲本(=今西龍本, 4면·4매 정탁본,
1913년 10월 집안에서 구입), 가쿠인대학도서관 갑본學習院大學圖書館甲
本(4면·4매 정탁본), 도쿄대학종합자료관본東京大學總合資料館本(=關野
貞本, 4면·4매 정탁본, 1913년 10월 집안에서 구입), 조선총독부본朝鮮
總督府本(4면·4매 정탁본, 1913년 10월 집안에서 구입), 덴리대학도서
관 을본天理大學圖書館乙本(=辻元謙之助本, 4면·4매 정탁본, 1905년 집
안에서 구입) 등.

C1-3형 : 가나자와대학도서관본金澤大學圖書館本(=梅津忠淸本, 8축 정탁본), 국
립중앙도서관본(4면·4매 정탁본), 대만 중앙연구원 병본中央硏究院丙本
(4면·4매 정탁본), 나카노본中野政一本(4면·4매 정탁본), 서도박물관본
書道博物館本(=中村不折本, 4면·4매 4축 표장表裝 정탁본)

C2~4형

C2-1형 : 오히라본大平山濤本(4첩 전장본)

C2-2형 : 오사카요미우리TV본大阪讀賣TV本(4면·4매 정탁본), 고단샤본講談社本
(4면·4매 정탁본), 국립역사민속박물관 갑·을본國立歷史民俗博物館甲·

---

10 각 탁본에 대한 소개는 다케다(2009: 372-379)의 서술을 기본으로 하되, 일부 명칭은 소장
처 중심으로 수정하였다.

乙本(4첩 전장본)

C2-3형 : 규슈대학도서관본九州大學圖書館本(=梶本益一本, 4면·4매 정탁본, 1928
년 경(추정) 채탁), 오사카시립역사박물관본大阪市立歷史博物館本(=菅
野敏夫本, 4면·4매 정탁본), 도쿄국립박물관본東京國立博物館本(=鈴木
宗作本, 4면·4매 정탁본, 1935년 전후 입수), 대만 중앙연구원 정본中央
研究院丁本(4면·4매 정탁본), 길림성집안시박물관본吉林省集安市博物館
本(=張文舒本, 4면·4폭 표장본), 도쿄대학문학부고고학연구실 을본東
京大學文學部考古學研究室乙本(4면·4매 정탁본), 동양문고 갑본東洋文庫甲
本(4면·4매 정탁본), 도쿄도메지로구본東京都目黑區守屋教育會館鄉土資
料室本(=內藤確介本, 4폭 표장본, 1927~1929년(추정) 채탁) 등.

C3형 :   아다치본足立幸一本(4면·4매 축장본軸裝本), 서학원본書學院本(4면·4매
정탁본), 오사카시립역사박물관본大阪市立歷史博物館本(=關戶力松本, 4
면·4매 정탁본, 1935년 탁출), 미즈타니 정탁본水谷悌二郎精拓本(12첩 전
장본, 현 金光圖書館 소장; 칼럼 2 참조), 유승간본劉承幹本(4면·4매 정
탁본) 등.[11]

C4형 :   장명선 수탁본張明善手拓本(4면·4매 정탁본, 1963년 탁출), 길림성문물
관리국본吉林省文物管理局本(4면·4매 정탁본, 1974~1975년 경 탁출), 주
운대 수탁본周雲臺手拓本(4면·4매 정탁본, 1980년 탁출)

---

11 이 밖에 최근(2006년) 국립중앙박물관에 입수되어 국립중앙박물관 편(2010)에 부록으로
실린 "광개토왕비 탁본 전첩본"(구5248)도 이 유형에 속하는 것으로 판단된다. 그 주요 근
거는 <표2>의 '불착묵 패턴' ①이 연속 8행이면서 극세백선우단細白線右端이라는 점에
서 C3형의 특징에 가까운 것으로 판단되기 때문이다. 다만, 정탁본이 아닌 전정본을 복원
한 상태에서의 관찰이므로 그 정확성을 보장하기는 어렵다.

미즈타니 구장 정탁본舊藏精拓本의 정체

미즈타니 정탁본 즉, 「초탁호태왕비初拓好太王碑」는 한 동안 그 행방이 묘연하여 많은 이들에게 궁금증을 낳게 한 존재다. 쉬젠신徐建新(2006: 289)에서는 석회탁본으로서 원본 불명이며, 정지본整紙本 4매로 된 농묵중탁濃墨重拓의 무제발본無題跋本으로 말하고 있는데, 여기에는 일부 부정확한 정보를 담고 있다. 최근의 논의들을 참고하여 이 탁본에 대하여 저자가 지득知得한 바를 소개하고자 한다.

1. 탁본의 구입

미즈타니 선생이 이 탁본을 구입한 것은 1936년(昭和11) 10월 7일로서 도쿄東京 긴자銀座의 마쓰자카야松阪屋에서 열린 제1회 고서전람회에 린로카쿠琳瑯閣에서 출품[出陳]한 「초탁호태왕비」 12책을 35엔圓(현 시가로 한화 3,500만원 상당으로 추정)의 고가高價에 매입한 것으로 그의 일기에 기록되어 있다. 이 탁본에 대하여 그는 "두꺼운 황색지 위에 백지白紙를 중첩하여 좋은 먹으로 탁본拓本한 것이다. 비면 전체를 탁본한 것 같은데, 글자가 불명不明인 부분은 잘라버린 곳이 있다. 표지에 「初拓好太王碑」라 제題하였는데, 이제 지묵紙墨이 정량精良한 고로 정탁본精拓本으로 부른다."(「厚手の黃が丶つた紙の上に白紙を重ねて

善い墨で拓している。碑面凡てを拓したらしいが、字の不明な部分は截り棄てられた
處がある。表紙に『初拓好太王碑』と題するが、今紙墨精良なる故に精拓本と呼ぶ」)라
고 설명하였는데, 이에 따라 다케다 교수는 이를 '미즈타니 구장 정탁본水谷舊
藏精拓本'으로 명명한 바 있다(武田幸男 2007: 233f.).

2. 탁본의 재발견

미즈타니 정탁본이 기적적으로 다시 세상에 모습을 드러내기 시작한 때는
2009년 경인 듯하다. 2009년 4월 20일 발행의 다케다武田幸男(2009: 332)에 「水谷
舊藏精拓本」의 사진이 실려 있기 때문이다. 이 탁본에 대한 본격 조사 및 촬영
은 2012~2013년에 실시되었다(이나다稻田奈津子(2013: 121-123, 136) 종합).

- 1차 조사: 2012. 3. 13~14, 오카야마현岡山縣 아사쿠치시淺口市 소재 곤코도서
  관金光圖書館에서 이바라키荊木美行(皇學館大學 史料編纂所), 다케다武田行男(東京
  大學 名譽敎授), 이나다稻田奈津子(東京大學 史料編纂所) 참여.
- 2차 조사: 2012. 10. 20~21, 다케다武田, 이나다稻田, 스즈키鈴木靖民(國學院大學
  名譽敎授) 참여.
- 3차 조사 및 촬영: 2013. 2. 9~10, 다케다武田, 스즈키鈴木, 이나다稻田, 미카미三
  上喜孝(山形大學), 엔도遠藤珠紀(東京大學 史料編纂所) 참여.

[사진 12] 金光圖書館藏 「初拓好太王碑」 관련 사진 및 도표(이나다稻田 2013: 122, 128, 132)

이상의 3차에 걸친 조사를 통하여 곤코도서관장金光圖書館藏「초탁호태왕비」
(전장본剪裝本 12책, 3질帙로 보관, 청구번호「金光眞整氏寄贈」「昭和26年2月9日/第38700
號」)임에 틀림없으며, 탁본의 종류로는 석회탁본 C3 유형에 속하는 것으로 확
인된 바 있다.

3.『書品』100호 영인본과의 관계

미즈타니 정탁본이 다시 세상에 그 모습을 드러낸 이상, 1959년 발행의『書
品』100호에 영인된 탁본과의 관계 구명이 새로운 과제로 대두擡頭되었다.

미즈타니 정탁본	『書品』100호본	국립중앙박물관본

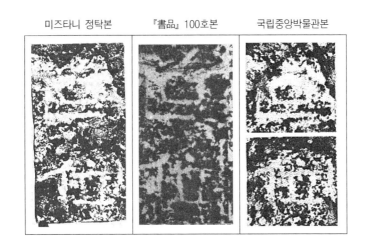

앞으로 좀더 정밀한 대조를 기다려야 할 것이나, 여기에서는 우선 이나다稻
田奈津子(2013: 129), '탁본사진 번호 09'로 제시된 1·3·25~1·3·26의 '世位' 부분
을 비교한 결과, 위에서 보듯이 미즈타니 정탁본과『書品』100호본과는 동일
한 것이 아닌 것으로 드러난다(이에 대해서는 2014년 11월 2일에 있었던 이나다 선생
과의 대화에서도 확인한 바 있다). 미즈타니 정탁본은 착묵이나 늑흔泐痕의 특징으

로 미루어볼 때, 오히려 국립중앙박물관 "광개토왕비 탁본 전첩본"(구5248)과 유사한 것으로 보인다.

결국 『書品』 100호에 실린 '初拓好太王碑'는 여전히 정체 불명의 석회탁본으로 남을 수밖에 없으므로 비문 연구의 참고 자료로 이용되기 어려운 것으로 판단하기에 이른 것이다.

[참고문헌]

다케다 유키오武田幸男(2009), 『廣開土王碑墨本の研究』, 東京: 吉川弘文館, pp.318-334.

미즈타니 데이지로水谷悌二郎(1959), 「好太王碑考」, 『書品』 100, pp.123-171.

쉬젠신徐建新(2006), 『好太王碑拓本の研究』, 東京堂出版, p.289.

이나다 나츠코稻田奈津子(2013), 「金光圖書館藏 『初拓好太王碑』 と 「水谷舊藏精拓本」, 古瀬奈津子編 『廣開土王碑拓本の新研究』, 東京: 同成社, pp.121-138.

제3장
「광개토왕비문」의
판독과 해석

 「광개토왕비문廣開土王碑文」(앞으로 필요시 '이 비문'으로 줄임)이 발견된 후, 이에 대한 해독과 연구가 이루어진 지도 한 세기를 족히 넘긴 만큼 그 동안 이 비문에 대한 연구 업적들은 그 수를 이루 다 헤아리기 어려울 정도로 많다.[12] 그러나 이 비문에 대한 연구가 주로 역사학계를 중심으로 전개됨으로써 국어학계의 논의들은 상대적으로 초라함을 면치 못하고 있는 실정이다.

 이러한 점을 염두에 두고서 이 장에서는 역사학계 논의들과의 학제적 교류와 소통을 꾀하는 한편, 제2부에서 행할 국어학적 연구편의 기초가 될 정본 canonical text를 확보하기 위하여 이 비문에 대한 판독을 새롭게 하면서 최대한 문면에 충실한 해석안을 도출하고자 한다.

 이를 위하여 미즈타니水谷悌二郎(1959) 이후 이 비문에 대한 판독과 해석안을 제출한 주요 논저들을 참조할 것인바 이들을 약호와 함께 소개하면 다음과 같다.

---

12 한국금석문 종합영상정보시스템(http://gsm.nricp.go.kr)에 제시된 〈참고 문헌 목록〉에 의하면, 이 비문에 대한 논의는 "屯岡良弼, 1888, 「高句麗古碑」, 『如蘭社話』8"을 필두로 2004년까지 430여 편이 제시되어 있다.

<水谷> : 미즈타니 데이지로水谷悌二郎(1959),「好太王碑考」,『書品』100, 東京:
東洋書道協會, pp.123-171.

<박> : 박시형(1966/2007),『광개토왕릉비』, 서울: 푸른나무.

<王> : 왕젠췬王健群 저/임동석林東錫 역(1984/1985),『호태왕비연구好太王碑
研究/광개토왕비연구廣開土王碑研究』, 서울: 역민사.

<武田> : 다케다 유키오武田幸男(2007),「廣開土王碑釋文/讀とみ下し 文/譯文」,
『廣開土王碑との對話』, 東京: 白帝社, pp.316-333.

<盧> : 노태돈盧泰敦(1992),「광개토왕릉비」/「모두루묘지」,『역주 한국고대
금석문 제1권(고구려·백제·낙랑 편)』, (재)가락국사적개발연구원,
pp.3-35, 91-102.

<白崎> : 시라사키 쇼이치로白崎昭一郎 저/권오엽·권정 역(1993/2004),『광개토
왕비문 연구』, 서울: 제이앤씨.

<耿> : 경톄화耿鐵華(1994),『好太王碑新考』, 吉林人民出版社.

<林> : 임기중林基中 편(1995),『광개토왕비원석초기탁본집성』, 동국대학교
출판부.

<손> : 손영종(2001),『광개토왕릉비문 연구』, 서울: 중심.

<任李> : 임세권任世權·이우태李宇泰 편(2002),『한국금석문집성(1): 고구려1
광개토왕비』(해설편·도록편), 한국국학진흥원·청명문화재단.

위의 제 논의들에서 판독상 문제가 된 글자들에 대하여 앞 장에서 소개한 8
종의 탁본[13] 사진과 동아시아 문자 자료들에서의 자형을 최대한 수집·정리한

---

13 본서에서는 앞서 소개한 탁본들 중에서 비문 판독 논의에서 문제가 되거나 도움을 줄 수 있
는 탁본들(묵수곽전본 1종, 원석탁본 5종, 석회탁본 2종)을 중심으로 판독에 임할 것이다.
이들의 약호, 본서에서의 명칭(소장처, 탁본 종류) 및 출처를 밝히면 다음과 같다.
① 酒匂本: 사카와본(東京國立博物館, 묵수곽전본), 다케다 편(1988), pp.216-223.
② 北大本: 북경대학도서관 A본(北京大學圖書館, 원석탁본), 임기중 편(1995), pp.11-60.
③ 水谷本: 미즈타니 원석탁본(國立歷史民俗博物館, 원석탁본), 다케다 편(1988), pp.40-87.

『대서원大書源』(東京: 二玄社, 2007)과 일일이 대조함으로써 최대한 정확한 판독이 될 수 있도록 노력할 것이다. 또한 해석과 관련된 핵심 어휘나 허사虛詞들에 대해서도『한어대사전漢語大詞典』등 각종 한어대사전류에 의거하여 중국 문헌들에서의 용례와 용법을 폭넓게 검토함으로써 가능한 한 문면에 충실한 해석안을 도출해내고자 한다.

3.1. 서사: 광개토왕의 세계世系와 행장行狀 (1·1·1~1·6·39)

비문의 첫 번째 단락은 서사로서 시조인 추모왕鄒牟王의 출자出自와 남하南下 순행巡幸하여 건국 창업한 유래에서부터 유류왕儒留王, 대주류왕大朱留王, 국강상광개토경평안호태왕國岡上廣開土境平安好太王으로 이어지는 고구려 왕가의 세계世系와 광개토왕의 행장行狀이 약술되어 있다.

---

④ 靑溟本: 청명 임창순 구장본(泰東古典硏究所藏本, 원석탁본), 임세권·이우태 편(2002), pp.8-247. 단, 3·1·1~3·6·35 부분은 奎章閣本으로 대신함.

⑤ 中硏本: 대만 중앙연구원 갑본(中央硏究院·歷史語言硏究所 傅斯年圖書館, 원석탁본), 다케다 편(1988), pp.90-137.

⑥ 金子本: 가네코본(金子鷗亭 所藏, 원석탁본), 다케다 편(1988), pp.140-211.

⑦ 國博本: 국립중앙박물관 "광개토왕비 탁본 전첩본"(구5248)(국립중앙박물관, 석회탁본), 『금석문 자료① 삼국시대』부록.

⑧ 周雲臺本: 주운대周雲臺 채탁본(集安市博物館, 석회탁본), 왕젠췬 저/임동석 역(1985), pp.426-445.

※ ⑦國博本은 초고 단계에서 '水谷2本'이라는 이름으로 제시했던『書品』100호에 실린 "初拓好太王碑"를 대신한 것이다. 칼럼 2에서 말한 대로『書品』100호본은 여전히 정체 불명의 석회탁본이어서 비문 연구 자료로 이용되기 어려운 점을 고려한 결정임을 밝혀 둔다. 國博本은 2006년에 국립중앙박물관에서 입수한 것으로 알려져 있으며, 각주 11)에 서 말한 바와 같이 C3 유형의 석회탁본에 속하는 특징을 갖춘 것으로 판단된다. 국박본은 기본적으로 석회탁본 특유의 자형들을 보여줌으로써 탁본 대조 자료로 이용되기에 부 족한 점이 없지 않으나, 석회탁본 중에서 드물게 3면이 14행으로 되어 있는 것이어서 비 문 연구의 보조 자료로서의 일정한 가치가 있을 것으로 기대한 것임도 밝혀둔다.

3.1.1. 추모왕鄒牟王의 출자出自와 순행巡幸(1·1·1~1·3·8)

판독 [14]

°惟昔始祖^鄒^牟王°之°創基也出自北夫餘天帝°之子母河伯女°郞
°剖°卵°降①*世生②*而有聖③□□□□□□命駕」₁·₁巡④*幸南下路
由夫餘奄利大水王臨⑤*津言曰°我°是皇天°之子母河伯女°郞^鄒
^牟王^為°我連⑥*葭浮°龜」應聲即^為」₁·₂連⑥*葭浮°龜₂°然後造渡

1) 특이 자형 확인 [15]

°惟 惟 , °之: 之 , °創: 創 , °郞: 郞 , °剖: 剖 , °卵: 卵

°降: 降 , °南: 南 , °臨: 臨 , °我: 我 , °是: 是 , °龜₁: 龜

°即: 即 , °龜₂: 龜 , °然: 然

2) 판독 이견자/추독자 변증辨證

	酒匈本	北大本	水谷本	靑溟本	中硏本	金子本	國博本	周雲臺本
①	出							

---

14 판독상의 약호는 다음과 같다.
  °**A**: 특이 자형자, ^**X**: 이체자(유니코드 등록자),
  ***Y**: 판독 이견자(또는 자형 확인 필요자),
  [P]: 잔존 자형에 의한 추독자推讀字(판독시), **Q**: 문맥에 의한 추독자(해석시),
  □: 판독불능자, ■: 각자刻字 결락缺落, 」ₐ·ᵦ: a면 b행 끝,
  1·1·1: 제1면 제1행 제1자 등.

15 유니코드에 등록되어 있지 않은 특이 자형자들의 확인은 편의상 쉬젠신徐建新(2006: 316-323)에 제시된 비문 임사문臨寫文을 소개하는 것으로 대신하고자 한다.

① 1·1·29는 한 동안 사카와본의 자형대로 '出'자로 판독되었으나, <水谷>에 와서 비로소 '世'자로 수정되어 현재 정설로 자리잡고 있다. 위의 탁본 대조표에서 보듯이 이 글자의 하단下端이 1·1·12의 '出'자의 자형(土)과는 확연한 차이를 보일 뿐만 아니라 대부분의 원탁原拓들에서 상단上端 가로획의 흔적도 약하게나마 찾을 수 있을 뿐만 아니라, 주운대본에서는 우측의 세로획도 확인할 수 있음에 유의하여 '世'자로 판독한 것이다.

	酒勾本	北大本	水谷本	靑溟本	中硏本	金子本	國博本	周雲臺本
②	子							

② 1·1·31도 사카와본 이래 한 동안 '子'자로 판독되었으나, <水谷>에 와서 비로소 '而'자로 추독推讀되었고, 그 후 이 판독안이 대체로 인정되고 있다. 위의 탁본 대조표에서 보듯이 원탁들에서 상단 두 가로획의 존재가 분명할 뿐만 아니라, 주운대본의 필획도 '而'자에 가까우므로 <水谷>의 판독안을 따른 것이다.

	酒勾本	北大本	水谷本	靑溟本	中硏本	金子本	國博本	周雲臺本
③	彳							

③ 1·1·34는 제 탁본들에서 보듯이 좌변을 '두인 변'(彳)으로 보기에는 그 자형이 자못 특이하여 어떤 글자인지 알아보기가 어렵다는 점에서 판독 불능자로 보고자 한다. 처음에는 <白崎>에서와 같이 문맥상 '德'자로 추독할 수 있으리라 판단하였으나,[16] 여호규(2011: 15)에서 이 부분의 문장이 기본적으로

---

16 최근에는 중국 고전과의 관련성을 근거로 이 글자를 '德'자로 추독하는 논의도 있다. 가와사키 아키라川崎晃(2012: 36)에서는 "生而神靈"<『史記』·五帝本紀>, "生高陽, 高陽有聖德焉"<『史記』·五帝本紀> 등의 어구를 취사 선택한 문장으로 보고 있음이 그것이다. 고구려 시조를 중국의 성왕

넉 자 단위로 구성된 운문韻文으로 볼 수 있을 뿐만 아니라, 「모두루묘지명牟頭
婁墓誌銘」 4·5행에서의 "天下四方知此國郡最聖(이 나라 이 고을이 가장 성스러움
을 천하사방이 알지니)"라는 구절을 참조하면 '生而有聖'으로 끝나는 것으로 보
는 편이 더 나을 것이라는 논의에 찬동한 것이다.

	酒勾本	北大本	水谷本	靑溟本	中硏本	金子本	국박본	周雲臺本
④								

④ 1·2·2도 사카와본 이래 오랫동안 '車'자로 판독되었으나, <水谷>에 와
서 비로소 '幸'자로 수정되어 현재까지 정설로 자리잡고 있다. 위의 자형 대조
표에서 보듯 이 글자가 '車'자라면 당연히 있어야 할 두 번째 획 즉, '日'의 좌
변 세로획의 흔적이 전혀 나타나지 않으므로 '車'자로 판독될 수 없음은 분명
하다. 대부분의 탁본들에서 보듯이 세 번째 가로획이 나머지 가로획들에 비
하여 약간 오른쪽으로 기울게 새겨져 있을 뿐만 아니라, 정중앙 세로획이 바
로 이 세 번째 가로획을 경계로 약간 끊어져 있음을 볼 때, <白崎>에서 지적된
바와 같이 '土' 밑에 '羊'을 쓴 '幸'자의 고체古體(䇂, 북위北魏 이벽묘지李壁墓誌)[17]
로 추정할 만한 근거를 갖춘 것으로 판단된다.

	酒勾本	北大本	水谷本	靑溟本	中硏本	金子本	國博本	周雲臺本
⑤								

聖王들에 비견比肩하였을 가능성을 제기한 셈인데, 문맥상 충분히 생각해 봄직한 추독으로 이해
되나, 문제의 자형이 자못 특이하여 역시 '亻'(두인 변)으로 볼 수 있느냐가 관건이 될 것이다.
17 본서에서 출전을 밝히지 않고 제시되는 자형 자료는 앞서 말한 『大書源』에서 인용한 것임
을 밝혀둔다.

⑤ 1·2·15에 대하여 <盧>에 이르기까지 제가의 판독이 '津'(나루 진)자로 통일되어 있었으나, <白崎>·<林>에서 '聿'(붓 율)자로의 판독안을 주장함으로써 새롭게 문제로 등장한 것이다. <白崎>는 中研·金子本에 따라 좌변 '삼수 변'(氵)의 필획이 보이지 않는 것으로 단언하고 있으나, 초기 탁본인 水谷本·中研本을 자세히 살펴보면, 쉬젠신徐建新의 임사문臨寫文('聿)과 같이 좌변 두 점의 흔적이 찾아지는 듯하므로 '津'자로 판독한 것이다. 2011년 11월에 水谷本을 실견한 결과, 이 비문에서 '氵'의 각자刻字 양상이 '池'자(2·7·14)와 '法'자(4·7·4)를 제외하고는 대부분 그 존재를 찾기 어려울 정도로 약하게 되어 있음도 고려한 것이다.

	酒勾本	北大本	水谷本	靑溟本	中研本	金子本	國博本	周雲臺本
⑥	葭							葭

⑥ 1·2·35=1·3·2에 대해서는 초기에 주로 '莰'(음훈 미상)자로 판독되었으나(<박>·<손>에서는 '鼈'(자라 별)자로 판독) 이 역시 <水谷>에서 비로소 '葭'(갈대 가)자로 판독되어 학계의 정설로 되어 있다. 이 글자의 '叚' 부분이 <水谷>에서 논의된 대로 당시의 금석문들에서 이 비문과 비슷한 자형을 보이고 있음을 참조(예: 假 '假', 동위東魏 고담묘지高湛墓誌).

해석 [18]

⑦惟昔始祖㉡鄒牟王之㉢創基也. 出自北夫餘, ㉣天帝之子, 母㉤河伯女郎. 剖卵降世, 生而有聖. □□□□□□. 命駕巡幸南下, 路由夫餘㉥奄

---

18 해석의 단계에서는 판독문에서의 이체자들을 표준자형으로 고치고, 추독자 표시를 없애는 한편, 문맥에 맞게 구두점을 표시하여 제시한다. 또한 주석이 필요한 부분들에 밑줄을 긋고 ㉠㉡㉢… 순서로 항목 표시를 할 것인바, 해석문에서 "A[/B]"로 제시한 경우들은 "A 또는 B"의 의미이면서도 A의 가능성이 더 큰 것으로 판단한 것임을 뜻한다.

利大水. ㈅王臨津言曰, ◎我是皇天之子, 母河伯女郞, 鄒牟王, ㈆爲我連
葭浮龜. 應聲即爲連葭浮龜. 然後㈈造渡.

　　옛적에 시조始祖 추모왕鄒牟王이 나라를 세우셨도다. (추모왕은) 북부
여北夫餘 출신으로 천제天帝의 아들이셨고, 어머니는 하백河伯의 따님이셨
다. 알을 깨고 세상에 나오셨는데, 태어나면서부터 성聖스러움이 있었
다. □□□□□ 수레를 명하여 순행巡幸하여 남쪽으로 내려가는데, 노
정路程이 부여夫餘의 엄리대수奄利大水를 경유經由하게 되었다. 왕이 나루
에 이르러 (엄리대수 또는 그 수신水神에게) "나는 천제의 아들이며, 어머
니가 하백의 따님이신 추모왕이다. 나를 위하여 갈대를 연결하고 거북이
떠오르도록 하라."라고 말씀하셨다. 그 소리가 떨어지자마자 (엄리대수
의 수신水神이) 곧 이어진 갈대와 뜬 거북이 다리(=부교浮橋)를 만들었다
[/(엄리대수의 수신이) 갈대를 엮고, 거북이를 떠오르게 했다]. 그런 다
음 비로소 강물을 건넜다[/강물을 건널 수 있었다].

㉠ '惟昔'에서의 '惟'는 발어사發語辭로서 해석하지 않음이 일반적이다. '維昔',
　　'唯昔'[19]에서의 '維', '唯'도 동일한 용법의 글자들이다.
㉡ 이표기: 문헌에 따라 '東明', '朱蒙', '鄒牟', '鄒蒙', '中牟', '仲牟', '都慕' 등으로
　　나타나며, 그 어원론에 있어서도 논란이 있다(칼럼 3 참조).

---

19 ① '惟昔': "惟昔李騫期, 寄在匈奴亭, 忠信反獲罪, 漢武不見明."＜晉·劉琨『扶風歌』＞, "惟
　　昔逢休明, 十載朝雲陛."＜南朝齊·謝朓「始出尙書省」＞ 등.
　　② '維昔': "維昔之富不如時, 維今之疚不如玆."＜『詩經』·大雅·召旻＞, "維昔黃帝, 法天則
　　地, 四聖遵序, 各成法度."＜『史記』·太史公自序＞, "維昔經營初, 邦君實王佐."＜唐·韓愈
　　「題合江亭寄刺史鄒君」＞ 등.
　　③ '唯昔': "著書盈萬言, 一往恐失墜. 唯昔黎陽獄, 弱羽困毛鷙."＜明·王世貞『傷盧柟』＞
　　※ 이상『漢語大詞典』에서 용례를 검색하여 보인 것이다(이하 같음).

칼럼 3

'朱蒙'의 어원론

고구려 시조의 휘자諱字(죽은 어른이나 높은 어른의 이름자) '朱蒙'의 어원에 대해서는 『삼국사기三國史記』에 "부여의 속어에 활을 잘 쏘는 사람을 주몽朱蒙이라 하였으므로 이를 아이의 이름으로 삼았다."(扶餘俗語 善射爲朱蒙 故以名云) <고구려본기1·시조 동명성왕>라는 기록이 있음은 잘 알려진 사실이다. 그동안 어학계에서는 이 기록에 대한 찬반 양론의 어원론이 전개되어 왔다. 사학계에서도 다양한 견해가 개진되어 있으나, 여기에서는 어학적 관점의 논의들을 중심으로 그 내용을 정리하고자 한다.

1. 이표기 정리

먼저 '朱蒙'의 이표기 양상을 정리해보면 다음과 같다(정구복 외 주석(2012), pp.406, 603 등 참조).

'東明'<『論衡』, 『魏略』, 『梁書』>, '朱蒙'<『魏書』, 『周書』, 『北史』 등>, '鄒牟'<「廣開土王碑」, 「牟頭婁墓誌銘」, 『新撰姓氏錄』 右京諸蕃 下 高麗條>, '朱蒙[一云鄒牟 一云衆解] …… 扶餘俗語 善射爲朱蒙 故以名云'<『三國史記』13·始祖 東明聖王>, '鄒牟 或云朱蒙'<『三國史記』23·百濟始祖溫祚王>, '朱蒙 一作鄒蒙'<『三國遺事』1·王曆>, '中牟'<『三國史記』6·文武王 10년 安勝 冊文>, '仲牟'<『日本書紀』27·天智紀 7년조>, '都慕'<『續日本記』40·桓武 延曆9년 秋7月 辛巳日條> 등.

이상의 이표기들을 시대순으로 배열해보면, '東明(『論衡』 등)>鄒牟(「광개토왕비」 등)>朱蒙(『위서』 등)>仲牟(『일본서기』)>都慕(『속일본기』)>中牟(『삼국사기』)>鄒蒙(『삼국유사』)'로 나타난다. 다만, '東明'을 '朱蒙'과 동일 인물로 볼 것이냐, 아니면 별개의 인물로 볼 것이냐에 대하여 학계의 논란이 계속되고 있을 뿐만 아니라, 동일 인물로 본다고 하더라도 '東明'이 후대에 붙여진 찬양성讚揚性 시호諡號라는 견해가 강하고(이복규 1990, 1991 등), '仲牟', '都慕', '中牟' 등의 표기는 8세기 이후의 문헌들에 나타나고 있으므로 그 가치가 떨어질 수밖에 없다는 점에서 이들을 제외한 '朱蒙'과 '鄒牟'만이 의미있는 이표기로 정리될 수 있는 것이다.

2. '朱蒙'=[善射] 說

'주몽'의 어원론에 대한 첫 번째 시도로서 위에 소개된 『삼국사기』의 기록을 퉁구스계어 어휘 자료들을 바탕으로 입증하려 한 무라야마 시치로村山七郎(1987a·b)=이기문李基文(1991)의 학설이다.

무라야마(1987a)에서는 『滿和辭典』(1937) p.299의 'mangga' 항목에 '善射'의 의미가 있음과 남퉁구스어인 오로치·오로코·올차·나나이어 등에 'ču:'[最]라는 단어가 있음을 근거로 '朱蒙Ču moŋ<maŋ(ga)'을 '最善射(者)'(최고로 활을 잘 쏘는(자))의 의미로 해석하는 어원론을 펼친 바 있다.

무라야마(1987b)에서는 이러한 어원 해석에 대한 보론補論을 덧붙이고 있다. 그는 원편에 보인 김사엽 선생의 설에 대하여 '금→검→금→암→엄→즘'[神·王]으로 설정한 음변화의 부자연성, 『滿洲源流考』에서 설명한 '卓琳莽阿ʒorin manga'에서의 '卓琳≒朱'의 문제점을 지적하고 있다. 이어서 I.A.Lopatin (1957), Material on the Orochee Language, Micro-Biblio theca Anthropos Vol.26에서 'tcu'[最], 'manga'[强한, 强하게] 두 단어를 소개하면서 오로치어에서의 'tcu manga'가 '最强(者), 最强으로'의 의미를 지님은 '朱蒙=善射'의 어원 해석에 중요한 뒷받침이 될 것임을 주장하고 있다. 무라야마(1987a)의 논의 내용은 이기문(1991: 505)에서 간략하게 소개된 바 있다.

中牟〔安勝の冊文〕・仲牟〔『日本書紀』の天智紀〕などがある。みな「神・王」の古語「ㄱ」(kʌm〜čʌm)が「즘」(čim〜čim)に音転したものである。ㄱ→곰→검→금→감→엄→즘〜(kʌm〜kʌm〜kim〜kam〜ʌm〜čim)。

↓금↓암↓엄⇒즘

原語「즘」は扶余語の「善射」の語と一致しているために本書記載のような説話が生じたのである。

扶余、謂善射曰朱蒙(『李相国集』巻三・東明王篇注)

書』巻一百・列伝・高句麗

及其長也、字之曰朱蒙、其俗言朱蒙者善射也(『魏

北史、朱蒙者、其俗言善射也、按今満洲語、称善射者、謂之卓琳莽阿、卓与朱音相近、琳則歯舌之余韻也、莽阿二字急呼之音近蒙、是伝写雖訛、音解猶有可考也(『満洲源流考』巻一・部族)

〈卓琳莽阿→쿼린망아 (čue-lin-maŋ-a)〕〉

金思燁(1980/1997: 292), '朱蒙'의 尾注

3. '朱蒙'=[東明星] 說

이와는 달리 몽골과 한국이 오랜 옛날부터 역사적으로 깊은 관계에 있었음을 염두에 두고서 고구려의 추모왕 신화와 몽골의 알랑고아 신화가 그 내용과 구성이 같을 뿐만 아니라, 햇빛 임신 신화라는 형태도 같다는 점에서 몽골어를 기초로 한 신설新說을 제기한 것은 최기호(2014)의 주장이다.

최기호 교수는 '朱蒙, 鄒牟, 鄒蒙, 仲牟'라는 이름에서 발음이 유사하다는 공통점이 발견되는데, 이들 이표기는 몽골어 '촐몽Цолмон'[샛별, 동명성東明星, 금성金星]을 한자로 전사한 결과로 볼 수 있다고 한다. 그 근거의 하나로 추모왕의 시호가 '동명성왕東明聖王'으로 되어 있음을 들고 있다.

그는 계속해서 고구려 초기 건국 과정에 나타난 어휘들의 몽골어 동계어설을 전개하고 있다. 광개토왕비문에 보이는 '엄리대수奄利大水'에서의 '엄리'를 '아무르Амур'에, 『위서魏書』에 보이는 고구려 도읍지 '흘승골성紇升骨城'을 현재 동몽골 도르너드 아이막Дорнод аимаг의 '할힌골Халхынгол'에 대응되는 것으로 보고 있는데, 이러한 몽골-고구려어의 대응관계도 그의 주장의 또다른 근거로 제시한 바 있다.

cf. (蒙) čolmun (漢) 啓明星, 亮星 (滿) durgiya <栗林均 編(2008: 110)>

4. 논의의 문제점 검토 및 정리

이상에서 소개한 '朱蒙'에 대한 두 어원설의 문제점을 검토해보면 다음과 같다.

먼저 최기호 교수설의 문제점은 앞서 '朱蒙'의 이표기를 정리하면서 언급한 것처럼 '東明'이라는 이표기가 '朱蒙'과는 별개의 인물을 가리키는 것일 가능성이 높을 뿐만 아니라, 고구려의 건국지建國地 관련 지명('奄利大水', '忽本' 등)을 현재 역사학계의 중론衆論과는 달리 압록강 유역이 아닌 동몽골 지역으로 잡고 있다는 점에서 문제점이 다분한 것으로 판단된다. 설사 그의 주장이 받아들여진다 하더라도 '촐몽'과 '鄒牟, 朱蒙' 등과의 음성적 대응관계에 대한 체계적인 논의 없이 현재와 같이 인상적 유사성에 근거한 설명은 재고되어야 할 것으로 판단된다.

다음으로 무라야마 교수설에는 고구려 시조의 휘諱의 최초 표기가 '朱蒙'이 아니라 오히려 '鄒牟'라는 점에 대한 고려가 전혀 보이지 않는다는 점이 문제로 보인다. 왜냐하면 '鄒牟'가 광개토왕비(414)에서부터 보이는 표기임에 비하여, '朱蒙'은『위서魏書』(559)에서부터 보이는 표기라는 점에서 그의 주장의 모든 것이 후대 중국에서 기원한 '朱蒙'에만 초점을 맞추고 있음이 문제점인 것이다.

다만, 이러한 문제점은 앞선 어원설에 비하여 그 정도가 덜한 듯하다. 왜냐하면 5세기 초에서 6세기 중반에 이르는 위진남북조대의 한자음에 비추어볼 때, '鄒牟~朱蒙'의 이표기로 전사하고자 한 음상은 [tsu mu(ŋ)] 정도로 재구될 수 있는데(이를 위하여 한경호 박사의 도움을 받았음을 밝혀 감사의 뜻을 전한다), 이는 무라야마 교수가 제시한 만주어 'ču moŋ(<maŋ(ga))'[最善射(者)]에 근사한 것이기 때문이다. 따라서 현재의 저자로서는 무라야마 교수의 '朱蒙Ču moŋ(<maŋ(ga))'=[最善射(者)]說에 찬동하고 싶다. 앞으로 좀더 정밀한 어원론이 펼쳐지기를 기대한다.

[참고문헌]

김사엽金思燁(1980/1997), 『完譯 三國史記廣』, 東京: 明石書店, p.292.

무라야마 시치로村山七郎(1987a), 「高句麗の初代王「朱蒙」の語源」, 『韓國文化』 87(1987 1月號), 東京: 自由社, pp.26f..

_____(1987b), 「再び高句麗初代王"朱蒙"について-朱蒙「善射」の語源解釋を試る-」, 『韓國文化』 98(1987 12月號), 東京: 自由社, pp.32f..

이기문李基文(1991), 「삼국시대의 언어 및 문자생활」, 『한국사상사대계』 2, 한국정신문화연구원, p.505.

이복규李福揆(1990), 「동명신화와 주몽신화의 개별성」, 『어문연구』 18-4, pp.441-449.

_____(1991), 「동명신화와 주몽신화와의 관계에 대한 연구성과 검토」, 『국제어문』 13·14, pp.199-222.

정구복 외 주석(2012), 『역주 삼국사기3-주석편(상)』, 한국학중앙연구원 출판부, pp.406, 603.

최기호(2014), 「언어학으로 본 고구려의 건국과 용어문제」, 제1회 상고사 학술회의(2014.5.13., 동북아역사재단) 발표문.

한경호韓炅澔(2009), 「中古音 三等韻의 前舌母音化」, 성균관대학교 대학원 중어중문학과 석사논문.

栗林均 編(2008), 『蒙文總彙』, 仙臺: 東北アジア研究センター叢書 第37號(pdf. version), p.110.

ⓒ '創基': '創立基業' 즉, '나라를 세우는 일[建國]'을 뜻한다.

ⓔ '天帝之子'의 주어에 대하여 이견異見이 있다. <王>·<林>에서 그 주어로 '그의 부친/아버님은'을 보충하고 있는데, 이는 그 다음 구절의 '母河伯女郞'을 의식하여 '天帝之子'의 앞에 '父'가 생략된 것으로 본 듯하다. 그러나 한문 어법상 이러한 경우의 주어 생략은 인정되기 어려우므로[20] 해석안으로 받아들이지 않았음을 밝혀둔다.

ⓜ '河伯'은 전설상의 인물로 중국 수신水神의 이름이다. 「모두루묘지명牟頭婁墓誌銘」에서는 '河泊'으로 되어 있으나, '사람인 변'(亻)과 '삼수 변'(氵)은 흔히 통용되는 자형이므로 '河泊'의 '泊'은 '伯'의 이체자로 보아야 할 것이다.[21]

한편, '女郞'에 대하여 대부분의 논저들(<박>·<盧>·<林>·<손>·<任李>)에서 '河伯女郞'을 '河伯의 딸(또는 따님)'으로 해석하고 있다. 그런데 白崎(1993/2004: 76)에서 '女郞'에 존칭 용법이 있는지에 대하여 의문을 표시한 후, 『日本書紀』·雄略紀 5년 夏四月條에서의 '適稽女郞(チヤクケイエハシト)'[22]의 예에 주목하여 백제나 고구려에서 여성을 뜻하는 어휘로 볼 것을 제안함으로써 다시 문제가 된 것이다.

그러나 서진西晉 태강 연간太康年間(280-289)에서 동진東晉 영화 연간永和年間(345-356)까지 생존한 것으로 추정되는 간보干寶의 『수신기搜神記』에 "班問: "女郞何在?" 曰: "女爲河伯婦."("따님은 어디 계시지요?" 胡母班이 묻자, "제 딸은 河伯의 아내가 되었지요." 泰山府君이 답하였다.)<卷4>[23]라는 예를 통하여

---

20 黃六平 저/洪淳孝·韓學重 역(1973/1994: 62-64)에 의하면, 한문에서의 주어 생략은 1) 대화 문맥, 2) 앞말을 받는 경우, 3) 뒷말을 받는 경우에 한한다.

21 실제 『大書源』에 제시된 北宋 미불米芾의 '伯'자(𝓵)와 明 진순陳淳의 '泊'자(𝓹)가 자형상 '泊'자와 흡사함이 그 근거가 될 것이다.

22 김현구 외3인(2002: 227) 참조. 'エハシト'는 『日本書紀』·雄略紀, 皇極紀 등에서 한반도 관련 여성 인물에 대한 훈점어訓點語로 기록되어 있으므로 일본어가 아니라 고대국어 어휘로서 신분이 높은 여성을 가리키는, 백제나 삼국 전체에서 통용되고 있던 일반적 호칭으로 보고 있다.

23 『搜神記』의 현전본은 명대明代의 집록본輯錄本이므로 이 비문 설립 당시의 한문 문법 대조에 이용함에 대하여 의문을 표시할 수 있겠으나, 竺家寧(2004)의 논의를 통하여 서진대西晉代 불경들의 문법 현상과 대부분 일치하는 것으로 드러났으므로 그 전거典據의 하나로 이용함에 특별한 하자瑕疵는 없는 것으로 판단한 것임을 밝혀둔다.

드물기는 하나, ‘女郎=따님’의 용례를 찾을 수 있으므로 저자도 ‘河伯女郎’을 ‘河伯의 따님’으로 해석한 것이다.

ⓑ 이표기: ‘掩淲水’<『論衡』>, ‘淹淲水’<『後漢書』, 『三國史記』13·高句麗本紀1·始祖 東明聖王>, ‘淹滯水’<『梁書』>, ‘施掩水’<『魏略』> 등.

ⓐ 이 구절을 林基中(1995: 381)에서는 ‘津’을 ‘聿’로 판독한 결과에 따라서 그 의미를 ‘自’로 보아 “왕이 (奄利大水에) 이르러 스스로 말하기를”로 해석한 것은 고한어古漢語 자료들에서 ‘聿’자가 ‘스스로’라는 의미로 해석될 만한 예를 찾기는 어려우므로[24] 그대로 받아들이기 어려울 듯하다.

ⓞ 이 구절도 林基中(1995: 381)에서 “나는 하느님의 아드님이 아버지며…”로 해석한 것 역시 채택하기 어렵다. 또한 이 구절에서의 ‘皇天’은 ‘天’과 ‘天神’에 대한 존칭어이므로[25] <白崎>에서 지적된 대로 ‘天帝’와 동의어로 문장의 변화를 위해 교체된 것으로 보고자 한다.

한편, 이 문장의 구조가 한국어식으로 되어 있어서 한문으로서는 어색한 문장임이 홍기문(1957: 27-28) 이래로 지적되어오고 있다. 한문으로서의 어색함은 분명하지만, 이 부분은 왕이 엄리대수(또는 그 수신水神) 대하여 길을 열 것을 명령하는 장면이라는 점에서 일상어의 문법이 아니라 주술어呪術語의 문법으로도 설명될 수 있음에서[26] 이두吏讀 발달의 맹아萌芽로 볼 것인지에 대해서는 판단이 쉽지 않다. 자세한 것은 본서 6.2.의 논의를 참조.

ⓩ 이 구절에 두 번 나오는 ‘爲’자는 그 용법[27]이 다르다. 먼저 ‘爲我連葭浮龜’의 ‘爲’는 ‘위하다’라는 뜻의 타동사(去聲)이므로 ‘나를 위하여’로 해석된다. 다음으로 ‘爲連葭浮龜’의 ‘爲’는 ‘連葭浮龜’를 목적어로 하는 ‘만들다’라는 뜻의 타

---

24 『古代漢語大詞典』에서 ‘聿’자는 “①=筆, ②疾貌, ③作語助, 無義”의 세 용법만 나와 있어서 ‘스스로’라는 뜻을 가진 용례는 찾을 수 없다.

25 【皇天】對天及天神的尊稱。“皇天眷命, 奄有四海, 爲天下君.”<『書經』·大禹謨>, “皇天無私阿兮, 覽民德焉錯輔.”<『楚辭』·離騷>, “天有五號, 各用所宜稱之 : 尊而君之, 則曰皇天.”<漢·許愼『五經異義』·天號 引『古尙書說』>, “妻孥朋友來相弔, 唯道皇天無所知.”<唐·白居易『哭微之』詩之一>

26 주술어의 문법에 의한 설명 가능성에 관해서는 ‘문헌과 해석’ 발표 시에(2014.9.5) 안대회 교수로부터 도움을 받았음을 밝혀 감사의 뜻을 표한다.

27 ‘爲’자에는 ①하다(平), ②되다(平), ③위하다(去), ④~이다<연계동사>(平), ⑤~을 ~으로 삼다<以~爲>(平), ⑥만들다(平), ⑦라 하다(平), ⑧당하다<피동>(平) 등의 용법이 있다. 자세한 것은 金泰洙(2010: 222-224) 참조.

동사(平聲)로 해석되거나, 동사 '連'[잇다]와 '浮'[떠오르다]에 사동 또는 피동의
뜻을 더하는 조동사로도 해석될 수 있다.[28]

이 문제와 관련하여 <武田>은 이 구절을 "聲に應じ, 即ち爲に葭を連ね, 龜を
浮べ(그 소리에 응하여, 즉시 그렇게 하여 갈대를 엮고, 거북이를 띄우고)"로
해석하여 '即爲'를 부사구로 본 반면에, <白崎>는 "聲に應じて即ち連葭浮龜
を爲す(그 소리에 응하여 곧 이어진 갈대와 뜬 거북이의 다리(=浮橋)를 만들
었다.)"로 해석하여 '爲'를 타동사로 본 차이를 보이고 있다. 여기에서는 한문
문법상 <白崎>의 해석안과 여호규 교수의 제안을 제1안[/제2안]으로 병기倂
記한 것이다.

㋨ '造渡'는 <박>에서 설명한 대로 ①'造'를 부사로 보면 "비로소 건넜다"로, ②'造'
를 '成就'를 뜻하는 조동사助動詞로 보면 "건널 수 있었다"로 해석할 수 있다.

3.1.2. 추모왕의 건도建都~대주류왕의 소승紹承(1·3·9~1·4·23)

판독

°於沸流谷忽^夲西°城山上而建都焉不樂世位⑦*天°遣黃°龍^来下
迎王王°於忽^夲東^罡29⑧*履」1·3°龍⑨*首°昇天°顧命世子°儒°留
王°以道興治大朱°留王°紹承基°業

---

28 여기에서의 '爲'자의 용법에 대하여 한국목간학회 워크숍 당시 장경준·여호규 교수의 비
    판을 참조한 것이다. 즉, '갈대를 잇고 거북을 떠오르게 했다'(여호규 교수의 해석안), '갈대
    가 연결되고 거북이 떠오르게 되었다'(장경준 교수의 해석안).

29 이 글자는 초기에 '罡'(별이름 강)자 또는 '岡'(산등성이 강)자로도 제시했던 것인데, 유니코
    드에서 해당 글자(Code No. 026286)를 새로 찾아 제시한 것이다. '岡'자가 '罡'의 자형으로
    나타나는 사례로는 한국의 경주「壺杅塚銘文」(415 罡), 일본의 多胡碑(711 罡), 平安 傳橘
    逸勢伊都内親王願文(罡) 외에 法隆寺 소장 銅板造像記(707), 威奈大村 骨藏器 등 신라와
    일본의 자료들에 분포하고 있다. 이는 고구려가 고대 동아시아 문자문화의 전파에 '도관導
    管'의 역할을 수행한 것으로 평가되는 자료의 하나다(李成市 2005: 40-41).

1) 특이 자형 확인

°於: 於, °城: 城, °遣: 遣, °龍: 龍, °昇: 昇, °顧: 顧,

°儒: 儒, °留: 留, °紹: 紹, °承: 承, °業: 業

2) 판독 이견자/추독자 변증

	酒勾本	北大本	水谷本	靑溟本	中硏本	金子本	國博本	周雲臺本
⑦	因							

⑦ 1·3·27에 대해서는 사카와본 이래 오랫 동안 '因'자로 판독되었으나, <武田>에 와서 비로소 '天'자로 수정되었다. 이후에도 '因'자로 판독하는 안 (<盧>·<耿>·<任李>), '天'자로 판독하는 안(<白崎>·<林>·<손>)이 팽팽히 맞서고 있다. 대부분의 원석탁본들에서 아래 쪽의 가로획이 확인되지 않음으로써 '天'의 자형으로 드러남을 존중한 것이다.

	酒勾本	北大本	水谷本	靑溟本	中硏本	金子本	國博本	周雲臺本
⑧	黃							

⑧ 1·3·41에 대해서도 사카와본 이래로 오랫 동안 '黃'자로 판독되었으나 (국어학계에서는 여전히 이 판독을 따르는 논의들이 많다), <水谷>에 와서 비로소 '履'(밟을 리)자로 수정되어 이 판독안이 사학계의 정설로 자리잡고 있다. 위의 표에서 보듯 모든 탁본들에서(國博·周雲臺本 제외) 상단 '尸'의 자획이 뚜렷할 뿐만 아니라, 水谷本·靑溟本·中硏本 등에서 '復'의 우상부右上部 자형의 확인

도 가능하므로 '履'자로 판독한 것이다. 덧붙여 박진석(1993: 39)에서 1976년 린지더林至德가 촬영한 사진에서 비교적 명확하게 '履'자로 표현되는 것으로 언급된 점도 참조.

	酒匂本	北大本	水谷本	靑溟本	中硏本	金子本	國博本	周雲臺本
⑨	頁							

水谷本 1면
3-4행 상단부

⑨ 1·4·2에 대해서는 '負'자로 판독하는 안(<박>·<王>·<손>), '首'자로 판독하는 안(<水谷>·<武田>·<白崎>·<耿>) 등 이견이 많은 글자이다. 저자도 처음에는 酒匂本에 보이는 대로 '頁'(머리 혈)자로 판독하려 하였으나, '龍頁'이라는 단어가 존재하지 않을 뿐더러 대부분의 원탁들에서 상단의 두 점이 나타남에 유의하여 '頁'자 위에 두 점이 있는 형태로 보고자 하였다. 그런데 『大書源』 등에 실려 있는 글자들 중에 이와 동일한 자형이 보이지 않을 뿐만 아니라, <水谷>·<白崎>에서 지적된 대로 그 우측 '葭'자(1·3·2)와 비교할 때(원편 그림 참조), 이 글자의 하단 발 부분('ハ')까지를 인정할 경우에 그 아래 '昇'자와의 간격이 지나치게 좁아지는 문제점을 고려하여 마침내 이 글자를 '首'자로 판독하기에 이른 것이다. 결국 문제의 하단 발 부분('ハ')을 실획實劃이 아닌 늑흔泐痕으로 판단한 셈인데(=國博本), 대부분의 원탁들에서 보듯이 발 부분의 좌측 획에 비하여 그 우측 획이 불완전하게 나타날 뿐 아니라 '墓'자(4·9·40)의 예를 제외하고는(이에 대해서는 따로 설명할 것임) 이 비문에서 상하의 길이가 지나치게 긴 글자가 보이지 않음을 또다른 판단 근거로 삼은 것임을 밝혀두고자

한다.

해석

> 於沸流谷忽本西, ㉠城山上而建都焉. ㉡不樂世位, ㉢天遣黃龍來下迎王. 王於忽本東岡, ㉣履龍首昇天. ㉤顧命世子㉥儒留王, ㉦以道興治, ㉧大朱留王, 紹承基業.
>
> 비류곡沸流谷 홀본忽本 서쪽에서 산 위에 성을 쌓고 여기에 도읍都邑을 세웠다. (왕이) 세속의 지위(=왕위王位)를 즐겨하지 않으시니, 하늘이 황룡黃龍을 보내어 내려와서 왕을 맞이하게 하였다. 왕은 홀본 동쪽 언덕에서 용의 머리를 밟고서 승천昇天하였다. (그 후) 고명세자顧命世子인 유류왕儒留王은 도리로써 정치를 진흥振興시키고, 대주류왕大朱留王은 국가의 대업을 계승하였다.

㉠ 여기에서의 '城'자는 동사로서 '성을 쌓다'라는 의미이다. '山上'은 글자 그대로 '산 위'로 해석되는데, 앞서 소개한 오녀산성五女山城이 바로 여기서 말하는 고구려의 첫 도읍지 '홀본성忽本城' 또는 '졸본성卒本城'에 비정되고 있다. 한편, 이 문장 끝의 '焉'자는 단순한 종결사(서술, 단정)라기보다는 문맥상 지시대사指示代詞(또는 전치사 겸 대명사) 용법(=於此, 於是)[30]의 예로 판단하여 '여기에'를 보충한 것이다.

㉡ '世位'에 대해서는 한동안 『漢語大詞典』의 뜻풀이대로 고대 제후국諸侯國에서의 '작위爵位 세습世襲'[31]을 가리키는 어휘임을 감안하여 일단 '世位'를 그대로 살리는 방향으로 두었으나, '世位'에 '세속적 지위'라는 의미를 지닌 확실한 예

---

30 "廣土衆民 君子欲之, 所樂 不存焉."(토지를 넓히고 백성을 많게 함은 군자가 하고자 하나, 즐거워함은 여기에 있지 않다.)<『孟子』·盡上> 등.

31 【世位】 ① 謂爵位世代相傳. "古諸侯建家國, 世位, 權柄存焉."<漢·荀悅 『申鑒』·時事>, "或以諸侯世位不必常全, 昏主暴君有時比跡, 故五等所以多亂也." 張銑注: "世位, 謂子孫相傳也."<『文選』·陸機·五等諸侯論>

를 찾게 되어[32] 일반의 해석대로 수정한 것이다. 다만, 추모왕의 갑작스런 죽음에 대해서는 모종의 '정쟁政爭'과 연관성이 있는 것으로 보고자 한다(칼럼 4 참조).

---

32 "菩薩現身作國王, 於世位最無等 ……"(보살이 현신하여 국왕되시니 세속의 지위에선 짝할 이 없고 ……)<『大方廣佛華嚴經』卷第二十八·十迴向品第二十五之六>. 이 용례를 찾아냄에 있어서 '문헌과 해석' 발표시(2014. 8. 8, 양지원) 저자의 해석에 대한 이종묵 교수의 비판이 계기가 되었음을 밝혀 사의謝意를 표한다. '世位'에 '세속적 지위'라는 의미가 있는 용례를 찾기 위하여 北京大中國語言學硏究中心에서 제공하는 CCL資料庫에서 화엄경의 용례를 찾았고, 이에 대한 해석은 http://lee4ra.com.ne.kr/whaem/dl/wha28.htm에서 제공한 해석문을 참조하였음을 밝혀 또한 감사의 뜻을 전한다.

'不樂世位'의 행간行間

광개토왕비에는 고구려의 시조 추모왕의 죽음에 대하여 의외로 간단하게, 어떻게 보면 너무나 허무하게 기술記述하고 있다. 즉, "비류곡沸流谷 홀본忽本 서쪽에서 산 위에 성을 쌓고 거기에 도읍都邑을 세웠다. (왕이) 세속의 지위(=왕위)를 즐겨하지 않으시니, 하늘이 황룡黃龍을 보내어 내려와서 왕을 맞이하게 하였다."(於沸流谷忽本西, 城山上而建都焉. 不樂世位, 天遣黃龍來下迎王.)라고 함으로써 '건국'과 '죽음' 사이에 벌어진 일들을 전혀 밝히지 않고 있기 때문이다. 『삼국사기』에서의 관련 기록들과 비교하면서 '不樂世位'의 구절에 숨어 있는 뜻을 짐작해보고자 한다.

1. 고구려본기의 기록

먼저 『삼국사기』 권13·고구려본기1의 유리명왕 즉위조와 시조 동명성왕 19년조의 기록을 차례대로 보이면 다음과 같다.

- 유리명왕이 왕위에 올랐다. …… 예전에 주몽이 부여에 있을 때, 예씨에게 장가 들었는데 그녀에게 태기가 있었다. 그녀는 주몽이 떠난 뒤에 아이를 낳았는데 이 아이가 유리였다. 유리가 어렸을 때, 거리에 나가 놀면서 참새를 쏘다가 물긷는 부인의 물동이를 잘못 쏘아 깨뜨렸다. 그 부인이 꾸짖어 말하기를

"이 아이는 애비가 없어서 이렇게 논다."라고 하였다. 유리가 부끄럽게 여기고 돌아와서 어머니에게 물었다. "우리 아버지는, 어떤 사람이며 지금은 어디에 계십니까?" 어머니가 대답하였다. "너의 아버지는 비상한 사람이어서 나라에서 용납하지 않았기에, 남쪽 지방으로 도망하여 나라를 세우고 왕이 되었다. 아버지가 떠날 때 나에게 말하기를 '당신이 만약 아들을 낳으면, 나의 유물이 칠각형의 돌 위에 있는 소나무 밑에 숨겨져 있다고 말하시오. 만일 이것을 발견하면 곧 나의 아들일 것이오'라고 말했다." 유리가 이 말을 듣고 바로 산골로 들어가 그것을 찾았으나 실패하고 지친 상태로 돌아왔다. 하루는 유리가 마루에 앉아 있었는데, 기둥과 주춧돌 사이에서 무슨 소리가 나는 듯하여 가보니, 주춧돌이 칠각형이었다. 그는 곧 기둥 밑을 뒤져서 부러진 칼 조각을 찾아냈다. 그는 마침내 이것을 가지고 옥지·구추·도조 등의 세 사람과 함께 졸본으로 가서, 부왕을 만나 부러진 칼을 바쳤다. 왕이 자기가 가졌던 부러진 칼 조각을 꺼내어 맞추어 보니, 하나의 칼로 이어졌다. 왕이 기뻐하여 그를 태자로 삼았는데, 이때에 와서 왕위를 잇게 된 것이다. (琉璃明王立 諱類利 或云孺留 朱蒙元子 母禮氏 初 朱蒙在扶餘 娶禮氏女有娠 朱蒙歸後乃生 是爲類利 幼年 出遊陌上 彈雀誤破汲水婦人瓦器 婦人罵曰 此兒無父 故頑如此 類利慙 歸問母氏 我父何人 今在何處 母曰 汝父非常人也 不見容於國 逃歸南地 開國稱王 歸時謂子曰 汝若生男子 則言我有遺物 藏在七稜石上松下 若能得此者 乃吾子也 類利聞之 乃往山谷索之不得 倦而還 一旦在堂上 聞柱礎間若有聲 就而見之 礎石有七稜 乃搜於柱下 得斷劍一段 遂持之與屋智 句鄒 都祖等三人 行至卒本 見父王 以斷劍奉之 王出己所有斷劍合之 連爲一劍 王悅之 立爲太子 至是繼位)

- 19년 여름 4월, 왕의 아들 유리가 부여로부터 그 어머니와 함께 도망해오니, 왕이 기뻐하여 태자로 삼았다. 가을 9월, 왕이 승하하였다. 이때 왕의 나이 40세였다. 용산에 장사지내고, 호를 동명성왕이라 하였다. (十九年 夏四月 王子類利自扶餘與其母逃歸 王喜之 立爲太子 秋九月 王升遐 時年四十歲 葬龍山 號東明聖王)

이상 고구려본기의 내용을 정리해보면 다음과 같다.

추모왕이 부여를 떠나기 전 결혼한 예씨부인에게 태기가 있었고, 추모왕이 떠난 뒤에 예씨가 아들을 낳았는데 이가 곧 유리이다. 칠각형 주춧돌로 된

기둥 밑을 뒤져 부러진 칼을 찾은 유리는 어머니와 함께 부여를 떠나 고구려에 도착한 후, 추모왕을 만난 것이 추모왕 19년(B.C.19) 여름 4월의 일이었다. 유리가 부왕께 부러진 칼을 보여주자 추모왕이 자기가 가졌던 부러진 칼 조각과 맞추어보니 하나의 칼로 이어지자 왕이 기뻐하여 그를 태자로 삼았다. 그로부터 불과 5개월이 지난 가을 9월 추모왕은 승하하게 되고, 유리가 왕위를 이은 것이다. 여기서 문제가 되는 것은 불과 다섯 달 동안에 고구려에서 무슨 일이 벌어진 것일까 하는 점이다.

2. 백제본기의 기록

문제의 5개월 동안에 일어난 일들에 대한 실마리는『삼국사기』권23·백제본기1 온조왕조의 기록에서 편린片鱗이나마 구할 수 있다.

- 백제의 시조 온조왕은 아버지가 추모 혹은 주몽이라고도 한다. 주몽이 북부여로부터 난을 피하여 졸본 부여에 이르렀다. 부여왕은 아들이 없고 세 명의 딸만 있었는데, 주몽을 본 후, 그가 비상한 사람임을 알고는 그에게 둘째 딸을 시집보냈다. 그 후 얼마 안 되어 부여왕이 죽고 주몽이 뒤를 이었다. 주몽은 두 명의 아들을 낳았는데, 맏아들은 비류, 둘째 아들은 온조라고 한다. …… 때에 주몽이 북부여에서 낳았던 아들이 와서 태자가 되자, 비류와 온조는 자신들이 태자에게 받아들여지지 않을까 걱정되어 마침내 오간마려 등 열 명의 신하와 함께 남쪽 지방으로 떠났다. (百濟始祖溫祚王 其父 鄒牟 或云朱蒙 自北扶餘 逃難 至卒本扶餘 扶餘王無子 只有三女子 見朱蒙 知非常人 以第二女妻之 未幾 扶餘王薨 朱蒙嗣位 生二子 長曰沸流 次曰溫祚 …… 及朱蒙在北扶餘所生 子 來爲太子 沸流溫祚恐爲太子所不容 遂與烏干馬黎等十臣南行 ……)

백제본기의 기록에서 보면, 부여에서 온 유리가 고구려로 와서 태자가 되자 이복동생 비류와 온조는 자신들이 받아들여지지 않을까 걱정되어 열 명의 신하들과 함께 남쪽으로 떠난 것으로 문제의 기간 동안에 일어난 사태의 일단一端을 보여주고 있다. 여기서 추측할 수 있는 사태의 하나는 태자 책봉을 둘러싼 정권 다툼의 발생이라고 할 수 있다.

사실 비류나 온조의 편에서 보면, 이복형異腹兄 유리가 없는 19년 동안 어머니 소서노에 대한 부왕의 극진한 사랑 속에 왕위 계승의 위치에 가장 가까이 있었다고 해도 과언이 아닐 것이다. 그러던 것이 유리의 귀환으로 앞날이 보장되기 어려운 불안한 위치로 전락하고 말았으니, 이는 필연적으로 비류와 온조를 중심으로 한 소서노 세력(계류부 세력)과 유리를 중심으로 한 세력(유리 명왕이 즉위 후 다물후多勿侯 송양松讓의 두 딸과 결혼하였고, 송양이 과거 비류국왕沸流國王이었던 점에 비추어서 이 세력은 송양을 중심으로 한 비류나부(또는 소노부) 세력이었을 것으로 추정된다) 사이에 정쟁政爭이 일어날 수밖에 없었고, 그 결과 유리·송양 중심의 비류나부 세력의 승리로 귀결된 것으로 추측하기 어렵지 않을 것이다.

3. '不樂世位'의 숨은 뜻

결국 이러한 정쟁 사태에 직면한 추모왕으로서는 매우 괴로웠을 것이며, 마지막으로 소서노와 비류·온조 세력이 남쪽으로 내려가도록 중재를 한 후, 아마도 세상살이에 의욕을 잃고 같은 해 9월에 승하하지 않았을까 생각된다. 이러한 저자의 억측이 허용된다면, '不樂世位' 구절에 숨어 있는 뜻은 '(왕위 세습 과정에서의 정권 다툼이 발생하여 왕이) 세속의 지위(=왕위)를 즐겨하지 않으시니' 정도로 해석하여야 전후 문맥의 흐름이 자연스럽다고 생각된다.

[참고문헌]

김기동 기자, 「유리는 어떻게 고구려 왕이 되었을까」, *Ohmynews* 2007. 3. 11.(http://cafe344.daum.net)

ⓒ 이 구절에서의 '遣'(보낼 견)자는 한문 문법상 '보내어 ~하게 하다'의 사동 구문으로 해석해야 할 것이다. <盧>에서는 이 구절을 "(하늘님이) 황룡을 보내어 내려와서 왕을 맞이하였다."로 풀이한 데 대하여, <武田>은 "하늘이 황룡을 보내어, 내려와서 왕을 맞이하게 하였다."로, <白崎>는 "天은 황룡을 파견하여 내려보내 왕을 맞이하게 했다."로, <손>은 "황룡을 보내여 내려와서 왕을 맞이하게 하니"로, <任李>는 "(하늘이) 황룡을 보내 내려가서 王을 맞이하게 하였다."로 풀이하였다. 저자의 해석은 <武田>·<손>과 일치한다.

이때 술어述語는 '來下'가 되는데, 앞에서 소개한 『수신기搜神記』에 '來+VP' 즉, 본동사本動詞 앞에 놓인 '來'는 부사어(=狀語)로서 후속 동사구의 의미를 꾸미는 용법이 발달되어 있었음을 참조하여(竺家寧 2004: 34-40)[33] '내려오다'로 풀이한 것이다. '來+VP'는 연동식連動式으로 '와서 V-하다'로 풀이함이 원칙이나, 대부분 'V-아/어 오다'로 풀이할 수 있고, 때로 본동사만 풀이해도 좋은 것으로 판단된다. 이 구절에서의 '來下'를 '내려오다'로 해석한 데 대하여 문맥상 <任李>처럼 '내려가다'가 더 어울리는 것이 아닌가 하는 의문을 제기할 수도 있다. 그러나 이 비문의 작성자의 관점에서 보면, 하늘이 황룡을 보낸 것이고, 황룡은 지상 곧 고구려로 내려오는 것으로 인식한 고구려 중심적 세계관을 보여준 것으로 이해하면 크게 문제되지 않는다.

끝으로 이 구절은 3세기 말에서 4세기 전반까지 살았던 진대晉代 갈홍葛洪의 저술에 나오는 "黃老今遣仙官來下迎之"(黃老께서 이제 仙官을 보내어 내려와서 그를 맞이하게 하셨다.)<『神仙傳』·沈羲>[34]와 그 구조가 동일하다는 점이 주목

---

33 몇 가지 주요한 용례를 보이면 다음과 같다.
- 果乘赤鯉魚出, 來坐祠中.(과연 琴高가 붉은 잉어를 타고 솟아올라, 사당에 (와서) 坐定하였다.)<『搜神記』·卷1>
- "知我好道, 公來下兮."(내가 道術을 좋아함을 알고, 公들(=八老公)이 내려오셨구려/公들을 내려보내셨구려].)<『搜神記』·卷1>
- 晉永嘉中, 有天竺胡人來渡江南.(晉나라 永嘉年間에 어떤 印度 胡人이 江南으로 건너 왔다.)<『搜神記』·卷2>
- 又烏來入室中, 與燕共鬪, 燕死烏去.(또 까마귀가 방안으로 들어와서 제비와 싸우는데 제비는 죽고 까마귀는 날아간 卦相입니다.)<『搜神記』·卷3>

이 밖에도 竺家寧(2004: 34-35)에는 '來至, 來降, 來視, 來巢, 來頓, 來到, 來取, 來就, 來求, 來訪, 來謂, 來謁' 등의 예문들이 소개되고 있다.

34 이 예문은 『漢語大詞典』에서 '來下'를 검색하는 과정에서 우연히 찾아낸 것이다. 이와 관

된다. 이는 이 비문의 문장의 일부가 중국 당대當代의 고전古典들을 참조하여 지어진 것일 가능성을 암시暗示한다는 점에서 매우 중요한 사례의 하나가 될 것이다.

㉣ 이 구절에 대한 해석에서 용龍이 동양에서 최고의 통치자를 상징한다는 점에서[35] 용의 머리를 밟는 것은 자연스럽지 못할 뿐 아니라 불경不敬하기까지 하다 함으로써 한문 문법의 면에서가 아니라 화용론적話用論的인 면에서 부정적인 의견이 제기되기도 하였다(김영욱 2004: 70-71). 일리있는 지적임에 분명하지만, 문제는 이러한 용에 대한 인식이 고대의 동양적 세계관, 특히 사후 세계死後世界에 있어서도 그대로 적용될 수 있을 것인가 하는 점이다. 이런 점에서 [사진 13]의 그림들은 이 문제에 대하여 시사示唆하는 바가 클 것이다. ①은 1973년 중국 호남성湖南省 장사시長沙市 자탄고子彈庫 1호묘에서 출토된 전국시대戰國時代 초楚나라의 비단그림인 '인물어룡도人物御龍圖'로서 묘주墓主가 용 또는 용선龍船을 몰고서 승천하기를 기원하는 장면을 묘사한 것이다. ②는 1971년 12월 중국 장사시長沙市 마왕퇴馬王堆 1호묘에서 출토된 부장품 중 T자형 비단그림으로서 묘주인 서한西漢 장사국長沙國 승상 이창利蒼의 부인이 사후세계로 승천하는 장면으로 부인 일행이 타고 있는 판이 두 마리의 용과 연결되어 있어서 마치 부인이 용을 타고 하늘나라로 가는 듯이 느껴지는 작품이다. 이와 같이 중국의 사례들을 통하여 사후세계에서의 용은 현실세계에서와는 달리 인식되었을 가능성을 발견하게 된다. 이러한 가능성은 고구려의 무덤 벽화 및 후대 한국의 불화佛畫나 민화民畫 등을 통하여 더 구체적으로 표현됨에 주목할 필요가 있다. ③은 고구려의 6세기 무덤 벽화의 하나로서 집안集安 오회분五盔墳 5호묘의 북서면에 그려진 '승룡신乘龍神·승기린신도乘麒麟神圖'로서 중국의 사례와는 달리 주인공이 직접 용을 타고 있음이 주목된다. 이와 같이 주인공이 직접 용을 타고 있

련하여『日本書紀』卷14 雄略2年 秋七月條 夾註 "百濟新撰云 … 天皇遺阿禮奴跪, 來索女郎(天皇께서 阿禮奴跪를 보내어 女郎를 찾아오게 하셨다.)"에 동일한 사동 구문을 발견할 수 있음도 주목된다.

35 동양에서 최고 통치자를 용으로 비유한 사례로는『呂氏春秋』(呂不韋, ?~235B.C)에까지 소급하므로 그 연원이 매우 오랜 것임에 틀림없다.

● "晉文公反國, 介子推不肎受賞, 自爲賦詩曰: '有龍於飛, 周徧天下, 五蛇從之, 爲之丞輔. 龍反其鄕, 得其處所, 四蛇從之, 得其露雨.'"[高誘注: "龍, 君也, 以喩文公."]<『呂氏春秋』·介立>

① 人物御龍圖

(战国, 楚墓; http://artist.youto.be/modules/
tinyd5/index.php?id=9)

② T자형 비단그림

(前漢, 馬王堆1號墓 模寫圖(부분); 2009년 2월
6일 촬영)

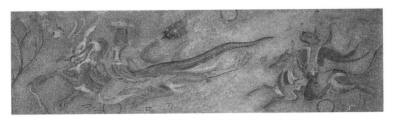

③ 乘龍神·乘麒麟神圖(=하늘나라 왕과 신하 그림)

(高句麗, 五盔墳 5號墓, 조선화보사 1985: 220번 그림)

[사진 13] '履龍首昇天' 관련 용 그림들(1)

④ 동자기룡도童子騎龍圖(공주 마곡사 대광보전)

(조선시대, 윤열수 2010: 257)

⑤ 용왕도

(조선시대 무속화, 윤열수 1999: 293)

⑥ 용 그림〈신라방 소장〉

(조선시대 민화, 윤열수 2010: 266)

[사진 13] '履龍首昇天' 관련 용 그림들(2)

는 그림은 ④의 '동자기룡도童子騎龍圖'(불화佛畵), ⑤의 '용왕도龍王圖'(무속화巫俗畵), ⑥의 '용 그림'(민화民畵) 등 조선조에 이르기까지 이어지고 있는 것이다. 특히 ⑥은 직접 주인공이 용 머리를 밟고 앉아서 북두칠성을 그리는 장면으로 묘사되어 있음은 '履龍首昇天' 구절을 '용의 머리를 밟고서 하늘로 올라갔다'고 해석하여 문제될 것이 없음을 보여준다.

ⓜ '顧命世子'는 "고명顧命 즉, 임종 시의 유명遺命을 받은 세자"의 뜻. '顧命'은 『서경書經』의 편명篇名에 보이는 단어로서 "作顧命"<『史記』·周本紀>, "遺詔顧命之言"<『三國志』·吳志·張顧諸葛步傳> 등에도 보인다(川崎晃 2012: 36).

ⓗ 이표기: '瑠璃明王立. 諱類利 或云孺留'<『三國史記』·고구려본기>, '瑠璃王 一作累利 又孺留'<『三國遺事』·왕력>

정민(2003: 192)에서는 유리왕의 황조가黃鳥歌를 소개한 후에 "꾀꼬리에는 여러 가지 다른 이름이 있다. 황조黃鳥 외에도 황율류黃栗留, 황유리黃流離, 리황鸝鶬 등이 있다. 여기서 흥미로운 것은 유리왕이란 이름이다. 『三國史記』에는 유리왕은 유리瑠璃, 유리類利, 유류孺留 등으로 적는다고 했다. 모두 '유리'로 읽는다. 꾀꼬리의 별명이 율류栗留, 유리流離인 것과, 같은 이름의 유리왕이 꾀꼬리 노래를 지은 것은 과연 우연일까? 나는 유리왕이란 이름이, 왕이 꾀꼬리 노래를 부른 것과 무관치 않다고 생각한다. 고대의 명명 방식으로 볼 때 유리왕은 곧 꾀꼬리왕으로 볼 수 있다. 사람들은 그를 꾀꼬리 노래로 기억했던 것이다."라는 흥미있는 주장을 펼친 바 있음도 참조.

ⓢ "顧命世子儒留王, 以道興治" 부분을 김영욱(2004: 79)에서는 "顧命世子儒留王以, 道興治"로 끊어읽어 "顧命世子는 儒留王으로 道를 일으켜 다스렸다."라고 해석하고, 이때의 '以'를 자격資格을 뜻하는 부사격 조사副詞格助詞로 본 바 있다. 그러나 "以道興治"는 "以道御之"<『三國志』·魏書·武帝紀>, "帝制作興治"<『三國志』·魏書·明帝紀> 등에 보이는 어구語句를 취사 선택하여 만든 문장으로 판단될 뿐만 아니라(川崎晃 2012: 36), "以九兩繫邦國之民. 一曰牧, _以地得民_; 二曰長, _以貴得民_; 三曰師, _以賢得民_; 四曰儒, _以道得民_……"<『周禮』·天官·大宰> 등의 예로 보아 정당한 해석안으로 받아들이기 어렵다.

ⓞ 이표기: '大武神王立[或云大解朱留王]'<『三國史記』·고구려본기>

3.1.3. 광개토왕의 행장行狀(1·4·24~1·6·39)

판독

⑩[遝至]十七世孫國^罡上廣°開^土°境平安好太王」₁·₄二九登祚 ^号^為°永樂太王恩澤⑪[格]^亏皇天威武⑫*振被四海°掃除□□庶 °寧其°業國^冨民°殷五°穀豊°熟昊天°不」₁·₅弔°卅有九⑬*晏駕棄 國°以甲°寅年九月^廿九日°乙酉°遷°就山°陵於是立碑銘記勳績°以 °示後世焉其⑭[詞]日■■」₁·₆

1) 특이 자형 확인

°開: 丮 [36], °境: 境, °永: 乑, °掃: 掃, °寧: 寧, °穀: 穀,

°熟: 毃, °不: 不, °卅: 卅, °棄: 棄, °乙: 乙, °就: 就,

°陵: 陵, °示: 木

2) 판독 이견자/추독자 변증

	酒勾本	北大本	水谷本	靑溟本	中硏本	金子本	國博本	周雲臺本
⑩								

---

36 '開'자의 특이 자형도 중국의 거연한간居延漢簡, 한국의 경주 「壺杅塚銘文」(415), 일본의 나가노현長野縣 屋代遺跡群 출토 70호 목간, 正倉院文書 天平21年(749) 「具注曆」 등에 보인 다(李成市 2005: 41).

⑩ 1·4·24는 위의 탁본 대조표에서 보듯이 모든 탁본들에서 우상부右上部의 '罒'(그물망머리) 부분만 겨우 보일 뿐이어서 초기에는 미상자未詳字로 처리되었으나, 현재의 정설로 되어 있는 '遝'(뒤섞일 답)자로 판독하는 안은 <王>에서 비롯된다. 2·5·31=2·8·4에 보이는 '還'(돌아올 환)자는 우상부가 '曲'의 형상을 보임으로써(遝) 그렇게 판독되기 어려울 뿐만 아니라, 「모두루묘지명牟頭婁墓誌銘」에 보이는 '遝至國罡上…'(후술)의 예를 참조하여 '遝'자로 판독한 것이다. 1·4·25도 하단 '土'의 자형 정도만 보이나 문맥상 '至'자로 보는 데에 어려움은 없다.

	酒勻本	北大本	水谷本	靑溟本	中硏本	金子本	國博本	周雲臺本
⑪								

⑪ 1·5·13에 대해서는 일찍부터 '洽'(윤택하게 할 흡)자로 판독된 이래로 대부분의 논의들에서 이 판독안을 따르고 있으나, <白崎>에서 『서경書經』의 용례 '格于皇天'(皇天에 感通하다)에 의거하여 '格'자로 판독함으로써 새롭게 문제가 된 글자이다. 中硏本·金子本에서 희미하지만 좌변 '木'의 윗부분과 우변 '各'의 '口' 부분을 확인할 수 있으므로 <白崎>와 같이 '格'자로 추독推讀한 것이다.

	酒勻本	北大本	水谷本	靑溟本	中硏本	金子本	國博本	周雲臺本
⑫								

⑫ 1·5·19도 한 동안 酒勻本의 판독 자형을 그대로 제시하는 의견이 주를 이루다가 <水谷>에 와서 비로소 '振'(떨칠 진)자로 판독되어 현재 정설로 자리

잡고 있다. 그런데 위의 표에서 보듯이 탁본상의 자형이 酒勻本과는 다르다
는 점에 주목할 필요가 있다. 대체로 쉬젠신徐建新의 임사문臨寫文(㦮)과 동일
한 자형인데, 이 글자의 오른쪽과 비슷한 자형이 3·3·11에서 '辰'자로 나타나
므로(㫳) <水谷>에 따라서 '振'자로 판독한 것이다.

	酒勻本	北大本	水谷本	靑溟本	中硏本	金子本	國博本	周雲臺本
⑬								

⑬ 1·6·5에 대하여 '晏'(늦을 안)자(<박>·<白崎>·<耿>·<손>) 또는 '宴'(잔치 연)
자(<水谷>·<王>·<武田>·<林>)로 판독하는 안이 팽팽하게 맞서고 있는 가운데,
<盧>·<任李>에서 새로 '寔'(이 식)자로 판독함으로써 문제가 된 글자이다. 그
런데 제 탁본들에서 보듯이 이 글자를 '寔'자로 판독하기는 어려울 뿐만 아니
라, <白崎>에서 지적된 바와 같이 '秦王老矣, 一日晏駕(『戰國策』·秦策5)'의 예
가 있고, '晏駕'가 해가 저물어 가마가 나온다는 의미로서[37] 신하의 정으로 군
공君公의 죽음을 완곡하게 진술한 어휘임을 살려 '晏'자로 읽는 판독안을 따
른 것이다.

	酒勻本	北大本	水谷本	靑溟本	中硏本	金子本	國博本	周雲臺本
⑭	言							

⑭ 1·6·38에 대해서는 대부분 '詞'(말씀 사)자로 추독하고 있으나, <水谷>·
<武田>·<白崎>·<耿>에 의하여 '辤'(말씀 사)자로 판독되고 있다. 위의 탁본

---

37 【晏駕】車駕晚出。古代稱帝王死亡的諱辭.

대조표에서 水谷本·靑溟本을 자세히 볼 때, 좌변 '舌'의 하부下部와 우변 '辛'의 형상을 어느 정도 확인할 수 있으므로 '辭'자로 추독한 것이다.

해석

> ㉠逮至十七世孫㉡國岡上廣開土境平安好太王, 二九登祚, 號爲永樂太王, 恩澤格于皇天, 威武振被四海. 掃除㉢不軌, ㉣庶寧其業, 國富民殷, 五穀豐熟. 昊天不弔, 卅有九, 晏駕棄國, 以甲寅年九月卅九日乙酉㉤遷就山陵. 於是立碑, 銘記勳績, 以示後世焉. 其辭日.
>
> 십칠세손인 국강상광개토경평안호태왕國岡上廣開土境平安好太王에 이르러 18세에 왕위에 올라 영락태왕永樂太王으로 칭하였는데, 그 은택이 하늘에까지 감통할 정도였고, 위무威武는 사해四海에 떨쳐서 덮었다. 질서를 어지럽히는 자들을 없애서 백성들은 편안하게 생업에 종사하니 나라는 부강하게 되었고 백성은 넉넉해졌으며, 오곡은 풍성하게 익었다. 하늘이 (고구려 백성들을) 불쌍히 여기지 아니하니 39세에 안가晏駕(=붕어崩御)하여 나라를 버리셨다. 갑인년甲寅年(414년) 9월 29일 을유乙酉에 산릉山陵으로 옮겨 모시었다. 이에 비를 세우고 훈적勳績을 기록하여 후세에 보이고자 한다. 그 사辭에 가로되,

㉠ '逮至'에 대하여 "(그 뒤)~에 이르러서는"의 의미를 지닌다는 여호규 교수의 지적을 받아들여 현재와 같이 단락을 조정한 것이다(儒留王·大朱留王의 업적을 앞 단락에 통합). 이와 비슷한 용례는 「모두루묘지명牟頭婁墓誌銘」40-46행에 걸쳐 '由祖父□□, 大兄慈△大兄□□, □世遭官恩, 恩△祖之△道城民谷民, 并領前王, □有如此. 逮至國罡上大開土地好太聖王, 緣祖父△△恩, 敎奴客牟頭婁…'에서 찾아볼 수 있을 뿐만 아니라, 중국에서도 "逮至乎商王紂, 天不序其德(商나라 임금 紂에 이르러서는 하늘이 그의 행동에 순응치 않게 되었다.)"

<『墨子』·非攻下>[38]와 같은 유례類例를 찾을 수 있음을 참조.

ⓛ 이표기: 國罡上廣開土地好太王<「廣開土王壺杅銘文」(415)>, 國罡上大開土地 好太聖王<「牟頭婁墓誌銘」(413-491?) 44-45行>

이 시호諡號는 '國岡'(葬地名)+'上'(處所詞)+'廣開土境'(治績)+'平安'(治績)+'好 太王'(美稱)으로 분석될 수 있는 듯하다(朴性鳳(1996), 임기환(2004) 등 참조). '廣開土境' 부분이 '廣開土地'나 '大開土地'로 나타나 유의자類意字인 '廣↔大', '境↔地'로의 교체를 보임은 5세기 초 이미 고구려에 석독 표기釋讀表記가 발달 되어 있었을 가능성을 알려주는 예로 삼아도 좋을 것이다(김영욱 2008: 180-181).

한편, 처소사(또는 조명사助名詞)[39] '上'의 용법[40]은 문장 속에서가 아니라 명 사구인 시호 안에서 실현되었다는 점에서 변격 한문적인 특성을 지니고 있어 서 초기 이두와의 관계가 문제가 된다. 자세한 것은 본서 6.2.의 논의를 참조.

ⓒ 이 두 글자를 <白崎>에서 '不軌'로 추독推讀하고 있는데, 문맥상 그 타당성이 인 정된다.

ⓔ 이 구절을 <盧>에서는 "백성이 각기 그 생업에 힘쓰고 편안히 살게 되었다."로, <任李>에서는 "거의 왕업을 안정시키니"로, <손>에서는 "생업을 편안케 하니" 로 해석하였는데, '庶'자에 '백성'의 의미가 있고, '寧業'에 '안심하고 생업에 종 사하다'는 의미가 있음[41]을 반영하여 현재와 같이 수정한 것이다.

---

38 金學主(역)(2003), 『新完譯 墨子 上』, pp.250-251 참조.

39 '처소사'라는 용어는 黃六平 저/洪淳孝·韓學重 역(1973/1994: 132-133)의 논의를, '조명사 助名詞'라는 용어는 오타 다쓰오太田辰夫(1981/1985: 94f.)의 논의를 참조.

40 '上'자는 장소 또는 시간명사의 뒤에서 일정한 장소나 시간적 범위를 뜻하는 처소사 용법 으로 쓰인다(cf. '上¹'의 뜻풀이). 처소사에는 실제 장소를 가리키는 명사들(燕, 趙, 齊, 魯 등) 과 방위를 가리키는 명사들(東, 西, 南, 北, 上, 下, 左, 右, 前, 後, 中)이 있는데, 이들은 기본적으 로 명사이지만, 결구結構 중에서는 통상 부사어(=狀語)로 사용된다(黃六平 저/洪淳孝·韓學 重 역(1973/1994: 132f.). 따라서 '國岡上'은 "國岡의 墓域에 (묻히신)" 정도로 해석될 수 있을 것이므로 사학계에서 '國岡上' 전체를 장지명으로 보는 견해에는 동의하기 어렵다.

上¹ ⑭ 用在名詞后。表示一定的處所或范圍。"王坐於堂上, 有牽牛而過堂下者, 王 見之日: '牛何之?'"<『孟子』·梁惠王上>, "人生世上, 勢位富貴, 蓋可忽乎哉!"<『戰國策』· 秦策一>, "有一人姓許名武, 字長文, 十五歲上, 父母雙亡。"<『醒世恒言』·三孝廉讓産 立高名>

41 【寧業】安心從事其所爲之業。"今疆無虞, 百姓寧業, 而田畝荒穢, 有司不隨時督察, 欲令

ⓔ '遷就'는 기본적으로 '격을 낮추어 서로 나아감[降格相就], 뜻을 굽혀 합의를 구함[曲意求合]'(『古代漢語大詞典』)이라는 뜻을 지니므로 이를 매장埋葬의 의미로 해석할 수 있느냐가 문제가 된다. 이런 점에서 <白崎>에서 '遷就'에 매장의 의미가 있는지에 대하여 문제 제기를 한 것은 정당한 듯하나, 저자는 '又墟墓或遷就高敞…(또 옛 무덤을 高敞으로 옮겨 모시거나…)'<『三國志』·魏書24·韓崔高孫王傳>의 예를 바탕으로 '遷就山陵'은 종전의 해석처럼 빈殯(=假埋葬) 이후의 본장本葬을 뜻하는 '山陵으로 옮겨 모시다'로 해석할 수 있는 것으로 보고자한다.

3.2. 본론1: 광개토왕의 훈적勳績(1·7·1~3·8·15)

3.2.1. 영락永樂 5년조(1·7·1~1·8·33)

판독

°永樂五°年°歲在°乙未王°以稗麗°不⑮*□□⑯*久躬率^住討°過^冨
山⑰*貢山至°鹽水上破其三°部洛六七百營牛馬^羣₁·₇羊°不可稱
°數°於°是°旋駕因過⑱*襄平道東^来□°城力°城北豊⑲*五°備⑳
*猶°遊觀^土°境田㉑*獵而°還

1) 특이 자형 확인

°年: 秊, °歲: 歲, °以: 㕥, °過: 逈, °鹽: 鹽, °部: 部,

°數: 數, °旋: 旋, °備: 俻, °遊: 㳺, °境: 境, °還: 遝

家給人足, 不亦難乎!"<『晉書』·馮跋載記>

2) 판독 이견자/추독자 변증

	酒勻本	北大本	水谷本	靑溟本	中硏本	金子本	國博本	周雲臺本
⑮								

⑮ 1·7·14는 酒勻本 이래 초기에는 주로 '息'(쉴 식)자로 판독되었으나, 판독 불능자로 보는 의견이 강하다. 소수 의견으로 '歸'(돌아갈 귀)자로 판독되기도 하다가(<박>·<王>·<耿>·<손>), 최근에 와서 '問'(물을 문)자<白崎>나 '伺'(엿볼 사)자<林>로 판독하는 안이 제기되어 다시 문제가 된 글자이다. 그런데 위의 탁본 대조표에서 보듯이 거의 모든 탁본들에서 이 글자의 우측부가 '司'로 보이는 점에서 일단 <林>의 판독안이 주목된다. 그러나 그 좌변 '사람 인'(亻)이 불분명할 뿐만 아니라, 이 글자가 '伺'라 하더라도 그 다음 글자가 판독 불능자여서 해석상 큰 의미를 부여하기 어려운 것으로 판단된다. 한편, '問'자로 보기에는 '門'의 자형을 찾기 어려울 뿐만 아니라, '입 구'(口)의 위치가 어색한 점이 문제로 될 수 있다. 따라서 저자는 다수의 의견을 좇아서 판독 불능자로 본 것이다.

	酒勻本	北大本	水谷本	靑溟本	中硏本	金子本	國博本	周雲臺本
⑯								

⑯ 1·7·16도 酒勻本 이래 초기에는 주로 '又'자로 판독되었으나, <王>·<武田>이 '人'자로 판독한 이래 이 판독안이 사학계에서 받아들여지고 있다(<盧>·<任李>). 그런데 <白崎>에 의하여 '久'자로 판독하는 안이 새롭게 제기된 바, 水谷本·靑溟本에서 거의 확실하게 '久'자로 볼 수 있다는 점에서 그의 판독안을 따른 것이다.

	酒匂本	北大本	水谷本	靑溟本	中硏本	金子本	國博本	周雲臺本
⑰								

⑰ 1·7·24도 酒匂本 이래 거의 모든 논저들에서 '負'자로 판독되었으나, <武田>은 '貢'(음훈 미상)자로, <耿>은 '峕'(저물 총)자로 판독함으로써 문제가 된 것이다. 그런데 위의 탁본 대조표에서 보면, 대부분의 초기 탁본들에서 이 글자의 윗 부분 자형이 '水'자에 가까우므로 '貢'자로 판독할 수 있는 듯하나, 周雲臺本에서 '負'자로 재현됨으로써 다시 문제가 된 것이다. 이러한 경우 판독안을 내기가 매우 어려운 상황인데, 잘 알려져 있듯이 주운대본은 왕젠췬 王健群의 지도 하에 그의 비문에 대한 이해에 따라 착묵着墨된 부분이 없지 않다는 비판을 받고 있으므로(徐建新 2006: 297) 초기 원석 탁본들의 가치를 더 높이 평가하는 저자로서는 <武田>의 판독안을 따르고자 한다.[42]

	酒匂本	北大本	水谷本	靑溟本	中硏本	金子本	國博本	周雲臺本
⑱								

⑱ 1·8·12는 酒匂本 이래 일시적으로 '駕'(멍에 가)자로 판독되었으나, 그 후로 한 동안 '加$万'[43](음훈 미상)자로 판독되다가, <王>에 와서 비로소 '襄'(도울 양)자로 판독된 이후 <武田>·<盧>·<耿>·<林>·<任李>·<손> 등 다수가 이 판독안을 받아들이고 있다(<박>에서는 '駕'(좋을 가)자로 판독함). 다만, <白崎>에

---

42 <白崎>에서는 이 글자가 자전류 不載字로서 '淇'의 이체자일 수 있다는 의견을 제시한 바 있다.

43 컴퓨터로 실현이 어려운 글자인 경우는 필요시 '+'(횡적인 결합), '$'(종적인 결합)으로 표현할 것이다.

서는 특정하기 어려운 글자라 하였는데, 金子本에서는 '襄'자의 상부上部 'ㅗ'(돼지해 머리) 부분을 제외한 나머지 자형은 대부분 찾아질 수 있는 것으로 판단되어 저자도 <王>의 판독안을 존중한 것이다.

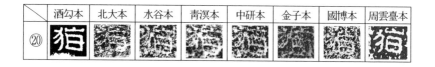

	酒勾本	北大本	水谷本	靑溟本	中硏本	金子本	國博本	周雲臺本
⑲	五							王

⑲ 1·8·23에 대해서는 거의 모든 연구자들이 '五'자로 판독하였음에 비하여 <王>에서만 '王'자로 판독한 바 있으나, 위의 탁본 대조표에서 보듯이 '五'자임이 분명하므로 기존의 판독안을 따른 것이다.

	酒勾本	北大本	水谷本	靑溟本	中硏本	金子本	國博本	周雲臺本
⑳	猶							猶

⑳ 1·8·25에 대해서는 '猶'(음훈 미상)자, '貊'(북방종족 맥)자, '獵'(사냥 렵)자, '猶'(같을 유)자 등 다양한 판독안이 제기되었는데, <水谷> 이후에도 '海'자로 판독하는 안(<武田>·<耿>·<林>), 판독 불능자로 보는 안(<盧>·<任李>), '猶'자로 판독하는 안(<박>·<白崎>) 등으로 의견이 갈리고 있다. 이 글자에 대하여 <王>에서는 '獵'의 간화자簡化字인 '猎'으로 보고 있으나 자형이 차이난다는 점에서, 그리고 <白崎>에서는 이 글자에 대하여 확실한 것은 '狛'의 자획 뿐이어서(실제는 손영종(2001)에서 제시된 '猶'가 더 정확할 것), 이것을 '猶'자로 읽을 수 있는 가능성이 큰 것으로 생각한다 하였으나, 서체 자전들에서 이러한 자형을 찾을 수 없음이 문제가 된다. <손>의 판독안을 존중하되, 앞으로 구명되어

야 할 대고자待考字로 보아 원문 자형을 그대로 제시한 것이다.

	酒勾本	北大本	水谷本	靑溟本	中研本	金子本	國博本	周雲臺本
㉑								

㉑ 1·8·31에 대해서는 초기에는 '犭+(山$具)'(음훈 미상)자로 판독하는 의견이 많았으나, <水谷>·<박>·<王>·<武田>·<盧>·<白崎>·<耿>·<손>·<任李> 등에 의하여 '獦'자로 판독하는 의견이 대세를 이루고 있다(<林>은 '猶'자로 판독). <水谷>에 와서 이 글자의 우변을 '山$目$勹'로 보고 '獦'자의 고체古體임을 지적한 바 있는데, 저자도 이에 동의한다. 이와 비슷한 자형을 북위대北魏代의 문헌에서 찾을 수 있기 때문이다. 獦(북위北魏 『성실론成實論』 권8).

해석

永樂五年歲在乙未, 王以㉠稗麗不□□久, 躬率㉡往討. ㉢過富山貪山, 至㉣鹽水上, 破其三㉤部洛六七百營, 牛馬群羊, 不可稱數. 於是旋駕, 因過襄平道, 東來□城. 力城. 北豊, ㉥五備獦, 遊觀土境, 田獵而還.

영락 5년 을미乙未(395년)에 왕은 패려稗麗가 오랫 동안 □□하지 않으므로 친히 군사를 이끌고 가서 토벌하였다. 부산富山, 패?산貪山을 지나 염수鹽水 (강)가에 이르러 그 3개 부락 600~700영營을 격파하니, (노획한) 소, 말과 양떼의 수가 이루 다 헤아릴 수 없었다. 이에 왕이 수레를 돌려 양평도襄平道를 지나 동으로 □성城, 역성力城, 북풍北豊, 오비렵?五備獦으로 오면서 국경을 천천히 살펴보고, 사냥을 하면서 돌아왔다.

㉠ '稗麗'의 정체에 대해서는 기존의 논의(<박>·<白崎>)에 따라서 『위서魏書』
거란전契丹傳에 전하는 거란契丹 팔부八部 중 필려부匹黎部에 해당되는 것으로
본다.

㉡㉢㉣ '…躬率往討. 過富山貢山, 至鹽水上, …'에 대하여 <林>에서 "몸소 군
사를 거느리고 주둔하면서 過富山, 負山을 토벌하고 鹽水 언덕에 이르러…"
로 해석한 것에는 세 가지 오류를 포함하고 있다. 첫째, '往討'를 비문 자형 그
대로 '住討'로 해석한 것은 당시의 통용 관계를 무시한 해석이다. 북위대北魏
代의 묘지명墓誌銘들에서 당시 '往'(갈 왕)자를 대신하여 '住'(살 주)자가 쓰인
사례들을 찾을 수 있기 때문이다(**住**원우묘지元祐墓誌, **住**사마병묘지司馬昞墓
誌 등). 둘째, '過富山'을 지명 표기로 본 것은 그 다음에 이어지는 '因過□平
道' 구절을 "襄平道 동쪽으로 와……를 지나서"로 해석한 것과 비교하여 이
해하기 힘든 해석이다. 셋째, '鹽水上'을 "鹽水 언덕"으로 해석한 것도 '上'자
를 '丘'자로 오독誤讀하였을 뿐만 아니라, '上'자가 강이나 하천 이름 뒤에서
'가[邊側]'의 뜻으로 쓰이는 용법[44]을 인식하지 못한 것이므로 받아들이기
어렵다.

㉤ '部落'이 '部洛'으로 표기된 사례는 달리 찾기 어려우나, '落魄'이 '洛薄'으로 표
기된 예[45]와 유사하게 당시 고구려에서도 '落'자와 '洛'자가 통용되었음을 알
려주는 귀중한 예로 삼을 수 있을 것이다.

㉥ <王>에서는 이 부분을 지명으로 본 기존 해석들에 대하여 '王備獵'으로 읽
고서 "왕은 사냥을 준비시켰다."로 해석한 바 있으나, 자형 판독상 따르기
어렵다.

---

44 上¹ ⑬ 用在名詞后。表示江河的邊側。 "子在川上曰: '逝者如斯夫, 不舍晝夜.'" <『論語』·
子罕>, "孔子葬魯城北泗上." 司馬貞索隱: "上者, 亦邊側之義." <『史記』·孔子世家>

45 【洛薄】 落魄, 窮困失意. 洛, 通 "落"; 薄, 通 "魄": "新都哀侯小被病, 功顯君素耆酒, 疑帝本
非我家子也." 顏師古注引三國魏如淳曰: "言莽母洛薄嗜酒, 淫逸得莽耳, 非王氏子也."
<『漢書』·王莽傳下>

3.2.2. 영락 6년조(1·8·34~2·3·19)

판독

百°殘°新羅舊°是°屬民」₁.₈由来朝貢而倭°以°辛卯°年^来㉒*渡㉓*海
破百°殘㉔[東]□[新]羅°以^為°臣民°以六°年丙申王°躬率㉕*□軍
討㉖[伐]°殘國軍□□」₁.₉㉗*□攻°取壹八°城°臼模°盧°城各模°盧
°城幹°弓°利°城□□°城閣°弥°城^牟°盧°城°弥沙°城□舍蔦°城阿
°旦°城古°利°城□」₁.₁₀利°城雜°珎°城°奥°利°城勾^牟°城古須耶
羅°城㉘*莫□□□□°城㉙*芬而°耶羅□㉚[瑑]°城㉛[於]°利°城□
□°城豆奴°城沸□□」₁.₁₁利°城°弥^郡°城也°利°城太山韓°城掃
加°城°敦°拔°城□□□城婁賣°城散°那°城那°旦°城細°城^牟°婁
°城^兮°婁°城°蘇灰」₂.₁°城°燕°婁°城析支°利°城巖門㉜*□°城㉝*林
°城㉞*□□□□□*□°利°城°就^郡°城□°拔°城古^牟°婁°城閏奴
°城°貫奴°城彡°穰」₂.₂°城㉟*普□□㊱*□㊲[古]°盧°城仇天°城□□
□□□其國城㊳*殘°不°服°義°敢出百°戰王威赫怒渡阿°利水°遣^剌
迫城㊴*橫□」₂.₃㊵^侵穴㊶[就]°便㊷*圍°城而°殘主困逼^献□°男女
生□一千人細°布千匹跪王自°誓從°今°以後永^為°奴客太王恩赦㊸
[先]」₂.₄°迷°之㊹^衍^録其後°順°之誠於°是□五十八°城村七百^將
°殘主°弟^并大°臣十人°旋°師°還都

1) 특이 자형 확인

°殘 殘, °新 新, °屬 屬, °来 来, °卯 卯, °臣 臣,

°躬: 躬, °取: 取, °曰: 曰, °各: 各, °盧: 盧, °利: 利,

°弥: 弥, °旦: 旦, °雜: 雜, °珎: 珎, °奧: 奧, °勾: 勾,

°耶: 耶, °沸: 沸, °掃: 掃, °敦: 敦, °拔: 拔, °婁: 婁,

°散: 散, °那: 那, °灰: 灰, °就: 就, °穰: 穰, °服: 服,

°義: 義, °敢: 敢, °戰: 戰, °献: 献, °男: 男, °從: 從,

°録: 録, °順: 順, °弟: 弟, ∧并: 并, °師: 師, °都: 都,

2) 판독 이견자/추독자 변증

	酒匂本	北大本	水谷本	靑溟本	中硏本	金子本	國博本	周雲臺本
㉒	渡							渡

㉒ 1·9·12에 대해서는 거의 모든 연구자들이 '渡'(건널 도)자로 판독하였다. 다만, 金永萬(1980)에서만 '侵'(침노할 침)자로 판독하는 안이 제기된 바 있다. 그러나 위에서 보듯이 모든 탁본들에서 '渡'자로 나타나므로 '侵'자로 판독하는 안에 동의하기 어렵다.

	酒匂本	北大本	水谷本	靑溟本	中硏本	金子本	國博本	周雲臺本
㉓	海							海

㉓ 1·9·13에 대해서는 酒匂本 이래 다수의 연구자들이 '海'(바다 해)자로 판독하였으나, 판독 불능자(<水谷>·<武田>), '每'(매양 매)자(<耿>), '盪'(씻을 탕)

자(金永萬), '泗'(물이름 사)자(<林>), '浿'(강이름 패)자(<손>), '王'자(김영하, 추독), '洰'(수세水勢 광대할 전)자(백승옥)로 판독하는 안들이 추가된 바 있다. 위의 탁본 대조표에서 보면 '盪'·'浿'자로 볼 만한 특징은 거의 없을 뿐만 아니라, '泗'·'洰'자로 보기에는 水谷·靑溟·中研·金子本 등에서 徐建新의 臨寫文(洰)과 유사하게 우상단右上端에 '一'자 모양의 미약한 가로획이 보임이 문제가 된다. 또한 가로획 아래의 자형도 가운데의 세로획이 끊어져 있으므로(특히 金子本) '四'나 '田'이라기보다는 '母'에 가깝다는 점에서 현재의 저자로서는 1·9·13을 '海'자로 판독하는 견해에 동의하고 싶다.

다만, 이 글자가 탁본들에서 같은 행의 다른 글자들에 비하여 좌측으로 치우쳐 있을 뿐만 아니라, 자획이 분명치 않음은 비면상의 특수한 사정과 관련이 있는 듯하다. 그것은 [사진 14]에서 보듯이 1면 상단에 비문 건립 당시부터 있었을 것으로 추정되는 y자 모양의 균열부가 있고, 문제의 글자가 바로 이 균열부의 왼쪽 가지 선상에 놓여 있다는 점과 백승옥(2015: 257-258)에서 말한 바와 같이 y자 균열부 왼쪽 가지를 기준으로 우상 부분과 좌하 부분 사이에 단차端差가 있다는 점이다. 결국 이 글자가 좌로 치우쳐 있을 뿐 아니라 자획 또한 분명치 않음은 처음부터 각자刻字가 쉽지 않은 곳에 위치한 결과가 아닐까 한다.

[사진 14] 1·9·13자의 위치(○ 부분) (구로이타 가쓰미黑板勝美 1918년 촬영사진<이진희(1972), 자료편 p.72>으로 편집한 것임)

	酒勾本	北大本	水谷本	靑溟本	中硏本	金子本	國博本	周雲臺本
㉔							欠	

㉔ 1·9·17에 대해서는 酒勾本 이래 판독 불능자로 보아온 글자다. 이를 '東'자로 추독하려는 것은 다음의 두 가지 근거에 의한다. 첫째, 위의 탁본 대조표 중 해당자를 유일하게 온전하게 채탁된 中硏本을 보면, 종선縱線이 아래에까지 통하지는 않지만, 위쪽에 두 횡선橫線이 보일 뿐만 아니라 아래 쪽에도 '東'자의 7, 8획에 해당되는 사선斜線의 흔적이 분명하므로 확정짓기는 어렵지만 이 글자를 '東'자로 추독推讀할 수 있는 가능성을 발견할 수 있다는 점이다. 둘째, 왕젠췬王健群 선생이 1982년 4월 비문 현지 조사 중에 발견한 초균덕初均德 「수초본手抄本」에 이 글자가 '東'자로 나타난다는 점이다[사진 15] 참조).

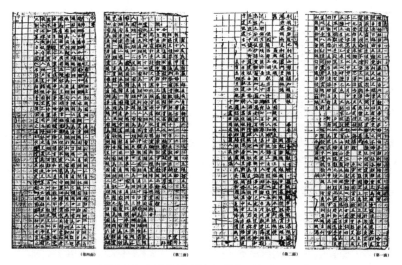

[사진 15] 초균덕 「수초본」(王健群 외(1988: 88f.)

이 「수초본」에 대하여 "석회石灰로 문자를 보수補修할 때 '원 형태'[元のかた
ち]를 유지하기 위하여 만든 '탁비 저본拓碑底本'. 1907년 직전에 만들어진 원본
原本으로 보인다."라고 하였으며, 다케다武田(2007)에서도 그 가치를 인정함에
따라 문제의 글자를 '東'자로 추독한 것이다.

	酒匂本	北大本	水谷本	青溟本	中研本	金子本	國博本	周雲臺本
㉕	水						欠	木

㉕ 1·9·33에 대해서는 酒匂本 이래 '水'자로 판독하는 의견이 우세하였으
나, 판독 불능자로 보는 안(<水谷>·<武田>·<盧>), '大'자로 보는 안(<白崎>)이 추
가되었다. 그런데 위의 탁본 대조표에서 보듯이 가로획이 곡선이라는 점에서
'大'자일 가능성은 낮아 보인다. 또한 中研·金子本에서 중앙 종선縱線은 보이
나, 이를 周雲臺本과 같이 '水'자로 보기에는 원석계 탁본들에서의 자형이 이
비문의 다른 곳에서 보이는 '水'자와는 상당한 차이를 보이므로(예: 1·7·28)
저자도 판독 불능자로 본 것이다.

	酒匂本	北大本	水谷本	青溟本	中研本	金子本	國博本	周雲臺本
㉖	利							伐

㉖ 1·9·36에 대해서는 酒匂本 이래로 '利'자로 판독하는 의견이 우세하였
으나, 최근에 와서는 '伐'(칠 벌)자로 보는 의견이 우세하다(<王>·<武田>·<盧>·
<耿>·<林>·<손>·<任李> 등). <水谷>만 '滅'(멸망할 멸)자로 보았으나, 초기 탁본
으로는 그 가능성을 가리기 어렵다. 다만, 青溟·金子本 등에서 우변 '戈'의 하

부下部가 어느 정도 보일 뿐만 아니라 周雲臺本에서 '伐'에 가까운 자형으로 나타나므로 역시 '伐'자로 추독推讀한 것이다.

	酒匂本	北大本	水谷本	靑溟本	中硏本	金子本	國博本	周雲臺本
㉗	首							

㉗ 1·10·1에 대해서도 酒匂本 이래로 '首'자로 판독하는 의견이 우세하였으나, 최근에 와서는 '南'자(<王>·<손>·<任李>), '道'자(<耿>), '但'(다만 단)자(<白崎>), '國'자(<林>), '因'자(<武田>[46]) 등 다양한 판독안들이 제기되었다. 위의 표에서 보면, 우선 '道', '但', '國', '因'자로는 보기 어려우며, '南'자로 보기에는 이 비문의 다른 곳에 보이는 자형(4·2·2 쉬젠신徐建新 임사문 囷)과 차이를 보이는 점이 문제이다. 위의 탁본 대조표에서 보듯이 北大·水谷·周雲臺本의 자형으로는 '首'자에 가장 가까워 보이나 하변 중앙부에 보이는 점(丶) 또는 종선縱線의 존재를 설명하기 어려우므로 저자로서는 판독 불능자로 보고자 한다.

	酒匂本	北大本	水谷本	靑溟本	中硏本	金子本	國博本	周雲臺本
㉘	頁							

㉘ 1·11·17에 대해서는 酒匂本 이래 '頁'(머리 혈)자로 판독하는 의견이 우세하였으나, <水谷> 이후 '莫'(아닐 막)자로 보는 의견이 늘어나고 있다(<武田>·<白崎>·<耿>·<손>·<任李>). <王>에서는 '須'(모름지기 수)자로, <白崎>에서는 '漠'(사막 막)자로 보았으나, 좌변 '삼수 변'(氵)의 존재를 확인하기 어려울

---

46 다케다武田는 초기에 '南'자설에 동조한 듯. <耿>·<盧>의 논의 참조.

뿐만 아니라, 北大·水谷·靑溟本 등에서 상부上部 초두(艹)의 존재가 확인되므로 '莫'자로 판독하고 싶다.

	酒匂本	北大本	水谷本	靑溟本	中研本	金子本	國博本	周雲臺本
㉙	分						欠	

㉙ 1·11·23에 대해서는 酒匂本 이래로 초기에는 '分'자로 보았으나, 판독 불능자로 보는 의견이 우세하였다. <白崎>에서는 中研·金子本과 가장 가까운 것은 '分'자가 틀림없다 하였는데, 위의 탁본 대조표에서 보면 이 글자는 단순한 '分'자가 아니라 그 위에 초두(艹)와 같은 자형이 있는 느낌을 받게 된다. 이런 점에서 <林>에서 이 글자를 '芬'(향기로울 분)자로 판독한 의견을 존중한 것이다.

	酒匂本	北大本	水谷本	靑溟本	中研本	金子本	國博本	周雲臺本
㉚	昜							

㉚ 1·11·28에 대해서는 초기에는 '易'(쉬울 이/바꿀 역)자, '陽'(볕 양)자, '楊'(버드나무 양)자, '場'(마당 장)자 등 다양한 글자로 판독되다가 <水谷> 이래로 '瑑'(아로새길 전)자로 판독하는 의견이 강하다(<王>·<武田>·<盧>·<耿>·<林>·<손>·<任李>). 위의 탁본 대조표에서 보듯이 좌변 '王'(구슬 옥)의 존재는 확인되지 않으나, 수묘인 연호조守墓人烟戶條(4·3·8~9)에 '瑑城'이 나오므로 <水谷> 이래의 의견을 좇아 '瑑'자로 추독한 것이다.

	酒匂本	北大本	水谷本	靑溟本	中硏本	金子本	國博本	周雲臺本
㉛							欠	

㉛ 1·11·30에 대해서는 酒匂本 이래 판독 불능자로 보는 의견이 강하였는데, <王> 이후 '於'자로 보는 의견이 늘어나고 있다(<武田>·<盧>·<林>·<손>·<任李>). 위의 탁본 대조표에서 보면, 이 글자를 확실히 '於'의 이체자로 확정하기는 힘드나, 수묘인 연호조(4·4·23~25)에 '於利城'이 나올 뿐만 아니라 거의 모든 탁본들의 자형이 4·4·23(徐建新 임사문 扵)과 비슷한 특징을 찾을 수 있는 듯하므로 '於'자로 추독한 것이다.

	酒匂本	北大本	水谷本	靑溟本	中硏本	金子本	國博本	周雲臺本
㉜	至							

㉜ 2·2·11에 대해서는 酒匂本 이래로 초기에는 '至'자로 보았으나, 최근에는 판독 불능자로 보는 의견이 강하다(<水谷>·<武田>·<盧>·<任李>). 또한 <白崎>에서는 '坙'로 보아 '坐'(앉을 좌)의 이체자로 보았고, <林>에서는 '三'자로, <손>에서는 '벌'(저물 총)자로 보고 있다. 그러나 위의 탁본 대조표에서 보듯이 '三'·'벌'자는 아닌 듯하다. 周雲臺本에서는 '三'자처럼 보이나 좌상부左上部의 작은 삐침(`)의 존재를 설명하기 어렵기 때문이다. 또한 '坐'의 이체자로 보기에는 상변 'ㅁ'의 연속은 인정할 만하나, 하변 '工'의 존재가 불확실하므로 역시 판독 불능자로 본 것이다.

	酒勾本	北大本	水谷本	靑溟本	中硏本	金子本	國博本	周雲臺本
㉝								

㉝ 2·2·13에 대해서는 酒勾本 이래 '林'자로 보는 의견이 대다수였으나, <武田>·<손>에서 '味'(맛 미)자로 판독하였다. 이는 아마도 '守墓人 煙戶'條 (4·3·16~17)에 '味城'이 있음을 근거로 한 듯하나, <白崎>에서 지적하였듯이 탁본상의 자형에는 좌변 '口'의 존재를 확인하기 어려운 대신에 '木'에 가까운 형상을 보이므로 역시 '林'字로 판독한 것이다.

	酒勾本	北大本	水谷本	靑溟本	中硏本	金子本	國博本	周雲臺本
㉞							欠	

㉞ 2·2·15~2·2·21의 7자에 대해서는 酒勾本 이래로 거의 모두가 판독 불능자로 보아왔으나, 최근에 <林>에 의하여 2·2·15는 '但'자로, 2·2·21는 '未'자로 추독하는 안이 제기되었다. 그러나 위의 탁본 대조표에서 보듯이(단, 표에서는 2·2·21의 자형만 제시한 것임) 두 글자 모두 周雲臺本에 이르기까지 어떤 글자인지를 알기 어려우므로 역시 종래대로 판독 불능자로 본 것이다.

	酒勾本	北大本	水谷本	靑溟本	中硏本	金子本	國博本	周雲臺本
㉟							欠	

㉟ 2·3·2에 대해서는 酒勾本 이래로 대다수가 판독 불능자로 보았으나, 최근에 와서 '曾'(일찍 증)자(<王>·<盧>·<耿>·<손>), '普'(널리 보)자(<白崎>), '昔'

(옛 석)자(昔) 등 다양한 판독안이 제기되었다. 위의 탁본 대조표에서 보듯 하변 '日'의 존재는 분명하나, 상변의 자형이 불분명하여 나타난 현상인 듯하다. '曾'자로 보기에는 상변의 자형이 이와는 다른 듯하므로 우선 배제할 수 있을 듯하다. '普'와 '昔'자 중에서는 중앙부의 'ソ' 부분이 확실하지 않으나, 1·1·2의 자형과 비교할 때 '昔'보다는 <白崎>와 같이 '普'자로 보는 편이 무난할 듯하다.

	酒匂本	北大本	水谷本	靑溟本	中硏本	金子本	國博本	周雲臺本
㊱								

㊱ 2·3·5에 대해서는 酒匂本 이래로 대다수가 판독 불능자로 보아 왔으나, <武田>에 의하여 '儒'(선비 유)자로, <白崎>·<손>에 의하여 '宗'(마루 종)자로 추독하는 안이 제기되었다. 그러나 위의 탁본 대조표에서 보듯이 이 글자는 하부가 탁본에 따라서 '示'로도 '而'로도 보이는 듯하여 어떤 글자인지를 가리기가 어려우므로 역시 판독 불능자로 본 것이다.

	酒匂本	北大本	水谷本	靑溟本	中硏本	金子本	國博本	周雲臺本
㊲							欠	

㊲ 2·3·6에 대해서도 酒匂本 이래로 대다수가 판독 불능자로 보아 왔으나, <王>·<耿>·<林>·<손>에서 '古'자로 판독되었는데, 실제 대부분의 탁본들에서 보듯이 '古'자로 판독하여 큰 문제는 없을 것으로 판단된다.

	酒匂本	北大本	水谷本	靑溟本	中硏本	金子本	國博本	周雲臺本
㊳						欠		

㊳ 2·3·20에 대해서는 酒匂本 이래 '賊'(도둑 적)자로 판독하는 의견이 우세하였으나, <水谷> 이래로 '殘'(남을 잔)자로 판독하는 의견이 늘어나고 있다 (<王>·<盧>·<耿>·<林>·<손>·<任李>). 水谷·周雲臺本을 자세히 볼 때, 우측 '戈'의 위치가 위쪽에 놓여 있다는 점에서 '賊'자로 보기는 어렵다고 보아 저자도 '殘'자로 판독한 의견을 좇은 것이다.

	酒匂本	北大本	水谷本	靑溟本	中硏本	金子本	國博本	周雲臺本
㊴	橫							

㊴ 2·3·40에 대해서는 酒匂本 이래 '橫'(가로 횡)자로 판독하는 의견이 우세하였다가, 최근에 와서 '殘'자로 보는 안(<王>·<耿>·<손>), 판독 불능자로 보는 안(<盧>·<任李>)이 추가 되었다. 위의 탁본 대조표에서 보듯이 거의 모든 탁본에서 이 글자의 우측 자형이 '黃'에 가까우므로 좌변이 불분명한 문제는 있으나, 저자도 '橫'자로 판독한 의견을 좇은 것이다.

	酒匂本	北大本	水谷本	靑溟本	中硏本	金子本	國博本	周雲臺本
㊵								

㊵ 2·4·1에 대해서는 酒匂本 이래 판독 불능자로 본 의견이 우세하였으나, 최근에 와서 '歸'(돌아갈 귀)자로 보는 안(<王>·<盧>·<耿>·<손>), '侵'(침노할

침)자로 보는 안(<武田>·<林>), '偪'(다가올 핍)자로 보는 안(<白崎>)이 추가되었
다. 위의 탁본 대조표에서 보듯이 이 글자의 좌변은 'イ'(두인변)처럼 보이고,
우변의 상부는 'ヨ'에 가까울 뿐만 아니라, 하부에 오른쪽으로 치우쳐 있으나
작은 '又'의 존재를 인지할 수 있는데, 이는 3·3·16에 나타나는 '侵'의 자형(徐
建新 임사문侵)과 동일한 자형으로 판독한 것이다. 우하부 '又'의 위치가 오른
쪽으로 치우친 것은 우중앙에 길게 늘어진 비면의 흠을 피해서 새겨진 것으
로 보면 될 것이다.

	酒匂本	北大本	水谷本	靑溟本	中硏本	金子本	國博本	周雲臺本
㊶								

㊶ 2·4·3에 대해서는 酒匂本 이래 판독 불능자로 보는 의견이 우세하였으
나, 최근에 와서 '就'(나아갈 취)자로 보는 안(<王>·<白崎>·<耿>), '城'자로 추독
하는 안(<林>)이 추가되었다. '城'자로 보기에는 좌변 '土'의 존재가 전혀 볼
수 없다는 점에서 우선 제외할 수 있을 것이다. 다음으로 <白崎>에서는 좌중
앙左中央 '日'의 존재로 보아 '就'자로 추독할 수 있다 하였는데, 탁본상 그리
확실하지 않으나, 쉬젠신徐建新의 임사문(就)이 '就'자로 추독할 수 있는 근거
를 제공할 뿐만 아니라 문맥상으로도 적절한 글자로 판단되어 <白崎>의 의
견을 따른 것이다.

	酒匂本	北大本	水谷本	靑溟本	中硏本	金子本	國博本	周雲臺本
㊷	國	國	國	國	國	國	國	國

㊷ 2·4·5에 대해서는 酒匂本 이래 '國'자로 판독하는 의견이 우세하였으나, 최근에 와서 '圍'(둘레 위)자로 보는 의견이 늘어나고 있다(<王>·<盧>·<白崎>·<耿>·<손>·<任李>). 金子本을 자세히 보면, '囗'(큰 입구) 속의 자형의 上部에 두 개의 횡선을 볼 수 있는데, 이는 '國'자라면 나타날 수 없는 특징임이 분명하므로 '圍'자로 판독한 의견을 좇은 것이다.

	酒匂本	北大本	水谷本	靑溟本	中硏本	金子本	國博本	周雲臺本
㊸							欠	

㊸ 2·4·41에 대해서는 酒匂本 이래 판독 불능자로 보는 의견이 우세하였으나, '先'자로 보는 안(<水谷>·<武田>·<白崎>·<耿>·<손>), '始'자로 보는 안(<王>)이 추가되었다. 위의 탁본 대조표에서 보면, 金子本에서 이 글자의 상부가 쉬젠신徐建新의 임사문(☱)과 유사한 특징을 보임에 유의하여 '先'자로 추독한 것이다.

	酒匂本	北大本	水谷本	靑溟本	中硏本	金子本	國博本	周雲臺本
㊹								

㊹ 2·5·3에 대해서는 酒匂本 이래 '御'(거느릴 어)자로 판독하는 의견이 우세하였으나, 최근에 와서 '愆'(허물 건)자로 보는 의견이 늘어나고 있다(<水谷>·<王>·<武田>·<盧>·<耿>·<林>·<손>·<任李>). 그런데 위의 탁본 대조표에서 보듯이 이 글자의 하변 '心'의 존재가 확인되지 않는다는 점에서 '衍'(넘칠 연)자로 판독한 것이다. 다만, 문맥상 '愆'자가 어울린다는 점에서 여기서의 '衍'

자는 '愆'자와 통용되는 글자로 보고자 한다.[47]

해석

百殘新羅, 舊是屬民, 由來朝貢. ㉠而倭以辛卯年, 來渡海破百殘, 東□新羅, 以爲臣民.

以六年丙申, 王躬率□軍, 討伐殘國. 軍□□□攻取㉡壹八城, 臼模盧城, 各模盧城, 幹弓利城, □□城, 閣彌城, 牟盧城, 彌沙城, □舍蔦城, 阿旦城, 古利城, □利城, 雜珍城, 奧利城, 勾牟城, 古須耶羅城, ㉢莫□□□□城, 芬而耶羅城, 瑑城, 於利城, □□城, 豆奴城, ㉣沸□□利城, 彌鄒城, 也利城, 太山韓城, 掃加城, 敦拔城, ㉤□□□城, 婁賣城, 散那城, 那旦城, 細城, 牟婁城, 于婁城, 蘇灰城, 燕婁城, 析支利城, 巖門□城, 林城, ㉥□□□□□□利城, 就鄒城, □拔城, 古牟婁城, 閏奴城, 貫奴城, 彡穰城, 普□城, □古盧城, 仇天城, ㉦□□□城, ㉧□其國城.

殘不服義, 敢出百戰. ㉨王威赫怒, 渡阿利水, 遣刺迫城, 橫□侵穴, 就便圍城. 而殘主困逼, 獻田男女生口一千人, 細布千五, 跪王自誓, 從今以後, 永爲㉩奴客. 太王恩赦先迷之愆, 錄其後順之誠. 於是得五十八城村七百, 將殘主弟并大臣十人, 旋師還都.

백잔百殘(=백제)과 신라는 예로부터 (고구려의) 속민屬民이었는데, 그런 까닭으로 조공朝貢을 해왔다. 그런데 왜倭가 신묘년辛卯年(391년)에 바다를 건너와서 백잔을 파破하고 동쪽으로 신라를 □하여[48] 신민臣民으로

---

47 衍⑯通"愆". 罪過. "象曰: '需於沙', 衍在中也." 高亨注: "孔廣森曰: '衍蓋古文愆字之省. 二爻云"衍在中", 三爻云"災在外", 意正相對…' 亨按: 孔讀衍爲愆, 是也. 衍, 愆同聲系, 古通用. …"<『易經』·需>

48 이 글자는 모든 탁본에서 결자缺字로 나타나나, 문맥상 '攻'(칠 공)자나 '破'(깰 파)자와 같은 동사가 들어갈 자리로 추측된다(다케다武田 2007:299).

삼았다.

그래서 (영락) 6년 병신丙申(396년)에 王이 친히 □군軍을 이끌고 (백)잔국을 토벌하였다. (고구려)군이 □□□하여 일팔성壹八城, 구모로성臼模盧城, 각모로성各模盧城, 간저리성幹弖利城, □□성城, 각미성閣彌城, 모로성牟盧城, 미사성彌沙城, □사조성舍蔦城, 아단성阿旦城, 고리성古利城, □리성利城, 잡진성雜珍城, 오리성奧利城, 구모성勾牟城, 고수야라성古須耶羅城, 막莫□ □□□성城, 분이야라성芬而耶羅城, 전성瑑城, 어리성於利城, □□성城, 두모성豆奴城, 비沸□□리성利城, 미추성彌鄒城, 야리성也利城, 태산한성太山韓城, 소가성掃加城, 돈발성敦拔城, □□□성城, 누매성婁賣城, 산나성散那城, 나단성那旦城, 세성細城, 모루성牟婁城, 우루성于婁城, 소회성蘇灰城, 연루성燕婁城, 석지리성析支利城, 암문巖門□성城, 임성林城, □□□□□□□리성利城, 취추성就鄒城, □발성拔城, 고모루성古牟婁城, 윤노성閏奴城, 관노성貫奴城, 삼양성彡穰城, 보普□성城, □고로성古盧城, 구천성仇天城, □□□성城을 공격하여 취하고, 그 도성都城에 □하였다.

(그럼에도 불구하고) 백잔이 의에 복종하지 아니하고, 감히 나와 수없이 싸우니, 왕이 떨쳐 대로大怒하여, 아리수阿利水를 건너 자刺(=정탐병)을 보내어 성城(=한성)을 강박强迫하였다. 옆으로 □하여 소굴을 침박侵迫하고, 나아가 곧 한성漢城을 포위하였다. 이에 백잔왕이 곤핍困逼해져, 남녀 생구生口(=포로) 천 명과 세포細布 천 필?五을 바치고서 왕 앞에 꿇어앉아 스스로 맹서하기를 이제부터 영구히 왕의 노객奴客이 되겠노라고 하였다. 태왕太王이 앞서 어지럽힌 잘못을 은혜로이 용서하고, 그 뒤에 순종한 성의를 (마음에) 새겨두었다. 이때에 58성 700촌을 획득하고, 백잔왕의 아우와 대신大臣 10인을 거느리고 군사를 되돌려 환도還都하였다.

㉠ 이 구절은 지금까지 매우 다양한 해석안이 제기됨으로써 한·일간 역사 논쟁의 뜨거운 감자가 되고 있음은 주지하는 사실이다.

그동안에 제시된 해석안들을 정리하면 다음과 같다. ①"왜倭가 신묘년에(또는 신묘년 이래로) 바다를 건너와 백제百濟, □□, 신라新羅를 쳐서 신민臣民으로 하였다."(일본 학계의 통설, <王>·<盧>·<任李> 등), ②"왜가 신묘년에 침입해오자 (고구려가) 바다를 건너 (왜를) 격파하였다. 그런데 (왜와 연결하여) 신라를 침략하여 그의 신민으로 삼았다."(鄭寅普, <박시>·<林> 등), ③"왜가 신묘년에 건너왔다. (고구려가) 바다(또는 浿水)를 건너 백제, □□, 신라(또는 가라加羅)를 격파하여 신민으로 삼았다."(김석형, 佐伯有淸 등), ④"왜를 (고구려가) 신묘년 이래로 바다를 건너가 파하였다. (그런데) 백제가 (왜를 불러들여) 신라를 침공하여 신민으로 삼았다."(鄭杜熙 등)<이상 노태돈 1992: 25 참조> 이 밖에도 ⑤"그런데 왜가, 신묘의 해에 바다를 건너와서, 백잔百殘을 치고 (다시) 신라를 □□하여 양자兩者를 신민으로 간주하게 되었기 때문에, 그래서……"(<白崎>), ⑥"왜로 신묘년이 되어서"(김영욱), ⑦"백제와 신라는 예로부터 고구려의 속민이었으므로 조공을 바쳐왔다. 그런데 왜가 신묘년 이래로 건너와서 (백제와 연합하거나 임나가라를 거점으로 신라를 공략했다.) 이에 광개토왕은 백제와 임나가라를 깨뜨리고 신민으로 삼게 되었다."(김영하 2012) 등과 같은 해석안이 제기된 바 있다.[49]

이 중에서 저자는 우선 문면에 충실한 해석을 추구한다는 점에서 ②~④의 해석안과 같이 '渡海' 이하의 주어로 '고구려'를 보충하는 견해에 동의하기 어렵다. 또한 이 비문 속에 "自此以來", "自上祖先王以來"와 같은 '~以來'의 정상적인 용례(본서 p.230 참조)가 나타난다는 점에서 '以…來'를 '以來'로 해석하는 안(①의 일부[50], ④)에도 동의할 수 없다. 또한 '以'를 이유·원인의 접속사로 본 견

---

49 이들과는 별도로 李亨求(1983/1986: 199)에서는 이 구절을 '而後, 以辛卯年不貢, 因破百殘·圖寇·新羅, 以爲臣民.'으로 재구하고 "그후 신묘년(391)부터 조공을 바치지 않으므로 [광개토대왕이] 백잔百殘(濟)·왜구倭寇·신라新羅를 파하여 이를 신민臣民으로 삼았다."라고 해석한 바 있다. 이른바 일본 육군참모본부에 의한 비문 조작설을 구체화한 논의로 주목받은 바 있으나, 이 구절의 앞 부분('百殘新羅舊是屬民, 由來朝貢')에 등장하지 않던 '왜구'가 갑자기 뒷 구절에 등장하는 것도 이상하거니와, 석회가 거의 벗겨진 상태에서 채탁探拓된 周雲臺本에서조차 그의 재구를 뒷받침할 만한 어떠한 자형상의 증거도 보이지 않는 이상 이형구 선생의 논의 결과를 받아들이기 어려운 것으로 판단하였음을 밝혀둔다.

해(⑤)나 '以…來'의 두 글자를 이두적 요소로 본 견해(⑥)에도 선뜻 동의하기
어려운데, 그 이유는 '以', '來' 두 글자의 문법적 기능 또는 이 비문에서의 이두
적 요소의 존재 여부에 대한 이해의 차이에 말미암는다. 따라서 저자는 ①의 해
석안을 유지하는 선에서 '以'와 '來'의 문법적인 기능에 대하여 약간의 보충을
하고자 한다.

첫 번째로 이 구절에서의 '以'의 문법적 기능에 대하여 대부분은 때의 정점定點
을 표시하는 조사로 보아왔으나, <白崎>에서 '以'를 이유·원인을 나타내고 '때
문에'로 해석되는 접속사로 보고서 이어지는 '以六年丙申……'조의 '以'와 호
응하여 "왜가 신묘년에 ~하였기 <u>때문에</u> <u>그래서</u> (영락) 6년 병신년에 ~하였다."
로 해석될 수 있다고 함으로써 기존의 해석들에 문제를 제기한 바 있다. 그는 그
근거로 『사기史記』·맹상군열전孟嘗君列傳에서의 "文<u>以</u>五月五日生, 嬰告其母
曰勿擧也((5월 태생의 아들은 장래 부모에게 불리하게 된다는 미신이 있었는
데) 文(=맹상군의 이름)이 5월 5일에 태어났기 때문에 嬰(=맹상군의 부명父名)
이 그 어미에게 일러 '거두지 마시오'라고 말했다.)"로 풀어야만 두 문장의 연결
이 자연스러워진다는 점을 들고 있다. 저자도 이 의견에 공감하는 바가 없지 않
으나, 대부분의 한문 문법서들에서 이 용법을 인정하고 있지 않을 뿐만 아니라
위의 해석문에서 [ ]로 묶은 화용론적話用論的 정보의 바탕 위에서만 접속사 용
법의 적용이 자연스러워질 뿐만 아니라, 한문에서는 문면에 없는 접속사를 보
충해야 하는 경우가 더 흔하다는 점[51] 등에 근거하여 그의 견해를 받아들이지
않은 것이다.

다음으로 '來渡海'의 '來'에 대해서는 앞서 본 '天遣黃龍來下迎王'에서의 '來
下'와 마찬가지로 '來+VP' 용법으로 보아 '바다를 건너오다'로 해석한 것이다.
덧붙여 '來渡海'라는 구절이 등장하는 또 다른 예인 "其行<u>來渡海</u>詣中國"(『三
國志』·東夷傳·倭人條)도 "그 일행이 <u>바다를 건너와서</u> 중국에 이르렀다."로 해
석하고자 한다. '來渡海'의 예로부터도 이 비문이 『삼국지』와 같은 중국 고전의

---

50 '以辛卯年來'를 '辛卯年以來'의 의미로 본 것은 니시지마西嶋定生에서 비롯되어 왕젠췬王
健群에까지 파급된 듯하다(白崎 1993/2004: 180-181).

51 이 점에 대해서도 김병준 교수의 도움을 받은 바 있다. 저자가 중국 사서史書들에서의 한문
해석에 어려움을 겪을 때마다 친절히 도와주신 김 교수께 이 자리를 빌려 다시 한 번 사의謝
意를 표한다.

영향을 받았을 가능성을 재차 확인할 수 있다.[52]

한편, '來渡' 이하의 결자缺字 부분에 '王'과 '任那加羅'를 보입補入한 새로운 해석안(⑦)에도 동의하기 어렵다. 김영하 교수가 행한 신묘년 기사의 구두句讀와 결자 보입 결과는 "百殘新羅舊是屬民, 由來朝貢. 而倭以辛卯年來渡, '王'破百殘'任那加'羅, 以爲臣民."으로서 여기에도 몇 가지 문제점을 안고 있기 때문이다. 첫째, '以⋯來'를 '以來'로 해석하는 문제점이 여전하다. 둘째, '王'자를 보입한 자리는 전통적으로 '海'(또는 '每')자로 판독한 곳인데, 앞서 ㉓번 탁본대조표에서 보듯이 이 글자를 '王'자로 판독 내지 보입하기는 어렵게 되어 있다. 셋째, '任'자를 보입한 자리는 앞서 ㉔번 탁본대조표에서 논의한 바와 같이 '東'자로 추독할 만한 곳일 뿐만 아니라, '加'자를 보입한 자리는 현재 우변 '斤'의

일부로 볼 만한 잔획殘劃이 있는 곳이기 때문에(<北大本>,   <水谷本>,   <中硏本>) 이를 '加'자로 보입하기 어려운 것으로 판단된다.

cf)   <北大本 '新'(2·8·28)> vs.   <北大本 '加'(2·9·16)>

㉃ 이 성이름의 첫 글자를 일부 '寧'(편안할 녕)자(<王>), '壺'(병 호)자(<손>)로 판독하는 의견도 있으나, 탁본상 '壹'(한 일)자가 분명하므로 받아들이지 않았다. 그리고 '壹八城'을 '18城'으로 해석하기도 하나, 이어서 나열되는 성들이 이 숫자를 훨씬 넘어서고 있으므로 받아들이기 어렵다.

㉄~㉅ 이어지는 병신년조 말미에 공취攻取한 성의 숫자가 58성이라고 하였는데, 위에 나타난 것으로는 51성에 불과하므로 7개의 성이 이 부분들에 숨어 있는 것으로 보아야 한다. 이 문제에 대하여 저자는 다음과 같이 분단分斷하는 안이 최선일 것으로 생각한다.

㉄ 莫□□□城 → 莫□城 □□城(+1)[/莫城 □城 □城(+2)],

52 이와 관련하여 白崎(1993/2004: 183)에서 이 비문에서 귀환의 의미에는 전부 '還'자를 쓰고, 마음을 주는 의미에는 '歸'자를 이용하고 있음을 『삼국지』의 직·간접적인 영향이라 하였음도 참조.

ㄹ) 沸□□利城 → 沸城 □利城(+1),

ㅁ) □□城 → 城 □城(+1),

ㅂ) □□□□□□利城 → □城 □城 □城 □利城(+3)[/□□城 □□城 □利城(+2)],

ㅅ) □□城 → 城 □城(+1)

ㅇ) <林>에서는 이 부분을 공취攻取 58성의 하나로 보았으나, '其國城'은 '그 나라의 도성都城' 즉, '백제의 도성(=한성)'으로 보아 받아들이지 않았다.

ㅈ) <白崎>에서 지적되었듯이 이 구절은 해석하기가 쉽지 않다. <盧>·<林>·<任李>에서는 '왕이 크게 노하여' 정도로 해석하였으나, <白崎>에서 지적된 것처럼 '威'자가 해석에서 빠져 있다. 그래서 <白崎>는 '王威, 赫하게 怒하여'로 읽고, '태왕太王의 위엄이 확 타오르는 것처럼 빛나고, 그리고 화내어'로 해석하였으나, '赫怒'가 '크게 화내다[盛怒, 大怒]'의 뜻인 이상 '威'는 부사어로 풀어야 할 것이라는 점에서 '威'의 동사로서의 '진동하다, 떨치다'의 뜻을 살려 '왕이 떨쳐 대로大怒하여'로 해석한 것임을 밝혀둔다.

ㅊ) '奴客'은 원래 사속민私屬民이나 노예奴隸를 뜻하는 용어이나, 「모두루묘지명」에서 중급 귀족인 모두루가 스스로 낮추어 노객이라 하였을 뿐만 아니라, 이 비문에서도 신라왕이 광개토왕에 대하여 자신을 노객이라고 표현한 것으로 보아, 여기에서의 '奴客'은 임금에 대하여 신하를 낮추어 칭한 표현으로 보고 있다(노태돈 1992: 26).

3.2.3. 영락 8년조(2·5·33~2·6·30)

판독

八°年戊°戌教°遺偏°師°觀」₂·₅㊺^臼^愼^圡谷因便抄得°莫㊻*□羅
°城加太羅谷°男女三百餘人自°此°以^来朝貢°論事

1) 특이 자형 확인

°戌: 戌 , °觀: 觀 , °莫: 莫 , °此: 此 , °論: 論

2) 판독 이견자/추독자 변증

	酒勾本	北大本	水谷本	靑溟本	中硏本	金子本	國博本	周雲臺本
㊺								

㊺ 2·6·1에 대해서는 위의 탁본 대조표에서 보듯이 판독상의 어려움은 없으나, 과연 이 글자를 무슨 글자로 보느냐에 대해서는 의견이 분분하다. 미상자로 보는 의견이 우세한 가운데 '帛'(비단 백)자로 보는 의견(<水谷>·<王>·<耿>·<任李>), '肅'(엄숙할 숙)자로 보는 의견(<武田>·<白崎>·<林>), '帛'(음훈 미상)자로 보는 의견 (<盧>·<손>)이 추가되었다. 앞서 '丑'의 경우와 마찬가지로 원문의 자형대로 제시한 것이다.

	酒勾本	北大本	水谷本	靑溟本	中硏本	金子本	國博本	周雲臺本
㊻								

㊻ 2·6·10에 대해서는 초기에 '新'자로 보는 의견이 우세하였으나, 판독 불능자로 보는 의견(<水谷>·<武田>·<盧>·<林>·<任李>), '斯'(이 사)자로 보는 의견(<王>·<白崎>·<耿>·<손>)이 추가되었다. 위의 탁본 대조표에서 보듯이 이 글자는 대부분의 원탁들에서는 무슨 글자인지 알기 어렵게 되어 있다. 따라서 저자도 판독 불능자로 본 것이다.

해석

> 八年戊戌, 敎遣㉠偏師, 觀㉡鳥愼土谷, 因便㉢抄得莫□羅城加太羅谷, 男女三百餘人. 自此以來, 朝貢㉣論事.
>
> (영락) 8년 무술戊戌(398년)에 교敎를 내리셔서 편사偏師를 보내어 식[?]신鳥愼의 토곡土谷을 살펴보게 하였는데, 그리하여 곧 막莫□라성羅城, 가태라곡加太羅谷의 남녀 삼백여 명을 뽑아서 취하였다. 이 이후로 조공하고, 시사時事[/국사國事]를 논의論議하였다.

㉠ '偏師'에 대하여 '한 부대의 군사'(<盧>), '일부(의) 군대'(<林>·<任李>)로 해석하였으나, 『漢語大詞典』에 따라[53] '주력主力 이외의 부대'를 의미하는 용어로 본다.

㉡ '鳥愼'에 대해서는 '息愼'으로 보는 의견에 동조하고 싶다. 문맥으로 보아 백제나 신라에 대한 전투는 아님이 분명하기 때문에 '숙신肅愼'의 이표기로 인정될 만하기 때문이다(노태돈 1992: 26 참조).

㉢ '抄得'의 '抄'는 본뜻인 '노략질하다'보다는 '抄錄'에서와 같이 '뽑다'의 의미로 본 것이다. 태왕의 훈적勳績을 '노략질하다'로 표현하지는 않음이 분명하기 때문이다.

㉣ '論事'에 대하여 <盧>·<任李>에서는 '(조공에 대하여) 의논하다'로, <白崎>에서는 '도리를 말하다'라든가 '군주를 위해서 방책을 생각하다' 정도의 특수한 어휘로, <林>에서는 '국사를 의논하다'로 해석하고 있다. 저자는 안진경顏眞卿의 「論百官論事疏」, 이이李珥의 「應旨論事疏」 등의 사례에 비추어 <林>과 같이 '시사(또는 국사)를 논의하다'로 풀이한 것이다.

---

53 ①指主力軍以外的部分軍隊. "韓獻子謂桓子曰: '瓆子以偏師陷, 子罪大矣.'"<『左傳』·宣公十二年>

3.2.4. 영락 9년조(2·6·31~2·8·8)

판독

九°年己°亥百°殘°違誓°與倭和」₂·₆通王巡下平°穰而°新°羅°遺使白
王°云倭人滿其國°境潰破°城池°以奴客^為民°歸王請°命太王㊼*恩
㊽*慈°矜其忠㊾[誠]」₂·₇㊿*□°遺°使°還告°以□計

1) 특이 자형 확인

°亥: [宛] , °違: [違] , °與: [与] , °新: [新] , °羅: [羅] , °云: [云] ,

°歸: [歸] , °命: [命] , °矜: [矜] , °遺: [遺] , °使: [使] , °還: [還] ,

2) 판독 이견자/추독자 변증

	酒匂本	北大本	水谷本	青溟本	中硏本	金子本	國博本	周雲臺本
㊼								

　㊼ 2·7·36에 대해서는 酒匂本에서는 빈칸으로 되어 있으나, 일찍부터 '恩'(은혜 은)자로 판독한 바 있다. 위의 탁본 대조표에서 보듯이 아래쪽의 '心'이 분명하고, 윗부분도 金子本을 자세히 보면 '因'의 넷째 획(丿)의 일부분이 보일 뿐만 아니라, 周雲臺本에서도 '恩'자임이 분명하므로 종래의 판독안을 따른 것이다.

	酒匂本	北大本	水谷本	青溟本	中硏本	金子本	國博本	周雲臺本
㊽								

㊽ 2·7·37에 대해서는 酒匂本 이래 한 동안 '後'자로 판독되었으나, <水谷>에 와서 비로소 '慈'(사랑 자)자로 수정되어 현재까지 이어져 오고 있다. 대부분의 원탁들에서 '慈'자의 형상이 분명하므로 <水谷>의 판독안을 따른 것이다.

	酒勾本	北大本	水谷本	靑溟本	中硏本	金子本	國博本	周雲臺本
㊾	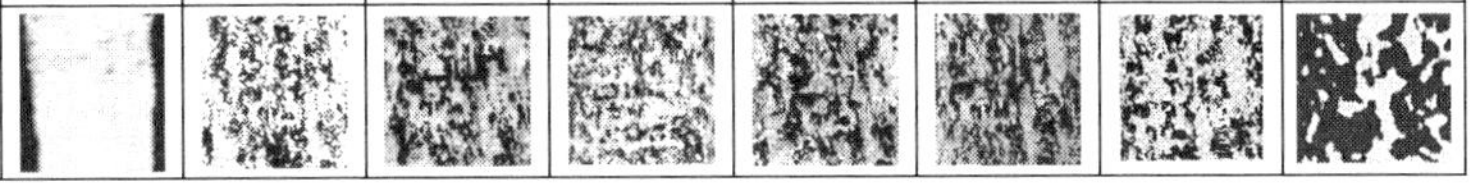							

㊾ 2·7·41에 대해서는 酒匂本 이래 한 동안 판독 불능자로 보았으나, <水谷> 이후 '誠'(정성 성)자로 추독되고 있다. 위의 탁본 대조표에서 보듯 이 글자는 판독하기가 매우 어렵게 되어 있다. '成'에 해당되는 자형은 잘 찾아지지는 않으나, 좌변 '言'의 자형은 초기 탁본들에서 대개 찾아지는 듯할 뿐만 아니라 문맥에도 적절하므로 저자도 '誠'자로 추독한 것이다.

	酒勾本	北大本	水谷本	靑溟本	中硏本	金子本	國博本	周雲臺本
(50)	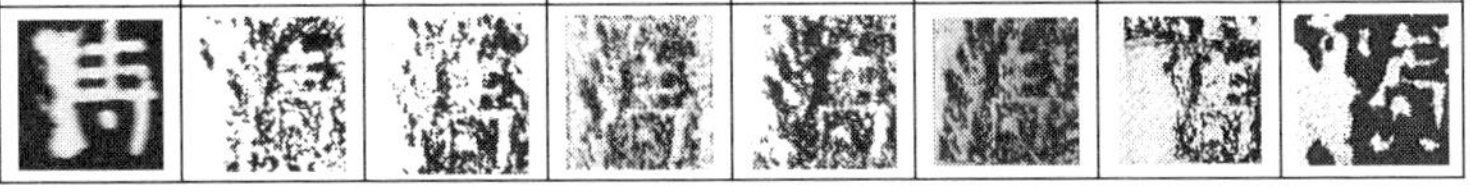							

(50) 2·8·1에 대해서는 초기에는 '寺'(절 사)나 '時'(때 시)자로 판독되었으나, 현재는 대개 판독 불능자로 보고 있다. <王>·<耿>에서만 '特'자로 보고 있으나, <白崎>에서 지적된 바와 같이 우측 자형도 반드시 '寺'로 특정하기가 어렵게 되어 있는 데다가 좌변의 자형을 전혀 짐작하기 어렵게 되어 있으므로 역시 판독 불능자로 본 것이다.

해석

九年己亥, 百殘違誓與倭和通, 王巡下平穰, 而新羅遣使白王云, 倭人滿其㉠國境, 潰破城池, 以奴客爲民, 歸王請命, 太王恩慈, 矜其忠誠, ㉡□遣使還告以□計.

(영락) 9년 기해己亥(399년)에 백제가 맹서盟誓를 어기고 왜와 화통和通하였다. 왕이 순행巡幸하여 평양平壤으로 내려갔는데, 신라가 사신을 보내어 왕께 아뢰어 말하기를, "왜인이 신라 국경에 가득 차 성지城池(=埃字)를 부수고 노객奴客을 그 백성으로 삼고 있으니, 왕께 귀복歸服하여 명령을 기다리고 있습니다." 하였다. 태왕이 은자恩慈하게 신라왕의 충성을 갸륵히 여겨 … 사신을 보내어 돌아가서 (고구려 측의) □계計로써 (신라왕에게) 고하게 하였다.

㉠ '國境'은 '나라의 경계'로 풀어야 할지, '나라의 영토내'로 풀어야 할지 판단하기 어렵다. <白崎>에서는 후자가 되어야 함을 강조하고 있다. '나라의 경계'로 풀어도 면적을 필요로 하는 동사 '滿'을 고려하면, '나라의 경계 지역'으로 보아야 할 것이다.

㉡ 이 구절도 '遣'을 사동 암시 동사로 보아 '사신을 보내어 돌아가서 □계計로써 고하게 하였다' 정도로 풀이한 것이다.

3.2.5. 영락 10년조(2·8·9~3·3·6)

판독

十°年°庚子教°遣°步騎五萬^住救°新羅°從°男居°城至°新羅°城倭°滿其中官軍方至倭賊°退」2·8■(2·9·1~2·9·7)□51*侵背急°追至任°那加羅°從°拔°城城^即°歸服安羅人52*戍兵□°新羅°城53*□°城倭54

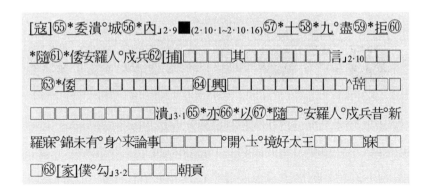

[寇](55)*委潰°城(56)*內」2·9■(2·10·1~2·10·16)(57)*十(58)*九°盡(59)*拒(60)*隨(61)*倭安羅人°戍兵(62)[捕]□□□□其□□□□□□□言」2·10□□□□(63)*倭□□□□□□□□□□(64)[興]□□□□□□□□□□^辞□□□□□□□□□□□□□潰」3·1(65)*亦(66)*以(67)*隨□°安羅人°戍兵昔°新羅寐°錦未有°身^来論事□□□□□°開^土°境好太王□□□□寐□□□(68)[家]僕°勾」3·2□□□□朝貢

1) 특이 자형 확인

°庚: , °步: , °新: , °退: , °追: , °那: ,

°盡: , °寐: , °錦: , °身: 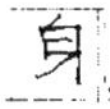, °事: 

2) 판독 이견자/추독자 변증

	酒勾本	北大本	水谷本	青溟本	中研本	金子本	國博本	周雲臺本
(51)		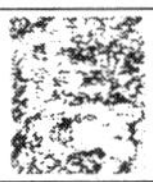						

(51) 2·9·9에 대해서는 酒匂本 이래 한 동안 '來'자로 판독해 오다 <王>·<耿>·<白崎>에서는 '倭'(왜국 왜)자로, <武田>·<林>에서는 '侵'(침노할 침)자로, <盧>·<任李>에서는 판독 불능자로 봄으로써 판독상의 의견 일치를 보지 못하고 있다. 위의 탁본 대조표에서 보듯이 좌변 '사람인 변'(亻)(또는 '彳')은 분명한데, 우변의 자형이 불분명하여 나타난 현상일 것이다. 그런데 우변을 자세히 살펴보면, 하부에 '又'가 있고 상부에는 두 가로획의 존재가 보여 '倭'보다는 '侵'자에 가까운 형상이므로 저자도 '侵'자로 판독한 의견을 좇은 것이다.

	酒勾本	北大本	水谷本	靑溟本	中研本	金子本	國博本	周雲臺本
㉕								

㉕ 2·9·28에 대해서는 '戍'(지킬 수)자로 보는 의견(<水谷>·<王>·<武田>·<盧>·<耿>·<林>·<任李>·<손>)이 다수인데, <白崎>에서 초기 판독안인 '戎'(오랑캐 융)자를 다시 주장함으로써 문제가 된 것이다. 위의 탁본 대조표에서 보듯이 자형은 酒勾本과 동일한데, 문제는 이 글자를 무슨 자로 보느냐에 있다. '戎'자로 본 <白崎>에서는 후한後漢 공주비孔宙碑의 자형(戎)을 그 근거로 들고 있으나, '戈'의 제3획(丿)에 차이가 있음이 문제가 된다. 저자는 이보다는 거연 한간居延漢簡 '戍'자의 자형들(戍 戍)이 비면의 자형에 좀더 가까운 특성을 갖추고 있음을 근거로 '戍'자로 판독한 것이다.

	酒勾本	北大本	水谷本	靑溟本	中研本	金子本	國博本	周雲臺本
㉝								

㉝ 2·9·34에 대해서는 대부분 판독 불능자로 보고 있는데, <王>·<耿>·<손>에서는 '鹽'(소금 염)자로, <林>에서는 '昰'(옳을 시/여름 하)자로 보는 소수 의견을 낸 바 있다. '鹽'자나 '昰'자로 보기에는 하변의 자형이 '皿'도 '正'도 아니라는 점에서 저자도 판독 불능자로 본 것이다.

	酒勾本	北大本	水谷本	靑溟本	中研本	金子本	國博本	周雲臺本
㉞								

�widehat{54} 2·9·37에 대해서는 酒匂本 이래 한 동안 '滿'자로 판독해 오다 <王>·
<盧>·<任李>·<손>·<白崎>에서는 '寇'(도둑 구)字로, <武田>·<林>에서는 판
독 불능자로 봄으로써 문제가 된 것이다. 위의 탁본 대조표에서 보면, 이 글자
의 하부는 불분명하나 대부분의 탁본들에서 상부 '민갓머리'(宀)의 형태는 인
지되는 듯하므로 다수의 의견을 따라 '寇'자로 추독하고 싶다. 周雲臺本의 자
형도 '寇'자로 판독할 만한 특징을 갖추고 있음도 참조.

	酒匂本	北大本	水谷本	靑溟本	中硏本	金子本	國博本	周雲臺本
㉟	倭							

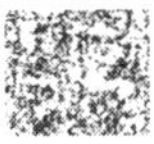

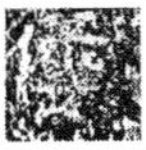

㉟ 2·9·38에 대해서는 酒匂本 이래 대부분 '倭'자로 판독하였으나, <王>·
<盧>·<손>·<任李>에서는 '大'자로, <白崎>에서는 '委'(맡길 위)자로 추독함
으로써 문제가 된 것이다. 위의 탁본 대조표에서 보듯이 이 글자는 대부분의
탁본들에서 좌변 'イ'이 없는 '委'자에 가까운 형상을 하고 있다는 점에서 <白
崎>의 추독안을 따른 것이다.

	酒匂本	北大本	水谷本	靑溟本	中硏本	金子本	國博本	周雲臺本
㊱	大					欠		

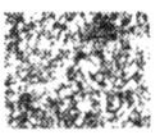

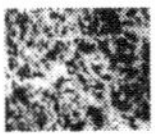

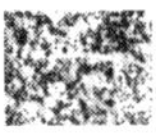

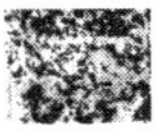

㊱ 2·9·41에 대해서는 酒匂本 이래 '大'자나 '六'자로 판독되어 오다가 최
근에 <王>·<白崎>·<耿>·<林>·<손>에서는 '內'자로, <水谷>·<盧>·<任李>
에서는 판독 불능자로 봄으로써 문제가 된 것이다. 위의 탁본 대조표에서 보듯
이 초기 탁본들에서 '大'자라면 없어야 할 우측 종선縱線의 일부가 보일 뿐만
아니라 문맥상으로도 무난하다는 점에서 '內'자로의 판독안을 따른 것이다.

	酒勾本	北大本	水谷本	靑溟本	中硏本	金子本	國博本	周雲臺本
⑤						欠		
⑧						欠		

⑤ ⑧ 2·10·17~18에 대해서는 '十九'로 판독하는 안이 중국 학자들에 의해 산발적으로 제기되어 <王>·<耿>·<白崎>·<손>에까지 이어지고 있다. 다른 한편으로 <武田>·<盧>·<任李>에서는 두 글자 모두 판독 불능자로 보고 있고, <林>에서는 '□九'로 판독하고 있다. 그런데 위의 탁본 대조표에서 보면, 탁본마다 차이는 있으나 水谷本·周雲臺本에서 '十'자의 우측부(2·10·17)와 '九'자의 제2획(2·10·18)을 간취看取할 수 있으므로 다수의 의견대로 '十九'로 판독한 것이다.

	酒勾本	北大本	水谷本	靑溟本	中硏本	金子本	國博本	周雲臺本
⑤⑨	叵					欠		叵
⑥⓪	有					欠		有
⑥①	尖					欠		尖

⑤⑨ ⑥⓪ ⑥① 2·10·20~22에 대해서는 판독 불능자들로 보는 의견이 우세하나, <王>·<耿>·<白崎>에서는 '拒隨倭'로 판독되고 있다(<林>에서는 '拒隨□'). 위의 탁본 대조표에서 '拒隨倭'의 자형들이 대부분 찾아지므로 <王>의 판독안을 따른 것이다.

	酒勾本	北大本	水谷本	靑溟本	中硏本	金子本	國博本	周雲臺本
⑫								

⑫ 2·10·28에 대해서는 酒勾本 이래 판독 불능자로 여겨오다가 <水谷> 이후 '滿'자로 보는 의견이 강하다(<武田>·<耿>·<林>). 또한 <王>은 '新'자로 추독하였는데, <盧>·<任李>에서 이 판독안을 따르고 있다. 한편, <白崎>에서는 이 글자를 '捕'자로 판독하였는데, 위의 탁본 대조표에서 보듯이 대부분의 초기 탁본들에서 우변 '甫'의 형상이 찾아지므로 저자도 이 추독안을 따른 것이다.

	酒勾本	北大本	水谷本	奎章閣本	中硏本	金子本	國博本	周雲臺本
⑬	欠					欠	欠	

⑬ 3·1·5에 대해서는 酒勾本 이래 판독 불능자로 보아왔으나, <武田>에 의하여 '倭'자로 판독된 이후 <白崎>·<林>에서 이 판독안을 따르고 있다. 실제 위의 탁본 대조표에서 보듯이 이 글자가 남아 있는 탁본들[54]에서는 '倭'자의 형상이 보이는 듯하므로 이 판독안을 따른 것이다.

	酒勾本	北大本	水谷本	奎章閣本	中硏本	金子本	國博本	周雲臺本
⑭	欠					欠	欠	

---

54 靑溟本의 3.1.1~3.6.35까지 결락缺落이 있어서 초고 단계에서는 결자缺字로 처리하고 말았으나, 졸고(2013a)의 논의에 따라 이 부분에 해당되는 글자들은 규장각본을 제시한 것임을 밝혀둔다.

⑭ 3·1·16에 대해서도 酒匂本 이래 판독 불능자로 보아왔으나, <武田>에 의하여 '興'자로 판독된 이후 <白崎>·<林>에서 이 판독안을 따르고 있다. 실제 위의 탁본 대조표에서 보듯이 이 글자가 남아 있는 탁본들에서는 '興'의 좌측부 형상이 드러나므로(이를 '與'자로 볼 수 없음은 이 비문에 '^与'로 나타나기 때문임) 저자도 이 추독안을 따른 것이다.

	酒匂本	北大本	水谷本	奎章閣本	中研本	金子本	國博本	周雲臺本
⑮							欠	
⑯							欠	
⑰							欠	

⑮ ⑯ ⑰ 3·2·1~3에 대해서는 판독 불능자들로 본 의견이 우세하나, <水谷>에서는 '□以隨'로, <白崎>·<林>에서는 '亦以隨'로 판독하고 있다. 위의 탁본 대조표에서 보면 '亦以隨'로 판독될 만한 특성들을 보이고 있으므로 저자도 최근의 판독안을 따른 것이다.

	酒匂本	北大本	水谷本	奎章閣本	中研本	金子本	國博本	周雲臺本
⑱							欠	

⑱ 3·2·39에 대해서는 판독 불능자로 보는 의견이 우세하나, <王>에서 '家'(집 가)자로 추독된 이후 <耿>·<白崎>·<林>에서 이 판독안을 따르고 있다. 탁본 대조표에서 보면, 대부분의 탁본들에서 하부 '豕'의 형상이 뚜렷할

뿐만 아니라, 부분적으로 갓머리(宀)의 형상도 볼 수 있으므로 저자도 이 판독안을 따른 것이다.

해석

十年庚子, 敎遣步騎五萬, 往救新羅. ㉠從男居城, 至新羅城. 倭滿其中. 官軍方至, 倭賊退. □侵背急追, 至任那加羅㉡從拔城, 城卽歸服. ㉢安羅人戍兵□新羅城□城. 倭寇㉣委潰. 城內㉤十九, 盡拒隨倭, 安羅人戍兵 捕□□□□其□□□□□□□言□□□□□□□□□□□□□ □□□□□□□□□辝□□□□□□□□□□潰, 亦以隨□安 羅人戍兵. 昔新羅寐錦, 未有身來論事, □□□□圚開土境好太王, □□ □□寐錦□□㉥家僕勾, □□□□朝貢.

(영락) 10년 경자庚子(400년)에 교를 내리셔서 보병步兵과 기병騎兵 5만을 보내어 가서 신라를 구원하게 교시하였다. 남거성男居城을 거쳐 신라성新羅城에 이르니 왜가 그곳에 가득하였다. 관군官軍이 막 도착하자 왜적이 물러났다. … 뒤를 습격하여 급히 추격하여 임나가라任那加羅의 종발성從拔城에 이르니 성이 곧 귀복歸服하였다. 안라인 수병安羅人戍兵이 신라성과 □성城을 □하였다. 왜구가 위축되어 궤멸潰滅되니, 성 안의 십분지 구는 다 왜를 따르는 것을 거부하였다. 안라인 수병이 ……을 사로잡으니 …… 궤멸되어 역시 안라인 수병에게 수隨□하였다. 옛날에는 신라 매금新羅寐錦이 몸소 와서 시사[/국사]를 논의한 적이 없었다. (그러나) … 광개토경호태왕 …… (신라) 매금 …… 가복家僕 구句를 (인질로 삼고) …… 하여 조공하였다.

㉠ '從'에 '經由'의 뜻이 있으므로 여기에서의 '남거성男居城'이 고구려 지명인지, 신라 지명인지의 여부가 분명하지 않다. 다만, '從~至~' 구문을 "~에서 ~까지"로 해석한다면, '남거성'은 고구려 지명이 될 수도 있다.

㉡ '從拔城'에 대해서는 일반의 해석을 좇아 고유명사로 보았으나, 다른 한편으로는 "성을 내리[從=縱] 뿌리뽑다"로 해석할 수도 있다. 이렇게 되면, '至任那加羅從拔城'은 "임나가라에 이르러 성을 내리 뿌리뽑았다(=궤멸시켰다)."로 해석되어야 할 것이다.

㉢ '안라인 수병安羅人戍兵'에 대해서는 '신라인新羅人 수병戍兵을 두어'로 해석하기도 하나(<王>), '安'자의 본뜻에 부합된다고 하기 어려우므로(白崎 1993/2004: 264-265) 원문을 그대로 살린 것이다.

㉣ '위궤委潰'는 사전류에 없는 숙어. '委'자가 '萎'(마를 위)자와 통하므로 '위축되어 궤멸되다'로 직역한 것이다.

㉤ '十九'는 '十分之九' 즉, '절대 다수'의 의미.

㉥ '家僕句'를 '家僕+句'로 분석한 것이다. '家僕'이 춘추시대春秋時代 경대부卿大夫의 가신家臣을 이르는 말임을 참조. 이를 '家+僕句'로 분석하여 '僕句'를 나물왕奈勿王의 아들로서 실성왕대實聖王代(412년)에 고구려에 인질로 바쳐진 '복호卜好'와 동일인으로 볼 수 있을 듯하나, 이렇게 봄에 있어서는 『삼국사기』 기록과의 연대 차이가 문제되기 때문이다.

3.2.6. 영락 14년조(3·3·7~3·4·20)

판독

十四°年甲°辰而倭°不軌^侵入°帶方°界⑥⑨[和]□⑦⓪[殘]□⑦①[至]石°城□連^舡□□□□率□□⑦②[從]平穰₃·₃□□□鋒相遇王°幢要°截盪^刺倭°寇潰敗斬°煞無°數.

1) 특이 자형 확인

°辰: 辰 , ^侵: 侵 , °帶: 帶 , °截: 截 , °寇: 寇 , °煞: 煞

2) 판독 이견자/추독자 변증

	酒勻本	北大本	水谷本	奎章閣本	中研本	金子本	國博本	周雲臺本
⑥⑨							欠	

⑥⑨ 3·3·21에 대해서는 酒勻本 이래 판독 불능자로 보아왔으나, <王>·<白崎>·<林>·<손>에서 '和'자로 추독함으로써 문제가 된 것이다. 위의 탁본 대조표에서 보면, 특히 中研本에서 좌변 '禾'의 형상을 찾을 수 있을 뿐만 아니라 문맥상으로도 '和'자로 인정할 만한 자리이므로 저자도 이 추독안을 따른 것이다.

	酒勻本	北大本	水谷本	奎章閣本	中研本	金子本	國博本	周雲臺本
⑦⓪							欠	

⑦⓪ 3·3·23에 대해서도 酒勻本 이래 판독 불능자로 보아왔으나, <王>·<白崎>·<林>·<손>에서 '殘'자로 추독함으로써 문제가 된 것이다. 위의 탁본 대조표에서 보면, 대부분의 탁본들에서 좌변 '歹'(죽을사변)의 형상을 간취看取할 수 있으므로 최근의 추독안을 따른 것이다.

	酒勻本	北大本	水谷本	奎章閣本	中研本	金子本	國博本	周雲臺本
⑦①								

㉠ 3·3·25에 대해서도 酒匂本 이래 판독 불능자로 보아왔으나, <王>·<白崎>·<林>에서는 '至'자로, <손>에서 '兵'자로 추독함으로써 문제가 된 것이다. 위의 탁본 대조표에서 보면, 이 글자가 남아 있는 탁본들에서는 대부분 하부 '土'의 형상을 찾을 수 있는 듯하므로 저자도 '至'자로 추독하는 안을 따른 것이다.

	酒匂本	北大本	水谷本	奎章閣本	中研本	金子本	國博本	周雲臺本
㉑							欠	

㉒ 3·3·39에 대해서도 酒匂本 이래 판독 불능자로 보아왔으나, <王>·<武田>·<盧>·<白崎>·<林>·<손> 등에서 '從'(따를 종)자로 추독하고 있다. 위의 탁본 대조표에서 보면, 이 글자는 쉬젠신의 임사문(㊁)과 흡사한 하부 형상을 보여주고 있으므로 저자도 이 추독안을 따른 것이다.

해석

十四年甲辰, ㉠而倭不軌, 侵入帶方界, ㉡和通殘國, 至石城□, 連船□□□, 王躬率□□, 從平穰□□□鋒相遇. ㉢王幢要截盪刺, 倭寇潰敗. 斬煞無數.

(영락) 14년 갑진甲辰(404년)에 왜가 질서를 지키지 않고 대방帶方의 영역을 침입하여 잔(국)殘國과 화통和通하고, 석성石城에 이르러 □하여 배를 연결하여 ……하였으므로 왕이 몸소 □□를 거느리고 평양平穰을 거쳐 … (적의) 선봉先鋒이 서로 맞부딪치게 되었다. 왕당王幢이 매복 공격埋伏攻擊과 이동 공격移動攻擊을 퍼부으니 왜구가 궤멸되었다. 참살斬煞한 것이 무수히 많았다.

㉠ 여기에서의 '而'는 이유를 나타내는 전치사 '以'와 동일 용법으로 본 것이다(白崎 1993/2004: 280).

㉡ 이 부분을 <王>에서는 '和通殘國'으로 추독하고 있는데, 문맥상으로 인정할 만하다.

㉢ '王幢'의 '幢'은 고대 군사 편제명編制名이므로 그 자체를 고구려 군사 편제명으로 보아 왕의 친위대 정도의 의미로 푼 것이다. '要截盪刺' 부분에서의 '要'='腰'(중심점, 중간 협소 지형中間 狹小地形), '截'(끊다)이므로 '要截'은 협소 지형에서 매복하여 공격함을, '盪'(이동, 요동), '刺'(찌르다)이므로 '盪刺'는 이동하면서 공격함을 뜻한다. 따라서 '매복 공격과 이동 공격을 퍼붓다'로 풀이한 것이다.

3.2.7. 영락 17년조(3·4·21∼3·6·2)

판독

十七°年丁未教遣°步騎五萬□□□□□□□□⑦③*□°師」₃.₄□□合°戰
斬°煞蕩°盡°所°獲鎧鉀一萬餘領軍°資°器°械°不可稱°數°還破沙⑦④
*□溝°城°婁°城□⑦⑤[甶]°城□□□□□□□」₃.₅□°城

1) 특이 자형 확인

°師: 𦙾 , °所: 𫝆 , °獲: 獲 , °資: 𧵍 , °器: 器 , °械: 械

2) 판독 이견자/추독자 변증

	酒匂本	北大本	水谷本	奎章閣本	中研本	金子本	國博本	周雲臺本
⑦③								

⑦ 3·4·40에 대해서는 酒匈本 이래 대부분 판독 불능자로 보아왔으나, <王>·<耿>·<白崎>에서 '王'자로 판독함으로써 다시 문제가 된 것이다. 위의 탁본 대조표에서 보면, '王'의 두 가로획 정도가 일부 탁본들에서 보이나, 이 비문에서의 '王'자와 다소 거리가 있으므로 종전처럼 판독 불능자로 본 것이다.

	酒匈本	北大本	水谷本	奎章閣本	中研本	金子本	國博本	周雲臺本
⑦								

⑦ 3·5·28에 대해서는 酒匈本 이래 일시적으로 '滹'(물깊을 화)자로 보기도 하였으나, 일찍부터 '溝'(봇도랑 구)자로 수정되었는데, 최근 <白崎>에 의하여 다시 '滹'자로의 판독안이 제기됨으로써 문제가 된 것이다. 그런데 위의 탁본 대조표에서 보면, '滹'자라면 우상부의 '卅'의 자형을 설명하기 어려울 뿐만 아니라, 이 비문과 비슷한 시기의 자료들에서 '溝'의 비슷한 자형이 보인다는 점에서(溝 東魏 敬師君碑) 종전처럼 '溝'자로 판독한 것이다.

	酒匈本	北大本	水谷本	奎章閣本	中研本	金子本	國博本	周雲臺本
⑦								

⑦ 3·5·33에 대해서는 酒匈本 이래 대다수가 판독 불능자로 보아왔으나, <王>·<林>에 의하여 '甶'(귀신머리 불)자로, <武田>·<盧>·<손>·<任李>에 의하여 '住'(머무를 주)자로, <白崎>에 의하여 '留'(머무를 류)자로 판독됨으로써 문제가 된 것이다. 水谷·奎章閣·中研本을 자세히 보면, '甶'자의 자형이 뚜렷

하게 드러난다. 이 글자가 지명 표기자로 인정될 수 있느냐는 문제는 남지만, 탁본의 자형을 중시하여 <王>·<林>의 의견을 따른 것이다.[55]

해석

十七年丁未, 敎遣步騎五萬, □□□□□□□□師□□合戰. 斬煞蕩盡. 所獲鎧鉀一萬餘㉠領, 軍資器械不可稱數. 還破沙溝城. 婁城. □由城. □城. ㉡□□□□□□城.

(영락) 17년 정미丁未(407년)에 교敎를 내리셔서 보병과 기병 5만을 보내어 ……하게 하였다. … (고구려) 군사軍師가 (적賊(=百濟?)와) 합전合戰하여 참살斬煞하고 탕진蕩盡시켰다. 노획한 갑옷이 만여 벌이고, 군수물자軍需物資나 병기兵器는 수를 헤아리기 어려울 정도로 많았다. 돌아오면서 사구성沙溝城, 누성婁城, □불성由城, □성城, □□□□□□성城을 격파擊破하였다.

㉠ '領'은 단위명사로는 의복衣服이나 개갑鎧甲을 헤아릴 때에 쓰이므로 '벌'로 해석한 것이다

㉡ 이 부분은 두 개의 성으로 분단되어야 할 것으로 판단된다. 왜냐하면, 다음에서 볼 영락 20년조 말미에 공파성攻破城의 총수가 64성으로 나오는데, 영락 8년조에서 공취한 성이 58성이므로 총 64성이 되려면 여기 17년조에서 6성이 더해져야 하므로 이 부분이 2성이어야 전체적인 숫자가 맞기 때문이다. 따라서 '□□城, □□□城 또는 □□□城, □□城'로 나누는 방안이 최선일 것이다.

---

55 2012년 10월 15일, 미즈타니 원탁 실견 시에 여호규 교수로부터 이 글자를 인정해야 할 것이라는 취지의 의견이 제시되었음도 참조.

3.2.8. 영락 20년조(3·6·3~3·8·15)

판독

> ^廿°年°庚°戌東夫餘舊°是^鄒^牟王°屬民中叛°不貢王°躬率^住討
> 軍°到餘°城而餘76[擧]國°駭77*□78*□□□□□」3·6 79*歸80*□
> 王恩普°覆於是°旋°還又其慕化°隨官^来^者味仇°婁鴨°盧°卑斯麻
> 鴨°盧81*端°社婁鴨°盧°肅斯舍82[鴨]83[盧]□□□」3·7鴨°盧凡°所
> 攻破°城六十°四°村一千°四百

1) 특이 자형 확인

°戌: 戈 , °駭: 駭 , °覆: 覆 , °隨: 随 , °卑: 甲 , °肅: 肅

2) 판독 이견자/추독자 변증

	酒勾本	北大本	水谷本	奎章閣本	中研本	金子本	國博本	周雲臺本
76								

⑯ 3·6·32에 대해서는 '擧'(들 거)자로 보는 의견(<王>·<白崎>·<耿>)과 '城'자로 보는 의견(<水谷>·<武田>·<林>), 판독 불능자로 보는 의견(<盧>·<손>·<任李>)이 갈리는데, 위의 탁본 대조표에서 보면, 酒勾本의 자형과 비슷한 느낌이 강하므로 '擧'자로의 판독안을 따른 것이다.

	酒勻本	北大本	水谷本	奎章閣本 青溟本	中研本	金子本	國博本	周雲臺本
⑦⑦							欠	
⑦⑧							欠	

　⑦⑦ ⑦⑧ 3·6·35~6에 대해서는 酒勻本 이래로 판독 불능자들로 보는 의견이 대부분이나, <王>이 '服獻(㽙)'로 추독한 이후 <白崎>에서 이를 따르고 있고, <耿>·<손>에서는 '服□'의 판독안을 제시하고 있다. 위의 탁본 대조표에서 보면, 두 글자 모두 어떤 글자인지를 가늠하기 어려운 상태이므로 저자로서는 판독 불능자로 보되, 문맥상 그리고 周雲臺本으로 보아 <王>의 판독안 가능성도 인정하기로 한다.

	酒勻本	北大本	水谷本	青溟本	中研本	金子本	國博本	周雲臺本
⑦⑨							欠	
⑧⑩								

　⑦⑨ ⑧⑩ 3·7·1~2에 대해서도 酒勻本 이래 판독 불능자들로 보는 의견이 대다수였으나, <白崎>에서는 '歸王'으로, <林>에서는 '餘城'으로 추독하는 안이 제기된 바 있다. 위의 탁본 대조표에서 보면, 특히 青溟本에서 첫 번째 글자가 '歸'자의 형상을 거의 완전하게 보여줌에 비하여 두 번째 글자는 판독 불능의 상태를 보이므로 '歸□'로 처리한 것이다.

	酒勾本	北大本	水谷本	靑溟本	中硏本	金子本	國博本	周雲臺本
⑧								

⑧ 3·7·29에 대해서는 거의 모든 탁본들에서 酒勾本과 거의 같은 자형을 보여주고 있는데, 이 글자를 <水谷>이 '踹'(종아리채 타)자로 본 이후 제가諸家들이 이를 따르고 있다. 저자로서는 좌변의 자형이 '^土'임을 중시하여 '踹'(움직일 타)자로 판독한 것이다.

	酒勾本	北大本	水谷本	靑溟本	中硏本	金子本	國博本	周雲臺本
⑧								
⑧							欠	

⑧ ⑧ 3·7·37~38에 대해서는 酒勾本 이래 판독 불능자들로 의견이 우세하였으나, <王>에 의하여 '鴨盧'로 추독된 이후 제가들이 이를 따르고 있다. 위의 탁본 대조표에서 보면, 첫 번째 글자는 '鴨'(오리 압)자일 가능성이 있으나, 두 번째 글자는 전혀 그 형상을 짐작하기 어렵다. 다만, 문맥상으로는 '鴨盧'일 가능성이 높으므로 이 추독안을 따른 것이다.

해석

十年庚戌, 東夫餘舊是鄒牟王屬民, 中叛不貢. 王躬率往討. 軍到餘城. 而餘擧國駭服獻出□□□□歸□. 王恩普覆. 於是旋還. 又其慕化隨官來者, 味仇婁□鴨盧, 卑斯麻鴨盧, 揣社婁鴨盧, 肅斯舍鴨盧, □□□鴨盧. 凡所攻破城六十四, 村一千四百.

(영락) 20년 경술庚戌(410년)에, 동부여는 예로부터 추모왕의 속민屬民이었는데, 중도에 반란을 일으켜 조공하지 않았다. 왕이 몸소 (군사를) 거느리고 가서 토벌하였다. 군사가 부여의 도성都城에 도착하자 부여는 온 나라가 놀라 복종하고 □□□□을 바치고 귀복歸服하였다. 왕의 은덕이 널리 덮었다. 이에 군대를 돌려 돌아왔다. 또 이때에 왕의 교화敎化를 사모하여 관官을 따라온 자는 미구루압로味仇婁鴨盧, 비사마압로卑斯麻鴨盧, 타사루압로端社婁鴨盧, 숙사사압로肅斯舍鴨盧, □□□압로鴨盧의 5인이었다. 무릇 (왕이) 공파攻破한 것이 64성, 1,400촌이었다.

㉠ '鴨盧'에 정체에 대해서는 관직명으로 보는 설, 이동 가능한 취락으로 보는 설로 나누어지고 있는데(盧泰敦 1992: 29), 저자로서는 관직명설을 따르고 싶다. 그리고 '鴨盧'에 선행한 '味仇婁, 卑斯麻, 端社婁, 肅斯舍' 등에서 일부 지명 후부요소地名後部要素 '-婁'의 존재를 인정할 만하므로 이들을 동부여東夫餘의 지명들로 보고자 한다.

3.3. 수묘인守墓人 연호烟戶와 그 규정(3·8·16~4·9·41)

3.3.1. 수묘인 연호(3·8·16~4·5·4)

판독

守墓人烟戶賣°句余民國烟二看烟三東海賈國烟三看烟五°敦°城」3·8
°民四家°盡^爲看烟^亏°城一家^爲看烟°碑°利°城二家^爲國烟平
°穰°城民國烟一看烟十°訾°連二家^爲看烟俳°婁」3·9人國烟一看烟
°卌三梁谷二家^爲看烟梁城二家^爲看烟安夫°連^廿二家^爲看烟

°改谷三家^為看烟°新°城三」3·10家^為看烟°南蘇°城一家^為國烟
°新^來韓°穢沙水°城國烟一看烟一^牟°婁 °城二家^為看烟豆比鴨岑
韓五家^為」3·11看烟°勾^牟客頭二家^為看烟求底韓一家^為看烟舍
°蔦°城韓°穢國烟三看烟^廿一古□°耶羅°城一家^為看烟」3·12炅古
°城國烟一看烟三客°賢韓一家^為看烟°阿°旦°城°雜°珍°城合十家
^為看烟巴奴°城韓九家^為看烟°臼模°盧」3·13°城四家^為看烟各模
°盧°城二家^為看烟^牟水°城三家^為看烟幹^弓°利°城國烟一看烟
三°弥^鄒°城國烟一看烟」3·14■(4·1·1-4·1·4)七也°利°城三家^為看烟豆
奴°城國烟一看烟二°奥 °利°城國烟一看烟八須^鄒°城國烟二看烟五
百」4·1°殘南居韓國烟一看烟五太山韓°城六家^為看烟°農賣°城國烟
一看烟七閏奴°城國烟二看烟^廿二古^牟婁」4·2°城國烟二看烟八
°琭°城國烟一看烟八味°城六家^為看烟°就°咨°城五家^為看烟彡
°穰°城^廿四家^為看烟°散°那」4·3°城一家^為國烟°那°旦°城一家^為
看烟°勾^牟°城一家^為看烟於°利°城八家^為看烟比°利 °城三家^為
看烟細°城三」4·4家^為看烟

1) 특이 자형 확인

°民: [己] , °碑: [碑] , °峕: [峕] , °冊: [卅] , °穢: [穢] , °賢: [賢] ,

°旦: [旦] , °臼: [日] , °農: [農] , °琭: [琭] , °就: [就] , °咨: [咨]

해석

守墓人烟戶. 賣句余民㉠國烟二㉡看烟三, 東海賈國烟三看烟五, 敦城民四家盡爲看烟, 于城一家爲看烟, 碑利城二家爲國烟, 平穰城民國烟一看烟十, 訾連二家爲看烟, 俳婁人國烟一看烟卅三, 梁谷二家爲看烟, 梁城二家爲看烟, 安夫連卄二家爲看烟, 改谷三家爲看烟, 新城三家爲看烟, 南蘇城一家爲國烟.

㉢新來韓穢, 沙水城國烟一看烟一, 牟婁城二家爲看烟, 豆比鴨岑韓五家爲看烟, 勾牟客頭二家爲看烟, 求底韓一家爲看烟, 舍蔦城韓穢國烟三看烟卄一, 古冟[56]耶羅城一家爲看烟, 炅古城國烟一看烟三, 客賢韓一家爲看烟, 阿旦城. 雜珍城合十家爲看烟, 巴奴城韓九家爲看烟, 臼模盧城四家爲看烟, 各模盧城二家爲看烟, 牟水城三家爲看烟, 幹氐利城國烟一看烟三, 彌鄒城國烟一看烟七, 也利城三家爲看烟, 豆奴城國烟一看烟二, 奧利城國烟一看烟八, 須鄒城國烟二看烟五, 百殘南居韓國烟一看烟五, 太山韓城六家爲看烟, 農賣城國烟一看烟七, 閏奴城國烟二看烟卄二, 古牟婁城國烟二看烟八, 瑑城國烟一看烟八, 味城六家爲看烟, 就咨城五家爲看烟, 乡穰城卄四家爲看烟, 散那城一家爲國烟, 那旦城一家爲看烟, 勾牟城一家爲看烟, 於利城八家爲看烟, 比利城三家爲看烟, 細城三家爲看烟.

수묘인守墓人 연호烟戶는 다음과 같다. 매구여민賣句余民은 국연國烟 2 간연看烟 3으로 하고, 동해고東海賈는 국연 3 간연 5로 하고, 돈성민敦城民 4가家는 모두 간연으로 하고, 우성于城 1가는 간연으로 하고, 비리성碑利城 2가는 국연으로 하고, 평양성민平穰城民은 국연 1 간연 10으로 하고, 자련訾連 2가는 간연으로 하고, 배루인俳婁人은 국연 1 간연 43으로 하고, 양梁곡谷[57]

---

56 앞선 영락 6년조의 공취 58성 중 '古須耶羅城'을 참조하여 추독한 것이다.
57 대부분 '梁'자로 판독하고 있으나(<白崎>는 '契'자로 봄), '梁'자로 보든, '契'자로 보든 어

谷2가는 간연으로 하고, 양²성梁城2가는 간연으로 하고, 안부련安夫連 22 가는 간연으로 하고, 개곡改谷 3가는 간연으로 하고, 신성新城 3가는 간연 으로 하고, 남소성南蘇城 1가는 국연으로 한다.

　새로 들어온 한예韓穢의 경우, 사수성沙水城은 국연 1 간연 1로 하고, 모 루성牟婁城2가는 간연으로 하고, 두비압잠한豆比鴨岑韓 5가는 간연으로 하 고, 구모객두勾牟客頭 2가는 간연으로 하고, 구저한求底韓 1가는 간연으로 하고, 사조성한예舍蔦城韓穢는 국연 3 간연 21로 하고, 고구야라성古須耶羅 城 1가는 간연으로 하고, 경고성炅古城은 국연 1 간연 3으로 하고, 객현한客 賢韓 1가는 간연으로 하고, 아단성阿旦城과 잡진성雜珍城을 합한 10가는 간 연으로 하고, 파노성한巴奴城韓 9가는 간연으로 하고, 구모로성臼模盧城 4 가는 간연으로 하고, 각모로성各模盧城 2가는 간연으로 하고, 모수성牟水城 3가는 간연으로 하고, 간저리성幹氐利城은 국연 1 간연 3으로 하고, 미추성 彌鄒城은 국연 1 간연 7로 하고, 야리성也利城 3가는 간연으로 하고, 두노성 豆奴城은 국연 1 간연 2로 하고, 오리성奧利城은 국연 1 간연 8로 하고, 수추 성須鄒城은 국연 2 간연 5로 하고, 백잔남거한百殘南居韓은 국연 1 간연 5로 하고, 태산한성太山韓城 6가는 간연으로 하고, 농매성農賣城은 국연 1 간연 7로 하고, 윤노성閏奴城은 국연 2 간연 22로 하고, 고모루성古牟婁城은 국연 2 간연 8로 하고, 전성瑑城은 국연 1 간연 8로 하고, 미성味城 6가는 간연으 로 하고, 취자성就咨城 5가는 간연으로 하고, 삼양성彡穰城 24가는 간연으 로 하고, 산나성散那城 1가는 국연으로 하고, 나단성那旦城 1가는 간연으로 하고, 구모성勾牟城 1가는 간연으로 하고, 어리성於利城 8가는 간연으로 하 고, 비리성比利城 3가는 간연으로 하고, 세성細城 3가는 간연으로 한다.

느 경우나 이들을 만족시키는 자형 자료를 달리 찾기 어려우므로 원문 자형을 제시한 것이 다. cf) '梁': 梁 , 梁(거연 한간居延漢簡), '契': 契(운몽 수호지 진간雲夢睡虎池秦簡).

㉠㉡ '국연國烟'·'간연看烟'의 의미와 성격에 대해서는 여러 가지 학설이 있다. ①
국가 소유의 비자유민으로서 독립한 생계를 가진 호들이며, 후세 고려나 조선
조의 병역 및 국역에서 보이는 호수戶首·봉족奉足과 같은 관계(박시형
1966/2007), ②국연의 '國'자의 의미를 국가 및 국강國岡 지역이란 성격이 포괄
된 것으로 보고 간연의 '看'자는 간수看守·간시看視·간호看護의 의미가 있음을
지적하고 국연 1가, 간연 10가로 구성된 11가30조組의 노역 조직을 바탕으로 국
연의 중심적 수묘역 수행, 간연의 왕묘王墓 간수가 진행된 것으로 이해(다케다
武田幸男 1989), ③사거徙居되어지기 전의 재지사회在地社會에서 지배층에 속했
던 자는 국연, 피지배층 출신은 간연으로 보되, 국연층의 지휘 하에 간연층이 직
접 노역을 했던 것으로 이해(김현숙金賢淑 1989), ④돌궐어의 tuman(煙)이 '취락
聚落'이라는 의미와 더불어 '다수多數, 만萬'이라는 수량사로까지 그 의미가 확
대되었다는 데서[58] 실마리를 얻어 '국연'은 국가와 수묘인 연호 사이의 의사를
전달하는 접촉 기관이고, '간연'의 '간看'은 khan 즉, 부족장 소속의 집단으로 이
해(이등룡李藤龍 1990), ⑤국연은 국강國岡에서 직접 수묘역을 행하는 존재이고,
간연은 『삼국사기』 직관지職官志에 나타나는 '간옹看翁' 등의 예를 감안하여 이
들을 보조하는 존재로서 국강國岡이 아닌 다른 지역에서 농업 활동을 통하여 이
들의 수묘 활동을 보조하는 존재로 이해(조법종趙法鍾 1995) 등. 저자로서는 가

---

58 이등룡 교수의 논의는 *Bābur-nāma*(Memoirs of Bābur, 중세돌궐어로 기록된 역사·문학서
로 Bābur가 티무르 제국의 왕손으로 왕위에 오른 1493년부터 힌두스탄에 무굴제국을 세우
고 제위에 오른 1529년 9월까지 중앙아시아에서 힌두스탄에 이르기까지 그가 정복하고 여
행한 곳의 인문·자연 환경을 일기체 형식으로 쓴 귀중한 기록)에서 Kabul, Samarkand,
Bukhara 등을 소개할 때, 예를 들면, Kabul 지역에는 14개의 tūmān이 있다거나, Samarkand
에는 좋은 tūmān이 있다는 식으로 소개하고 있는데, 바로 이 tūmān은 돌궐어로 '연기, 안개;
mist, fog'의 뜻에서 지명 후부요소로 발전된 어휘라는 점과 비문에서 '煙戶, 國煙, 看煙' 등
에 '煙'(연기 연)자가 지명 후부요소로 쓰임이 평행된다는 점을 지적한 것은 탁견으로 판단
된다.
다만, 그의 논의에서 "tuman은 그 중심의미 연(烟)으로부터 주변적 의미인 취락 단위명칭
으로 쓰이지만 또한 수량사 '다수, 만(萬)'으로 그 어의가 분화한다."라고 한 부분은 주의가
필요한 듯하다. 왜냐하면, '만(萬)'을 의미하는 돌궐어는 tümen으로 음상이 다른 별개의 어
휘로 나타난다는 점에서 그러하다(Clauson 1972). 또한 『용비어천가』의 기록을 바탕으로
'투먼[tuman]=城=萬戶'의 등식이 성립된다고 하였으나, '만호萬戶'는 한대漢代부터 쓰이
던 한자어로서 금나라 초에 설치된 관명이기도 한 점에서 역시 주의가 필요할 것이다(『漢
語大詞典』, '萬戶' 항목 참조).

장 최근의 견해의 하나인 ⑤의 설명을 따르고 싶다.

ⓒ '韓穢'는 '마한예맥馬韓穢貊'의 약칭으로 보기도 하나(조법종趙法鍾 1995), 말 그 대로 '(광개토왕대에) 새로이 (고구려에) 편입된 한韓과 예穢'로 보기도 한다(여 호규余昊奎 2009: 14).[59] 대체로 영락 6년의 대백제전對百濟戰, 영락 17년의 대백 제(·왜)전, 영락 20년의 대동부여전 등에서 공취한 64성 1,400촌에서 신민新民 으로 편입되어 사거 편제徙居編制된 주민들로 이해된다.

3.3.2. 광개토왕 유언(4·5·5~4·7·32)

판독

國^罡上廣°開°土°境好太王存時教言°祖王先王°但教°取°遠°近舊民 守墓洒°掃吾°廬舊民°轉當°羸劣」4·5 °若吾°萬°年°之後安守墓^者 °但°取吾°躬°巡°所略^來韓°穢令°備洒°掃言教如°此°是°以如教令 °取韓°穢二百^廿家°廬」4·6 其°不知法°則°復°取舊民一百十家合°新 舊守墓戶國烟°卅看烟三百 °都合三百°卅家

1) 특이 자형 확인

°但: 佀 , °遠: 遠 , °近: 近 , °掃: 掃 , °廬: 廬 , °轉: 轉 ,

°羸: 羸 , °則: 則 , °復: 復 , °都: 都

---

59 이와 관련하여 전자와 같이 이해한 초고에 대하여 여호규 교수가 "<삼국지> 동이전에도 '한예韓穢'라는 합칭이 등장하며, 또한 '예맥穢貊'이라는 연칭連稱도 있지만, 양자를 명확 히 구분한 경우도 있습니다. <중략> 따라서 '한예'라는 표현은 광개토왕이 공취한 백제 영 역 내에 거주하는 주민집단을 '순수 백제계(마한계?)'와 그에 예속된 '예계穢系'로 분리하 여 파악한 다음, 이들을 고구려와 종족적으로 구분하기 위한 총칭이라고 생각됩니다."라 고 한 지적(2011. 8. 26, 한국목간학회 하계워크숍)을 참조.

해석

> 國岡上廣開土境好太王, 存時敎言, 祖王先王, 但敎取遠近舊民, 守墓
> 洒掃. 吾慮舊民轉當羸劣. 若吾萬年之後, 安守墓者, 但取吾躬巡所略來
> 韓穢, 令備洒掃. 言敎如此, 是以如敎令, 取韓穢二百卄家. 慮其不知法則,
> 復取舊民一百十家. 合新舊守墓戸, 國烟卅看烟三百, 都合三百卅家.
>
> 국강상광개토경호태왕國岡上廣開土境好太王이 살아 계실 때에 교하시어
> '조왕祖王과 선왕先王들이 다만 원근의 구민舊民들만을 데려다가 묘를 지
> 키고 소제掃除를 맡게 하였는데, 나는 이들 구민이 점점 몰락沒落하게 될
> 것이 염려된다. 만일 나 이후 만년 뒤에도[=내가 죽은 뒤에도] 나의 무덤
> 을 안전하게 수묘하려 한다면, 내가 몸소 다니며 약취略取해온 한예인韓
> 穢人들만을 데려다가 무덤을 소제하는 데 충당充當[/대비對備]하게 하라'
> 고 말씀하셨다. 왕의 말씀이 이와 같았으므로 명에 따라 한예의 220가를
> 데려다가 수묘하게 하였는데, 그들이 묘를 지키는 법도를 모를 것이 염
> 려되어 다시 구민 110가를 더 데려왔다. 신·구의 수묘호守墓戸를 합치면
> 국연 30, 간연 300으로서 도합都合 330가이다.

3.3.3. 수묘 규정(4·7·33~4·9·41)

판독

> 自上°祖先王°以°來墓上」₄.₇°不安石°碑°致使守墓人烟戸°差錯唯國
> ^罡上廣°開°土°境好太王°盡^爲°祖先王墓上立°碑銘其烟戸°不令
> °差錯」₄.₈又制守墓人自今°以後°不得更相轉賣°雖有富°足°之°者
> °亦°不得°擅買其有違令賣°者刑°之買人制令守墓°之」₄.₉

1) 특이 자형 확인

°致: 致 , °差: 差 , °雖: 雖 , °足: 足 , °亦: 亦 , °擅: 擅

해석

> 自上祖先王以來, ㉠墓上不安石碑, 致使守墓人烟戶差錯. 唯國岡上廣開土境好太王, 盡爲祖先王, ㉠墓上立碑, 銘其烟戶, 不令差錯. 又制, 守墓人, 自今以後, 不得更相轉賣, 雖有富足之者, 亦不得擅買, 其有違令, 賣者刑之, ㉡買人制令守墓之.
>
> 위로 조왕祖王 선왕先王 이래로 묘역墓域에다 석비石碑를 안치安置하지 않았기 때문에 수묘인 연호들로 하여금 섞갈리게 하기에 이르렀다. 오직 국강상광개토경호태왕國岡上廣開土境好太王만이 (총력을) 다하여 조왕 선왕들을 위하여 묘역墓域에 비를 세우고 그 연호烟戶를 새겨 기록하여 착오가 없게 하셨다. 또한 규정을 제정하여, '수묘인은 이제부터 다시 서로 팔아 넘기지 못하며, 비록 부유한 자라도 함부로 사들이지 못할 것이니, 만약 이 법령을 어기는 자가 있으면, 판 사람은 그에게 형벌을 내리고, 산 사람은 제制하여 (그로 하여금) 수묘하게 한다' 하셨다.

[사진 16] 교토의 귀무덤[耳塚] (2003.7.)

㉠ 두 곳에 나오는 '묘상墓上'에 대한 초기 해석안은 '무덤 위'였는데, 이에 대하여 여호규 교수가 이것이 '무덤의 정상부'라는 뜻으로 오해할 소지가 있으므로 '묘 곁'으로 해석하는 방안을 제안한 바 있다. '무덤의 정상부'에 비를 세운다는 것은 예가 없는 것은 아니지만[[사진 16]

참조) 확실히 동양에서, 그 중에서도 이 비문과 태왕릉의 위치 관계 등에 비추어 고구려에서는 이러한 비의 존재를 상상하기는 어려운 것이 사실이다. 따라서 '염수상鹽水上' 부분에서 언급한 '上'의 용법을 참조하여 여기에서의 '묘상墓上'에 대해서도 '묘역에'로 수정한 해석안을 제시한 것이다.

ⓛ 이 비문의 끝에 위치한 '之'를 종결조자終結助字로 봄이 일반적이다. 이에 저자도 일반의 견해를 따르되, 그 기원에 대해서는 의견을 달리한다. 자세한 것은 본서 6.2.의 논의를 참조.

廣開土王碑文 新研究

• • •

제2부

국어학적 연구편

제4장 비문 해석 및 연구사 정리

제5장 음운사적 고찰

제6장 문법사적 고찰

제7장 어휘사적 고찰

廣開土王碑文 新研究

제4장

비문 해석 및
연구사 정리

이제까지 저자는 우리의 현존 최고最古의 금석문인 「광개토왕비문」에 대한 판독과 해석에 매진邁進해 왔다. 다소 지리한 감이 없지 않았을 것이나, 애초에 목표한 대로 문제시되는 글자 하나하나에 대하여 원탁原拓 중심의 자형 자료들을 바탕으로 정확한 판독이 되게 하였을 뿐만 아니라, 한문 문법에 충실한 해석안이 될 수 있도록 최대한 노력한 바 있다.

이제 앞서 행한 비문 해석안을 기초로 국어학적 연구에 임할 차례가 되었다. 사실 지금까지 이 비문이 발견되어 연구된 지도 어언 1세기가 훨씬 넘는 만큼 이에 대한 연구 업적도 그 수를 헤아리기 어려울 정도임은 잘 알려진 사실이다. 다만, 그 동안의 연구는 주로 역사학계를 중심으로 전개됨으로써 국어학계의 논의는 상대적으로 초라함을 면치 못하고 있는 실정이다. 수적數的으로도 소수에 그치고 있을 뿐만 아니라, 그 내용에 있어서도 주로 초기 이두적吏讀的 요소의 존재 여부를 가리는 정도에 머물러 있기 때문이다.

본서에서는 이 비문에 수많은 고유명사 표기와 함께 다양한 한자어도 등장한다는 사실에 주목할 것인 바, 이들에 대한 분석을 통하여 종래와는 달리 음운·문법·어휘 등 국어학의 전 부문에 걸쳐 이 비문이 국어사 자료로서의 가치가 충분한 것임을 밝혀보고자 한다.

이를 위하여 본장에서는 1부에서 제시한 비문에 대한 저자의 해석안을 종합 정리한 뒤에, 종전에 이루어진 국어학계 연구들에 대한 검토를 행할 것이다. 이는 이어지는 음운사적音韻史的·문법사적文法史的·어휘사적語彙史的 고찰을 준비하는 성격이 강하다. 아무쪼록 제2부의 국어학적 연구편을 통하여 이 비문에 대한 어학계의 관심을 다시금 환기시키는 한편, 고대국어 연구에 대한 새로운 방법론의 모색과 함께 사학계의 논의들과의 학제적 소통에도 조금이라도 이바지할 수 있기를 기대한다.

4.1. 비문 해석 정리

여기에서는 앞 장에서 행한 저자의 비문 해석안을 다시 한번 정리하여 제시함으로써 이어지는 장들에서 행할 국어학적 고찰의 정본 텍스트로 삼고자한다.

A-1: 추모왕의 출자出自와 순행巡幸(1·1·1~1·3·8)

惟昔始祖鄒牟王之創基也. 出自北夫餘, 天帝之子, 母河伯女郎. 剖卵降世, 生而有聖. □□□□□□. 命駕巡幸南下, 路由夫餘奄利大水. 王臨津言日, 我是皇天之子, 母河伯女郎, 鄒牟王, 爲我連葭浮龜. 應聲即爲連葭浮龜. 然後造渡.

옛적에 시조始祖 추모왕鄒牟王이 나라를 세우셨도다. (추모왕은) 북부여北

夫餘 출신으로 천제天帝의 아들이셨고, 어머니는 하백河伯의 따님이셨다. 알을 깨고 세상에 나오셨는데, 태어나면서부터 성聖스러움이 있었다. □□□ □□□ 수레를 명하여 순행巡幸하여 남쪽으로 내려가는데, 노정路程이 부여夫餘의 엄리대수奄利大水를 경유經由하게 되었다. 왕이 나루에 이르러 "나는 천제의 아들이며, 어머니가 하백의 따님이신 추모왕이다. 나를 위하여 갈대를 연결하고 거북이 떠오르도록 하라."라고 말씀하셨다. 그 소리가 떨어지자마자 (엄리대수의 수신水神이) 곧 이어진 갈대와 뜬 거북이 다리(=부교浮橋)를 만들었다[/(엄리대수의 수신이) 갈대를 엮고, 거북이를 떠오르게 했다]. 그런 다음 비로소 강물을 건넜다[/강물을 건널 수 있었다].

A-2: 추모왕의 건도建都～대주류왕의 소승紹承(1·3·9~1·4·23)

於沸流谷忽本西, 城山上而建都焉. 不樂世位, 天遣黃龍來下迎王. 王於忽本東岡, 履龍首昇天. 顧命世子儒留王, 以道興治, 大朱留王, 紹承基業.

비류곡沸流谷 홀본忽本 서쪽에서 산 위에 성을 쌓고 여기에 도읍都邑을 세웠다. (왕이) 세속의 지위(=왕위王位)를 즐겨하지 않으시니, 하늘이 황룡黃龍을 보내어 내려와서 왕을 맞이하게 하였다. 왕은 홀본 동쪽 언덕에서 용의 머리를 밟고서 승천昇天하였다. (그 후) 고명세자顧命世子인 유류왕儒留王은 도리로써 정치를 진흥振興시키고, 대주류왕大朱留王은 국가의 대업을 계승하였다.

A-3: 광개토왕의 행장行狀(1·4·24~1·6·39)

遝至十七世孫國岡上廣開土境平安好太王, 二九登祚, 號爲永樂太王, 恩澤格于皇天, 威武振被四海. 掃除不軌, 庶寧其業, 國富民殷, 五穀豐熟. 昊天不弔, 卅有九, 晏駕棄國, 以甲寅年九月卄九日乙酉遷就山陵. 於是立碑, 銘記勳績, 以示後世焉. 其辭曰.

십칠세손인 국강상광개토경평안호태왕國岡上廣開土境平安好太王에 이르러 18세에 왕위에 올라 영락태왕永樂太王으로 칭하였는데, 그 은택이 하늘에까 지 감통할 정도였고, 위무威武는 사해四海에 떨쳐서 덮었다. 질서를 어지럽 히는 자들을 없애서 백성들은 편안하게 생업에 종사하니 나라는 부강하게 되었고 백성은 넉넉해졌으며, 오곡은 풍성하게 익었다. 하늘이 (고구려 백 성들을) 불쌍히 여기지 아니하니 39세에 안가晏駕(=붕어崩御)하여 나라를 버리셨다. 갑인년甲寅年(414년) 9월 29일 을유乙酉에 산릉山陵으로 옮겨 모시 었다. 이에 비를 세우고 훈적勳績을 기록하여 후세에 보이고자 한다. 그 사辭 에 가로되,

B-1: 영락永樂 5년조(1·7·1~1·8·33)

永樂五年歲在乙未, 王以稗麗不□□久, 躬率往討. 過富山貧山, 至鹽水 上, 破其三部洛六七百營, 牛馬群羊, 不可稱數. 於是旋駕, 因過襄平道, 東來 □城, 力城, 北豊, 五備猶, 遊觀土境, 田獵而還.

영락 5년 을미乙未(395년)에 왕은 패려稗麗가 오랫 동안 □□하지 않으므 로 친히 군사를 이끌고 가서 토벌하였다. 부산富山, 패²산貧山을 지나 염수鹽 水(강)가에 이르러 그 3개 부락 600~700영營을 격파하니, (노획한) 소, 말과 양떼의 수가 이루 다 헤아릴 수 없었다. 이에 왕이 수레를 돌려 양평도襄平道 를 지나 동으로 □성城, 역성力城, 북풍北豊, 오비렵²五備猶으로 오면서 국경 을 천천히 살펴보고, 사냥을 하면서 돌아왔다.

B-2: 영락 6년조(1·8·34~2·3·19)

百殘新羅, 舊是屬民, 由來朝貢. 而倭以辛卯年, 來渡海破百殘, 東□新羅, 以爲臣民.

以六年丙申, 王躬率□軍, 討伐殘國. 軍□□□攻取壹八城, 曰模盧城, 各模盧城, 幹弓利城, □□城, 閣彌城, 牟盧城, 彌沙城, □舍蔦城, 阿旦城, 古利城, □利城, 雜珍城, 奧利城, 勾牟城, 古須耶羅城, 莫□□□□城, 芬而耶羅城, 瑑城, 於利城, □□城, 豆奴城, 沸□□利城, 彌鄒城, 也利城, 太山韓城, 掃加城, 敦拔城, □□□城, 婁賣城, 散那城, 那旦城, 細城, 牟婁城, 于婁城, 蘇灰城, 燕婁城, 析支利城, 巖門□城, 林城, □□□□□□□利城, 就鄒城, □拔城, 古牟婁城, 閏奴城, 貫奴城, 彡穰城, 普□城, □古盧城, 仇天城, □□□城, □其國城.

殘不服義, 敢出百戰, 王威赫怒, 渡阿利水, 遣刺迫城. 橫□侵穴, 就便圍城. 而殘主困逼, 獻田男女生口一千人, 細布千匹, 跪王自誓, 從今以後, 永爲奴客. 太王恩赦先迷之愆, 錄其後順之誠. 於是得五十八城村七百, 將殘主弟幷大臣十人, 旋師還都.

백잔百殘(=백제)과 신라는 예로부터 (고구려의) 속민屬民이었는데, 그런 까닭으로 조공朝貢을 해왔다. 그런데 왜倭가 신묘년辛卯年(391년)에 바다를 건너와서 백잔을 파破하고 동쪽으로 신라를 □하여 신민臣民으로 삼았다.

그래서 (영락) 6년 병신丙申(396년)에 王이 친히 □군軍을 이끌고 (백)잔국을 토벌하였다. (고구려)군이 □□□하여 일팔성壹八城, 구모로성曰模盧城, 각모로성各模盧城, 간저리성幹弓利城, □□성城, 각미성閣彌城, 모로성牟盧城, 미사성彌沙城, □사조성舍蔦城, 아단성阿旦城, 고리성古利城, □리성利城, 잡진성雜珍城, 오리성奧利城, 구모성勾牟城, 고수야라성古須耶羅城, 막莫□□□□성城, 분이야라성芬而耶羅城, 전성瑑城, 어리성於利城, □□성城, 두모성豆奴城, 비沸□□

리성利城, 미추성彌鄒城, 야리성也利城, 태산한성太山韓城, 소가성掃加城, 돈발성敦拔城, □□□성城, 누매성婁賣城, 산나성散那城, 나단성那旦城, 세성細城, 모루성牟婁城, 우루성于婁城, 소회성蘇灰城, 연루성燕婁城, 석지리성析支利城, 암문□성城巖門城, 임성林城, □□□□□□□리성利城, 취추성就鄒城, □발성拔城, 고모루성古牟婁城, 윤노성閏奴城, 관노성貫奴城, 삼양성彡穰城, 보普□성城, □고로성古盧城, 구천성仇天城, □□□성城을 공격하여 취하고, 그 도성都城에 □하였다.

(그럼에도 불구하고) 백잔이 의에 복종하지 아니하고, 감히 나와 수없이 싸우니, 왕이 떨쳐 대로大怒하여, 아리수阿利水를 건너 자刺(=정탐병)을 보내어 성城(=한성)을 강박强迫하였다. 옆으로 □하여 소굴을 침박侵迫하고, 나아가 곧 한성漢城을 포위하였다. 이에 백잔왕이 곤핍困逼해져, 남녀 생구生口(=포로) 천 명과 세포細布 천 필□丕을 바치고서 왕 앞에 꿇어앉아 스스로 맹서하기를 이제부터 영구히 왕의 노객奴客이 되겠노라고 하였다. 태왕太王이 앞서 어지럽힌 잘못을 은혜로이 용서하고, 그 뒤에 순종한 성의를 (마음에) 새겨두었다. 이때에 58성 700촌을 획득하고, 백잔왕의 아우와 대신大臣 10인을 거느리고 군사를 되돌려 환도還都하였다.

B-3: 영락 8년조(2·5·33~2·6·30)

八年戊戌, 教遣偏師, 觀帛愼土谷, 因便抄得莫□羅城加太羅谷, 男女三百餘人. 自此以來, 朝貢論事.

(영락) 8년 무술戊戌(398년)에 교敎를 내리셔서 편사偏師를 보내어 식□신帛愼의 토곡土谷을 살펴보게 하였는데, 그리하여 곧 막莫□라성羅城, 가태라곡加太羅谷의 남녀 삼백여 명을 뽑아서 취하였다. 이 이후로 조공하고, 시사時事[/국사國事]를 논의論議하였다.

B-4: 영락 9년조(2·6·31~2·8·8)

　九年己亥, 百殘違誓與倭和通, 王巡下平穰, 而新羅遣使白王云, 倭人滿其國境, 潰破城池, 以奴客爲民, 歸王請命, 太王恩慈, 矜其忠誠, □遣使還告以□計.

　(영락) 9년 기해己亥(399년)에 백제가 맹서盟誓를 어기고 왜와 화통和通하였다. 왕이 순행巡幸하여 평양平壤으로 내려갔는데, 신라가 사신을 보내어 왕께 아뢰어 말하기를, "왜인이 신라 국경에 가득 차 성지城池(=垓字)를 부수고 노객奴客을 그 백성으로 삼고 있으니, 왕께 귀복歸服하여 명령을 기다리고 있습니다." 하였다. 태왕이 은자恩慈하게 신라왕의 충성을 갸륵히 여겨 … 사신을 보내어 돌아가서 (고구려 측의) □계計로써 (신라왕에게) 고하게 하였다.

B-5: 영락 10년조(2·8·9~3·3·6)

　十年庚子, 敎遣步騎五萬, 往救新羅. 從男居城, 至新羅城, 倭滿其中. 官軍方至, 倭賊退. □侵背急追, 至任那加羅從拔城, 城卽歸服. 安羅人戍兵□新羅城□城. 倭寇委潰. 城內十九, 盡拒隨倭, 安羅人戍兵捕□□□□其□□□□□□□□言□□□□□□□□□□□□□□□□□□□辭□□□□□□□□□□□□□潰, 亦以隨□安羅人戍兵. 昔新羅寐錦, 未有身來論事, □□□□屬開土境好太王, □□□□寐錦□□家僕勾, □□□□朝貢.

　(영락) 10년 경자庚子(400년)에 교를 내리셔서 보병步兵과 기병騎兵 5만을 보내어 가서 신라를 구원하게 교시하였다. 남거성男居城을 거쳐 신라성新羅城에 이르니 왜가 그곳에 가득하였다. 관군官軍이 막 도착하자 왜적이 물러

났다. … 뒤를 습격하여 급히 추격하여 임나가라任那加羅의 종발성從拔城에 이르니 성이 곧 귀복歸服하였다. 안라인 수병安羅人戌兵이 신라성과 □성城을 □하였다. 왜구가 위축되어 궤멸潰滅되니, 성 안의 십분지구는 다 왜를 따르는 것을 거부하였다. 안라인 수병이 ……을 사로잡으니 …… 궤멸되어 역시 안라인 수병에게 수隨□하였다. 옛날에는 신라 매금新羅寐錦이 몸소 와서 시사/국사를 논의한 적이 없었다. (그러나) … 광개토경호태왕 …… (신라) 매금 …… 가복家僕 구句를 (인질로 삼고) ……하여 조공하였다.

B-6: 영락 14년조(3·3·7~3·4·20)

十四年甲辰, 而倭不軌, 侵入帶方界, 和通殘國, 至石城□, 連船□□□, 王躬率□□, 從平穰□□□鋒相遇. 王幢要截盪刺, 倭寇潰敗. 斬煞無數.

(영락) 14년 갑진甲辰(404년)에 왜가 질서를 지키지 않고 대방帶方의 영역을 침입하여 잔(국)殘(國)과 화통和通하고, 석성石城에 이르러 □하여 배를 연결하여 ……하였으므로 왕이 몸소 □□를 거느리고 평양平穰을 거쳐 …(적의) 선봉先鋒이 서로 맞부딪치게 되었다. 왕당王幢이 매복 공격埋伏攻擊과 이동 공격移動攻擊을 퍼부으니 왜구가 궤멸되었다. 참살斬煞한 것이 무수히 많았다.

B-7: 영락 17년조(3·4·21~3·6·2)

十七年丁未, 敎遣步騎五萬, □□□□□□□□□師□□合戰. 斬煞蕩盡. 所獲鎧鉀一萬餘領, 軍資器械不可稱數. 還破沙溝城. 婁城. □由城. □城. □ □□□□□城.

(영락) 17년 정미丁未(407년)에 교敎를 내리셔서 보병과 기병 5만을 보내

어 ……하게 하였다. … (고구려) 군사軍師가 (적賊(=百濟?)와) 합전合戰하여
참살斬煞하고 탕진蕩盡시켰다. 노획한 갑옷이 만여 벌이고, 군수물자軍需物
資나 병기兵器는 수를 헤아리기 어려울 정도로 많았다. 돌아오면서 사구성
沙溝城, 누성婁城, □불성由城, □성城, □□□□□□성城을 격파擊破하였다.

B-8: 영락 20년조(3·6·3~3·8·15)

　　廿年庚戌, 東夫餘舊是鄒牟王屬民, 中叛不貢. 王躬率往討. 軍到餘城, 而
餘舉國駭服獻出□□□□歸□. 王恩普覆. 於是旋還. 又其慕化隨官來者,
味仇婁鴨盧, 卑斯麻鴨盧, 端社婁鴨盧, 肅斯舍鴨盧, □□□鴨盧. 凡所攻破
城六十四, 村一千四百.

　　(영락) 20년 경술庚戌(410년)에, 동부여는 예로부터 추모왕의 속민屬民이
었는데, 중도에 반란을 일으켜 조공하지 않았다. 왕이 몸소 (군사를) 거느
리고 가서 토벌하였다. 군사가 부여의 도성都城에 도착하자 부여는 온 나라
가 놀라 복종하고 □□□□을 바치고 귀복歸服하였다. 왕의 은덕이 널리 덮
었다. 이에 군대를 돌려 돌아왔다. 또 이때에 왕의 교화敎化를 사모하여 관官
을 따라온 자는 미구루압로味仇婁鴨盧, 비사마압로卑斯麻鴨盧, 타사루압로端社
婁鴨盧, 숙사사압로肅斯舍鴨盧, □□□압로鴨盧의 5인이었다. 무릇 (왕이) 공파
攻破한 것이 64성, 1,400촌이었다.

C-1: 수묘인 연호(3·8·16~4·5·4)

　　守墓人烟戶. 賣句余民國烟二看烟三, 東海賈國烟三看烟五, 敦城民四家
盡爲看烟, 于城一家爲看烟, 碑利城二家爲國烟, 平穰城民國烟一看烟十,
訾連二家爲看烟, 俳婁人國烟一看烟卌三, 梁谷二家爲看烟, 梁城二家爲看

烟, 安夫連卄二家爲看烟, 改谷三家爲看烟, 新城三家爲看烟, 南蘇城一家爲國烟.

新來韓穢, 沙水城國烟一看烟一, 牟婁城二家爲看烟, 豆比鴨岑韓五家爲看烟, 勾牟客頭二家爲看烟, 求底韓一家爲看烟, 舍蔦城韓穢國烟三看烟卄一, 古頓耶羅城一家爲看烟, 炅古城國烟一看烟三, 客賢韓一家爲看烟, 阿旦城, 雜珍城合十家爲看烟, 巴奴城韓九家爲看烟, 臼模盧城四家爲看烟, 各模盧城二家爲看烟, 牟水城三家爲看烟, 幹氐利城國烟一看烟三, 彌鄒城國烟一看烟七, 也利城三家爲看烟, 豆奴城國烟一看烟二, 奧利城國烟一看烟八, 須鄒城國烟二看烟五, 百殘南居韓國烟一看烟五, 太山韓城六家爲看烟, 農賣城國烟一看烟七, 閏奴城國烟二看烟卄二, 古牟婁城國烟二看烟八, 瑑城國烟一看烟八, 味城六家爲看烟, 就咨城五家爲看烟, 彡穰城卄四家爲看烟, 散那城一家爲國烟, 那旦城一家爲看烟, 勾牟城一家爲看烟, 於利城八家爲看烟, 比利城三家爲看烟, 細城三家爲看烟.

수묘인守墓人 연호烟戶는 다음과 같다. 매구여민賣句余民은 국연國烟 2 간연看烟 3으로 하고, 동해고東海賈는 국연 3 간연 5로 하고, 돈성민敦城民 4가家는 모두 간연으로 하고, 우성于城 1가는 간연으로 하고, 비리성碑利城 2가는 국연으로 하고, 평양성민平穰城民은 국연 1 간연 10으로 하고, 자련訾連 2가는 간연으로 하고, 배루인俳婁人은 국연 1 간연43으로 하고, 양²곡梁谷 2가는 간연으로 하고, 양²성梁城 2가는 간연으로 하고, 안부련安夫連 22가는 간연으로 하고, 개곡改谷 3가는 간연으로 하고, 신성新城 3가는 간연으로 하고, 남소성南蘇城 1가는 국연으로 한다.

새로 들어온 한예韓穢의 경우, 사수성沙水城은 국연 1 간연 1로 하고, 모루성牟婁城 2가는 간연으로 하고, 두비압잠한豆比鴨岑韓 5가는 간연으로 하고,

구모객두勾牟客頭 2가는 간연으로 하고, 구저한求底韓 1가는 간연으로 하고, 사조성한예舍蔦城韓穢는 국연 3 간연 21로 하고, 고구야라성古須耶羅城 1가는 간연으로 하고, 경고성炅古城은 국연 1 간연 3으로 하고, 객현한客賢韓 1가는 간연으로 하고, 아단성阿旦城과 잡진성雜珍城을 합한 10가는 간연으로 하고, 파노성한巴奴城韓 9가는 간연으로 하고, 구모로성曰模盧城 4가는 간연으로 하고, 각모로성各模盧城 2가는 간연으로 하고, 모수성牟水城 3가는 간연으로 하고, 간저리성幹氐利城은 국연 1 간연 3으로 하고, 미추성彌鄒城은 국연 1 간연 7로 하고, 야리성也利城 3가는 간연으로 하고, 두노성豆奴城은 국연 1 간연 2로 하고, 오리성奧利城은 국연 1 간연 8로 하고, 수추성須鄒城은 국연 2 간연 5로 하고, 백잔남거한百殘南居韓은 국연 1 간연 5로 하고, 태산한성太山韓城 6가는 간연으로 하고, 농매성農賣城은 국연 1 간연 7로 하고, 윤노성閏奴城은 국연 2 간연 22로 하고, 고모루성古牟婁城은 국연 2 간연 8로 하고, 전성瑑城은 국연 1 간연 8로 하고, 미성味城 6가는 간연으로 하고, 취자성就咨城 5가는 간연으로 하고, 삼양성彡穰城 24가는 간연으로 하고, 산나성散那城 1가는 국연으로 하고, 나단성那旦城 1가는 간연으로 하고, 구모성勾牟城 1가는 간연으로 하고, 어리성於利城 8가는 간연으로 하고, 비리성比利城 3가는 간연으로 하고, 세성細城 3가는 간연으로 한다.

C-2: 광개토왕 유언(4·5·5～4·7·32)

國岡上廣開土境好太王, 存時敎言, 祖王先王, 但敎取遠近舊民, 守墓洒掃, 吾慮舊民轉當嬴劣. 若吾萬年之後, 安守墓者, 但取吾躬巡所略來韓穢. 令備洒掃. 言敎如此, 是以如敎令, 取韓穢二百廿家. 慮其不知法則, 復取舊民一百十家. 合新舊守墓戶, 國烟卅看烟三百, 都合三百卅家.

국강상광개토경호태왕國岡上廣開土境好太王이 살아 계실 때에 교하시어 '조왕祖王과 선왕先王들이 다만 원근의 구민舊民들만을 데려다가 묘를 지키고 소제掃除를 맡게 하였는데, 나는 이들 구민이 점점 몰락沒落하게 될 것이 염려된다. 만일 나 이후 만년 뒤에도[=내가 죽은 뒤에도] 나의 무덤을 안전하게 수묘하려 한다면, 내가 몸소 다니며 약취略取해온 한예인韓穢人들만을 데려다가 무덤을 소제하는 데 충당充當[/대비對備]하게 하라'고 말씀하셨다. 왕의 말씀이 이와 같았으므로 명에 따라 한예의 220가를 데려다가 수묘하게 하였는데, 그들이 묘를 지키는 법도를 모를 것이 염려되어 다시 구민 110가를 더 데려왔다. 신·구의 수묘호守墓戶를 합치면 국연 30, 간연 300으로서 도합都合 330가이다.

C-3: 수묘 규정(4·7·33~4·9·41)

自上祖先王以來, 墓上不安石碑, 致使守墓人烟戶差錯. 唯國岡上廣開土境好太王, 盡爲祖先王, 墓上立碑, 銘其烟戶, 不令差錯. 又制, 守墓人, 自今以後, 不得更相轉賣, 雖有富足之者, 亦不得擅買, 其有違令, 賣者刑之, 買人制令守墓之.

위로 조왕祖王 선왕先王 이래로 묘역墓域[/묘 곁]에다 석비石碑를 안치安置하지 않았기 때문에 수묘인 연호들로 하여금 섞갈리게 하기에 이르렀다. 오직 국강상광개토경호태왕國岡上廣開土境好太王만이 (총력을) 다하여 조왕 선왕들을 위하여 묘역墓域[/묘 곁]에 비를 세우고 그 연호烟戶를 새겨 기록하여 착오가 없게 하셨다. 또한 규정을 제정하여, '수묘인은 이제부터 다시 서로 팔아 넘기지 못하며, 비록 부유한 자라도 함부로 사들이지 못할 것이니, 만약 이 법령을 어기는 자가 있으면, 판 사람은 그에게 형벌을 내리고, 산 사람은 제制하여 (그로 하여금) 수묘하게 한다' 하셨다.

4.2. 연구사 정리

우선 「광개토왕비문」에 대하여 그 동안에 발표된 국어학계의 연구 업적들을 시대순으로 나열해보면 다음과 같다.

- 홍기문(1957), 『리두 연구』, 과학원출판사(1989 태동, 1995 한국문화사 영인).
- 김영만(1980), 「광개토왕비문의 신연구(Ⅰ)」, 『신라가야문화』 11, 영남대 신라가야문화연구소.
- 김영만(1981), 「증보문헌비고본 광개토왕비명에 대하여 - 광개토왕비문의 신연구(Ⅱ)-」, 『신라가야문화』 12, 영남대 신라가야문화연구소.
- 이기문(1981), 「이두의 기원에 대한 일고찰」, 『진단학보』 52.
- 장세경·최병선(1997), '광개토호태왕 비문의 성 이름 연구」, 『한국학논집』 31, 한양대 한국학연구소.
- 남풍현(2000), 「광개토대왕비문」, 『이두연구』, 태학사.
- 정광(2003), 「한반도에서 한자의 수용과 차자표기의 변천」, 『구결연구』 11.
- 김영욱(2004), 「한자·한문의 한국적 수용」, 『구결연구』 13.
- 김영만(2005), 「구결문과 한문문법-몇 개 허사에 대한 관견-」, 구결학회 전국학술대회 발표문.
- 남풍현(2006), 「상고시대에 있어서 차자표기법의 발달」, 『구결연구』 16.
- 이용(2006), 「광개토대왕비문의 이두적 요소」, 『구결연구』 17.

이 비문에 대한 국어학계 논의의 핵심 주제는 이두 요소의 존재 여부를 가리는 것이었다고 해도 과언過言이 아닌 듯하다. 따라서 이 범주에 드는 논의들에 대한 검토를 먼저 보인 뒤에, 나머지 것들에 대한 검토를 보태고자 한다.

4.2.1. 이 비문에 이두적 요소가 있다는 지적은 홍기문(1957: 27-29)에서 비롯된다. 그는 "王臨津言曰: 我是皇天之子, 母河伯女郎, 鄒牟王. 爲我連葭浮龜."(왕이 '물'가에 림해서 말하기를: 나는 하느님의 아들이요, 어머니가 물을 맡은 신령의 딸이요 추모왕이다. 나를 위해서 葭를 련하고 거북을 띄우라. ※판독, 해석 및 표기는 원본을 따름. 밑줄 필자)와 "因遣黃龍來下迎王, 王於忽本東崗黃龍負昇天(곧 누른 룡을 보내서 내려 와 왕을 맞게 하니 왕을 홀본동강에서 황룡이 업고 하늘로 올라 갔다.)"의 두 구절에서의 밑줄친 부분에 대하여 구두어口頭語의 어순으로 해석해야만 문리文理가 통할 수 있다고 언급한 것에 거슬러 올라가기 때문이다. '連葭浮龜'의 '葭', '天遣黃龍…'의 '天', '履龍首昇天'의 '履, 首'에 대한 오독誤讀의 문제, 이에 따른 해석상의 문제를 안고 있으나, 우리말 어순에 따른 한자·한문 요소의 재배치 현상을 선구적으로 지적한 것은 평가할 만하다.

국어학자로서 이 비문의 이두적 요소에 대한 지적은 이기문(1981: 70)에서 이 비문의 맨 끝에 나오는 "其有違令賣者刑之 買人制令守墓之" 구절에서 '守墓之'의 '之'자는 목적어로 볼 수 없으므로 이를 문장의 종결형으로 보아야 한다고 한 것이 최초인 듯하다. 해석문의 제시가 없음이 아쉽지만, 이 견해는 오늘날까지도 학계에서 받아들이고 있는 탁견卓見이다.

남풍현(2000: 60-61)에서는 홍기문과 이기문의 두 견해를 소개함에 그치고 있는데, 이 비문의 이두적 요소에 대한 논의는 그 이후에 본격화되었다. 즉, (1) 정광(2003: 65-66)에서 "王於忽本東崗, 黃龍負昇天"(왕을 성밑 동쪽 언덕에서 황룡이 업고 하늘로 올라가다.) 부분에서 '於'자를 고구려어의 대격 '-을'을 표기한 이두자吏讀字로 본 점, (2)김영욱(2004: 69-72)에서 "我是皇天之子 母河伯女郎 鄒牟王"(나는 皇天의 아들이요, 어머니는 河伯의 女郎인 鄒牟王이다.) 부분에서 한자를 한국어의 어순에 맞게 재배치한 현상을 지적함과 동시에 '是'의 용법도 한문과 차이가 있는 일종의 명시소明示素(specifier)임을 지적한 것, 그리고 "黃龍負昇

天"(黃龍이 (王을) 지고서 하늘로 올라갔다.) 부분에서 한국어 문법에서 일반적인 목적어 생략 현상이 나타남을 지적한 것, 그리고 "而倭以辛卯年來"(倭로 辛卯年이 되어서) 부분에서의 '以'를 원인을 나타내는 부사격 조사로 본 점, (3)남풍현(2006: 14)에서 "買人制令守墓之"(買入한 사람은 制令으로 守墓한다.) 句句에 대하여 한문으로서는 불완전한 표현이니 '制令' 다음에 '以'나 '從'과 같은 개사介詞가 들어가야 한문 문법에 맞음을 지적한 뒤, 이러한 점에서 이 구는 한문으로서는 불완전하고 한국어적인 표현이라고 보아야함을 강조하고 있다. 따라서 이러한 문장에 쓰인 '之'도 한국어적인 요소가 가미된 것이라고 보아 이는 후대의 자료에 자주 쓰인 한국어의 종결어미 '-다'의 뜻에 해당하는 표현으로 보는 편이 옳은 것으로 생각된다고 결론을 내리고 있다. 이상의 연구들에서는 "履龍首昇天" 부분에 대한 판독상의 문제가 여전하거나((1), (2)), "買人制令守墓之" 부분에 대한 불완전한 해석의 문제를 노출시키고 있다((3)). 그럼에도 불구하고 이두토吏讀吐 및 한문 문법에 대한 구체적인 인식이 드러나 있음은, 이들 연구의 결과가 종전에 비해 상당 부분 진전된 것으로 평가해도 좋을 것이다.

이상의 논의들과는 달리 판독 및 비문 해석상의 문제를 조금이라도 개선해 보려는 노력은 김영만(2005), 이용(2006)에서 이루어졌다. (4)김영만(2005: 8-9)에서는 「광개토왕비문」의 마지막 '之'에 대하여 일반의 이해와는 달리 한문 문법에 부합되는 것임을 지적하고 있음이 주목된다. 김영만 선생의 주장을 원문대로 보이면 다음과 같다.

'買人制令守墓'에서는 결과적으로 '買人'이 '守墓'를 하기 때문에, 즉 '守墓'의 주체가 되기 때문에, '之'가 들어가면 안 된다고 생각하기 쉬운 것입니다.

그러나 잘 생각하면, "買人制令守墓之"의 경우도 문장 전체의 주어는 '買人'이 아니고 국가 권력입니다. 그것은 '制令'을 생각하면 분명해집니다. '制令'을 하

는 것은 분명히 국가 권력이며 그렇게 해서 '買人'으로 하여금 守墓를 하도록 시
킵니다. 따라서 '之'가 없으면 '買人'이 '制令'까지 하는 것이 되어 버립니다. 그
러므로 '之'가 들어가서 '買人'를 대상화합니다.

이 두 節을 해석하면 다음과 같습니다.

> (21) 賣者刑之 : 판 사람에 대해서는 국가가 <u>그에게</u> 刑罰을 가하고,
> (22) 買人制令守墓之 : 산 사람에 대해서는 국가가 법령을 제정하여 <u>그에게</u>
>   묘를 지키게 한다.

(21)의 경우는 '刑'의 對象者가 첫머리에 오는 '賣者'이기 때문에 이것을 대명사
'之'로 나타냈고, (22)의 경우는 國家가 '制令'을 해서 '買人'으로 하여금 '守墓'
의 의무를 수행하게 한 것 입니다.

이런 '之'가 불필요하다는 생각은 앞에서 말한 것처럼 '買人'이 '守墓'의 主體이
기 때문에 '之'를 붙이는 것이 도리여 불합리하다고 생각하였기 때문일 수도 있
고, '守墓' 자체를 보면 '墓'가 이미 '守'의 목적어인데 또 무슨 목적어가 필요한
가 하는 생각에서 그럴 수가 있는 것 같습니다. 그러나 '之'는 '守'의 목적어가 아
니라 '制令守墓'의 목적어입니다. 여기서 '守墓'는 能動形이 아니라 使動形입니
다. 즉 '墓를 지킨다'가 아니라 '墓를 지키게 한다' 입니다. 한문에서는 영어에서
나 우리말에서처럼 他動과 使動을 엄격하게 구분하는 문법적 標識가 적어서 앞
뒤 문맥에서 짐작하게 하기도 하고, '之'라는 代名詞가 他動과 使動의 하나의 표
지가 되는 경우가 있습니다.

> (23) ㄱ. 知之者 不如好之者 好之者 不如樂之者.
>   ㄴ. 我非生而知之者, 好古以求之者也.

(23)의 모든 '之'가 앞의 動詞 '知, 好, 樂, 求'가 他動詞임을 알게 하는 目的語代
名詞입니다. 廣開土王碑文의 '守墓之'는 '守墓'가 使動詞임을 알려 주는 것으로
생각됩니다. 특히 '好之, 樂之'의 경우는 形容詞 '好'와 '樂'을 타동사가 되게 하
였습니다.

위의 주장을 요약해보면, "買人制令守墓之"의 주체는 '매인買人'이 아니라 '국가 권력'이라는 점, '之'는 '守'의 목적어가 아니라 '제령수묘制令守墓'의 목적어라는 점, '守墓之'에서의 '之'는 '守墓'가 타동사임을 알려주는 표지標識라는 점 등이다. 결국 그의 해석은 "산 사람에 대해서는 국가가 법령을 제정하여 그에게 묘를 지키게 한다."로서 한문 문법에 어긋남이 없는 정격 한문임을 보인 셈이다. 저자도 한 동안 이 해석안에 매료되어 중국의 각종 문헌례들을 검색해보기도 하였으나, 이를 뒷받침할 만한 결정적인 사례를 찾지 못해 정격正格 한문 요소로서의 '之'자의 가능성에 대한 추구를 포기하기에 이른 것이다. 말하자면 김영만(2005)의 논의는 한문 문법에 대한 선생의 깊은 조예造詣를 느끼게 함에 있어 부족함은 없으나, 현재로서는 유일례에 대한 과도한 사유의 결과로 평가할 수밖에 없을 듯하다. 한편, (5)이용(2006)에서는 위에서 본 정광(2003), 김영욱(2004)의 문제점을 지적한 뒤(프롤로그 참조), 김영만(2005)의 논의를 간략히 소개하면서 결론적으로 남풍현(2006)에서 지적된 '之'의 이두적 용법을 제외한 나머지 표현들은 이두적인 요소로 보기 어렵다는 것으로 「광개토왕비문」 속의 이두적 요소에 대한 그의 생각을 정리하고 있다.

4.2.2. 이상과는 다른 각도에서 「광개토왕비문」을 다룬 한국어학계의 논의로는 김영만(1980, 1981), 장세경·최병선(1997)을 들 수 있다.

⑴김영만(1980)에서는 소위 신묘년辛卯年 기사에 대한 새로운 판독 및 해석안을 제시하고 있다. 즉, "百殘新羅舊是屬民, 由未朝貢, 而倭以辛卯年來侵. 盪破百殘□□新羅, 以爲臣民."(백제와 신라는 옛날 우리 고구려의 속민이었는데도 조공을 하지 않고, 왜倭는 신묘년부터 내침來侵하였다. 그래서 왕은 백제와 □□를 휩쓸어 격파하고 신라를 □□하여 신민臣民을 위爲하였다.) 여기에서의 핵심은 기존의 '내도해파來渡海破' 부분에서의 '渡海'를 '侵盪'으로 판독한 것이 핵심이라고

할 수 있으나, 앞서 3.2.2. 영락 6년조의 판독 이견자 변증 부분에서 지적한 바와 같이 이렇게 판독할 수 있는 근거는 매우 박약하다. 따라서 그의 판독과 해석안은 그대로 인정되기 어렵다. 이어서 (2)김영만(1981)은 (1)의 속편으로 『증보문헌비고增補文獻備考』 권36· 여지고輿地考24· 속부 서간도강계續附西間島疆界에 실려 있는 「고구려 광개토왕비명」(약칭: '비고본 비명')과 관련된 논의를 펼친 것이다. 여기에서는 우선 비문 연구사에서 국내의 업적들이 초라한 위치에 있는 것이지만, 그럼에도 불구하고 비고본 비명이 1907년에 완성된 것으로 국내 연구 업적 중에서 가장 이른 시기의 것임을 강조할 뿐만 아니라 국외 업적과 비교해보아도 손색이 없는 소중한 것임을 강조하고 있다. 이어서 『증보문헌비고』의 서술을 바탕으로 '비문 발견의 경위經緯', '비문의 규모', '비본碑本의 배열', '비문의 문자 판독', '비문에 대한 평석評釋'에 이르기까지 장을 달리하면서 비고본 비명이 국내외 어떠한 자료와도 일치되지 않는 독특한 위치를 차지하고 있음을 밝히고 있다. 여기에 부록으로 一.『증보문헌비고』권36· 여지고24· 속부 서간도강계 원문, 二. 비고본 비명의 원본, 三. 비고본 비명의 정리본(배열 착오 정정 및 중복 문자 삭제본)을 실어서 독자들의 이해를 돕고 있다. 결국 김영만(1980, 1981)은 국어학자로서는 드물게 「광개토왕비문」에 대한 기초 연구를 선도한 업적으로 평가해도 좋을 것이다.

한편, (3)장세경· 최병선(1997)은 이 비문의 영락 6년조와 수묘인 연호조에 나오는 백제의 성城이름 51개를 대상으로 위치 비정批正 및 표기자에 대한 검토를 보인 또다른 기초 연구에 해당된다. 해독례 대조에 이어 김성호, 박시형, 酒井改藏, 사에키 아리키요佐伯有淸 등에 의한 위치 비정의 대조 결과를 표로 제시한 후, 酒井改藏(1955)에서의 비정 결과에 대하여 33항목에 걸쳐 비판적으로 검토하고 있다(자세한 것은 칼럼 5 참조).

이어서 비문 속의 성이름 중 판독이 가능하고 해독에 이론이 별로 없는 글자들 중 2번 이상 사용된 것들(利, 婁, 羅, 牟, 奴, 模, 盧, 彌, 鄒, 古, 韓, 加, 拔, 沙, 那, 旦, 阿, 賣, 耶, 豆, 于, 句, 比, 水)에 대하여 비문 지명들에서의 쓰임새 및 『삼국사기』, 『삼국유사』 고유명사 표기들에서의 쓰임새를 일일이 대조하고 있다. 비록 장문長文의 논고임에도 불구하고 학계에 크게 주목받지는 못하였으나, 이 연구는 비문 연구의 기초 작업을 수행한 점에서 평가받을 만하다.

　이상에서 살펴본 「광개토왕비문」에 대한 국어학계의 연구 성과를 총평하자면, 수적數的으로 사학계의 논의들에 미치지 못할 뿐만 아니라 내용적으로도 주로 비문 속의 이두적 요소를 찾는 논의에 머물렀다는 부정적 평가를 할 수밖에 없을 것이다. 이러한 점을 염두念頭에 두면서 이 비문이 지니는 고대국어 연구 자료로서의 가치를 탐구探究해보도록 하겠다.

칼럼 5

비문 지명 위치 비정批正 논의 종합

「광개토왕비문」 속의 지명들의 위치 비정 문제는 비문 연구의 초기부터 많은 연구자들의 큰 관심사 중의 하나였다. 그 동안에 이루어진 이 방면의 연구 업적들을 종합하여 앞으로의 논의에 기초 자료로 삼고자 한다. 편의상 부여계(부여·고구려)와 한계(백제·신라·가야)로 나누되, 비문에서의 순서대로 논술하고자 한다(밑줄친 부분은 저자가 동의하는 비정안).

[※약호: P→부여, K→고구려, B→백제, S→신라, G→가야, 1.3→1면 3행.]

1.부여계 지명

① 엄리대수奄利大水(1.2_P): <u>松花江</u>(박시형), 奄利=amur江(佐伯·최기호)

② 비류곡沸流谷(1.3_K): <u>佟佳江(=渾江) 혹은 그 지류 富爾河</u> 유역(박시형·노태돈)

③ 홀본忽本(1.3_K): 卒本(박시형·이도학)≒<u>五女山城</u>(佐伯·노태돈·손영종)

④ 평양平穰(3.9_K): <u>平壤</u>(酒井·박시형·이도학)

⑤ 대방계帶方界(3.3_K): 황해도 일대(박시형·노태돈·손영종·이도학)

⑥ 석성石城(3.3_K): 황해도 서해안(박시형·이도학)

⑦ 미구루味仇婁(3.7_P): <u>買溝婁=두만강 유역</u>(노태돈)

⑧ 비사마卑斯麻(3.7_P): <u>불명</u>

⑨ 타사루瑞社婁(3.7_P): <u>불명</u>

⑩ 숙사사肅斯舍(3.7_P): <u>불명</u>

⑪ 매구여賣句余(3.8_K): 余民=亡國의 民(酒井), <u>買溝谷</u>(박시형·이도학·노태

돈), 불명(佐伯)

⑫ 동해고東海賈(3.8_K): 東賈(酒井), 東海谷(박시형), 불명(佐伯)

⑬ 돈성敦城(3.8_K): 仇次忽或云敦城(酒井·佐伯·노태돈)≒瀋陽 부근(박시형·이도학)

⑭ 우성于城(3.9_K): 불명(酒井·佐伯)

⑮ 비리성碑利城(3.9_K): 함남 안변(酒井·佐伯·노태돈·이도학)

⑯ 자련譬連(3.9_K): 불명(酒井·佐伯), -連=세습직명世襲職名?(이도학)

⑰ 배루俳婁(3.9_K): 불명(酒井·佐伯)

⑱ 양?곡梁谷(3.10_K): 불명(酒井), 太子河 유역(박시형·佐伯·노태돈·이도학)

⑲ 양?성梁城(3.10_K): 불명(酒井), 太子河 유역(박시형·佐伯·노태돈·이도학)

⑳ 안부련安夫連(3.10_K): 불명(酒井·佐伯), -連=세습직명世襲職名?(이도학)

㉑ 개곡改谷(3.10_K): 불명(酒井·佐伯)

㉒ 신성新城(3.10_K): 고구려 도성 동북(酒井)≒瀋陽(박시형·佐伯)≒撫順 북쪽 高爾山城(노태돈·이도학)

㉓ 남소성南蘇城(3.11_K): 金州(酒井·佐伯)≒興京 경내(박시형), 蘇子河와 渾河 합류 지점의 살이호산성(손영종·노태돈·이도학)

2. 한계 지명

① 일팔성壹八城(1.10_B): 十八城(酒井·김성호), 불명

② 구모로성臼模盧城(1.10/3.13-4_B): 황해도 兔山(酒井), 경기도 광주 북방?(佐伯), 황해도 평산 未老里(김성호)

③ 각모로성各模盧城(1.10/3.14_B): 황해도 兔山 서북 石頭里(酒井·佐伯), 황해도 평산 未老里(김성호)

④ 간저리성幹氐利城(1.10/3.14_B): 경기 豊德 古名 貞州?(酒井·佐伯), 불명(김성호)

⑤ 각미성閣彌城(1.10_B): 예성강 하구 姑味浦(酒井)≒예성강 하구 남안의 성(박시형·노태돈), 임진강과 한강의 교차지점 부근(佐伯), 황해도 금천 助邑浦(김성호)

⑥ 모로성牟盧城(1.10_B): 姑味浦 북방 彌羅山(酒井), 황해도 연백 慕禮里(김성호)

⑦ 미사성彌沙城(1.10_B): 경기도 麻田郡(酒井)=연천군 마전(김성호)

⑧ □사조성舍蔦城(1.10_B): 포천 永平 방면?(酒井), 파주 沙鷲里(김성호)

⑨ 아단성阿旦城(1.10/3.13_B): 강원 伊川/경기 兎山(酒井), 아차산 남쪽 끝자락 아카셰성=<u>아차산성</u>(박시형·노태돈), 임진강 북방 阿達城(佐伯), 충북 단양군 영춘면 乙阿旦城이었던 온달성(이도학)

⑩ 고리성古利城(1.10_B): <u>의정부=骨衣奴>豊壤城</u>(酒井·김성호·노태돈)

⑪ □리성利城(1.10-11_B): 김포 通津?(酒井), 개풍 如利山(김성호)

⑫ 잡진성雜珍城(1.11/3.13_B): 경기 朔寧郡(酒井)

⑬ 오리성奧利城(1.11/4.1_B): 경기 강화 吾里川(김성호), 불명(佐伯)

⑭ 구모성勾牟城(1.11/4.1_B): 경기 김포(酒井·佐伯·김성호), 경기 연천(노태돈)

⑮ 고수야라성古須耶羅城(1.11/3.12_B): 경기 연천(酒井), 김포 古幕里(김성호)

⑯ 분이야라성芬而耶羅[城](1.11_B): 경기 강화 冬音棕縣(김성호)

⑰ 전성瑑城(1.11/4.3_B): 경기 楊根(酒井·佐伯)

⑱ 어리성於利城(1.11/4.4_B): 경기 이천의 南川(酒井·佐伯)

⑲ 두노성豆奴城(1.11/4.1_B): 충남 연기군(酒井·佐伯), 경기 화성 斗谷里(김성호)

⑳ 미추성彌鄒城(1.12/3.14_B): 인천 방면(酒井·佐伯), 불명?(佐伯), 충남 아산 密頭里(김성호)

㉑ 야리성也利城(1.12/4.1_B): 경기 이천?(酒井), 경기 장단(박시형·佐伯·노태돈) 충남 직산(김성호)

㉒ 태산한성太山韓城(1.12/4.2_B): 충남 鴻山郡(酒井·佐伯), 충남 예산 大山面(김성호)

㉓ 소가성掃加城(1.12_B): 충남 서산 所斤里(김성호)

㉔ 돈발성敦拔城(1.12_B): 경기 과천(酒井), 경기 개성(박시형·佐伯), 충남 서산 冬音里(김성호)

㉕ 누매성婁賣城(1.12_B): 불명(酒井)

㉖ 산나성散那城(1.12/4.3-4_B): 충남 結城(酒井·佐伯·김성호)

㉗ 나단성那旦城(1.12/4.4_B): 경기 안성(酒井·佐伯)

㉘ 세성細城(1.12/4.4_B): 충남 목천군 細城山?(酒井·佐伯), 충남 보령군 鳳城里(김성호)

㉙ 모루성牟婁城(1.12/3.11_B): 충남 서천 韓山(酒井·김성호)

㉚ 우루성于婁城(1.12_B): 충남 아산 新昌/경기 용인 駒城?(酒井)

㉛ 소회성蘇灰城(1.12-2.1_B): 충남 논산 蘇湖山(김성호)

㉜ 연루성燕婁城(2.1_B): 충남 定山(酒井)

㉝ 석지리성析支利城(2.1_B): 충남 당진 沔川面(酒井), 충남 논산 乾止山(김성호)

㉞ 암문□성巖門□城(2.1_B): 충남 공주/직산?(酒井)

㉟ 임성林城(2.1_B): 충남 서산(酒井), 충남 부여 林川面(김성호)

㊱ 취추성就鄒城(2.1_B): 불명(酒井), 충남 부여 鷲靈山(김성호)

㊲ □발성□拔城(2.1_B): 충남 공주 居拔城(酒井·김성호)

㊳ 고모루성古牟婁城(2.1/4.2-3_B): 충남 예산 德山(酒井), 충남 공주 毛老院(김성호), 불명(노태돈), 충주 인근(이도학)

㊴ 윤노성閏奴城(2.1/4.2_B): 충남 당진(酒井), 충남 청양 尹城(김성호)

㊵ 관노성貫奴城(2.1_B): 충남 천안 歡城(酒井), 충남 청양 冠峴里(김성호)

㊶ 삼양성彡穰城(2.1-2/4.3_B): 경기 화성 三槐(酒井), 충남 대덕 三槐里(김성호)

㊷ 구천성仇天城(2.2_B): 충남 연기 全義(酒井·김성호)

㊸ 아리수阿利水(2.3_B): 한강(박시형·노태돈)

㊹ 안라安羅(2.9_G): 경남 함안(酒井·佐伯·노태돈)

㊺ 임나가라任那加羅(2.9_G): 경남 함안(酒井), 김해 금관가야(박시형·이도학)

㊻ 사구성沙溝城(3.5_B): 沙道城? 미상(박시형·佐伯)

㊼ 누성婁城(3.5_B): 赤峴城? 미상(박시형·佐伯)

㊽ 두비압잠한豆比鴨岑韓(3.11_B): 황해 개성(酒井·佐伯)

[참고문헌]

酒井改藏(1955), 「好太王碑面の地名に就いて」, 『朝鮮學報』 8, pp.51-63.

박시형(1966/2007), 『광개토왕릉비』, 푸른나무.

사에키 아리키요佐伯有淸(1977), 『七支刀と廣開土王碑』, 東京: 吉川弘文館, pp.48-88.

김성호(1982), 『비류백제와 일본의 국가기원』, 지문사, pp.79-91.

노태돈(1992), 「광개토왕릉비」, 『역주 한국고대금석문 제1권(고구려·낙랑·백제 편)』, (재)가락국사적개발연구원, pp.21-31.

장세경·최병선(1997), 「광개토호태왕 비문의 성 이름 연구」, 『한국학논집』 31, pp.7-67.

손영종(2001), 『광개토왕릉비문 연구』, 중심(·사회과학원).

이도학(2006), 『고구려 광개토왕릉비문 연구』, 서경, pp.255-280.

최기호(2014), 「언어학으로 본 고구려의 건국과 용어문제」, 제1회 상고사 학술회의(2014.5.13., 동북아역사재단) 발표문.

廣開土王碑文 新研究

제5장
음운사적 고찰

저자의 과문寡聞인지 모르겠으나, 지금까지의 고대국어나 국어음운사 연구에서 「광개토왕비문」이 직접적인 자료로 이용된 적은 거의 없는 듯하다.[60] 종전 연구들에서의 주 자료원은 『삼국사기』·『삼국유사』에 실려 있는 고유명사 표기들이었다. 그 중에서도 동일한 인명이나 지명(국명 포함), 관명 등의 표기가 복수複數로 나타나는 고유명사 이표기異表記들을 중심으로 음절별 용자用字들의 동음同音 내지 유음관계類音關係를 가정하여 고대국어의 음운체계나 음운현상, 더 나아가 고대 한국한자음을 재구再構함이 일반적이었다.

예를 들어, 『삼국사기』·『삼국유사』에서 '一云, 一作, 或云, 或作' 등으로 열거되는 고유명사 이표기 예들로써 고대한국어의 치음체계齒音體系를 재구하

---

60 옛지명 연구의 대가이신 도수희 선생의 일련의 논저들(1987·1989·1994·2000·2003 등)에서 「광개토왕비문」이 어떻게 언급되고 이용되고 있는지를 보면, "···(寐錦이)··· 新羅의 王稱號 중 尼師今과 거의 同一期에 쓰였음은 廣開土王碑文에서, '昔新羅六(寐)錦'이란 '昔'의 표현으로도 짐작이 간다."(1994: 264), "서기 414년에 건립된 광개토대왕비문에 차자 표기된 지명·인명들이 많이 있다."(2003: 126) 정도에 그치고 있다. 또한 최근 금석문·목간 및 국외 사서류史書類 등 1차 자료에 의거하여 백제어 자음체계를 재구한 이승재(2013)에서도 이 비문에 나오는 백제 지명은 자료로 채택되지 않고 있음을 보아서도 저간의 사정을 충분히 짐작할 수 있을 것이다.

거나(졸고 1999 등), '달구벌達句伐~대구大丘…', '사라斯羅~서라벌徐羅伐~서야벌徐耶伐…' 등의 지명 이표기들을 바탕으로 고대국어의 음운현상들(i-breaking, /ㄹ/>/j/ 등)을 구명究明하거나(졸고 2002b·2008 등), '가라加羅~가야加耶…'류 표기들을 바탕으로 이표기 용자들의 동음관계를 가정하여 '耶'자류의 고대 한국 한자음의 음상 또는 층위를 재구하는(졸고 1996·1997·2002a) 연구들이 한 동안 주류主流를 이룬 바 있다.

그러나 이러한 연구들은 고대국어 연구에서 상당한 성과를 내었음에도 불구하고 치명적致命的인 문제점도 안고 있으니, 그것은 바로『삼국사기』·『삼국유사』에 실려 있는 고유명사 표기들이 2차 자료로서 각각의 표기들이 어느 시기의 것인지의 시대적 정보를 결缺하고 있다는 점이다. 이러한 점에서 금석문金石文·목간木簡·고문서古文書 등으로 대표되는 1차 자료들에 관심을 돌리게 된 것이 대체로 2000년 이후의 연구 동향이라고 할 수 있다.

그런데 1차 자료에 눈을 돌리게 될 경우, 2차 자료들과는 다른 자료적 특성에 적잖이 당황하게 된다. 그것은 2차 자료들에 보이던 수많은 이표기들이 1차 자료에는 거의 보이지 않는다는 사실이다. 따라서 이제는 더 이상 이표기 용자들의 동음관계를 가정하는 연구방법론을 고집할 수 없게 되어 있어서 1차 자료의 특성에 맞추어 전체 표기자表記字의 음성적 특징들(성모聲母·운모韻母·성조聲調 등)의 분포상의 특징들을 기준으로 당시의 음운체계나 음운현상을 재구再構해내는 방법론상의 전환이 필요하다.[61]

---

61 이러한 새로운 방법론을 적용하여 발표한 저자 최초의 글이 졸고(2011b=제3부 제9장)이다. 『삼국지三國志』·동이전東夷傳의 고유명사 표기자를 분석하여 성모·운모·성조 및 음소 분포제약면에서의 3세기 경 한반도 언어의 음운 상태를 재구한 것인데, 여기서도 이 방법론을 적용하여 비문 고유명사 표기자들을 분석하게 될 것이다. 이러한 연구방법론에 눈을 뜨게 된 데에는 모리森博達 선생의 교시와 격려에 힘입은 바 큼을 밝혀 다시금 사의謝意를 표하고자 한다. 특히, 모리森博達(1982·1994·1995)로 이어지는 일련의 논고들은 저자를 이끌어준 모범이 되어주었기 때문이다.

5.1. 고유명사 표기의 수집과 정리

이 비문에 대한 음운론적 고찰은 비문 속의 국명·지명·인명·관명류의 고유명사 표기들을 수집·정리하여 그 표기자들의 특징을 분석함으로써 이 비문이 세워진 5세기 초엽 한반도 일원 언어의 음운 상태를 재구함에 초점이 모아질 것이다.

이를 위해서는 비문에 나타나는 고유명사 표기들을 수집하고 정리하는 작업이 선행되어야 한다. 앞서 제시한 비문 판독문에 고유명사 표기들의 확인을 위하여 다음과 같은 국별國別, 종별種別 약호 등을 부여하여 표시할 것이다.

※ 국별 약호 : K→고구려, P→부여계, B→백제, By→한예, S→신라,
　　　　　　G→가야계, w→왜, x1→패려, x2→식신
※ 종별 약호 : A→국명, a→지명류, B→인명, b→왕호·연호류, C→관명류
※ 기타 약호 : □→판독 불능자, ■→미각자未刻字, [X]→문맥 추독자,
　　　　　　」1.1→1면 1행 끝

A-1: 惟昔始祖<u>鄒牟王(K_b)</u>之創基也. 出自<u>北夫餘(P_A)</u>, 天帝之子, 母河伯女郎. 剖卵降世, 生而有聖. □□□□□□. 命駕」1.1巡幸南下, 路由<u>夫餘(P_A)</u><u>奄利大水(P_a)</u>. 王臨津言曰, 我是皇天之子, 母河伯女郎, <u>鄒牟王(K_b)</u>, 爲我連葭浮龜. 應聲即爲」1.2連葭浮龜. 然後造渡.

A-2: 於<u>沸流谷(K_a)</u><u>忽本(K_a)</u>西, 城山上而建都焉. 不樂世位, 天遣黃龍來下迎王. 王於<u>忽本(K_a)</u>東岡, 履」1.3龍首昇天. 顧命世子<u>儒留王(K_b)</u>, 以道興治, <u>大朱留王(K_b)</u>, 紹承基業.

A-3: 遝至十七世孫<u>國岡上廣開土境平安好太王(K_b)</u>」1.4二九登祚, 號爲<u>永樂太</u>

王(K_b), 恩澤格于皇天, 威武振被四海. 掃除[不軌], 庶寧其業, 國富民殷, 五
穀豊熟. 昊天不」1.5弔, 卅有九, 晏駕棄國, 以甲寅年九月廿九日乙酉遷就山
陵. 於是立碑, 銘記勳績, 以示後世焉. 其辭曰■■」1.6

B-1: 永樂五年歲在乙未, 王以稗麗(x1_A)不□□久, 躬率往討. 過富山(x1_a)負
山(x1_a), 至鹽水(x1_a)上, 破其三部洛六七百營, 牛馬群羊」1.7, 不可稱數. 於
是旋駕, 因過襄平道(x1_a), 東來□城(x1_a), 力城(x1_a), 北豊(x1_a), 五備
猶(x1_a), 遊觀土境, 田獵而還.

B-2: 百殘(B_A)新羅(S_A), 舊是屬民」1.8由來朝貢. 而倭(w_A)以辛卯年, 來渡海
破百殘(B_A), [東]□新羅(S_A), 以爲臣民.

以六年丙申, 王躬率水軍, 討伐殘國(B_A). 軍□□」1.9攻取壹八城(B_a),
臼模盧城(B_a), 各模盧城(B_a), 幹氐利城(B_a), □□城(B_a), 閣彌城(B_a),
牟盧城(B_a), 彌沙城(B_a), □舍蔦城(B_a), 阿旦城(B_a), 古利城(B_a), □」
1.10利城(B_a), 雜珍城(B_a), 奧利城(B_a), 勾牟城(B_a), 古須耶羅城(B_a), 莫
□□□□城(B_a), 芬而耶羅[城](B_a), 瑑城(B_a), 於利城(B_a), □□城
(B_a), 豆奴城(B_a), 沸□□」1.11利城(B_a), 彌鄒城(B_a), 也利城(B_a), 太山
韓城(B_a), 掃加城(B_a), 敦拔城(B_a), □□□城(B_a), 婁賣城(B_a), 散那城
(B_a), 那旦城(B_a), 細城(B_a), 牟婁城(B_a), 于婁城(B_a), 蘇灰」2.1城(B_a),
燕婁城(B_a), 析支利城(B_a), 巖門□城(B_a), 林城(B_a), □□□□□□□
利城(B_a), 就鄒城(B_a), □拔城(B_a), 古牟婁城(B_a), 閏奴城(B_a), 貫奴城
(B_a), 彡穰」2.2城(B_a), 普[城](B_a), □古盧城(B_a), 仇天城(B_a), □□□
[城](B_a), □其國城. 殘(B_A)不服義, 敢出百戰. 王威赫怒, 渡阿利水(B_a),
遣刺迫城. 橫□」2.3侵穴, 就便圍城. 而殘主困逼, 獻[出]男女生口一千人, 細
布千匹, 跪王自誓, 從今以後, 永爲奴客. 太王恩赦先」2.4迷之愆, 錄其後順之
誠. 於是[得]五十八城村七百, 將殘主弟并大臣十人, 旋師還都.

B-3: 八年戊戌, 教遣偏師, 觀」2.5帛愼(x2_A)土谷, 因便抄得莫□羅城(x2_a)加太
羅谷(x2_a), 男女三百餘人. 自此以來, 朝貢論事.

B-4: 九年己亥, <u>百殘(B_A)</u>違誓與<u>倭(w_A)</u>和」2.6通, 王巡下<u>平穰(K_a)</u>, 而<u>新羅</u><u>(S_A)</u>遣使白王云, <u>倭(w_A)</u>人滿其國境, 潰破城池, 以奴客爲民, 歸王請命, 太王恩慈, 矜其忠誠」2.7, □遣使還告以□計.

B-5: 十年庚子, 敎遣步騎五萬, 往救<u>新羅(S_A)</u>. 從<u>男居城(?_a)</u>, 至<u>新羅城(S_a)</u>, <u>倭</u><u>(w_A)</u>滿其中. 官軍方至, <u>倭(w_A)</u>賊退」2.8■■■■■■■■. □侵背急追, 至<u>任那加羅(G_A)</u>從<u>拔城(G_a)</u>, 城即歸服. <u>安羅(G_A)</u>人戍兵□<u>新羅(S_a)</u>□<u>城(S_a)</u>, <u>倭(w_A)</u>寇委潰. 城內」2.9■■■■■■■■■■■■■■十九, 盡拒隨倭, <u>安羅(G_A)</u>人戍兵捕□□□其□□□□□□言」2.10□□□□□□□□□□□□□□□□辭□□□□□□潰」3.1, 亦以隨□<u>安羅(G_A)</u>人戍兵. 昔<u>新羅(S_A)</u><u>寐錦(S_b)</u>, 未有身來論事, □□□□<u>[廣]開土境好太王(K_b)</u>, □□□□<u>寐錦(S_b)</u>□□<u>家僕勾(S_B)</u>」3.2, □□□□朝貢.

B-6: 十四年甲辰, 而<u>倭(w_A)</u>不軌. 侵入<u>帶方界(K_a)</u>, 和□<u>殘</u>□<u>(B_A)</u>, 至<u>石城</u><u>(K_a)</u>□, 連船□□□□, 王躬率□□, 從<u>平穰(K_a)</u>」3.3□□鋒相遇. 王幢要截盪刺, <u>倭(w_A)</u>寇潰敗. 斬煞無數.

B-7: 十七年丁未, 敎遣步騎五萬, □□□□□□□□□師」3.4□□合戰, 斬煞蕩盡. 所獲鎧鉀一萬餘領, 軍資器械不可稱數. 還破<u>沙溝城(B_a)</u>, <u>婁城(B_a)</u>, □<u>由城(B_a)</u>, □<u>城(B_a)</u>, □□□□□」3.5□<u>城(B_a)</u>.

B-8: 廿年庚戌, <u>東夫餘(P_A)</u>舊是<u>鄒牟王(K_b)</u>屬民, 中叛不貢. 王躬率往討. 軍到餘城, 而餘舉國駭<u>服獻出]</u>□□□□」3.6歸□. 王恩普覆. 於是旋還. 又其慕化隨官來者, <u>味仇婁(P_a)</u><u>鴨盧(P_C)</u>, <u>卑斯麻(P_a)</u><u>鴨盧(P_C)</u>, <u>湍社婁(P_a)</u><u>鴨盧</u><u>(P_C)</u>, <u>盡斯舍(P_a)</u><u>鴨盧(P_C7)</u>, □□□<u>(P_a)</u>」3.7<u>鴨盧(P_C)</u>. 凡所攻破城六十四, 村一千四百.

C-1: 守墓人 烟戶. <u>賣句余(K_a)</u>民國烟二看烟三, <u>東海賈(K_a)</u>國烟三看烟五, <u>敦城(K_a)</u>」3.8民四家盡爲看烟, <u>于城(K_a)</u>一家爲看烟, <u>碑利城(K_a)</u>二家爲國烟, <u>平穰城(K_a)</u>民國烟一看烟十, <u>訾連(K_a)</u>二家爲看烟, <u>俳婁(K_a)</u>」3.9人國烟一看烟卅三, <u>梁 谷(K_a)</u>二家爲看烟, <u>梁 城(K_a)</u>二家爲看烟, <u>安夫連(K_a)</u>廿二家爲看烟, <u>改谷(K_a)</u>三家爲看烟, <u>新城(K_a)</u>三」3.10家爲看烟, <u>南蘇城(K_a)</u>一家爲國烟.

新來韓穢. <u>沙水城(By_a)</u>國烟一看烟一, <u>牟婁城(By_a)</u>二家爲看烟, <u>豆比鴨岑韓(By_a)</u>五家爲」3.11看烟, <u>勾牟客頭(By_a)</u>二家爲看烟, <u>求底韓(By_a)</u>一家爲看烟, <u>舍蔦城韓穢(By_a)</u>國烟三看烟二十一, <u>古[須耶羅城(By_a)</u>一家爲看烟」3.12, <u>炅古城(By_a)</u>國烟一看烟三, <u>客賢韓(By_a)</u>一家爲看烟, <u>阿旦城(By_a)</u>, <u>雜珍城(By_a)</u>合十家爲看烟, <u>巴奴城韓(By_a)</u>九家爲看烟, <u>臼模盧」3.13城(By_a)</u>四家爲看烟, <u>各模盧城(By_a)</u>二家爲看烟, <u>牟水城(By_a)</u>三家爲看烟, <u>幹氏利城(By_a)</u>國烟一看烟三, <u>彌鄒城(By_a)</u>國烟一看烟」3.14■■■■■■■■■■■■■七, <u>也利城(By_a)</u>三家爲看烟, <u>豆奴城(By_a)</u>國烟一看烟二, <u>奧利城(By_a)</u>國烟一看烟八, <u>須鄒城(By_a)</u>國烟二看烟五, <u>百」4.1殘南居韓(By_a)</u>國烟一看烟五, <u>太山韓城(By_a)</u>六家爲看烟, <u>農賣城(By_a)</u>國烟一看烟七, <u>閏奴城(By_a)</u>國烟二看烟卄二, <u>古牟婁」4.2城(By_a)</u>國烟二看烟八, <u>琢城(By_a)</u>國烟一看烟八, <u>味城(By_a)</u>六家爲看烟, <u>就咨城(By_a)</u>五家爲看烟, <u>彡穰城(By_a)</u>卄四家爲看烟, <u>散那」4.3城(By_a)</u>一家爲國烟, <u>那旦城(By_a)</u>一家爲看烟, <u>勾牟城(By_a)</u>一家爲看烟, <u>於利城(By_a)</u>八家爲看烟, <u>比利城(By_a)</u>三家爲看烟, <u>細城(By_a)</u>三」4.4家爲看烟.

C-2: <u>國岡上廣開土境好太王(K_b)</u>, 存時教言, 祖王先王, 但教取遠近舊民, 守墓洒掃, 吾慮舊民轉當羸劣」4.5. 若吾萬年之後, 安守墓者, 但取吾躬巡所略來韓穢, 令備洒掃. 言教如此, 是以如教令, 取韓穢二百卄家. 慮」4.6其不知法則, 復取舊民一百十家. 合新舊守墓戶, 國烟卅看烟三百, 都合三百卅家.

C-3: 自上祖先王以來, 墓上」4.7不安石碑, 致使守墓人烟戶差錯. 唯<u>國岡上廣開土境好太王(K_b)</u>, 盡爲祖先王, 墓上立碑, 銘其烟戶, 不令差錯」4.8. 又制, 守墓人, 自今以後, 不得更相轉賣, 雖有富足之者, 亦不得擅買, 其有違令, 賣者刑之, 買人制令守墓之」4.9.

5.1.1. 부여계 고유명사 표기의 정리

(1) 고구려(지명류: 18종 21건, 왕호·연호류: 5종 10건)

　a : 沸流谷(1.3), 忽本^2(1.3^2), 平穰城^3(3.9/2.7=3.3[-城]^{62}), 帶方界(3.3), 石城(3.3), 賣句余(3.8), 東海賈(3.8), 敦城(3.8), 于城(3.9), 碑利城(3.9), 訾連(3.9), 俳婁(3.9), 梁谷(3.10), 梁城(3.10), 安夫連(3.10), 改谷(3.10), 新城(3.10), 南蘇城(3.11)

　b : 鄒牟王^3(1.1/1.2/3.6), 儒留王(1.4), 大朱留王(1.4), 國岡上廣開土境平安好太王^4(1.4/3.2[-國岡上, -平安]/4.5=4.8[-平安]), 永樂太王(1.5)

(2) 부여(국명: 3종 3건, 지명류: 6종 6건, 관명류: 1종 5건)

　A : 北夫餘(1.1), 夫餘(1.2), 東夫餘(3.6)

　a : 奄利大水(1.2), 味仇婁(3.7), 卑斯麻(3.7), 端社婁(3.7), 肅斯舍(3.7), □□□(3.7)

　C : 鴨盧^5(3.7^4/3.8)

이상의 부여계 고유명사들은 (3)에서와 같이 총 31종의 표기로 종합된다 (중출重出 횟수 무시).

(3) 부여계 고유명사 종합

　국명 : (北/東)夫餘

　지명 : 沸流(谷), 忽本, 平穰(城), 帶方(界), (石城), 賣句余, (東海賈), 敦(城), 于(城), 碑利(城), 訾(連), 俳婁, (梁谷), (梁城), 安夫(連), 改(谷), (新城), 南蘇(城)<高句麗> // 奄利(大水), 味仇婁, 卑斯麻, 端社婁, 肅斯舍, (□□□)<夫餘>

　인명 : 鄒牟(王), 儒留(王), (大)朱留(王), 國岡(上廣開土境平安好太王), (永樂太王)<高句麗>

　관명 : 鴨盧<夫餘>

62　[ ] 속은 해당 고유명사 표기가 표제어와 차이를 보이는 경우들에 대한 설명이다.

(3)의 예들 중에서 한문 요소로만 구성된 것으로 판단되는 '石城, 新城, 東海賈, 永樂太王' 및 未詳의 자형 및 한문적 요소로 구성된 '梁谷, 梁城, □□□'를 제외하면 분석 대상은 24종의 표기로 줄어들게 된다. 이들에서도 '北-, 東-' 등의 접두소나 '-谷, -城, -界, -連, -大水, -王' 등의 접미소들은 분석 대상자에서 제외되며, '國岡上廣開土境平安好太王'의 경우는 '國岡(葬地名)+上(處所詞)+廣開土境(治績)+平安(治績)+好太王(美稱)'으로 분석될 수 있으므로 장지명인 '國岡'만이 분석 대상이 된다. 이상에 따라 부여계 고유명사 표기자들을 정리해보면 다음과 같다.

(4) 부여계 고유명사 표기자 정리(가나다순)

岡, 改, 仇, 句, 國, 南, 帶, 敦, 盧, 婁³, 流, 留², 利, 麻, 賣, 牟, 味, 方, 俳, 本, 夫², 卑, 沸, 碑, 斯², 社, 舍, 蘇, 肅, 安, 鴨, 穰, 奄, 余, 餘, 于, 儒, 訾, 朱, 鄒, 瑞, 平, 忽
(字種 43, 延字數 49)

5.1.2. 한계 고유명사 표기의 정리

(5) 백제(국명: 3종 6건, 지명류: 62종 83건)

A : 百殘³(1.8/1.9/2.6), 殘國²(1.9/3.3[殘□]), 殘(2.3)

a : 壹八城(1.10), 臼模盧城²(1.10/3.13-4)[63], 各模盧城²(1.10/3.14), 幹氐利城²(1.10/3.14), □□城(1.10), 閣彌城(1.10), 牟盧城(1.10), 彌沙城(1.10), □舍蔦城(1.10), 阿旦城²(1.10/3.13), 古利城(1.10), □利城(1.10-11), 雜珍城²(1.11/3.13), 奧利城²(1.11/4.1), 勾牟城²(1.11/4.4), 古須耶羅城²(1.11/3.12), 莫□□□□城(1.11), 芬而耶羅城(1.11), 瑑城²(1.11/4.3), 於利城²(1.11/4.4), □□城(1.11), 豆奴城²(1.11/4.1), 沸□□利城(1.11-12), 彌鄒城²(1.12/3.14), 也利城²(1.12/4.1),

---

63 수묘인 연호 '新來韓穢條'에 나오는 지명들 중에서 영락 6년조와 중출되는 예들과 '~韓'으로 된 예들은 확실한 백제 지명으로 간주하고 이 곳에 제시한 것이다.

太山韓城^2 (1.12/4.2), 掃加城(1.12), 敦拔城(1.12), □□□城(1.12), 婁賣城(1.12), 散那城^2(1.12/4.3-4), 那旦城^2(1.12/4.4), 細城^2 (1.12/4.4), 牟婁城^2 (1.12/3.11), 于婁城(1.12), 蘇灰城(1.12-2.1), 燕婁城(2.1), 析支利城(2.1), 巖門□城(2.1), 林城(2.1), □□□□□□□利城(2.1), 就鄒城(2.1), □拔城(2.1), 古牟婁城^2(2.1/4.2-3), 閏奴城^2 (2.1/4.2), 貫奴城(2.1), 彡穰城^2 (2.1-2/4.3), 普□城(2.2), □古盧城(2.2), 仇天城(2.2), □□□城(2.2), 阿利水(2.3), 沙溝城(3.5), 婁城(3.5), □□城(3.5), □城(3.5), □□□□□□城(3.5-6), 豆比鴨岑韓(3.11), 求底韓(3.12), 客賢韓(3.13), 巴奴城韓(3.13), 百殘南居韓(4.1-2)

(6) 신라(국명: 1종 5건, 지명류: 2종 3건, 인명: 1종 1건, 왕호: 1종 2건)

A : 新羅^5(1.8/1.9/2.7/2.8/3.2)

a : □城(2.9), 新羅城^2(2.8/2.9)

B : 勾(3.2)

b : 寐錦^2(3.2^2)

(7) 가야(국명: 2종 4건, 지명류: 1종 1건)

A : 安羅^3(2.9/2.10/3.2), 任那加羅(2.9)

a : 從拔城(2.9)

이상의 한계 고유명사들은 (8)에서와 같이 총 71종의 고유명사들로 종합된다(중출 횟수 무시).

(8) 한계 고유명사 종합

국명 : 百殘(國) // 新羅 // 安羅, 任那加羅

지명 : 壹八(城), 臼模盧(城), 各模盧(城), 幹氐利(城), (□□城), 閣彌(城), 牟盧(城), 彌沙(城), (□)舍蔦(城), 阿旦(城), 古利(城), (□)利(城), 雜珍(城), 奧利(城), 勾牟(城), 古須耶羅(城), 莫(□□□□城), 芬而耶羅(城), 瑑(城),

於利(城), (□□城), 豆奴(城), 沸(□□)利(城), 彌鄒(城), 也利(城), 太山韓
(城), 掃加(城), 敦拔(城), (□□□城), 婁賣(城), 散那(城), 那旦(城), 細(城),
牟婁(城), 于婁(城), 蘇灰(城), 燕婁(城), 析支利(城), 巖門(□城), 林(城),
(□□□□□□)利(城), 就鄒(城), (□)拔(城), 古牟婁(城), 閏奴(城), 貫
奴(城), 彡穰(城), 普(□城), (□)古盧(城), 仇天(城), (□□□城), 阿利(水),
沙溝(城), 婁(城), (□由城), (□城), (□□□□□城), 豆比鴨岑(韓), 求
底(韓), 客賢(韓), 巴奴(城韓), 百殘(南居韓)<百殘> // (□城), 新羅(城)<新
羅> // 從拔(城)<加耶>

인명 : 勾<新羅>

관명 : 寐錦<新羅>

(8)의 예들 중에서도 위와 동일한 기준으로 '□城², □□城³, □□□城², □
□□□□城'을 제외하면 분석 대상은 63종의 표기로 줄어들게 된다. 여기
에서도 '-國, -城, -水' 등의 접미소와 '南居'와 같은 한문적 표현, 그리고 신민
新民에 대한 구별 표지로 판단되는 '-韓'은 분석 대상자에서 제외된다. 이상을
바탕으로 한계 고유명사 표기자들을 정리해보면 다음과 같다.

(9) 한계 고유명사 표기자 정리(가나다순)

加², 各, 閣, 幹, 客, 古⁴, 貫, 仇, 勾², 求, 溝, 臼, 錦, 那³, 奴⁴, 旦², 敦, 豆², 羅⁶, 盧⁴, 婁⁶,
利¹⁰, 林, 莫, 寐, 賣, 模², 牟⁴, 門, 彌³, 拔³, 百², 普, 苏, 由, 比, 沸, 沙², 舍, 山, 散, 析, 細,
掃, 蘇, 須, 新², 彡, 阿², 安, 巖, 鴨, 也, 耶², 穰, 於, 燕, 奥, 于, 閏, 而, 壹, 任, 殘², 岑,
雜, 底, 氐, 琢, 蔦, 從, 支, 珍, 天, 鄒², 就, 太, 巴, 八, 韓, 賢, 灰(字種82, 延字數131)

이상 (1)~(9)에서 보는 바와 같이 「광개토왕릉비문」 속의 고유명사 표기 중
분석 대상은 ①부여계는 24종의 표기에 자종字種43자(연자수延字數49), ②한계
는 63종의 표기에 자종字種82자(연자수延字數131)의 한자가 쓰인 것으로 종합·
정리될 수 있다(이들의 고유명사 표기자의 한어 중고음에 대해서는 <표3>, <표4> 참조).

이 밖에 분석 대상에서 제외되는 국가의 지명 또는 국적 불명의 지명들을 정리해서 보이면 다음과 같다.

⑽ 왜倭(국명: 1종 8건)

　A : 倭(1.9/2.6/2.7/2.8²/2.9/3.3/3.4)

⑾ 패려稗麗(국명: 1종 1건, 지명류: 8종 8건)

　A : 稗麗(1.7)

　a : 富山(1.7), 負山(1.7), 鹽水(1.7), 襄平道(1.8), □城(1.8), 力城(1.8), 北豊(1.8), 五備猶(1.8)

⑿ 식?신肅愼(국명: 1종 1건, 지명류: 2종 2건)

　A : 肅愼(2.6)

　a : 莫□羅城(2.6), 加太羅谷(2.6)

⒀ 불명不明(지명류: 11종 11건)

　a : 男居城(2.8)[64] / 沙水城(3.11), 勾牟客頭(3.12), 舍蔦城韓穢(3.12), 炅古城(3.13), 牟水城(3.14), 須鄒城(4.1), 農賣城(4.2), 味城(4.3), 就咨城(4.3), 比利城(4.4)[65]

이상에서 정리된 부여계와 한계의 고유명사 표기자들을 바탕으로(⑽~⒀ 자료 제외) 한어 중고음의 체계를 정리하여 다음 절의 음운학적 분석 논의를 대비한 자료가 다음의 [부록]과 <표3, 4>이다(이 자료들에 대한 이해를 돕기 위한 설명은 칼럼 6 참조).

64　영락 10년조에서의 "從南居城 至新羅城(南居城을 거쳐 新羅城에 이르다)" 부분에 나오는 지명으로 해당 지역이 고구려 영토인지, 신라 영토인지가 불분명한 예이다.

65　이들은 守墓人 煙戶 新來韓穢條에 나오는 지명 중에서 확실하게 백제 지명으로 간주될 수 있는 것들을 제외한 예들로서 백제 지명인지, 穢의 지명인지가 불분명한 예들이다.

[부록] 고유명사 표기자별 중고음계 및 용례 일람

1. 夫餘系

岡	宕開一平唐見	國岡(上廣開土境平安好太王)
改	蟹開一上海見	改(谷)
仇	流中三平尤羣	味仇婁
句	流中一平侯見[66]	賣句余
國	曾合一入德見	國岡(上廣開土境平安好太王)
南	咸中一平覃泥	南蘇(城)
帶	蟹開一去泰端	帶方(界)
敦	臻合一平魂端[67]	敦(城)
盧	遇中一平模來	鴨盧
婁[3]	流中一平侯來[68]	味仇婁, 俳婁, 瑞社婁
流	流中㊂平尤來	沸流(谷)
留[2]	流中㊂平尤來	(大)朱留(王), 儒留(王)
利[2]	止開㊂去至來	碑利(城), 奄利(大水)
麻	假脣二平麻明	卑斯麻
賣	蟹脣二去卦明	賣句余
牟	流脣三平尤明	鄒牟(王)
味	止脣三去未微	味仇婁
方	宕脣三平陽非[69]	帶方(界)
俳	蟹脣二平皆並	俳婁
本	臻脣一上混幫	忽本
夫[2]	遇脣三平虞非[70]	(北/東)夫餘, 安夫(連)

---

66 又 遇中三去遇見
67 又 蟹合一平灰端
68 又 遇中㊂上麌來
69 又 宕脣㊂上養非
70 又 遇脣三上麌奉

卑	止脣三平支幫	卑斯麻
沸	止脣三去未非	沸流(谷)
碑	止脣三平支幫	碑利(城)
斯²	止開三平支心	卑斯麻, 肅斯舍
社	假開三上馬禪	端社婁
舍	假開三去禡書[71]	肅斯舍
蘇	遇中一平模心	南蘇(城)
肅	通中三入屋心	肅斯舍
安	山開一平寒影	安夫(連)
鴨	咸中二入狎影	鴨盧
穰	宕開三平陽日[72]	平穰(城)
奄	咸中三上琰影	奄利(大水)
余	遇中三平魚以	賣句余
餘	遇中三平魚以	(北/東)夫餘
于	遇中三平虞雲	于(城)
儒	遇中三平虞日	儒留(王)
訾	止開三上紙精	訾(連)
朱	遇中三平虞章	(大)朱留(王)
鄒	流中三平尤莊	鄒牟(王)
端	果合一上果端	端社婁
平	梗脣三平庚並	平穰(城)
忽	臻合一入沒曉	忽本

2. 韓系

加²	假開二平麻見	掃加(城), 任那加羅
各	宕開一入鐸見	各模盧(城)

---

71 又假開三上馬書
72 又宕開三上養日

閣	宕開一入鐸見	閣彌(城)
幹	山開一去翰見	幹氐利(城)
客	梗開二入陌溪	客賢(韓)
古⁴	遇中一上姥見	(□)古盧(城), 古利(城), 古牟婁(城), 古須耶羅(城)
貫	山合一去換見	貫奴(城)
仇	流中三平尤羣	仇天(城)
勾²	流中一平侯見⁷³	勾, 勾牟(城)
求	流中三平尤羣	求底(韓)
溝	流中一平侯見	沙溝(城)
臼	流中三上有羣	臼模盧(城)
錦	深中三上寑見	寐錦
那³	果開一平歌泥	那旦(城), 散那(城), 任那加羅
奴⁴	遇中一平模泥	貫奴(城), 豆奴(城), 閏奴(城), 巴奴(城韓)
旦²	山開一去翰端	那旦(城), 阿旦(城)
敦	臻合一平魂端⁷⁴	敦拔(城)
豆²	流中一去候定	豆奴(城), 豆比鴨岑(韓)
羅⁶	果開一平歌來	古須耶羅(城), 芬而耶羅(城), 新羅, 新羅(城), 安羅, 任那加羅
盧⁴	遇中一平模來	(□)古盧(城), 各模盧(城), 臼模盧(城), 牟盧(城)
婁⁶	流中一平侯來⁷⁵	古牟婁(城), 婁(城), 婁賣(城), 牟婁(城), 燕婁(城), 于婁(城)
利¹⁰	止開三去至來	(□)利(城), (□□□□□□)利(城), 幹氐利(城), 古利(城), 沸(□□)利(城), 析支利(城), 阿利(水), 也利(城), 於利(城), 奧利(城)
林	深中三平侵來	林(城)
莫	宕脣一入鐸明⁷⁶	莫(□□□□城)

---

73 又 遇中三去遇見
74 又 蟹合一平灰端
75 又 遇中三上麌來
76 又 遇脣一去暮明

寐	止脣🌑去至明	寐錦
賣	蟹脣二去卦明	婁賣(城)
模²	遇脣一平模明	各模盧(城), 臼模盧(城)
牟⁴	流脣三平尤明	古牟婁(城), 勾牟(城), 牟盧(城), 牟婁(城)
門	臻脣一平魂明	巖門(□城)
彌³	止脣三平支明	閣彌(城), 彌沙(城), 彌鄒(城)
拔³	山脣二入黠並⁷⁷	(□)拔(城), 敦拔(城), 從拔城
百²	梗脣二入陌幫	百殘(國), 百殘(南居韓)
普	遇脣一上姥滂	普(□城)
芬	臻脣三平文敷	芬而耶羅(城)
田	臻脣三入物非	(□)田(城)
比	止脣🌑上旨幫⁷⁸	豆比鴨岑(韓)
沸	止脣三去未非	沸(□□)利(城)
沙²	假開二平麻生	彌沙(城), 沙溝(城)
舍	假開🌑去禡書⁷⁹	(□)舍蔦(城)
山	山開二平山生	太山韓(城)
散	山開一去翰心⁸⁰	散那(城)
析	梗開四入錫心	析支利(城)
細	蟹開四去霽心	細(城)
掃	效中一上皓心⁸¹	掃加(城)
蘇	遇中一平模心	蘇灰(城)
須	遇中🌑平虞心	古須耶羅(城)
新²	臻開🌑平眞心	新羅, 新羅(城)
彡	咸中二平銜生⁸²	彡穰(城)

---

77 又 山脣一入末並
78 又 止脣🌑去至並, 止脣🌑平脂並
79 又 假開🌑上馬書
80 又 山開一上旱心
81 又 效中一去號心
82 又 咸中🌑平鹽心, 咸中🌑上琰心

阿[2]	果開一平歌影	阿旦(城), 阿利(水)
安	山開一平寒影	安羅
巖	咸中二平銜疑	巖門(□城)
鴨	咸中二入狎影	豆比鴨岑(韓)
也	假開⊜上馬以	也利(城)
耶[2]	假開⊜平麻以	古須耶羅(城), 芬而耶羅(城)
穰	宕開⊜平陽日[83]	彡穰(城)
於	遇中三平魚影[84]	於利(城)
燕	山開四去霰影[85]	燕婁(城)
奧	效中一去號影	奧利(城)
于	遇中三平虞雲	于婁(城)
閏	臻合⊜去稕日	閏奴(城)
而	止開⊜平之日	芬而耶羅(城)
壹	臻開⊜入質影	壹八(城)
任	深中⊜去沁日[86]	任那加羅
殘[2]	山開一平寒從	百殘(國), 百殘(南居韓)
岑	深中三平侵崇	豆比鴨岑(韓)
雜	咸中一入合從	雜珍(城)
底	蟹開四上薺端[87]	求底(韓)
氐	蟹開四平齊端[88]	幹氐利(城)
琢	山開⊜上獮澄	琢(城)
蔦	效中四上篠端[89]	(□)舍蔦(城)
從	通中⊜平鍾從[90]	從拔(城)

83　又 宕開⊜上養日
84　又 遇中一平模影
85　又 山開四平先影
86　又 深中⊜平侵日
87　又 止開⊜上旨章
88　又 蟹開四上薺端
89　又 效中四去嘯端
90　又 通中⊜去用從

支	止開㈢平支章	析支利(城)
珍	臻開㈢平眞知	雜珍(城)
天	山開四平先透	仇天(城)
鄒²	流中三平尤莊	彌鄒(城), 就鄒(城)
就	流中㈢去宥從	就鄒(城)
太	蟹開一去泰透	太山韓(城)
巴	假脣二平麻幫	巴奴(城韓)
八	山脣二入黠幫	壹八(城)
韓	山開一平寒匣	太山韓(城)
賢	山開四平先匣	客賢(韓)
灰	蟹合一平灰曉	蘇灰(城)

<표 3> 부여계 고유명사 표기자의 한어 중고음 체계

성모 \ 운	陰聲韻 -Ø (假果)	陰聲韻 -Ø (遇)	陰聲韻 -i (蟹)	陰聲韻 -i (止)	陰聲韻 -u (流)	陽聲韻 -m (咸)	陽聲韻 -m (深)	陽聲韻 -n (山)	陽聲韻 -n (臻)	陽聲韻 -n (宕)	陽聲韻 -ŋ (梗)	入聲韻 -p (咸)	入聲韻 -t (深)	入聲韻 -t (山)	入聲韻 -t (臻)	入聲韻 -k (曾)	入聲韻 -k (通)	계
운모	戈-/麻-/^麻-	模-/魚-/虞-	哈-/泰-	皆-/佳-/#灰- / 支-/脂-/#微-	侯-/尤-	覃-/鹽-		寒-	魂-	唐-/陽-	庚-	狎-			沒-	德-	屋-	
唇音 幫 p		^夫¹		碑¹/卑¹/^沸¹					本¹	*方¹								6
滂 pʰ																		0
並 b		^夫¹	俳¹								平¹							3
明 m	*麻¹		^賣¹	^味¹	*牟¹													4
舌音 端 t	瑞		*帶¹	#敎½					敎½									3
透 tʰ																		0
定 d																		0
泥 n						南¹												1
來 l		婁¹/盧¹		*利²	婁¹/*留²/流¹													9
齒音 (齒頭) 精 ts				朁¹														1
清 tsʰ																		0
從 dz																		0
心 s		蘇¹		斯²													肅¹	4
邪 z																		0
(正齒II) 章 tɕ		^朱¹																1
昌 tɕʰ																		0
船 dʑ																		0
(正齒I) 書 ɕ	^舍¹																	1
禪 ʑ	^社¹																	1
日 ȵ		^儒¹								*穰¹								2
莊 tʂ					*鄒¹													1
牙音 見 k		句½	改¹		句½						固¹						國¹	4
溪 kʰ																		0
羣 g					*仇¹													1
疑 ŋ																		0
喉音 影 ʔ						*奄¹		安¹				鴨¹						3
曉 h															㉑¹			1
匣 ɦ																		0
以 j	*余¹/*餘¹																	2
雲 ɦ		^于¹																1
계	4	11	2	2.5	9	8	2	0	1	1.5	3	1	1	0	0	1	1	49

※ 1) 글자 우측의 숫자는 빈도수(단, !=1.5). 소수점 값에 대해서는 <표 5> 참조.
2) 글자 좌측의 기호는 성모聲母, 운모韻母 구분 기호.
3) ○가 겹쳐진 글자들은 合口字.

〈표 4〉 한계 고유명사 표기자의 한어 중고음 체계

운미 구분 — 陰聲韻: -Ø(假·果, 遇), -i(蟹, 止), -u(效·流) / 陽聲韻: -m(咸, 深), -n(山, 臻), -ŋ(宕, 通) / 入聲韻: -p(咸, 深), -t(山, 臻), -k(宕, 梗)

운모: 假·果=麻·麻, 遇=模·魚·虞, 蟹=灰·泰·皆·齊, 止=支·脂·微·之, 效·流=侯·尤·東, 咸=銜, 深=侵, 山=寒·山·仙·先, 臻=魂·文·眞, 宕=唐, 通=鍾, 咸(入)=合·盍, 深(入)=—, 山(入)=點, 臻(入)=質, 宕(入)=鐸, 梗(入)=陌二·錫

성모		假·果	遇	蟹	止	效·流	效·流(東)	咸	深	山	臻	宕	通	咸	深	山	臻	宕	梗	계
脣音	幫 p	巴[1]			*比[1] ^沸[1]											八[1]	由[1]		百[2]	6.3
	滂 pʰ		普[1]								◎芬[1]									2
	並 b				*比[1]											拔[3]				3.7
	明 m		模[2]	賣[1]	彌[1] 寐[1]	牟[4]					門[1]							莫[1]		13
舌音	端 t / 知 ȶ			敦[1/2]	氐[1] ^底[1]	#蔦[1]				旦[2]	敦[1/2] 珍									5.5 / 1
	透 tʰ			太[1]						#天[1]										2
	定 d / 澄 ɖ				豆[2]						◎瑑[1]									2 / 1
	泥 n	#那[3]	奴[4]																	7
	來 l	#羅[6]	盧[4]		*利[10]	婁[6]			林[1]											27
齒音(齒頭·正齒Ⅱ·正齒Ⅰ)	精 ts																			0
	清 tsʰ																			0
	從 dz				*就[1]					殘[2]			從[1]	雜[1]						5
	心 s		蘇[1] ^須[1]	^細[1]	^帚[1]			彡[3]		散[1]	^新[2]								*析[1]	8.7
	邪 z																			0
	章 tɕ				^底[1] 支[1]															1.5
	昌 tɕʰ																			0
	船 dʑ																			0
	書 ɕ	*舍[1]																		1
	禪 ʑ																			0
	日 ɲ				#而[1]				任[1]		^閏[1] 穰[1]									4
	莊 tʂ				*鄒[2]															2
	生 ʂ	沙[2]						彡[3]		*山[1]										3.3
	崇 dʐ								岑[1]											1
牙音	見 k	加[2]	古[4]			溝[1] 勾[1]			錦[1]	幹[1] 貫[1]								各[1] 開[1]		14
	溪 kʰ																		客[1]	1
	羣 g					*曰[1] *求[1] *仇[1]														3
	疑 ŋ							嚴[1]												1
喉音	影 ʔ	#阿[2]	*於[1]			^奧[1]				安[1] #燕[1]				*鴨[1]			壹[1]			8
	曉 h			灰[1]																1
	匣 ɦ									韓[1] #賢[1]										2
	以 j	*耶[1] *也[1]																		3
	雲 ɦ		^于[1]																	1
계		20	19	2.5	4	18	24	2	4	14	6.5	1	1	2	0	4	2	3	4	131

칼럼 6

한어음운학 관련 용어 정리

앞선 <표 3, 4>에서 보는 바와 같이 이제부터 독자들께서는 한어음운학 관련 용어들을 만나게 된다. 언어학의 용어도 어려운데, 설상가상으로 한어음운학漢語音韻學의 전문 용어들까지 만나게 되어 있어서 초심자에게는 상당한 고통이 될지도 모른다. 이러한 점을 감안하여 관련 용어들을 가능한 한 쉽게 풀어 편의를 도모하고자 한다.

1. 음절구조

한어漢語(흔히들 '중국어'라고 하지만, 정확히는 '한어'가 옳다)의 음절구조는 흔히 다음과 같이 도식화하여 표시한다.

S(음절)=[I(성모聲母)+M(운두韻頭)+V(운복韻腹)+E(운미韻尾)]/T(성조聲調)
【S: Syllable, I: Initial, M: Medial, V: Vowel, E: Ending, T: Tone】

위의 도식은 하나의 음절을 이루는 최대치를 보인 것이다. I·M·E 성분은 글자에 따라서는 zero가 될 수도 있다. 그러나 어떠한 경우라도 V·T 성분은 없어서는 안되는 필수 성분이고, T는 V에 덧얹혀 실현되는(supra-segmental) 운율적 요소이다.

이보다 간략하게 한어 음절을 '성모+운모'의 결합으로 표현하기도 하는데, 이때에는 '성모=I', '운모Final=(M+V+E)/T'의 공식이 성립된다. 이러한 음절 이분법은 한국어의 '초성+중성+종성'이라는 삼분법과는 다르다는 점도 기억할 필요가 있다. 양자간의 관계는 '초성=성모', '중성=운두+운복', '종성≒운미'(한국어의 종성은 자음 또는 zero임에 비하여, 한어의 운미는 이 밖에 모음도 될 수 있어서 양자간에 완전일치가 아님에 유의) 정도가 된다. 그리고 '운모'가 아닌 '운rhyme'이라는 용어를 쓸 때도 있는데, 이는 압운押韻의 기본 단위가 되는 '(-V+E)/T'만 가리키는 것이다.

2. 성모

위에서 본 바와 같이 성모는 한국어의 초성에 해당되는 개념이다. 이를 때로는 '성聲, 뉴紐, 성뉴聲紐'라고도 불렀는데, 현재 일반화된 용어는 '성모'이다. '자모字母'라는 용어도 있으나, 이는 특정 소리를 대표하는 글자를 지칭하는 것이다. 예를 들면, '端母[t], 透母[tʰ]' 등. 문제는 그 하위 분류에 관한 용어 및 내용이다. 이에 해당되는 전통적인 용어들로는 '5음(/7음/9음)五音(/七音/九音)', '청/탁淸/濁', '발/송/기發/送/氣' '쌍성雙聲' 등이다.

2.1. 5음(/7음/9음)

성모를 조음 위치place of articulation에 따라 분류하였던 음운학의 용어로서 다음과 같은 자모와 명칭으로 표시해오고 있다.

(1) 見k/ 溪kʰ/ 羣g/ 疑ŋ   → 아음牙音=軟口蓋音velars
(2) 端t/ 透tʰ/ 定d/ 泥n/ 來l   → 설두음舌頭音=齒槽音alveolars
(3) 知ṭ/ 徹ṭʰ/ 澄ḍ/ 娘ṇ   → 설상음舌上音=捲舌音retroflexes
(4) 幫p/ 滂pʰ/ 並b/ 明m   → 중순음重脣音=兩脣音bi-labials

(5) 非f/ 敷f^{h}/ 奉v/ 微m	→ 경순음輕脣音=脣齒音labio-dentals
(6) 精ts/ 淸ts^{h}/ 從dz/ 心s/ 邪z	→ 치두음齒頭音=齒音dentals
(7) 莊tʂ/ 初tʂ^{h}/ 崇dʐ/ 生ʂ/ 俟ʐ	→ 정치正齒 I =捲舌音retroflexes
(8) 章tɕ/ 昌tɕ^{h}/ 船dʑ/ 書ɕ/ 禪ʑ/ 日ɲ	→ 정치正齒 II =口蓋化音alveolo-palatals
(9) 影ʔ/ 曉h/ 匣ɦ/ 以j/ 雲ɦ	→ 후음喉音=聲門音glottals

5음이란 아(1)·설(2)(3)·순(4)(5)·치(6)(7)(8)·후음(9)을 말하고, 이를 세분하여 아(1)·설두(2)·설상(3)·순(4)(5)·치두(6)·정치(7)(8)·후음(9)으로 나눈 것이 7음이라 하고, 여기에 다시 순음을 중순(4)·경순(5)으로, 정치음을 정치 I (7)·정치 II (8)로 나눈 것이 9음이라 보면 된다(또는 아·설·순·치·후음에 반설半舌=來, 반치半齒=日을 더한 것을 칠음으로, 아·설두·설상·중순·경순·치두·정치·후음에 설치음舌齒音=來+日을 더한 것을 9음이라고도 한다).

「광개토왕비문」 시대의 성모체계는 순음에서의 중순·경순의 구별이 없는 8음 체계였던 것으로 추정된다(강신항 2012: 256f. 참조).

2.2. 청/탁

성모를 조음 방법manner of articulation에 따라 분류하였던 음운학의 용어로서 다음과 같이 세분하고 있다.

(1) 전청全淸: 幫·非·端·知·精·莊·章·見·影
  → 무성無聲 파열·마찰·파찰음

(2) 차청次淸: 滂·敷·透·徹·淸·初·昌·溪·曉·心·生·書
  → 유기有氣 파열·마찰·파찰음

(3) 전탁全濁: 並·奉·定·澄·從·崇·船·羣·匣·邪·俟·禪·雲
  → 유성有聲 파열·마찰·파찰음

(4) 차탁次濁: 明·微·泥·娘·來·日·疑·以
  → 비음鼻音·유음流音·약마찰음

2.3. 기타

이 밖에 성모 관련 용어로 '발/송/수發/送/收', '쌍성雙聲'이 있다.

'발/성/수'는 그 개념이 모호한 용어로서 자주 쓰이지는 않지만, 대체로 '발發'은 무성 파열·파찰음을, '송送'은 유기 파열·파찰·마찰음을, '수收'는 유·비음을 가리키는 것으로 이해된다(이돈주 1993: 44-45 참조). 이들 중에서 유기음을 가리키는 '송기음送氣音'이 비교적 자주 등장하는 용어이다.

'쌍성'은 어떤 두 한자의 성모가 동일한 경우를 가리키는 용어로서 주로 위진남북조 시대 문인들이 2음절 한자어에서 이를 지키는 경우가 많았다. 유협劉勰의 『문심조룡文心雕龍』의 「성률聲律」 편에서 "雙聲隔字而每舛, 疊韻雜句而必睽."(쌍성에서 글자를 떨어져 있으면 매번 어그러지고, 첩운에서 구를 섞어놓으면 반드시 등지게 된다.)라고 한 것은 당시의 문체적 특징을 설명한 것이다.

실제로 동 시대의 유물인 「광개토왕비문」 속에서도 쌍성어의 예를 찾을 수 있다. 비문 제1면에서의 '소승紹承'은 두 글자 모두 禪母라는 점에서, 제3면의 '보복普覆'은 두 글자 모두 滂母라는 점에서 쌍성어인 동시에 의미상 통하는 두 글자를 연결시킨 연면어連綿語(=騈字, 連文)에 해당된다(심경호 2013: 92 참조).

3. 운모

앞에서 말한 바와 같이 운모는 한국어의 '중성+종성'의 결합체에 해당되는 것으로 그 구성은 '(운두) + 운복 + (운미)'로 이루어진다. '운두'와 '운미'는 zero도 될 수 있으므로 운모에서 핵심이 되는 것은 '운복'이 된다. '운복'을 때로 '원음元音'이나 '핵모음'(nucleus)으로 부르는 것은 이러한 사정을 반영함이다.

3.1. 운두_4호四呼

운두는 현대음운론에서 말하는 '반모음'(semi-vowel)에 비견될 수 있는 존재
이다. 현대한어에는 운두에 [i-], [u-], [y-]의 세 종류가 존재하지만, [y]는 고대
에는 물론 원대元代 한어에 이르기까지도 존재하지 않았던 관계로 운두가 [u-]
인 것을 합구合口라 하고, 나머지를 개구開口라 하였다. 그런데 명말 청초明末淸
初 즈음에 [iu-]가 [y]로 변하게 되면서 운두의 종류도 [i-], [u-], [y-]의 셋으로 늘
어나면서 '4호'四呼의 개념이 정립된 것이다(박창원 2002: 90 참조).

　⑴ 개구호開口呼: 운두가 없는 운모 예) '他'ta[tʰa]
　⑵ 제치호齊齒呼: 운두에 [i-]가 들어 있는 운모 예) '嬌'jiao[tɕjāo]
　⑶ 합구호合口呼: 운두에 [u-]가 들어 있는 운모 예) '瓜'gua[kwā]
　⑷ 촬구호撮口呼: 운두에 [y-]가 들어 있는 운모 예) '全'quan[tɕʰyɛn]

　중고음의 개합과 관련하여 학자들간에 해석을 달리하는 부분이 있다. 그것
은 첫째로 합구에 대한 정의로서 학자에 따라서는 운두가 [-u]인 운뿐만 아니
라, 운복이 원순모음 [u, o]인 운까지도 합구로 보기도 한다. 그러나 전자만을
합구호로 보는 저자로서는 후자의 예들에 대해서는 개합에서의 중립으로 처
리한다. 예) 蘇 遇中一平模心. 둘째로 순음 성모(幫·滂·並·明 등)의 경우 이들을
기계적으로 합구로 보는 학자들도 있으나, 저자는 운두를 '脣'으로 표시하고
역시 개합에 있어서는 중립으로 해석하고 있다. 예) 墨 曾脣一入德明 (H득).

3.2. 운두·운복_등等

먼저 등等은 운두 [i-]의 유무와 운복의 성질에 의하여 4등으로 나누어진다.
16섭攝(후술)에서 4등이 구비된 蟹·山·效·咸攝의 경우,

⑴ 1등운 : 운두에 [i-]가 없고, 개구도가 큰 원음을 가진 운
⑵ 2등운 : 운두에 [i-]가 없고, 개구도가 1등운보다 작은 원음을 가진 운
⑶ 3등운 : 운두에 [i-]가 있고, 주요 원음이 [ɛ]인 운
⑷ 4등운 : 운두에 [i-]가 있고, 주요 원음이 [e]인 운

으로서 등의 차이는 운두와 운복의 차이로 설명될 수 있으나, 동운同韻으로 등이 다른 경우(東₁·₃韻, 戈₁·₃韻, 麻₂·₃韻, 庚₂·₃韻 등) 운복이 동일하므로 운두의 유무로만 설명된다(박창원 2002: 91, 최영애 2000: 141 참조).

한편, 3등운에는 소위 중뉴重紐의 문제가 있다. 중뉴는 '겹친 성모'라는 뜻인데, 3등운인 支·脂·祭·眞·諄·仙·宵·侵·鹽韻 내의 순·아·후음脣牙喉音 성모를 가진 두 조組의 소운小韻간 차이를 말하는 것으로 예를 들어 '岐, 歧'(L기)자와 '琦, 騎'(L긔)자가 성모(羣)·운모(支)·성조(平)의 차이가 전혀 없으면서도 중세 한국한자음에서 위와 같은 차이가 나타나는 조들을 말한다.

현재 이러한 차이를 설명함에 있어서 성모의 차이·운복의 차이·운두의 차이로 설명하는 세 가지 학설이 있으나, 저자는 운두의 차이로 보는 학설을 지지하여 '岐, 歧'류에 대해서는 '三'으로 표시하고(止開三平支羣) 그 운두음을 [i-]로, '琦, 騎'류에 대해서는 '三'으로 표시하고(止開三平支羣) 그 운두음을 [ɪ-](또는 [i-])로 재구하는 설명 방식을 유지하고 있다.

3.3. 운미_음성·양성·입성운

운미는 현대음운론에서 말하는 종성終聲 혹은 음절말에 해당되는 것으로 소리의 종류에 따라 다음과 같이 분류된다(박창원 2002: 90).

⑴ 음성운陰聲韻: 운미가 zero이거나, [-i], [-u]의 모음으로 끝나는 운

(2) 양성운陽聲韻: 운미가 비음鼻音 [-m], [-n], [-ŋ]인 운

(3) 입성운入聲韻: 운미가 파열음 [-p], [-t], [-k]인 운

위는 중고음을 기준으로 한 분류로서 이들 중에서 운미 [-m]과 [-p·-t·-k]는 근대한어 이후 [-m]>[-n], [-p·-t·-k]>∅(=zero)의 변화를 겪음으로써 현대한어에서의 자음 운미는 [-n], [-ŋ]만 있다.

3.4. 운복·운미_운목韻目/섭攝

'운목'은 『절운切韻』(601) 이래의 운서들에서 각각의 운을 배열한 목록자目錄字인데, 동일한 운에 속한 한자 중에서 그 운의 명칭으로 선택된 대표자를 가리키는 용어이다. 예를 들어 '東·公·中·弓' 등의 한자들을 '東'운, '冬·農·攻·宗' 등의 한자들을 '冬'운, '鍾·重·恭·龍' 등의 한자들을 '鍾'운으로 부르는 것 등을 말한다. 『광운廣韻』에서는 平上去入의 4성을 상배相配하여(東운: 東·董·送·屋 등) 모두 206개의 운목이 설정되어 있다(이돈주 1995: 49 참조).

'섭'은 운미가 같고, 운복이 비슷한 운목들을 묶어 하나의 부류로 나타내는 용어다. 예를 들어 운미가 [-u]이고 운복이 비원순 저모음인 운목은 '蕭(-eu), 宵(-ɛu), 肴(-au), 豪(-ɑu)' 등 넷으로 이들을 하나로 묶어 '效攝'으로 부르는 것 등인데, 『광운廣韻』에서의 206개 운목을 16개의 섭으로 귀납하고 있다(박창원 2000: 91-92 참조).

果攝(歌·戈), 假攝(麻), 遇攝(模·魚·虞), 止攝(支·脂·之·微),
蟹攝(咍·灰·泰·皆·佳·夬·廢·祭·齊), 效攝(豪·肴·宵·蕭), 流攝(侯·尤·幽),
咸攝(覃·談·咸·銜·嚴·凡·鹽·添), 深攝(侵), 山攝(寒·桓·山·刪·元·仙·先),
臻攝(痕·魂·欣·文·眞·臻·諄), 宕攝(唐·陽), 江攝(江), 曾攝(登·蒸),
梗攝(庚·耕·淸·靑), 通攝(東·冬·鍾)

4. 성조

성조는 고高·저低·승昇·강降의 운율적 자질을 말한다. 한어는 단음절어여서 하나의 음절에는 반드시 이러한 성조가 수반되기 때문에 비록 분절음은 같을지라도 성조의 차이에 따라 뜻이 다르게 된다.

성조의 명칭으로 平聲·上聲·去聲·入聲이 성립된 시기는 대체로 남북조대로 알려져 있다. 그리고 4성의 조치調値는 시대에 따라, 지역에 따라 차이가 나므로 일률적으로 말하기는 어렵다.

4성을 양분하여 '평측平仄'으로 가르기도 하는데, '평'은 평성, '측'은 상·거·입 3성을 통괄한 것이다. 이러한 평측의 배합은 시문에서 특히 중시된 바 있다(이돈주 1995: 56-64 종합).

[참고문헌]

姜信沆(2012), 『韓漢音韻史研究 보유편』, 월인, pp.245-257.
박창원(2002), 『고대국어연구(1)』, 태학사, pp.85-115.
심경호(2013), 『한국 한문기초학사 1』, 태학사, pp.90-93.
이돈주(1995), 『한자음운학의 이해』, 탑출판사, pp.36-64.
최영애(2000), 『중국어음운학』, 통나무, pp.201-299.

5.2. 고유명사 표기자 분석 결과와 그 의의

이제 앞서 정리된 부여계와 한계의 고유명사 표기자들에 대해 성모聲母·운모韻母·성조별聲調別로 유의미한 분포상의 특징들을 찾아서 양계어兩系語의 이동異同에 대하여 분석하고자 한다.

여기서 유의미한 분포적 특징이라 함은 특정 계열의 표기자들이 아주 활발하게 쓰이거나(A), 전혀 쓰이지 않거나/매우 드물게 쓰이거나(B) 하는 양상들을 말한다. "A"의 특징을 보일 때에는 해당 언어에서 그 계열의 글자들이 나타내는 음성적 특징이 음운론적으로 확고한 지위를 지녔다고 판단하는 반면, "B"의 특징을 보일 때에는 반대로 그러한 계열자의 음운론적 지위가 미약 내지 희박한 것으로 판단함이 음운학적 분석의 기본 가정이 된다.

5.2.1. 성모편

〈표 5〉 부여계 고유명사 표기자의 성모 분포

		전청		차청		전탁		차탁		전청		전탁		계
순음		幫p	6.0	滂pʰ		並b	3.0	明m	4.0					13.0
설음	설두	端t	3.0	透tʰ		定d		泥n	1.0					4.0
	설상	知t		徹tʰ		澄ɖ		娘ɳ						0.0
	반설							來l	9.0					9.0
치음	치두	精ts	1.0	清tsʰ		從dz				心s	4.0	邪z		5.0
	정치 I	莊tʂ	1.0	初tʂʰ		崇dʐ				生ʂ		俟ʐ		1.0
	정치 II	章tɕ	1.0	昌tɕʰ		船dʑ		日ɲ	2.0	書ɕ	1.0	禪ʑ	1.0	5.0
아음		見k	4.0	溪kʰ		羣g	1.0	疑ŋ						5.0
후음		影ʔ	3.0	曉h	1.0	匣ɦ	1.5	雲ø / 以j	1.0 / 2.0					7.0
계			19.0		1.0		4.0		19.0		5.0		1.0	49.0

※ 위의 표에서 0.5와 같은 소수점이 나타나는 것은 복수음자인 경우 "연자수延字數÷성모수聲母數"의 값을 배분한 결과임. 예를 들어 見·匣의 복수 성모를 지니면서 연자수가 1인 「蓋」자의 경우 1÷2=0.5의 값을 見·匣 양 쪽에 배분한다는 뜻이다(이하 동일).

〈표 6〉 한계 고유명사 표기자의 성모 분포

		전청	차청	전탁	차탁	전청	전탁	계
순음		幇p 6.3	滂pʰ 2.0	並b 3.7	明m 13.0			25.0
설음	설두	端t 5.5	透tʰ 2.0	定d 2.0	泥n 7.0			16.5
	설상	知t 1.0	徹tʰ 1.0	澄ḍ 1.0	娘ɳ			2.0
	반설				來l 27.0			27.0
치음	치두	精ts	清tsʰ	從dz 5.0		心s 8.7	邪z	13.7
	정치 I	莊tʂ 2.0	初tʂʰ	崇dʐ 1.0		生ʂ 3.3	俟ʐ	6.3
	정치 II	章tɕ 1.5	昌tɕʰ	船dʑ	日ɲ 4.0	書ɕ 1.0	禪ʑ	6.5
아음		見k 14.0	溪kʰ 1.0	羣g 3.0	疑ŋ 1.0			19.0
후음		影ʔ 8.0	曉h 1.0	匣ɦ 2.0	雲ø 1.0 / 以j 3.0			15.0
계		38.3	6.0	17.7	56.0	13.0		131.0

첫째, <표5, 6>에서 조음 방법調音方法 면에서의 유의미有意味한 차이로는 부여계가 "전청 24.0(49.0%) > 차탁 19.0(38.8%) > 전탁 5.0(10.2%) > 차청 1.0(2.0%)"의 순서로, 한계는 "차탁 56.0(42.7%) > 전청 51.3(39.2%) > 전탁 17.7(13.5%) > 차청 6.0(4.6%)"의 순서로 나타난다는 점이다.

여기서 우선 눈에 띄는 점은 양계어兩系語 다 차청자의 비율이 2.0%(부여계), 4.6%(한계)로 매우 저조함에서 공통적이라는 사실이다. 이는 당시 양계어의 유기음 발달이 미약하였음을 증언하는 것으로 고대국어 연구에서 여전히 논란이 되고 있는 유기음 발달 문제에 대하여 시사示唆하는 바가 없지 않을 것이다.

특히, 후음喉音에 있어서는 차청의 효모자曉母字 /h/가 양계어에 각 1회씩 쓰이고 있는데, 같은 차청음이라 하더라도 /h/가 국어 음운체계에서 지니는 가치가 /pʰ, tʰ, kʰ/ 등과 다르다는 점에서[91] 이를 무시한다면, 양계어의 차청음자의 비율은 0%(부여계) : 3.82%(한계)로 조정될 수 있을 것이다. 그 동안 고대국

---

91 /h/는 음운론적으로 평음(=예사소리)으로 분류됨에 비하여 /pʰ, tʰ, kʰ/ 등은 격음(=거센소리)로 분류됨이 일반적이다.

어 연구에서는 유기음의 존재를 인정하지 않는 견해(박병채 1971 등)과 "居柒夫 或云 荒宗"~"東萊郡 本居柒山郡"(거츨-), "厭髑[或作異次 或云伊處……]"(잊-) 등의 대응례를 근거로 미약하나마 유기음의 존재를 인정하는 견해(이기문 1961 등)이 팽팽히 맞서고 있으나, 조정된 차청음자 비율에 의하면 부여계는 전자의 견해에 가깝고, 한계는 후자의 견해에 가까운 것으로 드러남이 흥미 롭다.

다음으로 앞선 조음방법 면에서의 분포를 무성음(=전청+차청) vs. 유성음(= 전탁+차탁)의 비율로 환산해보면, 25.0(51.0%) : 24.0(49.0%)<부여계>, 57.3(43.8%) : 73.7(56.2%)<한계>로 나타남으로써 한계어에 있어서 유성음자의 비율이 부 여계어에 비해 7% 이상 높은 비율로 나타남을 확인할 수 있다. 이는 차탁음 중 에서 공명음자共鳴音字(=明·微·泥·娘·來·日·疑母)가 차지하는 비율 차이(32.7% : 39.7%)와 평행되므로 여기에서 비롯된 차이로 보아도 좋을 것이다. 이는 「동 이전東夷傳」에서의 수치[92]를 근거로 말한 바와 같이 부여계에 비해 한계어가 좀더 부드러운 소리로 실현되었을 가능성을 재확인할 수 있다.

둘째, 조음 위치調音位置 면에서는 유의미한 공통점이 발견된다. 그것은 양 계 모두 설상음舌上音과 정치음正齒音Ⅰ(=照Ⅱ, 莊組)의 비율이 각각 설두음舌 頭音과 치두음齒頭音에 비하여 현저히 떨어진다는 사실이다. <표 5>에서 부 여계의 경우 설두음 : 설상음=4.0(8.2%) : 0(0%), 치두음 : 정치Ⅰ=5.0(10.2%) : 1.0(2.0%)의 비율로, <표 6>에서 한계의 경우 설두음 : 설상음=16.5(12.6%) : 2.0(1.5%), 치두음 : 정치Ⅰ=13.7(10.5%) : 6.3(4.8%)의 비율로 나타남으로써 양계

---

92 「동이전」: ①"전청 55.4% > 차탁 30.1% > 전탁 10.8% > 차청 3.6%"의 순서(부여계), "전청 41.0% > 차탁 36.4% > 전탁 19.2% > 차청 3.4%"의 순서(한계), ②무성음 : 유성음의 비율⇒ 59.0% : 40.9%(부여계), 44.4% : 55.6%(한계), ③차탁음 중 공명음의 비율⇒21.7%(부여계) : 30.9%(한계), ④전청음 : 차청음 비율⇒55.4% : 3.6%(부여계), 41.0% : 3.4%(한계). 좀더 자 세한 분석 과정 및 결과에 대해서는 본서 제3부 제9장의 논의를 참조하기 바란다.

공히 설상음과 정치음 I 의 비율이 5% 미만의 저조한 비율로 나타남을 확인할 수 있기 때문이다. 설상음과 정치음 I 은 권설음捲舌音으로 재구되므로[93] 위와 같이 설상음·정치음 I 의 저조한 비율로부터 양계어兩系語 모두 권설음의 발달이 매우 미약하였음을 추론할 수 있을 것이다.

한편, 치두음과 정치음Ⅱ의 비율 대비에서도 비슷한 현상을 볼 수 있다. 즉, <표 5>에서 부여계의 경우 치두음 : 정치음Ⅱ=5.0(10.2%) : 5.0(10.2%)의 비율로, <표 6>에서 한계의 경우 치두음 : 정치음Ⅱ=13.7(10.5%) : 6.5(5.0%)의 비율로 나타남으로써 특히, 한계어에 있어서 정치음Ⅱ의 비율이 치두음의 절반 정도로 떨어짐을 관찰할 수 있음이 그것이다. 따라서 양계어(특히, 한계)에서 정치음Ⅱ의 발달도 미약했던 것으로 말해도 좋을 것이다.[94]

결국 「광개토왕비문」 고유명사 자료를 통하여 5세기 초엽의 부여계와 한계어에 있어서 설상음과 정치음(=정치 I +Ⅱ)의 발달이 미약하였음이 드러난 것으로 정리할 수 있을 것이다.

이는 『동국정운東國正韻』의 신숙주申叔舟 서문에서의 서술 즉, "且字母之作諧於聲耳 如舌頭舌上 …… 齒頭正齒之類 於我國字音 未可分辨 ……"(또 자모를 분류하여 만드는 것도 성모를 고르게 할 뿐이라, <u>설두·설상음과 …… 치두·정치음 같은 것은 우리나라 한자음에 있어서는 이를 구별할 수 없으니</u> ……)[95]에서 말한 바와 같이 설상·정치음의 미분未分 상태가 5세기 초엽에까지 소급될 수 있음을 증언한다는 점에서 그 의의를 찾을 수 있을 것이다.

---

93 정치 I , Ⅱ는 저자가 편의상 구분한 명칭이다. 음운학자들에 따라서는 '照二系'(照母 2等 字라는 뜻)나 '莊組' 등으로 불리고 있다. 여기서 정치 I 의 음가를 권설음으로 잡은 것은 최영애(2000: 227)의 논의를 따른 것인데, 정치 I 음자들이 범한대역자료梵漢對譯資料에서 산스크리트어의 권설음에 대응됨을 그 가장 큰 근거로 삼고 있다.

94 부여계에 있어서는 정치음Ⅱ와 치두음의 비율이 동일하게 나타난다. 이로부터 한계와의 차이점을 부각시킬 수도 있을 것이나, 해당자의 빈도수가 5.0에 불과하므로 단정지어 말하기에는 무리가 따르는 듯하여 그 차이점의 부각을 유보한 것임을 밝혀둔다.

95 강신항(2011: 217-218)에서 인용. 밑줄 필자.

[성모편 논의 요약]

1. 효모자曉母字를 제외한다면, 부여계 : 한계의 차청자 비율이 0% : 3.82%로 나타나므로 부여계어에서는 유기음의 존재를 인정할 수 없는 반면, 한계 어에서는 미약하나마 유기음의 존재를 인정해야 할 듯하다.

2. 부여계에 비하여 한계어가 유성음, 특히 공명음자의 비율이 7% 정도 높게 나타나므로 이는 그만큼 한계어가 좀더 부드러운 소리로 실현되었을 가능성이 있다.

3. 설상음과 정치음 Ⅰ, Ⅱ의 비율이 양계어 모두 10% 미만의 수치를 보이므로 「광개토왕비문」의 시대에 부여계어와 한계어에 있어서 설상음과 정치음의 발달이 미약한 것으로 드러난다. 이는 『동국정운』의 신숙주 서문에서 말한바 설상·정치음의 미분未分 상태가 5세기 초엽까지 소급될 수 있음을 증언하는 것이다.

5.2.2. 운모편

〈표 7〉 부여계 고유명사 표기자의 운모 분포

성모 \ 운	음성운						양성운/입성운						계
	-∅	-i		-u			-m/p	-n/t			-ŋ/k		
	果假	遇	蟹	止	效	流	咸深	山	臻	宕江	曾梗	通	
순음	1.0	2.0	2.0	4.0		1.0			1.0/0.0	1.0/0.0	1.0/0.0		13.0
설음	1.0	2.5	1.5	2.0		4.5	1.0/0.0		0.5/0.0				13.0
치음	2.0	3.0		3.0		1.0				1.0/0.0		0.0/1.0	11.0
아음		0.5	1.0			1.5				1.0/0.0	0.0/1.0		5.0
후음		3.0					1.0/1.0	1.0/0.0	0.0/1.0				7.0
계	4.0	11.0	4.5	9.0		8.0	2.0/1.0	1.0/0.0	1.5/1.0	3.0/0.0	1.0/1.0	0.0/1.0	49.0
	36.5(74.5%)						8.5(17.3%)/4.0(8.2%)						

<표 8> 한계 고유명사 표기자의 운모 분포

성모 \ 섭	음성운						양성운/입성운						계
	-∅		-i		-u		-m/p	-n/t		-ŋ/k			
	果假	遇	蟹	止	效	流	咸深	山	臻	宕江	曾梗	通	
순음	1.0	3.5	1.0	6.0		4.0		0.0/4.0	2.0/1.0	0.0/1.0	0.0/2.0		25.0
설음	9.0	8.0	3.0	10.0	1.0	8.0	1.0/0.0	4.0/0.0	2.0/0.0				46.0
치음	3.0	2.0	1.0	2.0	1.0	3.0	3.0/1.0	4.0/0.0	3.0/0.0	1.0/0.0	0.0/1.0	1.0/0.0	26.0
아음	2.0	4.0				6.0	2.0/0.0	2.0/0.0		0.0/2.0	0.0/1.0		19.0
후음	5.0	2.0	1.0		1.0		0.0/1.0	4.0/0.0	0.0/1.0				15.0
계	20.0	19.0	6.0	18.0	3.0	21.0	6.0/2.0	14.0/4.0	7.0/2.0	1.0/3.0	0.0/4.0	1.0/0.0	131.0
	87.0(66.4%)						29.0(22.1%)/15.0(11.5%)						

※ 위의 표에서 '宕'과 같이 취소선이 그어진 섭攝들은 실제 사용된 예가 없음을 뜻한다. 또한 '果·假 咸·深, 宕·江, 曾·梗' 섭의 경우는 도표상의 번거로움을 피하기 위하여 한 자리에 모아서 제시한 것일 뿐 특별한 의미는 없다.

<표 7, 8>에서 우선 음성운陰聲韻 : 양성운陽聲韻 : 입성운入聲韻의 비율을 보면, 36.5(74.5%) : 8.5(17.3%) : 4.0(8.2%)<부여계>, 87.0(66.4%) : 29.0(22.1%) : 15.0(11.5%)<한계>로 나타남으로써[96] 전체적으로 음성운>양성운>입성운의 순서를 보이는 있는데, 이를 개음절開音節(음성운) : 폐음절閉音節(양성운+입성운)의 비율로 환산해보면 74.5% : 25.5%(부여계), 66.4% : 33.6%(한계)로 나타난다. 이 수치를 「동이전」의 것[97]과 비교할 때, 양계어에 있어서 개음절 선호 경향이 여전한 가운데 부여계에서의 폐음절 비율의 상승(21.1%→25.5%) 및 한계에서의 폐음절 비율의 하락(38.2%→33.6%)을 보임으로써 양계어의 차이가 그만큼 줄어든 것으로 보아도 좋을 것이다.

<표 7, 8>에서는 이 밖에 특정한 섭攝의 글자들이 전혀 쓰이지 않는 현상도

---

96 초고 단계에서 "음성운 : 양성운 : 입성운"의 수치에 약간 오류가 있었기에 여기서 바로잡는다. 이하 성조의 경우도 동일.

97 개음절 : 폐음절 ⇒ 78.8% : 21.1%(부여계), 61.8% : 38.2%(한계).

눈에 띈다. 우선 부여·한 양계어에 강섭자江攝字가 전혀 쓰이지 않음이 눈에 띄며, 다음으로 부여계에서는 심섭자深攝字가, 한계에서는 증섭자曾攝字가 전혀 쓰이지 않음도 관찰된다. 이러한 결핍 분포자들이 지니는 의미는 무엇일까? 저자는 한때 양계어에 강섭자들이 전혀 쓰이지 않음을 근거로 당시(4세기 말~5세기 초) 한국한자음의 체계 내에서 아직 강섭江攝이 독립된 운부韻部로 자리잡지 못하였음을 보여주는 현상으로 보아 4세기 중반 이전의 한어 음계가 한반도에 이식移植되어 있었을 가능성을 말한 적이 있다(역학서학회 발표시). 상고음上古音의 동부東部(=중고음 東·冬·鍾·江)에 속해 있었던 강섭의 분화가 남북조 시대(386~589) 즉, 4세기 말부터 시작된다는 견해에 기댄 판단이었다.

그러나 이러한 판단에 문제가 있음을 깨닫게 되었는데, 그것은 결핍 분포를 보이는 강江·심深·증曾섭에 속한 글자들이 수적數的으로 많지 않다는 점 때문이었다. 정확한 통계는 아니지만, 위의 3섭에 속하는 글자들이 차지하는 비율은 각기 전체의 1~2%에 불과한 정도에 그치고 있다.[98] 따라서 위에서 관찰된 특정 섭들의 결핍 분포는 이들이 그만큼 고유명사 표기자로 선택될 확률이 낮았기 때문에 나타난 현상으로 봄이 안전할 것이다.

그런데 앞서 제시한 <표 3, 4>에서 보면, 설음舌音의 泥·來字의 경우 부여계에 있어서는 모운模韻의 '盧, 婁'자만 나타날 뿐 가운歌韻의 '羅'자는 보이지 않는 대신, 한계에 있어서는 模韻의 '奴, 盧'자뿐만 아니라 歌韻의 '那, 羅'자도 나타남으로써 양자가 공존하는 차이가 두드러짐이 주목된다. 이는 한계어에 있어서 模韻과 歌韻의 분화가 정립되어 있었음을 알려주는 사실이거니와, 이와 같은 양운간 분화의 정립은 당시 한계(주로 백제 지명어)의 음운 상태가 模韻과 歌韻의 핵모음이 각각 /o/, /a/로 변화되기 시작한 위진대魏晉代 한자음[99]의

---

98 李珍華·周長楫(編)(1993)을 조사해본 결과, 전체 9,000여 수록자 중에서 江攝은 98자, 曾攝은 215자, 深攝은 207자로 나타남에 근거한 것이다.

특징과 평행되었을 가능성을 암시하는 것으로 보아도 좋을 것이다. 이는 「광개토왕비문」 당시 한계어의 기층 한자음으로 위진대 즉, 3~4세기 경[100]의 음계가 이식되어 있었을 가능성을 암시하는 것이 아닌가 한다.

한편, 고유명사 표기자들의 성조 분포를 보면 다음과 같다.

〈표 9〉 부여·한계 고유명사 표기자의 성조 분포

	평성	상성	거성	입성
부여계	28.0(57.1%)	9.0(18.4%)	8.0(16.3%)	4.0(8.2%)
한계	70.8(54.5%)	15.9(12.2%)	29.8(23.0%)	13.5(10.3%)

성조면에서는 위에서 보듯이 부여계에 있어서는 '평성>상성>거성>입성'의 순서로 나타나는 반면에 한계에 있어서는 「동이전」과 마찬가지로 '평성>거성>상성>입성'의 순서로 나타남으로써 양계어에 있어서 상·거성의 순서 차이를 볼 수 있을 뿐이다. 대체로 「동이전」과 동일하게 양계에 있어서 평성자에 대한 선호 경향이 여전한 것으로 정리될 수 있을 것이다.

[운모편 논의 요약]

1. 운류의 분포를 개음절(음성운) : 폐음절(양성운+입성운)의 비율로 환산해보면 74.5% : 25.5%(부여계), 66.4% : 33.6%(한계)로 나타나는데, 이는 「동이전」과 비슷하게 양계어의 개음절 선호 경향이 여전하였음을 보여준다.

---

99 Ting(1975: 239)에서는 東漢代에까지 핵모음이 /a/로 再構되는 模韻의 핵모음이 /o/로 변화되는 시기를 魏晉代로 보고 있다.

100 졸고(2008)에서 살핀 바 있는 新羅 國號의 변천과 연관지어 본다면, 3세기 경에 '斯盧', '新盧' 즉, 模韻의 '盧'字 계열로 나타나던 것이 歌韻의 '羅'字 계열로 나타나는 변화의 시초가 A.D. 307년 '新羅'라는 국호의 등장이라는 점에서 4세기로 특정할 수도 있을 것이다.

2. 부여계에 비하여 한계 고유명사 표기자로 歌韻字 '邪, 羅'의 등장이 눈에 띄는데, 이는 당시 한계어의 기층 한자음으로 위진대의 음계가 이식되어 있었을 가능성을 암시한다.

3. 성조면에서는 대체로 「동이전」과 동일하게 양계어의 평성자 선호 경향이 여전하였음을 보여준다.

5.2.3. 음소 분포 제약

음소 분포 제약이란 특정한 음소가 특정한 위치에 나타나지 못하는 제약制約이 있음을 말하는데, 이 비문에서는 어두語頭 위치에서의 제약 현상이 두드러진다.

첫째, 어두 /ŋ/의 분포 제약을 확인할 수 있다. 부여·한 양계 모두 의모疑母(/ŋ-/)의 쓰임이 극히 저조함은 이를 말한다. 부여계에 있어서는 의모자가 전혀 쓰이지 않으며, 한계에서도 '암문□성嚴門□城'의 '嚴'자만 의모자에 해당할 만큼 그 비율이 극히 미미하기 때문에(1/131≒0.76%) 결국 양계어에서 어두에 /ŋ/이 설 수 없었던 제약이 존재하였던 것으로 결론지어도 좋을 것이다.

둘째, 어두 /l/의 분포 제약도 확인할 수 있다(<표 10> 참조).

<표 10>에서 보면, 양계 모두 來母(/l-/)字가 어두에 분포하지 않음을 알 수 있다. 유일한 예외가 한계의 '林城'인데, 이것도 한화漢化한 지명이거나 '林'자를 석독釋讀하였을 가능성마저 없지 않기에 전체적으로 보면, 부여계나 한계 모두 어두에 來母가 설 수 없었던 것으로 정리될 수 있을 것이다. 이는 우리의 두음법칙의 연원이 매우 오랜 것임을 알려주는 것이거니와, 「동이전」에서의 來母字의 분포 상황도 이와 크게 다르지 않으므로 그 연원을 3세기 경까지 소급시킬 수 있는 것이다.

〈표 10〉 부여·한계 고유명사에서의 來母字 분포

	어두	어중
부여계	---	盧[1] 鴨盧 婁[3] 味仇婁, 俳婁, 瑞社婁 流[1] 沸流谷 留[2] 大朱留王, 儒留王 利[2] 碑利城, 奄利大水
한계	林 林城	羅[6] 古須耶羅城, 芬而耶羅城, 新羅, 新羅城, 安羅, 任那加羅 盧[4] □古盧城, 各模盧城, 臼模盧城, 牟盧城 婁[6] 古牟婁城, 婁城, 婁賣城, 牟婁城, 燕婁城, 于婁城 利[10] □利城, □□□□□□□利城, 幹氏利城, 古利城, 沸□ □利城, 析支利城, 阿利水, 也利城, 於利城, 奧利城

더욱이 어두 /ŋ/의 제약은 범언어적凡言語的 현상으로 보아서 논외로 한다
하더라도, 어두 /l/의 분포 제약은 알타이제어에 공통된 특징 중의 하나라는
점에서 보면, 부여·한 양계어의 계통적 거리가 그리 멀지 않았을 가능성까지
도 시사示唆하는 것으로 그 의의를 삼아도 좋을 것이다.

廣開土王碑文 新研究

제6장

문법사적 고찰

문법사적인 측면에서의 고찰은 이 비문에서 한문 문법적으로 어색하거나 특이한 문장례들을 중심으로 이두 요소/표현의 존재 여부를 구명究明함에 초점이 모아질 것이다.

이두吏讀란 우리 선조들이 중국의 한문을 수용하여 토착화함에 있어서 중국어와의 문법적 차이를 극복하는 과정에서 발달시킨 차자표기법借字表記法의 하나이다. 한자의 음音과 훈訓을 빌려서 우리말을 적은 차자표기법은 대개 다음과 같이 단계적인 발달을 거친 것으로 이해될 수 있다.

▪ 제1 단계: 어휘(=고유명사) 표기

(예) '伊史夫智~苔宗'(*읻ㅁ릭), '居七夫智~居柒夫~荒宗'(*거츨ㅁ릭), '永同郡 本吉同郡 景德王改名 今因之' 등

※ 한자의 음과 훈을 빌려(실선: 음차, 점선: 훈차) 지명·인명·관명 등의 고유명사를 표기하는 단계

- 제2 단계: 문장 표기 I (변격한문, 속한문 등)

  (예) 「중원고구려비中原高句麗碑」(495?), 「포항중성리신라비浦項中城里新羅碑」
  (501?), 「영일냉수리신라비迎日冷水里新羅碑」(503?) 등

  ※ 어순語順을 한국어의 순서로 배열하거나, '-中, -之, -者' 등 주로 중국의 간독
  류簡牘類 한문의 특징들을 선택적으로 수용受容하여 한국어 문장을 표기하
  는 단계. 따라서 이러한 표기들은 엄격한 의미에서 이두의 사례에 포함시키
  기 어려운 것으로 판단된다.

- 제3 단계: 문장 표기 II (이두/ 구결/ 향찰)

  (예) 「울주천전리서석 원명蔚州川前里書石 原銘」(525), 「단양신라적성비丹陽新羅
  赤城碑」(550?), 「대구무술오작비大邱戊戌塢作碑」(578), 「경주남산신성비慶州
  南山新城碑」(591), 「함안성산산성목간咸安城山山城木簡 221호 외」(6세기 후
  반?), 「경주월성해자목간慶州月城垓字木簡 149호」(7세기 중반?) 등/ 동대사도
  서관 소장 『대방광불화엄경大方廣佛華嚴經 卷12~20』(740년대 전후), 사토본
  佐藤本 『화엄문의요결문답華嚴文義要決問答』(8세기 중엽?) 등/ 『삼국유사』 및
  『균여전』 소재所載 향가 25수 등

  ※ 어순語順을 한국어식으로 배열할 뿐만 아니라, 중국 간독류簡牘類 한문의 특
  징들을 벗어나는 변용變容을 보여주거나 국어의 조사나 어미 등의 문법형태
  들을 표기한 '이두吏讀· 구결토口訣吐'가 나타나는 단계

위에서 보듯이 어순 재배치 및 이두토의 발달이라는 두 가지 조건을 모두
갖춘 이두문은 6세기 이후 신라의 목간·금석문 등 출토 자료들에서 보이기
시작한다.[101] 5세기 초엽에 건립된 이 비문은 제1·2 단계에 속하는 자료인 점
에서 이두적 요소의 존재 여부가 국어사학자들의 초미의 관심사가 되어왔다.

---

101 6세기 후반 자료로 추정되는 함안 성산산성 목간221호 4면에서의 목적격조사 '-乙'("…不
行遣乙白"), 대구 무술오작비戊戌塢作碑(578?) 1행에서의 선어말어미 '-在-'("此成在□人
者都唯那寶藏□尺干…"), 7세기 중엽에 제작된 것으로 보이는 경주 월성해자 목간 149호
3면에서의 선어말어미 '-賜'/ 어말어미 '-之'("牒垂賜敎在之") 등이 포함된 예들이 대표적
이다. 김영욱(2008), 李承宰(2013), 졸고(2013a) 등 참조.

이러한 관점에서 이 장에서는 기존 논의들에서 이두적 요소/표현으로 거론된 사례들에 대한 정당성 여부를 정밀 검토할 것이다.

6.1. 정격 한문의 사례들

앞서 정리된 연구사 부분(4.2.1.)에서 정리한 기존 논의들에서 이두적 표현으로 거론된 바 있으나, 판독상의 문제나 한문 문법에 대한 이해의 차이 등으로 인하여 해당 주장들을 받아들이기 어려운 예들은 다음과 같다.

 (1) ①因遣黃龍來下迎王 王於忽本東岡②黃龍③負昇天.   <A-2>

 (2) 顧命世子儒留王以道興治.   <A-2>

 (3) 而倭以辛卯年來渡海破百殘東□新羅以爲臣民.   <B-2>

 (1)에 대한 기존의 주장들은 밑줄을 친 세 글자에 대한 판독의 차이에서 비롯된 것이다. 다음의 탁본들에서 보는 바와 같이 이들은 각각 '天, 履, 首'자로 판독되어야 함을 확인한 바 있으므로

	酒勾本	北大本	水谷本	靑溟本	中硏本	金子本	國博本	周雲臺本
①	因							
②	黃							
③	頁							頁

(1)의 문장은 "天遣黃龍來下迎王. 王於忽本東岡, 履龍首昇天."(하늘이 황룡을 보내어 내려와서 왕을 맞이하게 하였다. 왕은 홀본忽本 동쪽 언덕에서 황룡의 머리를 밟고서 승천하였다.)로 수정되어야 한다. 이렇게 되면, '王於忽本東岡'에서의 '於'를 목적격조사 '-을/를'을 표기한 이두적 요소로 본다거나(정광 2003), '履龍頁昇天' 부분을 종전의 판독에 따라 "黃龍이 (王을) 지고서 하늘로 올라갔다."로 해석함으로써 한국어 문법에서 흔한 목적어 생략 현상이 나타난 것으로 본 주장(김영욱 2004)은 더 이상 설 자리를 찾기 어려운 것이기 때문이다.

(2), (3)의 문장에서 '以'가 한국어의 조사 '-로'를 반영한 이두 요소라고 한 주장(김영욱 2004)은 한문 문법에 대한 오해에서 비롯된 것이다. (2)는 "顧命世子儒留王, 以道興治"로 끊어 읽어 "고명세자인 유류왕儒留王은 도리로써 정치를 진흥振興시키고"로 해석함에 아무런 문제가 없는 예이고(본서 p.101 ⊗의 논의를 참조), (3)도 "而倭以辛卯年, 來渡海破百殘東□新羅, 以爲臣民."으로 끊어 읽어 "그런데 왜가 신묘년(391년)에 바다를 건너와서 백잔百殘을 파破하고 동쪽으로 신라를 □하여 신민臣民으로 삼았다."라고 해석하게 되면, 여기에서의 '以'는 때의 정점定點을 표시하는 조사로 보아 역시 문제가 없는 예이기 때문이다(본서 pp.128-130 ㉠의 논의를 참조).

이와는 별도로 일부 역사학계의 논의에서는 (3)에서의 "以辛卯年來" 부분을 "辛卯年 이래"로 해석하는 안이 제시된 바 있으나, 비문 속에서 "自此以來 <B-3>, 自上祖先王以來<C-3>" 등 정상적인 "~以來"의 예들을 볼 수 있을 뿐만 아니라, 여기에서의 '來'에 대해서도 (1)의 "天遣黃龍來下迎王"에서의 '來下'와 마찬가지로 '來+VP' 용례로 보아서 '바다를 건너오다'로 해석할 수 있음을 확인한 바 있으므로(본서 pp.97-98 ㉢의 논의를 참조) "辛卯年 이래"로 해석하는 안도 인정되기 어렵다.

따라서 기존 논의들에서 이두(적) 표현으로 거론된 바 있으나 (1)~(3)의 예들은 정격 한문으로 보는 데 전혀 손색遜色이 없는 사례들로 판단하고자 하는 것이다.

6.2. 변격 한문과 초기 이두의 경계

이 절에서는 앞선 예들과는 달리 한문 문법상의 일정한 변격성變格性을 지닌 문장(또는 구절句節)의 사례를 중심으로 이들을 초기 이두의 사례에 해당하는 지에 대한 본격적인 검토를 행함에 논의의 초점을 모을 것이다.

(4) 我是皇天之子, 母河伯女郎, 鄒牟王.　　　　　　　　　　<A-1>

첫 번째로 (4)는 한국식 어순語順을 보이는 문장으로 일찍부터 국어학자들의 관심을 끌어온 예다. 먼저 선행 논의들을 원문대로 소개하면 다음과 같다.

(가) "王臨津言曰: 我是皇天之子, 母河伯女郎, 鄒牟王. 爲我連葭浮龜.
(왕이 '물'가에 림해서 말하기를: 나는 하느님의 아들이요, 어머니가 물을 맡은 신령의 딸이요 추모왕이다. 나를 위해서 葭를 련하고 거북을 띄우라).

　　여기서 鄒牟王의 석 자를 혹은 아래로 爲我連葭浮龜에 붙이어 한 구절로 만드나, 또 혹은 우로 母河伯女郎에 붙이어 한 구절로 만드나 어느 편도 문리가 잘 통치 못한다. 구두어에서 말하는 그 대로 죽 해석해 나가야만 전체의 뜻을 명료하게 드러낼 수 있다." 　　　　　　　　　　　　　　　　　<홍기문 1957: 27-28>

(나) "'我是皇天之子 母河伯女郎 鄒牟王'은 한자로 기록된 韓文(※한자가 한국어 순서에 맞게 배열된 문장)이다. "나는 皇天의 아들이요 어머니는 河伯의 女郎

인 鄒牟王이다." 이것은 한국어 어순과 일치한다.

'是'의 용법도 漢文과 차이가 있다. '是'는 일종의 明示素(specifier)이다. 대체로 限定하는 대상의 앞에 나타난다. 가령, '總是玉關情'에서 '是'는 '玉關情'을 지시하면 그것의 위치가 한정 혹은 明細化하는 대상에 前置된다. 그러나 비문의 '是'는 한정하는 대상인 '我(鄒牟王)'에 後置되었다."   <김영욱 2004: 69>

(다) "초기적 吏讀文의 특징은 국어적인 어순과 어휘, 그리고 어조사(어미)에서 찾아 볼 수 있다. 일찍부터 이두적인 어순은 광개토대왕비(414)에 나타나는 것으로 알려져 왔다.

(1) a. 王臨津言曰 我是皇天之子 母河伯女郎 鄒牟王 爲我連葭浮龜/
　　　王이 臨津하여 말하길 나는 皇天의 아들이고 어머니는 河伯의 따님이다. 鄒牟王이다. 나를 위하여 葭를 연결하고 거북을 띄워라.

에서 '鄒牟王'은 그 문맥의 위로 붙이나 아래로 붙이나 어느 쪽도 文理가 통하지 않는다고 한다. <중략>

이 비문은 이른 시기의 고구려의 기록으로 당시의 대표적인 문장가가 썼다고 보아야 하는데 국어적인 어순이 섞인 파격적인 한문을 썼다는 것은 당시 고구려가 중국과는 다른 이두적인 한문을 썼다는 사실을 말하여 주는 것이다.

<남풍현 2005: 8>

(라) "홍기문(1957: 28)에서는 '鄒牟王' 석 자를 아래로 '爲我連葭浮龜'에 붙여 한 구절로 만드나 위로 '母河伯女郎'에 붙여 한 구절로 만드나 모두 문리가 잘 통하지 않으므로, 구두어에서 말하는 그대로 죽 해석해 나가야만 전체의 뜻이 명료하게 드러난다고 보았다. 김영욱(2004)나 남풍현(2005)에서도 이를 따르고 있다.

그런데 문리가 잘 통하지 않는다고 하는 주장이 의미하는 바를 구체적으로 이해하기가 쉽지 않다. 이 주장을 필자의 관점에서 나름대로 풀이해서 이해한다면, 다음 세 가지 중에 하나가 될 것으로 본다. 첫째, 한문으로서 다소 어색하기는 하지만 한문으로 볼 수 있다. 이는 중국어가 모국어가 아닌 화자가 썼기 때문에 생긴 현상이다. 둘째, 한문으로서 거의 적합하지 않고, 한국어가 은연 중에 반영되었기에 생긴 현상이다. 셋째, 한문으로서 완전히 적합하지 않고 한국어를 표기하려는 화자의 의도가 적극적으로 반영된 것이다. 필자의 졸견으로는 '鄒牟王'을 위나 아래로 어디에 붙여도 문제가 된다면 이는 첫째의 견해에 해당할 것으로 판단된다. 다소 어색하기는 하지만 그렇다고 한문으로 파악해서는 안 될 근거가 보이지는 않는다. 한문으로 어색하다는 것이 한문이 아니라는 것을 담보해 주지는 않을 것이기 때문이다. <중략> 그러므로 위의 '鄒牟王'을 근거로 이 부분에서 이두의 萌芽를 발견할 수 있다고 보는 것은 다소 성급한 감이 있다."

<이용 2006: 73-74>

이상에서 알 수 있듯이 (4)의 문장을 초기 이두의 예로 볼 수 있는지 여부에 대하여 국어학계의 의견이 엇갈리고 있다. 저자는 졸고(2012)에서 다수의 의견을 좇아 이 예가 우리 이두발달사의 출발선상에 있는 것으로 평가한 바 있으나, 최근에 와서 어색하기는 하지만 초기 이두의 맹아로 보기는 어렵다고 한 (라)(=이용 2006)의 결론을 지지하는 방향으로 선회旋回하기에 이르렀다.

그 근거는 다음과 같다.

첫째, (4)의 문장이 어색한 한문에 해당됨은 중국의 역대 사서史書들에서 '鄒牟王' 없이 옮겨져 있다는 사실이다.

(4') ① 朱蒙告水曰 "我是日子, 河伯外孫, 今日逃走, 追兵垂及, 如何得濟?"

<『魏書』·高句麗傳>

② 朱蒙告水曰 "我是日子, 河伯外孫, 今追兵垂及, 如何得濟?"

<『北史』·高句麗傳>

③ 朱蒙曰 "我是河伯外孫, 日之子也, 今有難, 而追兵且及, 如何得渡?"

<『隋書』·高麗傳>

(4´)에서 보듯이 중국 사서들에서 문제의 '鄒牟王' 부분이 생략된 채 나타날 뿐만 아니라, '母河伯女郞'이 '河伯外孫'으로 바뀐 것은 (4)의 문장이 한문으로서는 어색한 구조로 판단한 것으로 보아 틀림없을 것이다.

그러면 문장 (4)의 어떠한 요소 내지 구조가 이와 같은 판단을 불러온 것일까? 이를 알아내기 위해서는 (4)의 문장 구조 분석이 필요할 것이다.

> (4) <u>我是皇天之子</u>, <u>母河伯女郞</u>, <u>鄒牟王</u>.
>   ①   ②   ③

앞서 보인 인용문 중에서 (나)(=김영욱 2004)에서는 (4)의 문장을 (①+②)의 병렬 복문並列複文이 ③을 수식하는 구조로 파악한 반면에 (다)(=남풍현 2005)에서는 (①+②+③)의 병렬 복문並列複文 구조로 파악한 차이를 보이고 있는데, 두 가지 방안 중에서 어느 쪽이 옳다고 단정하기는 어려운 듯하다.[102] 이는 그만큼 (4)의 문장 구조 분석이 어려움을 뜻하는 동시에 이 예의 문법성이 애매함을 말한다고 해야 할 것이다. 왜냐 하면, 전자의 해석 및 문장 구조 분석에서는 '鄒牟王'을 수식하는 두 성분(①, ②)의 구성이 등가성等價性을 이루지 못함으로써 어색함의 주요한 원인이 되기 때문이다. 즉 ①'皇天之子'가 명사구(Noun Phrase)임에 비하여 ②'母河伯女郞'은 절節(Clause)이어서 수식어로서의 문장 단위의 등가성等價性을 이루지 못함으로써 중국 사서들에서는 ②를 '河伯外孫'의 명사구로 다듬어 옮기게 된 것으로 이해되는 것이다. 말하자면 (4)의 문장을 "我是皇天之子, <u>河伯外孫</u>(또는 <u>河伯之孫</u>), 鄒牟王"으로 했다면 한문 문법

---

102 졸고(2012: 73)의 각주 12)에서 왕젠췬王建群 선생이 이 문장을 "我是皇天的兒子, 母親是河神的女兒, 鄒牟王就是我(나는 皇天의 아들이며 어머니는 하신의 딸이다. 추모왕이 곧 나다.)"로 해석한 것에 대하여 약간의 비판을 가한 바 있으나, 여기서 그 내용을 철회하고자 한다. 왜냐하면 이 해석안이 남풍현(2006), 박시형(2007)과 동일함을 뒤늦게 알게 되었기 때문이다.

적으로 좀더 깔끔한 문장이 되었을 것으로 판단되는 것이다. 다음으로 후자의 해석 및 문장 구조 분석에서는 ③'鄒牟王' 앞에 '我是'가 생략된 것으로 보지 않고서는 왕젠췬王建群처럼 "추모왕이 곧 나다."라는 해석안이 불가능할 것인데, ①에서의 '我是'가 ②의 절節을 뛰어넘어 ③의 문장에 걸린다는 것은 아무래도 생략의 일반적인 현상으로 보이지 않기 때문이다. 또한 ③을 "(곧) 추모왕이다."로 해석한 안들도(박시형, 남풍현) 주어가 없는(또는 생략된) 계사문繫辭文이라는 부담이 있기는 마찬가지이다.

결국 저자는 (4)의 문장을 전자의 수식 구조로 보면서 수식어 성분간의 비등가성이라는 오류(내지 변격성)을 보인 것으로 정리하고 싶다. 이렇게 된다면 그 동안의 일부 국어학적 논의들에서 이 예를 '어순 재배치 현상'(김영욱) 또는 '국어적인 어순이 섞인 파격적인 한문'(남풍현) 등 어순의 문제가 다분한 사례로만 파악한 점에 일정한 반성이 필요하지 않을까 한다. 만약 저자의 추론이 허락된다면, 어순의 문제로써 곧바로 초기 이두와 연결시킨 주장들은 이용(2006)에서의 표현대로 다소 성급한 것이 아닐까 하는 것이 현재 저자의 생각이다.[103][104]

그런데 고구려에는 이 비문과 비슷한 시기에 작성된 것으로 추정되는 금석문들에 (4′)의 문장 구조를 방불髣髴케 하는 정격 표현들도 등장한다는 점에 유의할 필요가 있다.

---

103 물론 후자의 해석안을 인정할 때에는 국어적인 어순의 문제로 환원될 가능성이 높아지므로 초기 이두와의 관련성이 다시 문제가 될 것이나, 앞서 지적한 문제점들로 보아 전자의 해석안보다는 가능성이 낮은 것으로 본다.

104 이와 같이 졸고(2012)에서의 결론과는 다른 수정된 생각을 도출함에 있어서 안대회 교수(성균관대)와 김병준 교수(서울대)의 혜안慧眼을 빌린 것임을 밝혀 다시 한번 감사의 뜻을 전한다.

(4″) ① "[日月⊠]¹⁰⁵子, 河伯之孫, 神靈祐護蔽蔭, 開國辟土"((추모왕은) 일월
　　　의 아들이요 하백의 손자로서 신령의 보호와 도움을 받아 나라를 열고
　　　강토를 개척하셨으며)　　　　　<「집안고구려비集安高句麗碑」제2행>

　　　② "河泊之孫, 日月之子, 鄒牟聖王, 元出北夫餘…"(河伯의 손자이며 日
　　　月의 아들인 鄒牟聖王이 원래 北夫餘에서 나셨으니…)
　　　　　　　　　　　　　　　　　　　<「모두루묘지명牟頭婁墓誌銘」제3-4행>

[사진 17] 집안 고구려비 탁본
(『集安 高句麗碑』, p.200)

[사진 18] 모두루묘지명(1~14행)
(『通溝』, pp.64~65 사이 제28도第二八圖)

105 비문의 우상右上 파손부에 대한 추독은 여호규(2013)의 논의를 따른 것이다.

여기서 문제의 초점은 비슷한 시기로 추정되는 비문들에서[106] 추모왕을 표현하는 문장들에 정격성((4″))과 변격성((4))이 동시에 보인다는 점이다. 특히 「집안고구려비」의 발견으로 「광개토왕비」와 거의 동시대의 고구려에 두 가지 성격의 한문이 공존하고 있음이 드러난 이상, (4)의 변격성의 원인을 종전과는 다른 각도에서 살펴보아야 할 필요성이 제기되는 것이다. 이 점이 바로 저자가 (4)의 문장을 초기 이두의 사례로 곧장 연결시키기 어렵다고 보는 두 번째의 근거이다.

그것은 정격의 한문을 충분히 구사할 수 있었던 것으로 추정되는, 당대當代 최고의(?) 비문 작성자가 (4)와 같은 변격 한문으로 표현한 원인의 하나로 이 문장이 나타나는 문맥(또는 화맥話脈)에 유의해야 한다는 점이다. (4)의 문장은 추모왕이 뒤로는 부여의 군사에 쫓기고 있고, 앞으로는 엄리대수奄利大水가 가로막고 있는 진퇴양난의 상황에서 엄리대수(또는 그 수신水神)에 고하여 길을 열 것을 명령하는, 일종의 주술적呪術的 문맥의 일부라는 사실이 매우 중요하다. 주술적 문맥에서는 일상어의 문법을 벗어나는 명령과 위협의 언술言述이 등장함이 지적되고 있다(이주언 2014: 474-481 참조). 아래의 몇 가지 사례를 보도록 하자.

(가) 便行二日程, 又有臨海亭. 晝饍次, 海龍忽攬夫人入海, 公顚倒躄地, 計無所出. 又有一老人, 告曰: "故人有言, 衆口鑠金, 今海中傍生, 何不畏衆口乎. 宜進界內民, 作歌唱之, 以杖打岸, 則可見夫人矣." <중략> 衆人唱海歌, 詞曰: "龜乎龜乎出水路, 掠人婦女罪何極. <u>汝若悖逆不出獻, 入網捕掠燔之喫.</u>" (그후 순행 이틀째에 또 임해정臨海亭이란 데에서 점심을 먹던 차, 해룡이 홀연 나타나 부인을 끌고 바다 속으로 들어갔다. 공이 허둥지둥 발을 구르

106 「집안고구려비」는 광개토왕대 또는 장수왕대로 추정되고 있고(강진원 2013: 120f.), 「모두루묘지명」은 5세기 중반대로 추정되고 있다(여호규 2004: 42).

나 계책이 없었다. 또 한 노인이 있어 고하되 옛날 말에 여러 입은 쇠도 녹인다 하니 이제 바다 속의 짐승인들 어찌 여러 입을 두려워하지 아니하랴, 경내의 백성을 모아서 노래를 지어 부르고 막대로 언덕을 치면 부인을 찾을 수 있으리라 하였다. <중략> 여러 사람이 부르던 해가사海歌詞에는 "거북아 거북아 수로를 내놓아라, 남의 부녀를 뺏어간 죄, 얼마나 큰가. 네 만일 거역하여 내놓지 않으면 그물로 잡아 구워먹으리라" 하였다.)

<『삼국유사』2·기이2·수로부인>

(나) (大葉) 이런 저긔 處容아비옷 보시면 熱病神이아(아) 膾ㅅ가시로다

千金을 주리여 處容아바 七寶를 주리여 處容아바

(附葉) 千金 七寶도 말오 熱病神를 날 자바 주쇼셔

(中葉) 山이여 미히여 千里外예

(附葉) 處容아비를 어여려거겨

(小葉) 아으 熱病大神의 發願이샷다

<『악학궤범』5·時用鄕樂呈才圖儀·鶴蓮花臺處容舞合設>

(가)는 유명한 수로부인조의 해가사海歌詞 관련 설화다. 해룡에 잡혀간 수로부인을 구해내기 위하여 중인衆人이 막대로 언덕을 치면서 부른 노래 속에 주술적 언술의 대표격인 위협적인 언사로 "네 만일 거역하여 (수로를) 내놓지 않으면 그물로 잡아 구워먹으리라."라고 외치는 장면이다. 거북은 예로부터 봉황·용과 함께 상서로운 동물로 여겨졌을 뿐만 아니라, 장수長壽와 길상吉祥의 상징으로 여겨졌으므로 "그물로 잡아 구워먹다"라는 언술은 확실히 일상의 질서로는 잘 설명되기 어려움에 틀림이 없을 것이다. (나)는 고려가요「처용가處容歌」에서 역신疫神에 대한 처용의 위용을 말함으로써 역신을 물리치고 역신의 접근을 방지하고자 한 단락의 일부이다. 여기서도 일상의 질서로는 두려움과 경원敬遠의 대상인 열병신熱病神을 "횟감" 정도로 여기는 위협적 언

술이 구사되고 있을 뿐만 아니라, "熱病神을 날 자바 주쇼셔"(열병신을 잡아 나를(=나에게) 주소서) 부분에서는 일상어와 다소 차이나는 어순 및 조사의 의미상의 차이까지 나타나는 것이다.

이러한 관점에서 다시 (4)의 문장으로 돌아가 보면, 한문 문법상 한 문장 속에 공존하기 어려운 '皇天之子', '母河伯女郞', '鄒牟王'의 세 요소의 결합을 이해할 수 있으리라 본다. 엄리대수 또는 그 수신水神에 대해 길을 열 것을 주문하는 장면에서라면 자신이 '하늘의 아들인 동시에 물을 관장하는 수신 하백의 외손일 뿐만 아니라, 길을 열지 않으면 수신水神을 죽일 수도 있는 뛰어난 활 솜씨를 지닌 사람[善射者=鄒牟, 칼럼 3 참조]'임을 강조하는 주술적 언술이 필요했을 것이므로 일상어의 문법 정도는 크게 문제되지 않은 상황이었다고 해도 과언過言이 아닐 것이다. 말하자면 (4)의 문장 구조는 주술적 상황에서 일상의 문법을 뛰어넘는 의도성을 지닌 것이라고 이해할 수 있는 것이다.

이상의 두 근거로써 (4)의 문장례를 우리의 초기 이두의 맹아로 삼기에는 부족함이 있음을 감히 말하지 않을 수 없다.

[사진 19] 오녀산성 정상부에서 본 혼강渾江(=엄리대수로 추정)
ⓒ권인한(2012. 6. 24. 촬영)

(5) 國岡上廣開土境平安好太王   <A-3>

      國岡上廣開土境好太王   <C-3, 2회>

두 번째로 초기 이두의 맹아로 지적된 사례는 (5)의 시호諡號 표기로서 석독 표기釋讀表記의 발달 가능성과 '上'의 조사 용법 가능성에 관한 것이다(졸고 2012: 76-77).

우선 이 시호는 "국강國岡 묘역에 묻히신, 나라의 영토를 넓히시고 나라를 평안하게 하신 훌륭한 태왕" 정도로 해석할 수 있을 것이다.[107] 여기서 '國岡上'을 "국강의 묘역에"로 해석한 근거는 조법종(2012: 70, 72)에서 "장지명에 들어가는 국國은 …… 국내성이란 구체적 공간 좌표를 기준으로 국곡國谷, 국천國川, 국원國原, 국양國壤, 국강國岡 등의 지명이 배정되었다고 파악된다."라고 하였을 뿐만 아니라, '국강'을 "國지역의 산줄기 능선자락지역 등으로 풀이"한 점에 비추어 '國岡上'이 '國岡(장지명)+上(처소사)'의 구조로 분석될 수 있다고 판단한 점에 있다. 사학계의 대부분의 논의들에서는 '國岡上' 전체를 장지명葬地名으로 간주하고 있으나, 고구려 왕호王號들에서 '양원왕陽原王 : 양강상호왕陽崗上好王(545~559), 평원왕平原王 : 평강상호왕平崗上好王'(559~590)(장세경 2007: 215, 337 등 참조) 등과 같이 이표기들에서 '上'자가 있기도 하고, 없기도 한다는 점에서 이를 독립적인 문법요소로 분석할 수 있는 가능성이 있기 때문에[108] 받아들이기 어려운 것이다(혹자或者는 '原=岡上'의 등식이 성립될 가능성으로 '國岡上'을 여전히 장지명으로 볼 수 있다 할지 모르지만, 위의 등식 자체가 성립되기 어려

---

107 『문자 그 이후』(국립중앙박물관, 2011: 114)에서의 「왜 이름이 "광개토대왕"이었을까」라는 칼럼에서 "나라의 영토를 크게 넓히고 나라를 평안하게 한 다음, 국강상에 묻히신 훌륭한 태왕(대왕)"으로 풀이한 해석안을 참조.

108 이와 같이 분포적 특징에 의한 분석론적 논의는 김영욱(2007: 52-53)에서 자세하다. 그는 「중원고구려비」와 「남산신성비」에서의 '中'의 사례들을 중심으로 '月中'형과 '月'형의 공존으로부터 '中'의 조사적 성격을 논한 바 있다.

우므로[109] 여전히 수용하기 어렵다).

이렇게 해석할 수 있는 광개토왕 시호에서의 문제의 초점은 '上'자를 초기 이두의 맹아로 볼 수 있느냐의 여부인데, 저자는 그 가능성을 상당 부분 인정하는 편에 서고 싶다.

그 가장 큰 근거는 처소사 '上'이 문장이 아닌 구句 단위에서 실현된 점이다. 비문 속의 '鹽水上'(염수鹽水 (강)가에), '墓上'(묘역墓域에)의 예들과 의미는 동일하나, 따라서 이러한 용법의 '上'에서 기원한 것으로 보이나, 문제는 바로 이 시호에 '묻히다' 또는 '모시다' 정도의 동사가 생략됨으로써 전체적으로 하나의 명사구 속에 '上'이 나타남으로써 한문 문법상의 변격성을 인정할 수밖에 없는 것이기 때문이다.

동아시아 각국의 시호들을 비교해볼 때, 광개토왕의 예를 비롯 고구려의 그것들이 고구려 특유의 한문 구조를 보인다는 점도 또다른 근거가 될 수 있다. ①흉노匈奴의 선우單于들이 처음에는 '이름+單于'로 부르다가 전한前漢 선제宣帝 때부터 '天所立匈奴大單于'(하늘이 세우신 흉노 대선우)와 같이 가상嘉祥이나 미칭美稱의 단어를 앞세웠다는 점,② 유연柔然(=蠕蠕)의 군주들이 '애고개가한藹苦蓋可汗'(藹苦蓋=資質美好, 可汗=皇帝)의 사례처럼 음차자音借字를 이용한 생(칭)시生(稱)諡를 사용한 점(최진열 2012: 24-28), ③일본에서는 사진에서 보듯이 중국식의 '황극皇極'이라는 시호 외에 '天豊財重日足姬アメトヨタカライカシヒタラシヒメノ天

『일본서기』
24〈모사본〉

---

109 '岡=崗'자의 뜻은 '묏부리 ㄴ강'<『훈몽자회』上:2a>으로서 현대국어의 '산등성이'에 해당되고, '原'자의 뜻은 '두던 ㄴ원'<자회上:2a>으로서 현대국어의 '둔덕'에 해당된다. 따라서 '둔덕(두두룩하게 언덕진 곳)=산등성이의 위'라는 등식은 성립되기 어려운 것이기 때문이다.

皇'처럼 일본식 별호別號를 가진 이중체계를 보이는 점 등과 비교해보면, 광개토왕 시호의 한문 문법적인 특이 구조를 이해할 수 있을 것이다. 요컨대 광개토왕 시호에서의 처소사 '上'은 정격 한문의 구조를 수용하여 고구려적인 변용을 일으킨 사례로 볼 수 있는 것이다.

광개토왕 시호를 초기 이두적 맹아로 볼 수 있는 또다른 근거는 당시 고구려에 석독 표기가 발달되어 있었을 가능성이 크다는 점이다. 이 시호는 다음과 같은 이표기들을 보이고 있음이 주목된다.

(5′) ① 國岡上廣開土境(平安)好太王　　　　　<「광개토왕비문」(414)>
　　 ② 國岡上廣開土地好太王　　　　　　　　<「광개토왕호우명문」(415)>[110]
　　 ③ 國岡上大開土地好太聖王　　　　　　　<「모두루묘지명」(5세기 중반)>

(5′)에서 보듯이 시호에서의 '廣開土境' 부분이 '廣開土地'나 '大開土地'로도 나타남으로써 유의자類意字인 '廣↔大', '境↔地' 사이의 교체를 보이고 있으므로 당시 고구려에 이미 한자의 훈(새김)을 이용한 석독 표기가 발달되어 있었음을 알려주는 예로 삼아도 좋을 것인 바(김영욱 2008: 180-181, 최진열 2012: 37), 이러한 석독 표기의 시작도 이두 발달의 한 징표가 될 수 있기 때문이다.

결국 광개토왕의 시호 표기는 처소사 '上'의 변격성 내지 특수성을 보여줄 뿐만 아니라, 시호 이표기들을 통하여 석독 표기의 발달까지도 간취看取할 수 있다는 점에서 그만큼 고구려 이두의 존재 가능성을 높여준다고 해야 할 것이다.

여기서 고구려 이두의 존재 가능성과 관련하여 이보다 앞선 문자자료들에서 어순 도치 예들을 살필 수 있음을 보충할 필요가 있다. 그것은 여호규(2012:

---

110 본서 p.56의 사진 참조.

103-104, 109-110)에서 검토
된 「영화9년명전永和九年
銘塼」과 「덕흥리벽화고분
명德興里壁畫古墳銘」이 그
것이다. 전자에서는 "永
和九年三月十日遼東韓
玄菟太守領佟利造"라는
명문에서 목적어인 '遼東
韓玄菟太守' 앞에 옴이

[사진 20] 영화9년명전(좌), 덕흥리벽화고분명(우, 부분)
〈『낙랑』 p.178 및 『高句麗古墳壁畫』 fig. 81〉

일반적인 동사 '領'이 후치後置함으로써,[111] 후자에서는 "射戱注記人"이란 명
문에서 역시 동사구 '注記'가 목적어 '射戱'에 후치함으로써 어순 도치 현상
을 보여줌이 주목된다. 이 사례들은 이두 발달의 제2 단계에 해당되는 고구려
지역의 소중한 사례들로서 여 교수로 하여금 "이는 한국어 어순에 맞게 도치
하여 서술하는 이두식 표현을 중국계 망명객이나 중국 군현의 관리가 개발했
을 가능성을 시사한다. 즉, 한국어 어순에 따른 이두식 표현이 본래 순한문을
구사하던 식자층識字層이 한국어(고구려어)의 언어체계에 적응하던 과정에서
개발했을 가능성을 상정할 수 있는 것이다."라는 흥미로운 주장을 내놓게 한
증거들이다(전자는 353년, 후자는 408년으로 편년). 여 교수의 주장에 대한 사실 여
부는 여기서 가리기는 어렵지만, 여기서 중요한 것은 광개토왕비문 이전 4~5
세기대의 유물들에서 고구려의 이두를 말함에 있어서 없어서는 안될 어순 도
치의 예를 찾을 수 있다는 점이다. 이는 그만큼 더 고구려 이두의 존재 가능성
을 높여주는 사실로써 이바지할 것이기 때문이다.

---

111 임기환(1992: 385)에서는 이 '領'자의 기능을 현재로서는 잘 알기 어렵다는 유보적인 태도
   를 취하고 있다.

(6) 賣者刑之, 買人制令守墓之.   <C-3>

마지막으로 (6)의 사례는 앞선 프롤로그에서 말한 바와 같이 저자의 비문 연구 초반 단계에서 수많은 고심苦心의 대상이 된 문장이다.

우선 (6)을 정격 한문으로 볼 수 있는 가능성을 제기한 기존의 해석 및 논의 들부터 소개해보도록 하자.

> (가) "사는 자는 자신이 몸소 守墓를 하도록 한다." <중략>
> 이 '之'字의 용법에 대하여 말한다면, 이것은 이 字의 많은 용법 중에서 '於 是'(여기서), 즉 '焉'(역시 여기서라는 뜻)의 뜻으로 쓰인 예이다. <중략> 주 어진 문장은 '買者制令守墓焉' 혹은 '買者制令守墓於是'의 뜻으로 된다.
>
> <박시형 2007: 274-275>

> (나) "산 사람에 대해서는 국가가 법령을 제정하여 그에게 묘를 지키게 한다." '之'는 '守'의 목적어가 아니라 '制令守墓'의 목적어입니다. 여기서 '守墓' 는 能動形이 아니라 使動形입니다. 즉 '墓를 지킨다'가 아니라 '墓를 지키게 한다'입니다. 한문에서는 영어나 우리말에서처럼 他動과 使動을 엄격하게 구분하는 문법적 標識가 적어서 앞뒤 문맥에서 짐작하게 하기도 하고, '之' 라는 代名詞가 他動과 使動의 하나의 표지가 되는 경우가 있습니다.
>
> <김영만 2005: 9>

> (다) "본래 한문의 '之'는 여러 가지 용법을 가지고 있다. <중략> '之'가 문장의 끝에 오는 경우 '焉', '矣', '也'와 같은 종결 기능을 한다고 알려져 있기도 하 다. 거연 한간에 상투적 용법으로 자주 등장하는 '敢言之', '白之' 등은 이런 사례에 속한다. 그런데 '之'는 이렇게 동사에 이어진 형태가 아니라 명사 뒤 에 이어져 문장의 종결형 어미로 사용되기도 하였다. <중략> 이상의 분석 으로 대체적으로 첫째, 하급관리와 수졸 등이 작성하거나 접촉한 율령과 공 문서에는 '也'와 같은 종결사가 적은 반면 '敢言之' 등 허사로서의 '之'를 종

결형 어미로 사용하는 경우가 많다는 사실을 알 수 있고, 둘째, 하급관리나 수졸들이 비교적 작성하기 힘든 『논어』 등 서적과 조칙 등에서는 '也'를 종결사로 자주 사용하였음을 알 수 있다.

그렇다면 한반도의 변체한문 혹은 초기 이두적 용법으로 지적되는 '之'의 용법도 진한시대 공문서에 등장하는 용법에서 비롯했을 가능성이 적지 않다. 적어도 고구려 등지에서 확인되는 종결형 어미 '之'가 '也'보다 많다고 해서 이를 한반도의 특수한 용법이라고 보기 힘들다는 것은 분명하다. 한반도의 특수한 용법으로 동사에 이어지는 형태가 아니라 명사에 이어져서 종결형 어미로 쓰인 사례가 확인된다는 것도 진한시대 공문서에서 '之'가 다양한 형태로 사용하였음을 알려주는 것이다."

<김병준 2011: 73-77>[112]

위에서 보듯이, (가) (나) (다)의 세 저자는 각기 다른 관점에서 (6)의 후반부 '買人制令守墓之'에서의 '之'자의 쓰임이 한문 문법에 어긋나지 않을 가능성을 주장하고 있다. 세 분 모두 한문 문법에 관한 높은 식견을 바탕으로 '之'자의 용법에 관한 새로운 해석안을 내놓고 있음이 저자로 하여금 프롤로그에서 말한 대로 한동안 그야말로 '갈짓자 걸음'을 걷게 한 주요한 원인이 되었음을 고백하고 싶다.

그러나 지금에 와서 위의 주장들을 냉정히 되돌아본다면, 한문 문법적으로 그 가능성을 상당 부분 인정할 만하나, 결정적으로 (6)의 예가 정격 한문으로 설명될 수 있음을 뒷받침할 수 있는 필요충분한 증거가 각기 조금씩은 부족한 것이 아닌가 한다.

(가)의 주장의 요점은 '之=焉[於是]'라는 것이다. (다)의 인용문에서 살짝 드러나듯이 실제로 '之'의 다양한 용법 중에 '焉, 矣, 也'의 뜻으로 쓰인 허사虛

---

112 이 밖에도 왕젠췬王建群, 이형구 선생의 논의에서도 정격 한문으로 보려고 한 듯하나, 그 근거를 제시한 것이 없어 검토 대상에서 제외한 것임을 밝혀둔다.

辭 용법의 예들을 만날 수 있다.[113]

(가) '之=焉'[于(또는 於)是]: 어이사語已詞[114] 용법

① 淵深而魚生之, 山深而獸往之.(못은 깊어야 고기가 (거기에) 살고, 산은 깊어야 짐승이 (거기로) 오간다.) 〈『漢書』·貨殖傳〉

② 此老子所謂 '師之所處, 荊棘生之'者也(이것은 노자가 말한 바 '스승이 거하는 곳에는 (거기에) 가시가 돋는다'라는 것이다.)〈『漢書』·嚴助傳〉

(가′) '之=矣': '之'와 '矣'가 첩운자疊韻字[115]인 데에 기인

① 吾嘗終日思矣, 不如須臾之所學, 吾嘗跂而望之, 不如升高而博見也. (나는 일찍이 하루종일 생각한 적이 있으나 찰나의 학습으로 많은 것을 얻은 것만 못하고, 나는 일찍이 발돋움하고 바라본 적이 있으나, 높은 곳에 올라가 널리 보는 것만 못했다.) 〈『大戴禮』·勸學〉

(가‴) '之=也'

① 邦無道, 則可卷而懷之.(나라에 도가 없으면 거두어서 (뜻을) 품을 수 있다.) 〈『論語』·衛靈篇〉

(가)의 예들에서의 '之=焉'의 어이사語已詞 용법은 일찍부터 알려져 있었을 뿐만 아니라(각주 114) 참조) 그 예도 상당히 많다. 그런데 문제는 (6)의 '買人制令守墓之'에 그대로 적용할 수 있느냐 하는 점이다. 왜냐 하면 문제의 '之'

---

113 『虛辭詁林』(謝紀鋒 編撰, 1993)에 인용되어 있는 『古書虛字集釋』(裵學海, 北京: 中華書局, 1954)의 설명(pp.40-44)을 참조.

114 '語已詞'는 『설문해자說文解字』에서 '矣'자에 대한 설명에 나오는 용어이다. '已'자가 뱀이 가다가 멈춘 형상을 본뜬 글자이므로 '어기語氣의 멈춤을 표시하는 말[詞]' 정도로 해석될 수 있겠다. '也', '焉' 등도 여기에 해당되는 글자들이다. 黃六平/홍순효·한학중(역)(1994: 277) 등 참조.

115 두 글자 이상으로 된 한자어의 각 글자가 같거나 비슷한 운으로 되는 현상. 예) '선연嬋娟', '면면綿綿' 등.

에는 '於是'나 '于是'의 뜻이 잘 드러나지 않기 때문이다((가)에 제시된 박시형의 해석에도 '於是'의 뜻이 분명하게 드러나지는 않는 듯하다). 더욱이 이 비문의 서사序辭에서의 '城山上而建都焉'<A-3>에 지시대사指示代詞 용법의 '焉'이 등장하는데(자세한 것은 본서 p.91 ㉠의 설명을 참조), 이렇게 '焉'자를 썼을 때와 '之'자를 썼을 때의 차이에 대한 설명이 없다는 점도 문제라고 할 수 있으므로 박시형 선생의 제안을 그대로 받아들이기는 어려운 것으로 판단된다.

다음으로 (나)의 설명에도 약간의 문제점이 없는 것은 아니다. 이 주장의 요점은 '守墓之'의 '之'를, "左之右之, 坐之起之, 以觀其習變也"(좌로 가게 하고 우로 가게 하며, 앉게 하고 일어서게 하여 그 변화에 익숙한지를 살핀다.)<『禮記』·郊特牲> 등에서와 같이 동사구(VP) '守墓'를 사동사로 만들어주는 요소로 보아 "제령制令으로 수묘守墓하게 한다."로 해석하는 방안으로서 종전의 한문 문법서에 없는 혁신적인 제안이다. 이는 이론적으로 가능할 수도 있는 제안으로 보이나, 실제의 예들을 통하여 그 가능성을 뒷받침받을 수 있느냐가 문제의 핵심이다.

한문 문법에서 사동문(=사역문)은 크게 ①겸어문兼語文, ②사동 용법의 술목문述目文의 두 종류로 나누어진다(이영호李瀅鎬 2003, 2007). 겸어문은 '사동 보조사(또는 사동 암시 동사)+목적어+동사'의 구조를 보이는데, 이때 사동 보조사(또는 사동 암시 동사)에는 '使, 敎, 令/命, 遣, 勸, 招, 김, 率, 助' 등이 속한다. 사동 용법의 술목문은 '술어+목적어' 구조 중 술어로 사용되는 단어가 자동사, 타동사, 형용사, 명사, 수사 등에서 전용轉用되어 사동을 뜻을 나타내는 경우를 말하는데, 이때 목적어로는 '之'가 등장하는 예가 상당하다. 이 밖에 "動天地感鬼神(천지를 움직이게 하고, 귀신을 감동시켰다.)처럼 문맥(또는 의미)상 사동의 뜻을 나타내는 경우도 사동문의 일종으로 간주하기도 하나, 사동 기능의 문법 표지가 없다는 점에서 엄격한 의미의 사동문으로 보기 어려울 것이다.

「광개토왕비문」에서 사동 구문은 대부분 겸어식으로 나타난다. "致使守墓人烟戶差錯(수묘인 연호들로 하여금 섞갈리게 하기에 이르렀다.)", "令備酒掃(무덤을 소제하는 데 충당充當[/대비對備]하게 하라.)", "天遣黃龍來下迎王(하늘이 황룡을 보내어 내려와서 왕을 맞이하게 하였다.)", "敎遣偏師觀帛愼土谷(교를 내리셔서 편사를 보내어 식?신의 토곡을 살펴보게 하였는데,)" 등을 보면 이 비문에서의 사동문은 겸어문이 대세임을 알 수 있다. 이 점이 우선 (나)의 제안에 대한 첫 번째의 문제점으로 지적될 수 있다. 비문 속의 전반적인 사동문 구조와의 상위相違를 보이기 때문이다.

설사 (나)의 제안을 받아들인다 하더라도 문제점은 여전하다. (6)에서의 문말文末 '之'가 VP '守墓'를 사동사로 만드는(또는 사동 용법으로 전용시키는) 요소로 본 점에서 사동문 중에서 문말 또는 구말句末의 '之'를 보이는 사례들에 대한 검토 필요성이 제기된다. 앞서 잠깐 암시한 바와 같이 이러한 '之'는 사동 용법의 술목문에 주로 나타나는데, 편의상 『논어』와 『맹자』에 나오는 사동문을 분석한 이영호(2003, 2007)에 제시된 예들을 중심으로 문제점을 간략히 살펴보도록 하겠다.

(6') ① 項伯殺人, 臣活之.(항백이 사람을 죽여 (죽어 마땅하지만) 신이 그를 살려두었습니다.)   <『史記』·項羽本紀>

② 子路拱而立, 止子路宿, 殺鷄爲黍而食之, 見其二子焉.(자로가 손을 모으고 서 있자, 자로를 머물러 묵게 하고는 닭을 잡고 기장밥을 지어 그를 먹이고, 자기의 두 아들을 보이었다(=인사시켰다).)

<『論語』·微子>

③ 夫如是故, 遠人不服則修文德以來之, 旣來之則安之.(무릇 이런 이유로 멀리 있는 사람이 복종하지 않으면 文德을 닦아 그들을 오게 하고, 이미 그들을 오게 했다면 그들을 편안하게 해야 한다.)<『論語』·季氏>

④ 得百里之地而君之, 皆能以朝諸侯.(100리의 땅을 얻어 그곳을 다스리
　　게 하면, 모두 이것으로 제후를 조회하게 할 수 있다.)

<『孟子』·公孫丑下>

⑤ 孰能一之?(누가 그것을 하나되게 할 수 있겠는가?)

<『孟子』·梁惠王下>

⑥ 今有璞玉於此, 雖萬鎰, 必使玉人雕琢之.(지금 璞玉이 여기에 있으면,
　　비록 그 가치가 萬鎰이라도, 반드시 玉工으로 하여금 옥을 다듬게 해
　　야 할 것이다.)

<『孟子』·梁惠王下>

　(6′)-①~⑤는 각각 자동사(活), 타동사(食), 형용사(安), 명사(君), 수사(一)
을 사동사로 전용시킨 술목문 구조의 예들이고, (6′)-⑥은 겸어문의 예인데,
모두 문말 또는 구말의 '之'를 보여주는 대표적인 예들이며, 나머지 예들도 모
두 이러한 범주를 벗어나지 않고 있는 것으로 판단된다. 두 문헌의 예들을 기
초로 일반화하기에는 어렵겠지만, 저자가 관찰한 바는 이러한 예들에서는
'之'가 목적어(=빈어賓語)의 기능을 유지할 뿐만 아니라, 술어가 1음절의 어휘
라는 점에 공통점을 보이는 것으로 나타난다. 필자가 백방으로 수소문한 바
있으나, 현재로서는 (나)의 제안대로 2음절 동사구에 결합된 '之'의 예를 찾기
도 어렵거니와, 설사 찾는다 해도 그 '之'가 순수히 사동화하는 기능만 유지하
는 경우를 보기는 더욱 어려운 것으로 여겨진다. 따라서 현재로서는 김영만
선생의 주장도 그대로 받아들이기는 쉽지 않은 것으로 판단된다.

　(다)는 의외의 전공자에게서 나온 참신한 주장으로서 학계의 주목을 받아
왔다. 그 요점은 한반도의 변체한문 혹은 초기 이두 용법으로 지적되는 '之'의
용법이 진한시대 공문서들에 등장하는 용법에서 비롯했을 가능성이 적지 않
다는 것이다.

　이러한 주장은 국어학계에 일정한 반성을 촉구하게 된 계기가 되었다.

'-中', '-之', '-者' 등 초기 이두 용법의 글자들이 중국의 간독문에서의 용법과 크게 다르지 않음을 보여준 점에서 우선 이두의 발생이 한민족韓民族에 의한 '무에서 유의 창조'라는 식의 일국적一國的 사고에서 벗어나 동아시아적 관점으로의 전환을 재촉케 한 계기가 되었기 때문이다. 근래에 들어와서 이두의 발생을 한자문화의 전파의 관점에서 '선택적 수용受容과 변용變容'의 기제機制[116]로 설명되고 있음은 바로 이러한 추세의 반영이라고 할 수 있다. 또하나 (나)의 주장에서 중요한 점은 한문(Literary Sinitic = Classical Chinese)의 개념에 대한 인식의 재고를 요청한 것이다. 그 동안 한문이라고 하면 대부분 유교 경전류의 한문을 중심으로 논의가 이루어졌으나, 율령律令이나 공문서公文書에서의 '실용 한문'과 서적 및 조칙詔勅 등에서의 '문예 한문'을 함께 고려해야 함을 강조하고 있기 때문이다. 「광개토왕비문」은 일종의 공문서류에 속한다고 할 수 있다(이성시 2001, 2007 등). 따라서 이 비문에서의 한문 문법에 관한 문제를 '실용 한문'의 대표격인 진한秦漢 간독문의 사례들로써 해결하고자 한 점은 이두 연구에 새 바람을 불어넣은 것으로 평가하여 과過하지 않을 것이다.

그런데 문제는 (6)의 예에 정확히 대응되는 간독문의 사례를 찾을 수 있느냐 하는 점에 있다. 외견상 김병준(2011: 74)에 제시된 "駕傳馬, 一食禾, 其顧來 又一食禾, … 駕縣馬勞, 又益壹禾之."(수레를 끄는 전마傳馬에게 사료[禾]를 한 차례 먹이고, 돌아올 때에 또 한 차례 먹인다. … 수레를 끄는 현마縣馬가 지쳤을 때에는 한 차례 더 사료를 준다.)<『睡虎地秦簡』·秦律十八種>에서의 '익일화지益壹禾之'가 '益 壹禾vp+之'의 형식을 취하고 있음이 주목되나, 사동 용법이 아닌 점에서는 방증례로 삼기는 어려운 듯하기 때문이다. 아직 출토된 간독들에 대한 정리가 완전하게 이루어지지 않은 현 시점에서 (다)의 가능성을 완전히 부정하기는

---

116 한자문화 전파 기제로서의 '선택적 수용과 변용'의 개념과 실제에 관해서는 본서 제3부 제 10장의 논의 및 졸고(2015)의 논의를 참조.

어렵겠지만, (6)의 문장 구조에 정확히 대응되는 사례가 나타나기 전까지는 김병준 교수의 제안에 대하여 유보적인 태도를 취하고자 한다.

이상의 제 근거에서 (6)의 문말 '之'자의 용법이 정격 한문일 가능성을 낮게 본 이상, 저자로서는 종전 국어학계의 논의대로 이 글자를 목적어가 아닌 문말 종결조자로 보는 편이 합리적인 것으로 판단하기에 이르게 된 것이다. 즉 (6)의 문장을 '買人주제어+制동사1+令사역 보조사+(買人목적어)+守墓동사구+之종결조자'의 구조로 보아 이 구절을 "산 사람은 제制하여 (그로 하여금) 수묘하게 한다."로 해석하는 것이 최선의 안이 되는 것으로 판단한 셈이다. 사동문에서의 목적어의 생략 현상은 (6)의 앞 부분에 나오는 '銘其烟戶, 不令差錯.(그 연호烟戶를 새겨 기록하여 (그들로 하여금) 착오가 없게 하셨다.)'의 구절에서도 나오므로 크게 문제되지 않는다. 이렇게 되면 비문 내 다른 사동문의 예들에서와 마찬가지로 (6)의 예도 사동 보조사 '令'에 의한 겸어식 구조로 통일된다는 점도 참조.

그런데 문제의 '之'자가 처음부터 종결조자로 등장한 것인지에 대해서는 재론이 필요한 듯이 느껴진다. 왜냐하면 (6)에서 보이는 한문 문법적 변격성을 곧바로 초기 이두의 사례로 연결시키기에는 '실용 한문'들에서 발견되는 'VP+之'의 구조를 완전히 벗어난 것으로 보기 어렵기 때문이다. 이두자吏讀字로서의 '之'는 후대의 금석문들에서 볼 수 있는 체언이나 선어말어미(또는 조동사) 뒤에서 나타나는 변용을 보일 때에야 비로소 인정될 수 있는 것이다(졸고 2013a: 147). 이 점에서 모리森博達(2010: 62, 2011: 317)에서 문제의 '之'자가 없다면 최종행의 제41자 자리에 공백이 생기기 때문에 이를 메우려는 의도에서 쓰여진 글자일 수 있다는 견해가 주목되는데, 이에 따라 '之'자의 기원에 대해 기존과는 다른 관견을 제기하고 싶다.

水谷本 4면 좌하부

그것은 원편의 탁본에서 보듯이 4·9·40의 '墓'자는 그 오른쪽에 있는 '差'(4·8·40)나 '墓'(4·7·40)에 비하여 그 길이가 상당히 길 뿐만 아니라, 맨 마지막의 '之'자도 다른 곳에서보다 자형이 분명하지 않다는 점에서, 그리고 이 비문의 서론 이후에 전혀 종결사가 쓰이지 않다가 이곳에서만 '之'자가 쓰이고 있다는 점에서 처음부터 한문 문법적인 필요에서 쓰여진 글자라기보다는 '墓'자로써 비문을 끝맺으려 했으나, 그로 인해 생겨난 공격空隔을 어떻게든 메우려는 의도에서 '之'가 들어간 것이라는 느낌을 지우기 어렵기 때문이다. 모리/심경호(역)(2006: 168-169)에서는 이 문제와 관련하여 다음과 같이 말하고 있다.

"문장 끝 조자 之에 대해서는 나이토 고난內藤湖南의 「고창국高昌國의 기년紀年에 대하여」(1919년)을 참고할 수 있다. 나이토 고난은 '延昌卅二年(중략)氾崇慶之墓表之焉也'라는 고창국 사람의 묘표에 주목하여, 이렇게 말하였다.

범숭경의 묘표 끝에 '之焉也' 세 글자를 덧붙인 것은 역시 주의할 필요가 있다. 육조, 수, 당나라의 옛 사본에, 주석문注釋文 끝에 이런 무의미한 조자를 덧붙이는 것이 자주 보인다. 교정가校訂家는 이런 종류의 조자가 있는 사본을 보건대 그 원류가 오래되었음을 증명할 수 있다고 여긴다. <이하 생략>

나는 나이토 고난의 이 논문을 사토 스스무佐藤進의 「유서類書『한원翰苑』의 주 끝에 있는 조자」(1977)을 보고 알았다. 사토는 장초금張楚金 찬『한원』(660년, 장초금 서문)의 주 끝에 있는 조자에 착안하였다. '因王其國, 百有餘歲之'(그

래서 그 나라의 국왕이 되어 100여 년이 되었다.)라든가 '即此城之也'(곧 이 성이다.)의

之자가 그것이다. 이것들은 나이토 고난이 지적한 것과 같은 부류로, 주 끝에

붙은 조자다. 중국에 실제하였던 용법인 것이다.

여기에 등장하는 「氾崇慶墓表」(592) 및 『翰苑』(660)의 사진을 보면,

[사진 21] 「氾崇慶墓表」
〈민병훈 1996: 125〉

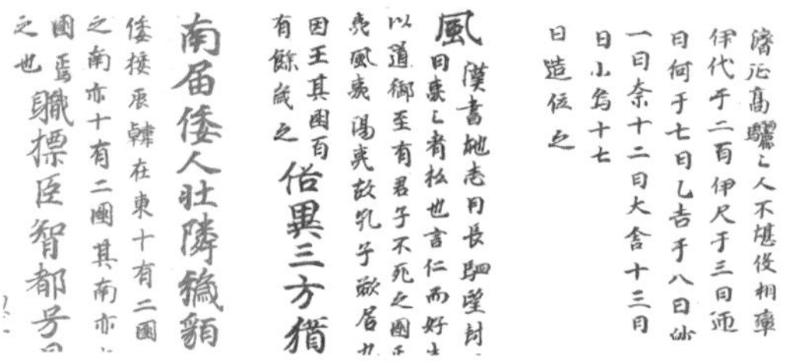

[사진 22] 『翰苑』의 종결조자 사례들(부분)
〈竹內理三 1977: 33-34, 39, 51〉

먼저 「범숭경묘표」의 경우, 6행×8자 체제로 이루어진 묘표에서 마지막

행[117] "之墓表之焉也"를 다른 묘표들의 문장 표현("~之墓表")와 비교할 때, 6행

을 '墓表'로만 끝내면 5자의 공격(빈칸)이 생겨나게 되므로 이를 어떻게든 채

우기 위하여 다른 묘표들과는 달리 '之焉也'라는 종결조자군을 써넣은 것으

로 보아 틀림이 없을 것이므로 빈칸을 메우는 용법의 종결조자의 존재를 잘

---

117 이 묘표의 판독문과 해석은 다음과 같다(판독은 민병훈 1996: 124에 따르되, 해석은 저자).
　　延昌卅二年壬子歲」1 　閏正月丁未朔十七」2
　　日水亥新除內直主」3 　簿後遷內直參軍追」4
　　贈壁中將軍氾崇慶」5 　之墓表之焉也」6
　　"延昌卅二年壬子歲, 閏正月丁未朔十七日水亥. 新除內直主簿, 後遷內直參軍, 追贈壁中將
　　軍墓表之焉也"(延昌卅二年(592) 壬子년, 초하루가 丁未일인 윤정월의 17일 水(?)亥일에
　　세운, 새로 내직주부(8등)로 제수받아 후에 내직참군(7등)으로 승진하였고, 전중장군으로
　　추증된 범숭경의 묘표이다.)

보여주고 있다.

한편『翰苑』의 예들에서는 빈칸 방지용의 종결조자가 한반도 관련 기사들에서 특히 '之'자로 나타남이 주목된다. [사진 22]의 좌로부터 첫 번째는 삼한조三韓條 "南屆倭人, 壯(→北)隣濊貊"(남으로는 왜인국에 이르고, 북으로는 예맥국과 접한다.)이라는 기사에 딸린 협주의 마지막 문장 '(伯濟是其一)國焉之也'(백제 역시 그 한 나라다.)에 [사진 21]의「氾崇慶墓表」에서와 흡사한 종결조자군 '焉之也'가 나타나고, 두 번째는 고려조高麗(=고구려)條 "仁隨万物, 自扇九種之風"(仁은 만물을 따라서, 저절로 (동이東夷) 9종의 바람을 일으킨다.)라는 기사에 딸린 협주의 마지막 문장 '因王其國, 百有餘歲之'(그래서 그 나라의 국왕이 되어 100여 년이 되었다.)에 종결조자 '之'가 나타나며, 세 번째는 신라조新羅條 "擁叛卒以稱强, 承附金而得姓"(반군을 끌어안아 稱强하니 金을(/으로) 承附(?)하여 姓으로 삼았다.)라는 기사에 딸린 협주의 마지막 문장 '(十六)日小鳥十七日造位之'((16)은 小鳥, 17은 造位이다.)에 역시 종결조자 '之'가 나타나고 있다. 현존본『翰苑』이 완본이 아니어서[118] 단정지어 말하기는 곤란하지만, 이처럼 한반도의 고대국가에 관한 기사들에서 연문衍文(문맥상 불필요한 글자)의 종결조자 '之'가 공용共用되고 있음은 범상치 않아 보인다. 이러한 사실들이 혹여「광개토왕비문」마지막 문장의 맨 끝 글자인 '之'와의 모종의 상관성을 암시하는 것은 아닐까 하는 것이 현재 저자의 뇌리腦裏에 남아 있는 생각인데, 더 이상의 천착穿鑿이 어려움이 아쉬울 뿐이다.

요컨대 이상을 종합할 때, 예문 (6)에서의 문말 '之'는 기원적으로 빈칸 방지용이라는 비언어적인 의도에서 출발하였으나, 모종의 영향으로 점차 우리

---

118 『翰苑』은 현재 일본 후쿠오카현福岡縣 쓰쿠시군筑紫郡 다자이후정太宰府町에 있는 다자이후텐만궁太宰府天滿宮에 전해지는 천하의 고서孤書다(다케우치竹內理三 1977: 143). 본래 30권이었으나 모두 없어지고, 그중의 번이부蕃夷部 1권만 전해지고 있는데, 당대唐代 장초금張楚金이 찬撰하고, 옹공예雍公叡가 주注를 붙인 것이다.

선조들에게 문말 종결 용법의 그자로 인식됨으로써 마침내 후대(=신라 6세기 초엽)에 이르러 이두자吏讀字로 발전된 것이 아닌가 하는 것이 저자의 결론인 셈이다. 여기서 모종의 영향이라 함은 고구려와 신라의 예속적 관계로 볼 때, 신라의 사신단使臣團 또는 왕자王子를 비롯하여 볼모로 잡혀간 사람들[質]이 고구려의 왕릉군 및 「광개토왕비문」을 참배하였을 가능성이 높고(주보돈 2001: 201), 그 결과로 비문의 문장을 접했을 때 문장 끝에 '之'자를 쓰는 용법을 자기 식으로 이해하여 마침내 신라의 이두 발달에 영향을 미쳤을 가능성을 말한다. 결국 (6)의 문말 '之'는 기원적으로 이두자로 출발한 것이라기보다는 변격 한문 용법의 글자로 출발한 셈이므로 변격 한문과 초기 이두의 경계선 상에 놓이는 존재로 보고자 한다.

이상 종전의 국어학계의 논의들에서 초기 이두 용법의 사례로 지목된, 「광개토왕비문」 속의 여섯 문장을 대상으로 그 가부간可否間을 가늠해보았다. 그 결과 (1)~(3)은 정격 한문 문장으로, (4)는 수식 요소간 비등가성 오류로 어색하기는 하나 정격 한문에 가까운 문장으로, (5)의 처소사 '上'은 초기 이두에 가까운 구절로, (6)의 문말 종결 조자 '之'는 초기 이두와 변격 한문의 경계선 상에 놓이는 문장으로 본 바 있다. 이에 따라 이 비문 속의 변격 한문은 (4)~(6)의 예들에 한정되며, 그 비율은 글자수를 기준으로 (14+22+11)/1,755≒2.65% 정도에 그치고 있는 것이다. 결과적으로 이 비문 속에는 엄밀한 의미에서의 이두문은 보이지 않는다는 것이 저자의 결론이다.

廣開土王碑文 新研究

제7장
어휘사적 고찰

어휘사적 측면에서의 고찰은 이 비문에 등장하는 다양한 한자 구성들을 중심으로 이루어질 것이다. 비문에서 추출 가능한 한자어(구)들을 대상으로 역대 중국 문헌들에서의 출현 빈도를 조사함으로써 5세기 초엽 고구려가 중국을 통하여 한자어를 수용한 정도를 살펴보고, 그 의의를 정리함에 초점을 모으고자 한다.

지금까지 중국을 통한 한자·한문의 수용에 관한 논의들에서 『三國史記』·『三國遺事』·『高麗史』 등의 2차 사료들이 이용된 바는 있으나(박영섭 1995 등), 정작 1차 사료인 이 비문 속 한자어들이 관련 논의들에 이용된 적이 거의 없음을 염두에 둔 것이다.

이를 위하여 『漢語大詞典』 등 각종 한자사전들에서의 용례를 참조하여 비문 속의 각 단락에서 한자어 또는 한자어구 및 한문 구성소構成素들을 추출한 후, 대만의 중앙연구원 역사어언연구소歷史語言研究所에서 제공하는 '한적전자문헌자료고漢籍電子文獻資料庫'(http://hanchi.ihp.sinica.edu.tw/ihp/hanji.htm)를 이용하여 중국 한적들을 중심으로 이들 한자어(구) 및 한문 구성소들의 출현 빈도를 검색할 것이다. 이때 검색 조건은 한적 본문 및 이체자로 한정하고, 서명書名이나 주석註釋에 등장하는 경우 및 동의사同義詞는 제외할 것이다. 또한 검색 대상의 문헌들로는 위진남북조대까지의 문헌 중에서 5~6세기 고구려에 유통된 것으로 판단되는 유교 경전이나 역사서들에 한정할 것이다.

이해의 편의를 위하여 '出自'라는 한자어를 중심으로 검색 과정 및 그 방법에 대하여 설명하도록 한다. '한적전자문헌자료고'의 홈페이지에서 위에서 말한 조건으로 검색을 해보면 다음과 같은 검색 결과가 나타나게 된다.

사진 왼쪽에서 '내문內文'과 '이체자異體字'에만 체크 표시가 되어 있는 것은 위에서 말한 검색 조건의 한정을 실현한 것인데, 실제 홈페이지에서는 기본으로 '주석註釋'까지 체크되어 있는데, 여기서 '주석'에 있는 체크 표시만 없애주면 된다. 이어서 바로 아래에 있는 '성서조대한정成書朝代限定' 조건으로 '선진先秦', '진한秦漢', '위진남북조魏晉南北朝'까지를 체크해준 후, '수심搜尋=檢索' 버튼을 누르면 사진 오른쪽과 같은 검색 결과가 순식간에 뜨게 된다.

검색 결과는 '出自'가 14개 문헌 속 294개 단락(=章節)에 걸쳐 합치(=命中)된

숫자가 맨 우측에 표시되고 있다(숫자 역순 정렬). 14개 문헌은 다시 경류經類 2
건(『重刊宋本十三經注疏附校勘記』,『斷句十三經經文』)과 사류史類 12건(『晉書』,『北
史』,『魏書』,『宋書』,『南史』,『後漢書』,『北齊書』,『周書』,『漢書』,『三國志』,『南齊書』,『史
記』)로 나타나며, 각 문헌의 합치 숫자는 다시 '필수筆數'(=단락 갯수)와 '명중命
中' 숫자로 나타난다. 이 중에서 우리에게 필요한 정보는 「광개토왕비문」
이전에 간행되어 고구려에 유통되었거나, 비문 건립과 비슷한 시기의 중
국의 한문 양상을 파악할 수 있을 것으로 기대되는 문헌들에서의 명중수
이다.

고구려에 유통된 것으로 파악되는 비문 이전 간행의 한적漢籍으로는 졸고
(2015b=본서 제3부 제11장)의 논의에 따라『論語』+五經(=『詩經』·『書經』·『易
經』·『禮記』·『春秋(左氏傳)』), 三史(=『史記』·『漢書』·『後漢書』)+『三國志』로 한
정할 것이다. 아래에 이어지는 표들에서 전자는 '유경류儒經類', 후자 중『後
漢書』를 제외한 나머지를 '사서류史書類(1)'로 표시될 것이다. 다음으로 비
문 건립과 비슷한 시기의 중국 한문 양상을 파악할 수 있을 것으로 기대되는
문헌들로는 위진남북조대에 간행된『後漢書』(劉宋·范曄, 420~445?),『宋書』
(梁·沈約, 488),『南齊書』(梁·蕭子顯, 537),『魏書』(北齊·魏收, 554)와 함께『晉書』
(唐·房玄齡 등, 648)를 포함시키고자 하였다('史書類(2)'). 이는『晉書』가 비록 당
태종대에 편찬되었지만, 주로 장영서(臧榮緖, 齊·東莞·莒縣人, 415~488)가 편찬
한 또다른『晉書』에 주로 의존하여 편찬됨으로써 상당 부분 위진남북조대
의 언어가 반영되었을 것으로 기대하였기 때문이다.

마지막으로 유경류儒經類의 검색 결과는『斷句十三經經文』에 나타난 五經+
『論語』의 명중수만을 제시한 것임을 밝혀둔다.『重刊宋本十三經注疏附校勘
記』에는 13경 본문 외에 주소문注疏文과 교감기校勘記까지 포함되어 있기 때문
이다. 이때 각 유경의 명중수는『斷句十三經經文』서명을 다시 한 번 눌러 나

타나는 문헌별 명중수를 일일이 헤아려야 하는 점이 있음도 덧붙여둔다.

7.1. 단락별 한자어(구) 분석

A-1: 추모왕의 출자出自와 순행巡幸(1·1·1~1·3·8)

<惟昔><始祖><u>鄒牟王</u>之<創基>也. <出自><u>北夫餘</u>. <天帝>之子, 母<河伯><女郎>. <剖卵><降世>, <生而有>聖. □□□□□□. <命駕><巡幸><南下>, <路由><u>夫餘奄利大水</u>. 王臨津言曰, <我是><皇天>之子, 母<河伯><女郎>, <u>鄒牟王</u>, 爲我<連葭浮龜>. <應聲>卽爲<連葭浮龜>. <然後><造渡>.

옛적에 시조 추모왕이 나라를 세우셨도다. (추모왕은) 북부여 출신으로 천제의 아들이셨고, 어머니는 하백의 따님이셨다. 알을 깨고 세상에 나오셨는데, 태어나면서부터 성스러움이 있었다. □□□□□□ 수레를 명하여 순행하여 남쪽으로 내려가는데, 노정이 부여의 엄리대수를 경유하게 되었다. 왕이 나루에 이르러 "나는 천제의 아들이며, 어머니가 하백의 따님이신 추모왕이다. 나를 위하여 갈대를 연결하고 거북이 떠오르도록 하라."라고 말씀하셨다. 그 소리가 떨어지자마자 (엄리대수의 수신이) 곧 이어진 갈대와 뜬 거북이 다리(=부교)를 만들었다[/(엄리대수의 수신이) 갈대를 엮고, 거북이를 떠오르게 했다]. 그런 다음 비로소 강물을 건넜다[/강물을 건널 수 있었다].

※ 물결 무늬 밑줄: 고유명사, < >속: 분석 대상 한자어(구). 이하 같음.

No.	漢字語(句)	儒經類						史書類(1)			史書類(2)					備考
	文獻	易經	書經	詩經	禮記	春秋	論語	史記	漢書	三國志	後漢書	宋書	南齊書	魏書	晉書	
①	惟昔~											1				※發語辭
	維昔~			1				1		1						
	唯昔~															『明史』1
②	始祖									10		10	2	36	11	
③	創基									4	3	4		2	9	
④	出自~	1		4	2	5		3	6	4	13	20	4	23	47	
⑤	天帝							1	5	1	6	4	3	10	4	
⑥	河伯							16	1	1	2			2		河伯女郎: 0
⑦	女郎												1	3		
⑧	剖卵										2			1		剖卵降世: 0
⑨	降世													1		
⑩	生而有~				2										2	生而有聖: 0
⑪	命駕~				1							3	4	3	8	
⑫	巡幸									1		6	4	5	2	
⑬	南下							2	3		4	16		2	4	
⑭	路由~										3	1		6		
⑮	我是~			2		5		~~本~~			1	7	1	7	2	『史記』"我是也"
⑯	皇天		15	3	3	3		1	53	9	33		4	21	41	
⑰	連葭浮龜															連葭: 0 浮龜: 0
⑱	應聲~							3	4	5	4	3	1	3	6	
⑲	然後~	15		1	144	2	9	84	168	108	126	125	25	172	253	造渡: 0

※ ⑮『史記』에서의 '我是'의 예처럼 해당 숫자에 취소선이 있는 경우는 표기상으로는 일치하나, 의미나 용법 등의 차이로 합치례로 볼 수 없음을 뜻함.

A-1 단락에서는 사서류 독용獨用 한자어(구)의 쓰임이 두드러진다. 분석 대상의 한적들 중 유경류에는 없고 사서류에만 있는 한자어(구)로 "惟昔~, 始祖, 創基, 天帝, 河伯, 女郎, 剖卵, 降世, 巡幸, 南下, 路由~, 應聲~"을 들 수 있는 반면, 사서류에는 없고 유경류에만 있는 예는 전혀 보이지 않기 때문이다. 또한 유경류·사서류 공용共用 한자어(구)로는 "出自~, 生而有~, 命駕~, 我是~, 皇天, 然後~"를, 유경류·사서류 불용不用 한자어(구)로는 "連葭浮龜"를 들 수 있다.

사서류 독용 한자어(구) 중에서 사서류(1)·(2) 공용례는 "始祖, 創基, 天帝, 河伯, 巡幸, 南下, 應聲~", 사서류(2) 독용례는 "惟昔~, 女郎, 剖卵, 降世, 路

由~"로 나타난다. 후자는 비문 건립과 비슷한 위진남북조대에 간행된 사서들이므로 당시의 언어가 반영되었을 가능성이 있는 듯하다. 이를 뒷받침하는 것으로는 ①발어사의 쓰임인데, "維昔~"은 위진남북조 이전에 쓰인 예이고, "唯昔~"은 『明史』에서나 쓰인 예임에 비하여 "惟昔~"은 확실히 위진남북조대에 유행한 것으로 확인되기 때문이다.

또하나 눈에 띄는 현상으로는 비고란에서 알 수 있듯이 추모왕의 건국신화 속에 나오는 "河伯女郎, 剖卵降世, 生而有聖, 連葭浮龜, 然後造渡" 등의 4자성어들이 분석 대상의 한적들에 보이지 않는다는 사실이다. 앞의 표에서 보는 바와 같이 "河伯, 女郎, 剖卵, 降世, 生而有, 然後" 등 각 구성소들은 문헌들에 보이는 데 비하여 정작 이들이 결합된 4자성어는 분석 대상 한적들에 보이지 않는데, 이는 고구려인들이 중국의 문헌례들을 적절히 결합하여 새로운 한자성어로 만들어내는 능력을 지니고 있었음을 보여준다고 할 수 있다. 또한 "連葭浮龜"는 그 구성소뿐 아니라 결합된 성어 모두 분석 대상 한적들에 보이지 않음에서 상당한 수준의 한문 생산력까지 지니고 있었음을 보여주기에 충분할 것이다.

A-2: 추모왕의 건도建都~대주류왕의 소승紹承(1·3·9~1·4·23)

於沸流谷忽本西, 城<山上>而<建都>焉. 不樂<世位>, 天遣<黃龍><來下>迎王. 王於忽本<東岡>, 履<龍首><昇天>. <顧命><世子>儒留王<以道><興治>, 大朱留王, <紹承><基業>.

비류곡 홀본 서쪽에서 산 위에 성을 쌓고 여기에 도읍을 세웠다. (왕이) 세속의 지위(=왕위)를 즐겨하지 않으시니, 하늘이 황룡을 보내어 내려와서 왕을 맞이하게 하였다. 왕은 홀본 동쪽 언덕에서 용의 머리를 밟고서 승천하였다. (그 후) 고명세자인 유류왕은 도리로써 정치를 진흥시키고, 대주류왕은 국가의 대업을 계승하였다.

No. 文獻 / 漢字語(句)	儒經類						史書類(1)			史書類(2)					備考
	易經	書經	詩經	禮記	春秋	論語	史記	漢書	三國志	後漢書	宋書	南齊書	魏書	晉書	
⑳ 山上	5						10	8	6	11	9	2	10	6	
㉑ 建都			1					1		3	2		5	3	
㉒ 世位							½	½					½	½	※世位: 爵位世代相傳
㉓ 黃龍							14	37	37	34	72	4	3	13	
㉔ 來下~			1				1							2	
㉕ 東岡										1	1				
㉖ 龍首							1	1		8	4	3	3	4	
㉗ 昇天											1		1		
㉘ 顧命		2		2			1	3	6	8	20	10	12	38	顧命世子: 0
㉙ 世子			1	43	30		5	29	17	2	144	31	54	152	
㉚ 以道~		2	2	8	4	3	11	20	10	13	29	2	31	44	以道興治: 0
㉛ 興治									5		1		1		
㉜ 紹承											1			2	紹承基業: 0
㉝ 基業							2	1		2	2	2	2	3	

A-2 단락에서도 사서류 독용 한자어(구)의 우세가 나타난다. 여전히 유경류에만 쓰이는 예는 전혀 보이지 않는 대신, 사서류에만 쓰이는 예로 "黃龍, 東岡, 龍首, 昇天, 興治, 紹承, 基業"이 나타나기 때문이다. 유경류·사서류 공용 한자어(구)로는 "山上, 建都, 來下~, 顧命, 世子, 以道~" 등으로 앞 단락과 비슷한 수치로 나타난다.

사서류(2) 독용 한자어로 "東岡, 昇天, 紹承"이 보이고 있을 뿐만 아니라, "顧命世子, 以道興治, 紹承基業" 등의 4자성어 역시 분석 대상 한적들에 보이지 않음으로써 고구려 특유의 한자성어 생산력을 보여줌도 비슷한 경향이다.

다만, 한 가지 특기할 것은 "世位"라는 한자어가 유경류에도 사서류에도 보이지 않는 예라는 점이다. 이 한자어는 위의 표에서 보듯이 사서류에 7개 용례가 있으나, 모두 "작위 세습爵位世襲"을 뜻함으로써 비문에서의 쓰임과는 의

미에 있어서 차이를 보임으로써 합치례로 보기 어렵기 때문이다. 지금까지의
대부분의 연구자들이 해석한 바와 같이 비문에서의 의미는 "세속의 지위"인
데, 제1부 비문 석문편의 각주 32)에서 말한 바와 같이 『화엄경』에 같은 의미
를 지닌 거의 유일한 용례("菩薩現身作國王, 於世位最無等……"(보살이 현신
하여 국왕되시니 세속의 지위에선 짝할 이 없고……)<『大方廣佛華嚴經』卷第二十八·十
廻向品第二十五之六>)를 찾을 수 있음이 주목된다. 주지하듯이 고구려에 불교
가 전래된 것이 소수림왕 2년(372)이었고, 불타발타라佛陀跋陀羅가 『화엄경』
을 번역한 때가 418~420년이었으니,[119] 비문 건립과 『화엄경』 한역 연대 사
이에는 4~6년의 차가 있어서 "世位"라는 한자어의 존재는 『화엄경』의 전래
를 말하기보다는 『화엄경』 한역 당시에 유행한 어휘까지도 비문에 반영되었
음을 암시하는 것으로 보아야 할 것이다.

A-3: 광개토왕의 행장行狀(1·4·24~1·6·39)

> <遝至>十七世孫國岡上廣開土境平安好太王, <二九><登祚>, <號爲>
> 永樂太王. <恩澤><格于皇天>, <威武>振被<四海>. <掃除><不軌>,
> <庶寧其業>, <國富><民殷>, <五穀豐熟>. <昊天不弔>, 卅有九, <晏
> 駕><棄國>, 以甲寅年九月卅九日乙酉<遷就><山陵>. <於是><立碑>,
> <銘記><勳績>, 以示<後世>焉. <其辭>曰.

십칠세손인 국강상광개토경평안호태왕에 이르러 18세에 왕위에 올라
영락태왕으로 칭하였는데, 그 은택이 하늘에까지 감통할 정도였고, 위
무는 사해에 떨쳐서 덮었다. 질서를 어지럽히는 자들을 없애서 백성들

---

119 이는 60권본 『화엄경』을 기준으로 한 것이다. 실차난타實叉難陀 역의 80권본은 695~699
년, 반야般若 역의 40권본은 795~798년에 이루어졌기 때문이다([Naver 지식백과] 『두산
백과』 '화엄경' 항목 참조).

은 편안하게 생업에 종사하니 나라는 부강하게 되었고 백성은 넉넉해졌으며, 오곡은 풍성하게 익었다. 하늘이 (고구려 백성들을) 불쌍히 여기지 아니하니 39세에 안가(=붕어崩御)하여 나라를 버리셨다. 갑인년(414년) 9월 29일 을유에 산릉으로 옮겨 모시었다. 이에 비를 세우고 훈적을 기록하여 후세에 보이고자 한다. 그 사辭에 가로되,

No. / 文獻 / 漢字語(句)	儒經類						史書類(1)			史書類(2)					備考
	易經	書經	詩經	禮記	春秋	論語	史記	漢書	三國志	後漢書	宋書	南齊書	魏書	晉書	
㉞ 遝至															~~冊井史于3~~ : 紛紛到來
㉟ 二九							32				6		2	1	
㊱ 登祚											1		2		
㊲ 號爲							54	30	11	32	28	12	72	39	
㊳ 恩澤			1				2	18	5	18	3	3	7	9	
㊴ 格于皇天	2								1					3	
㊵ 威武							4	16	5	11	9		10	11	
㊶ 四海		16	2	12		2	37	59	44	39	122	33	103	241	
㊷ 掃除								3	3	4	2			17	掃除不軌 0
㊸ 不軌					3										
㊹ 庶寧															庶寧其業 0
㊺ 其業				2	5		11	14		20	15	3	10	22	
㊻ 國富民殷											1				
㊼ 五穀豐熟											1	1			
五穀豐孰									1						
㊽ 昊天不弔									1	1			1	5	
㊾ 晏駕							7	16		19	41	7	19	26	晏駕棄國 0
㊿ 棄國					2		6	6	1	2			2	1	
⑤ 遷就									1	1				1	遷就山陵 0
㊷ 山陵				2	1		4	13	7	14	17	9	28		
㊼ 於是	1		1	14	171	5	849	638	220	507	279	56	483	889	於是立碑 0
㊽ 立碑									1	9	4	5	16	12	
㊾ 銘記													2		銘記勳績 0
㊿ 勳績									1	1	2	3	3	5	
㊸ 後世	3			10	2	1	86	76	13	48	14	3	32	36	
㊹ 其辭	9		2	10	4		26	37	14	27	13	4		46	

A-3 단락에서도 사서류 독용 한자어(구)의 우세가 나타난다. 사서류에만 보이는 예로 "二九, 登祚, 號爲, 威武, 掃除, 國富民殷, 五穀豐熟(孰), 昊天不弔,

晏駕, 遷就, 立碑, 銘記, 勳績"이 나타나기 때문인데, 앞선 단락들과의 차이는 드디어 유경류에만 보이는 예로 "不軌"가 등장한다는 점이다(이 예가 추독자인 점을 문제삼을 수 있으나, B-6 단락에 실제 자형이 있으므로 큰 문제는 아니다). 더욱이 이 예는 『春秋左氏傳』에만 나타나므로 이 문헌의 전래를 증언할 가능성이 있 다는 점에서 중요하다. 이 밖에 유경류·사서류에 공통되는 한자어(구)로는 "恩澤, 格于皇天, 四海, 其業, 棄國, 山陵, 於是, 後世, 其辭" 등으로 역시 앞 단 락들과 비슷한 수치로 나타난다.

4자성어의 경우는 "掃除不軌, 庶寧其業, 晏駕棄國, 遷就山陵, 於是立碑, 銘 記勳績" 등 분석 대상 한적들에 보이지 않는 예들이 우세한 가운데, "格于皇 天, 國富民殷, 五穀豐熟(孰), 昊天不弔" 등 분석 대상 한적들에 보이는 예들도 등장한다는 점이 앞 단락과의 차이점이다. 전자의 우세는 여전히 고구려 특 유의 한자성어 생산력을 암시하는 것으로 보아도 좋을 것이다. 이상의 예들 중에서 "登祚, 國富民殷, 五穀豐熟(孰), 銘記" 등은 위진남북조대에 유행한 한자어(구)로 추가될 수 있다.

한편, 앞선 "世位"와 비슷하게 유경류·사서류 불용 한자어로 "遝至"가 나 타난 점은 주목을 요한다. 이는 졸고(2012: 80f.)에서 말한 대로, 이 한자어는 후 대 사서인 『明史』에서만 오늘날처럼 '분분도래紛紛到來: 여기저기서 몰려오 다'의 뜻으로 쓰인 세 용례가 검색되는데, 이 비문에서와 같이 '~에 이르러'의 뜻으로 쓰인 용례는 "遝至乎商王紂, 天不序其德."(상나라 임금 주에 이르러서는 하늘이 그의 덕을 따르지 않게 되었다.)[120] <『墨子』·非攻下>에서 거의 유일하게 찾 아지기 때문이다. 이는 기원전 5~4세기 대의 인물인 묵자와 그의 후학들의 설을 모은 『墨子』에만 나오는 어휘가 이 비문에서 찾아진다는 점에서 비문

---

120 김학주(역)(2003: 250)에서는 "天不序其德" 부분을 "하늘이 그의 행동에 순응치 않게 되었 다."라고 번역하고 있다.

건립 당시(또는 그 이전에) 고구려에 『묵자』가 전래되어 이에 대한 교육 또는 학습이 이루어졌을 가능성을 암시하는 것으로 보아도 좋을 것이다.

B-1: 영락永樂 5년조(1·7·1~1·8·33)

永樂五年歲在乙未, 王以稗麗不□□久, <躬率><往討>. 過富山賁山, 至鹽水上, 破其三<部洛>六七百營, <牛馬><群羊>, <不可稱數>. <於是><旋駕>, <因過>襄平道, <東來>□城, 力城, 北豊, 五備猶, <遊觀><土境>, <田獵>而還.

영락 5년 을미(395년)에 왕은 패려가 오랫 동안 □□하지 않으므로 친히 군사를 이끌고 가서 토벌하였다. 부산, 패?산을 지나 염수(강)가에 이르러 그 3개 부락 600~700영을 격파하니, (노획한) 소, 말과 양떼의 수가 이루 다 헤아릴 수 없었다. 이에 왕이 수레를 돌려 양평도를 지나 동으로 □성, 역성, 북풍, 오비렵?으로 오면서 국경을 천천히 살펴보고, 사냥을 하면서 돌아왔다.

※ '패?산'의 경우처럼 한자음에 물음표가 있는 것은 현재 자형이 일치하는 글자를 찾을 수 없어 그 한자음이 불확실함을 뜻함. 이하 같음.

No.	文獻 漢字語(句)	儒經類						史書類(1)			史書類(2)					備考
		易經	書經	詩經	禮記	春秋	論語	史記	漢書	三國志	後漢書	宋書	南齊書	魏書	晉書	
59	躬率							2	5	3	6	1	1	7	11	
60	往討							2	2	6	2			13	3	
61	部洛															
	部落								1	10	4	14	2	89	28	
62	牛馬		1					5	10	16	37	8	7	30	32	牛馬群羊: 0
63	群羊							3			2				3	
64	不可稱數															
65	旋駕											1		1		

No.	文獻 / 漢字語(句)	儒經類						史書類(1)			史書類(2)					備考
		易經	書經	詩經	禮記	春秋	論語	史記	漢書	三國志	後漢書	宋書	南齊書	魏書	晉書	
⑥⑥	遊觀								4		2	1	1		4	遊觀土境 0
⑥⑦	土境								2			3		2		
⑥⑧	田獵			4	7	1		1	7	3	3	5	1	2	7	

B-1 단락에서도 사서류 독용 한자어(구)의 우세가 나타난다. 사서류에만 쓰이는 예로 “躬率, 往討, 部洛(=部落), 群羊, 旋駕, 遊觀, 土境” 등 대다수가 나타날 뿐만 아니라, “牛馬, 田獵”만이 유경류·사서류 공용 한자어로 나타나기 때문이다. 사서류 한자어 중에서 “部洛”은 ‘洛=落’의 통가자通假字 관계를 보여주는 점에서 흥미로운 예이며(본서 p.112의 각주45) 및 후술 참조), “旋駕”는 위진남북조대 유행 한자어에 추가될 수 있는 예이다..

한편, 4자성어인 “牛馬群羊, 不可稱數, 遊觀土境”은 모두 분석 대상 한적들에 보이지 않음으로써 앞선 단락들과 마찬가지로 고구려 특유의 한자성어 생산력을 보여주고 있다.

그런데 “不可稱數”라는 표현은 ‘한적전자문헌자료고’에는 검색되지 않으나,[121] 『묘법연화경』에 나오는 4자성어로 등장함이 흥미롭다(http://baehogwan121. blog.me/220467404063). 즉, “其佛法中에 多諸菩薩하대 皆悉利根으로 轉不退輪하며 彼國常以 菩薩莊嚴하고 諸聲聞衆도 不可稱數라 皆得三明하고 具六神通하며 住八解脫하야 有大威德하나니라”<『妙法蓮華經』6·授記品>. 주지하듯이 『묘법연화경』은 구마라습이 409~413년 사이에 한역한 것이므로 앞서 본 “世位”와 『화엄경』의 관계와 비슷하게 “不可稱數”도 비문 건립과 비슷한 시기에 유행한 표현이 비문에 반영된 것으로 보아도 좋을 것이다. 왜냐하면, 이 “不可稱數”라는 표현은 또한 472년 백제의 개로왕이 올린 표문에 대하여

---

121 ‘한적전자문헌자료고’는 經, 史, 子, 集 네 부문에 걸쳐 있으나, 史部 중심이어서 부분적으로 검색에 취약한 점이 있는 듯하다.

위나라 효문제孝文帝가 내린 조칙詔勅 속에 등장함이 그 근거로 될 것이기 때문이다. 즉, "朕承萬世之業 君臨四海 統御群生 今宇內淸一 八表歸義 襁負而至者 不可稱數"(짐이 만대에 누릴 위업을 이어 사해에 군림하면서 모든 백성들을 다스리니, 지금 나라는 태평하고 8방에서 귀순하기 위하여 어린 아이를 업고 이 땅에 이르는 자 헤아릴 수 없이 많다.)<『삼국사기』25·백제본기3·개로왕>. 이러한 사실로부터 미루어 보건대, 이 비문 속에는 불경 한역 당시에 유행한 한자어 내지 한문 표현도 상당수 반영되어 있음을 다시금 확인할 수 있다.

B-2: 영락 6년조(1·8·34～2·3·19)

百殘新羅, <舊是><屬民>, <由來><朝貢>. 而倭以辛卯年, <來渡海>破百殘, 東□<新羅>, 以爲<臣民>.

以六年丙申, 王<躬率>□軍, <討伐>殘國. 軍□□□<攻取>壹八城, 臼模盧城, 各模盧城, 幹弓利城, □□□城, 閣彌城, 牟盧城, 彌沙城, □舍蔦城, 阿旦城, 古利城, □利城, 雜珍城, 奧利城, 勾牟城, 古須耶羅城, 莫□□□□城, 芬而耶羅城, 瑑城, 於利城, □□城, 豆奴城, 沸□□利城, 彌鄒城, 也利城, 太山韓城, 掃加城, 敦拔城, □□□城, 婁賣城, 散那城, 那旦城, 細城, 牟婁城, 于婁城, 蘇灰城, 燕婁城, 析支利城, 巖門□城, 林城, □□□□□□利城, 就鄒城, □拔城, 古牟婁城, 閏奴城, 貫奴城, 彡穰城, 普□城, □古盧城, 仇天城, □□□城, □<其國城>.

殘<不服>義, <敢出><百戰>, 王威<赫怒>, 渡阿利水, <遣刺><迫城>. 橫□侵穴, <就便><圍城>. 而殘主<困逼>, 獻出<男女><生口>一千人, <細布>千五, 跪王<自誓>, <從今><以後>, 永爲<奴客>. <太王><恩赦><先迷之愆>, 錄其<後順>之誠. <於是>得五十八城村七百, 將殘主弟并<大臣>十人, <旋師><還都>.

백잔(=백제)과 신라는 예로부터 (고구려의) 속민이었는데, 그런 까닭으로 조공을 해왔다. 그런데 왜가 신묘년(391년)에 바다를 건너와서 백잔을 파하고 동쪽으로 신라를 □하여 신민으로 삼았다.

그래서 (영락) 6년 병신(396년)에 王이 친히 □군을 이끌고 (백)잔국을 토벌하였다. (고구려)군이 □□□하여 일팔성, 구모로성, 각모로성, 간저리성, □□성, 각미성, 모로성, 미사성, □사조성, 아단성, 고리성, □리성, 잡진성, 오리성, 구모성, 고수야라성, 막□□□□성, 분이야라성, 전성, 어리성, □□성, 두모성, 비□□리성, 미추성, 야리성, 태산한성, 소가성, 돈발성, □□□성, 누매성, 산나성, 나단성, 세성, 모루성, 우루성, 소회성, 연루성, 석지리성, 암문□성, 임성, □□□□□□□리성, 취추성, □발성, 고모루성, 윤노성, 관노성, 삼양성, 보□성, □고로성, 구천성, □□□성을 공격하여 취하고, 그 도성에 □하였다.

(그럼에도 불구하고) 백잔이 의에 복종하지 아니하고, 감히 나와 수없이 싸우니, 왕이 떨쳐 대로하여, 아리수를 건너 자(=정탐병)을 보내어 성(=한성)을 강박하였다. 옆으로 □하여 소굴을 침박하고, 나아가 곧 한성을 포위하였다. 이에 백잔왕이 곤핍해져, 남녀 생구(=포로) 천 명과 세포 천 필[7]을 바치고서 왕 앞에 꿇어앉아 스스로 맹서하기를 이제부터 영구히 왕의 노객이 되겠노라고 하였다. 태왕이 앞서 어지럽힌 잘못을 은혜로이 용서하고, 그 뒤에 순종한 성의를 (마음에) 새겨두었다. 이때에 58성 700촌을 획득하고, 백잔왕의 아우와 대신 10인을 거느리고 군사를 되돌려 환도하였다.

No. 漢字語(句)	儒經類 易經	書經	詩經	禮記	春秋	論語	史書類(1) 史記	漢書	三國志	史書類(2) 後漢書	宋書	南齊書	魏書	晉書	備考
⑩ 舊是~											1	1	3		舊是屬民: 0
⑩ 屬民							1	2							
⑪ 由來~									1		14	2	5	12	"所由來" 등 문중례는 제외. 由來朝貢: 0
⑫ 朝貢								2	10	11			388	5	
⑬ ~來渡海									1						
⑭ 臣民								1	2	3					
⑮ 討伐							2	1	2	7	11	3			
⑯ 攻取							11	3	7	1		1	1	11	
⑰ 其國城													1	2	
⑱ 不服	1	3	1	4	9	4	27	33	18	19	19	4	24	32	
⑲ 敢出~				1			12	2	3	5	5	2	6	8	敢出百戰: 0
⑳ 百戰							4	2	1	3	2	1		9	
㉛ 赫怒										1	1	1	1	2	
㉜ 遣刺											2	3	4	3	
㉝ 就便							1	1		1					
㉞ 圍城							4	7	7	10	7	5	12	5	迫城 0
㉟ 困逼									2					3	
㊱ 男女	5		19	30	12		26	40	39	39	16	6	71	54	
㊲ 生口								9	7	40	8	2	16	4	
㊳ 細布							1		1	3			1	1	
㊴ 自誓			1						1	4	2	1	5	8	跪王: 0
㊵ 從今~							1	1	1		1	1	6	1	從今以後: 0
㊶ ~以後		1		1	4		9	11	22	41	50	23	53	49	
㊷ 奴客								4	3	1	8	1	2	2	
㊸ 太王		1					12	5	3	1	6		1	7	
㊹ 恩赦													1	1	先迷之衍: 0
㊺ 後順	1							1	1	2	1			3	後順之誠: 0
㊻ 大臣			1	11	8	3	186	284	50	72	95	8	101	144	
㊼ 旋師							1		3	2	1		4	10	
㊽ 還都									8	3	47	34	19	23	

B-2 단락에서도 사서류 독용 한자어(구)의 우세가 계속된다. "舊是~, 屬民, 由來~, 朝貢, ~來渡海, 臣民, 討伐, 攻取, 其國城, 百戰, 赫怒, 遣刺, 就便, 圍城, 困逼, 生口, 細布, 從今, 奴客, 恩赦, 旋師, 還都" 등 특히 그 비율이 높기 때문이다(22/30=73.3%). 유경류·사서류 공용 한자어(구)는 "不服, 敢出~, 男女, 自誓, 以後, 太王, 後順, 大臣"에 그치고 있다(8/30=26.7%). 또한 "舊是屬民, 由來朝貢, 敢出百戰, 從今以後, 先迷之衍, 後順之誠" 등의 4자성어 모두 분석 대상 한적

들에 보이지 않음으로써 앞선 단락들과 마찬가지로 고구려 특유의 한자성어 생산력을 보여주고 있다. 이 중에서 "舊是~, 其國城, 恩赦"는 위진남북조대 유행 한자어(구)에 포함시킬 수 있는 예들이다.

한편, "先迷之衍=先迷之愆"의 4자성어는 '衍=愆'의 통가자 관계를 보여주는 점에서(본서 p.126의 각주 47) 참조) 앞서 본 "部洛=部落"과 함께 비문 건립 당시 고구려에 중국에서와 유사한 통가 용법通假用法이 있었음을 암시하고 있다.

또하나 "~來渡海"의 예가 『三國志』에만 보임은 특기할 만하다. 이는 앞서 A-3 단락에서의 "不軌"의 예에서 『春秋左氏傳』의 전래 가능성을 언급한 것과 평행되게 비문 건립 당시 고구려에 『三國志』의 전래를 증언할 수 있기 때문이다. 다만, 주의할 점은 이렇게 해석될 수 있는 경우는 비문 건립에 확실히 앞서는 유경류 및 사서류(1)의 문헌들에만 한정되어야 한다는 점이다. 왜냐하면, 비슷한 분포적 특성을 보이는 "惟昔~<A-1>, 國富民殷<A-3>"과 『宋書』의 관계는 그 성서成書 연대가 488년으로 비문 건립 연대보다 늦기 때문에 해당 문헌의 전래를 뜻할 수 없음이 분명하기 때문이다.

B-3: 영락 8년조(2·5·33~2·6·30)

八年戊戌, <敎遣><偏師>, 觀帛愼<土谷>, 因便<抄得>莫□羅城加太羅谷. <男女>三百餘人. <自此以來>, <朝貢><論事>.

(영락) 8년 무술(398년)에 교를 내리셔서 편사를 보내어 식[7]신의 토곡을 살펴보게 하였는데, 그리하여 곧 막□라성, 가태라곡의 남녀 삼백여 명을 뽑아서 취하였다. 이 이후로 조공하고, 시사[/국사]를 논의하였다.

No.	文獻 漢字語(句)	儒經類						史書類(1)			史書類(2)					備考
		易經	書經	詩經	禮記	春秋	論語	史記	漢書	三國志	後漢書	宋書	南齊書	魏書	晉書	
⑨⑨	偏師					2				2	3	8	4	10	13	敎道: 0
⑩⑩	土谷															『大正新脩大藏經』3, 『金史』1, 『明史』1
⑩①	抄得~															『周書』1, 『北史』1
⑩②	自此以來							1	3		4	2	4	3	2	『大正新脩大藏經』2
⑩③	論事									5	4	1		6	7	

B-3 단락에서는 사서류 독용 한자어(구)("自此以來, 論事")의 비율이 여전히 높기는 하나, 그 수효가 많지 않다.

오히려 이 단락에서 특징적인 것은 "土谷, 抄得" 등의 한자어가 비고란에서 보인 대로 분석 대상 한적들에서는 보이지 않는 대신, 불경류나 후대 사서들에 보인다는 점이다. 다만, 불경류도 『續高僧傳』(唐·道宣) 등 당대 이후의 저술이라는 점에서는 이 현상을 해석하기가 쉽지 않다. 고구려 한문의 선진성先進性을 암시하는 것인지, 아니면 우리가 알지 못하는 어떤 다른 사실을 알려주는 것인지에 대해서는 속단하기 어렵기 때문이다.

B-4: 영락 9년조(2·6·31~2·8·8)

九年己亥, 百殘違誓與倭<和通>, 王巡下平穰, 而新羅<遣使>白王云, 倭人滿其<國境>, <潰破><城池>, 以<奴客>爲民, <歸王><請命>, <太王><恩慈>, 矜其忠誠, □遣使<還告>以□計.

(영락) 9년 기해(399년)에 백제가 맹서를 어기고 왜와 화통하였다. 왕이 순행하여 평양으로 내려갔는데, 신라가 사신을 보내어 왕께 아뢰어 말하기를, "왜인이 신라 국경에 가득 차 성지(=垓字)를 부수고 노객을 그 백성으로 삼고 있으니, 왕께 귀복하여 명령을 기다리고 있습니다." 하

였다. 태왕이 은자하게 신라왕의 충성을 갸륵히 여겨 … 사신을 보내어
돌아가서 (고구려 측의) □계로써 (신라왕에게) 고하게 하였다.

No.	文獻 漢字語(句)	儒經類						史書類(1)			史書類(2)				備考
---	---	易經	書經	詩經	禮記	春秋	論語	史記	漢書	三國志	後漢書	宋書	南齊書	魏書	晉書	
⑭	和通							1			1	1	1	4		
⑮	遣使			1				22	128	141	257	234	44	776	370	
⑯	國境									1						
⑰	城池								2	3	2	8	4	1	15	潰破: 0
⑱	歸王					2		3	1		2	1			1	
⑲	請命		1	2		7		4	6	4	5	5		6	16	
⑩	恩慈											2		1		
⑪	矜其		1	1		1		4	2	2	2	7	1	8	6	矜其忠誠 0
⑫	忠誠								5	5	7	11	4	11	32	
⑬	還告							1		1	1	1		4	3	

　　B-4 단락에서는 사서류 독용 한자어(구)("和通, 國境, 城池, 恩慈, 忠誠, 還告")와
사서류·유경류 공용 한자어(구)("遣使, 歸王, 請命, 矜其")의 비율이 6:4로 좁혀져
있음이 특징적이다. 4자성어에 있어서는 "潰破城池, 矜其忠誠" 등이 분석 대
상 한적들에 보이지 않음으로써 고구려 특유의 한자성어 생산력을 보여주고
있다.

　　"國境"의 경우는 『三國志』에만 보이는 한자어이므로 앞선 "~來渡海"의 예
와 함께 이 문헌의 전래 가능성을 더욱 높여준다고 할 수 있다.

B-5: 영락 10년조(2·8·9~3·3·6)

十年庚子, <敎遣><步騎>五萬, <往救>新羅. 從男居城, 至新羅城. 倭滿
其中. <官軍><方至>, 倭賊退. □侵背<急追>, 至任那加羅從拔城. 城卽
<歸服>. 安羅人<戍兵>□新羅城□城. 倭寇<委潰>. 城內十九, 盡拒隨

倭, 安羅人<戌兵>捕□□□□其□□□□□□□言□□□□□□□□□
□□□□□□□□□□□□□□□□□□□□辭
□□潰, 亦以隨□安羅人<戌兵>. 昔新羅寐錦, 未有<身來><論事>, □□
□□廣開土境好太王, □□□□寐錦□□<家僕>勾, □□□□<朝貢>.

(영락) 10년 경자(400년)에 교를 내리셔서 보병과 기병 5만을 보내어 가서 신라를 구원하게 교시하였다. 남거성을 거쳐 신라성에 이르니 왜가 그곳에 가득하였다. 관군이 막 도착하자 왜적이 물러났다. … 뒤를 습격하여 급히 추격하여 임나가라의 종발성에 이르니 성이 곧 귀복하였다. 안라인 수병이 신라성과 □성을 □하였다. 왜구가 위축되어 궤멸되니, 성 안의 십분지구는 다 왜를 따르는 것을 거부하였다. 안라인 수병이 ……을 사로잡으니 …… 궤멸되어 역시 안라인 수병에게 수□하였다. 옛날에는 신라 매금이 몸소 와서 시사[/국사]를 논의한 적이 없었다. (그러나) … 광개토경호태왕 …… (신라) 매금 …… 가복 구를 (인질로 삼고) ……하여 조공하였다.

No.	文獻 漢字語(句)	儒經類						史書類(1)			史書類(2)					備考
		易經	書經	詩經	禮記	春秋	論語	史記	漢書	三國志	後漢書	宋書	南齊書	魏書	晉書	
⑭	步騎							2		47	37	43	12	76	125	
⑮	往救							7	2	6	5	1	1	2	1	
⑯	官軍									2		11	22	38	20	官軍方至: 0
⑰	方至		1	1				2	7		12	4		3	5	
⑱	急追									3	2	4		8	2	侵迫: 0
⑲	歸服									4	6				2	
⑳	戌兵									2		2	2	15	2	
㉑	委潰 萎潰															
㉒	身來							2	1	1				1	1	
㉓	家僕				1	1		1				1	1			

B-5 단락에서는 사서류 독용 한자어(구)의 우세가 특징적이다. "步騎, 往救, 官軍, 急追, 歸服, 戌兵, 身來" 등 그 비율이 높기 때문이다(7/10=70%). 유경류·사서류 공용 한자어(구)는 "方至, 家僕"에 그치고 있다(2/10=20%). "委潰 또는 菱潰"라는 한자어 및 "官軍方至, 侵背急追" 등의 4자성어 모두 분석 대상 한적들에 보이지 않음으로써 앞선 단락들과 마찬가지로 고구려 특유의 한자어 내지 한자성어의 생산력을 보여주고 있다.

B-6: 영락 14년조(3·3·7~3·4·20)

十四年甲辰, 而倭<不軌>, <侵入>帶方界, <和通>殘國, 至石城□, <連船>□□□, 王<躬率>□□, 從平穰□□□鋒<相遇>. 王幢<要截><盪刺>, 倭寇<潰敗>. <斬煞><無數>.

(영락) 14년 갑진(404년)에 왜가 질서를 지키지 않고 대방의 영역을 침입하여 잔(국)과 화통하고, 석성에 이르러 □하여 배를 연결하여 …… 하였으므로 왕이 몸소 □□를 거느리고 평양을 거쳐 … (적의) 선봉이 서로 맞부딪치게 되었다. 왕당이 매복 공격과 이동 공격을 퍼부으니 왜구가 궤멸되었다. 참살한 것이 무수히 많았다.

文獻 No. / 漢字語(句)	儒經類						史書類(1)			史書類(2)					備考
	易經	書經	詩經	禮記	春秋	論語	史記	漢書	三國志	後漢書	宋書	南齊書	魏書	晉書	
(124) 侵入							1	1		1			2	1	
(125) 連船															『淸史稿』1
(126) 相遇	5		2			1	3	4	7	6	9	6	11	23	
(127) 要截														2	要截盪刺: 0
(128) 盪刺															
(129) 潰敗															『淸史稿』10,『明史』7,『宋史』4 등
(130) 斬煞															斬殺(煞)無數 : 0
斬殺				1			3	2	1	1	1	1	4	2	
(131) 無數	1			5	1		1	4		8	6	7	8	9	

B-6 단락에서는 사서류 독용 한자어(구)("侵入, 要截"), 유경류·사서류 공용 한자어(구)("相遇, 斬殺, 無數") 및 유경류·사서류 불용 한자어(구)("連船, 盪刺, 潰敗")의 비율이 팽팽하게 나타남이 특징적이다. "連船, 潰敗"는 『淸史稿』 등 후대 사서들에 보임도 특징적이나, 앞서 말한 대로 이를 해석하기가 쉽지 않다. 아무래도 "盪刺"나 "要截盪刺, 斬殺無數" 등과 마찬가지로 분석 대상 한적들에 보이지 않음에서 고구려 특유의 한자어 내지 한자성어 생산력을 보여주는 것으로 이해해야 하지 않을까 한다.

B-7: 영락 17년조(3·4·21~3·6·2)

十七年丁未, <敎遣><步騎>五萬, □□□□□□□□□師□□<合戰>, <斬煞><蕩盡>. <所獲><鎧鉀>一萬餘領, <軍資><器械><不可稱數>. <還破>沙溝城, 婁城, □住城, □城, □□□□□□城.

(영락) 17년 정미(407년)에 교를 내리시어서 보병과 기병 5만을 보내어 ……하게 하였다. … (고구려) 군사가 (적(=百濟?)와) 합전하여 참살하고 탕진시켰다. 노획한 갑옷이 만여 벌이고, 군수물자나 병기는 수를 헤아리기 어려울 정도로 많았다. 돌아오면서 사구성, 누성, □불성, □성, □□□□□성을 격파하였다.

No.	文獻 漢字語(句)	儒經類						史書類(1)			史書類(2)					備考
		易經	書經	詩經	禮記	春秋	論語	史記	漢書	三國志	後漢書	宋書	南齊書	魏書	晉書	
⑬	合戰							8	9	5	8	4	10	9	1	
⑬	蕩盡								1		4	2	4	4		斬殺(煞)蕩盡 : 0
⑭	所獲					5		4	8	14	10	10		28	32	所獲鎧甲: 0
⑮	鎧甲								1	1	1					
⑯	軍資									15	6	3	1	19	18	
⑰	器械			1	2			4	13	10	13	14	7	18	27	
⑱	軍資器械								1				3			
⑲	還破															

B-7 단락에서도 사서류 독용 한자어(구)의 우세가 계속된다. "合戰, 蕩盡, 鎧甲, 軍資, 軍資器械" 등 그 비율이 높기 때문이다(5/8=62.5%). 유경류·사서류 공용 한자어(구)는 "所獲, 器械"에 그치고 있다(2/8=25%). 또한 "還破"라는 한자어 및 "斬殺蕩盡, 所獲鎧甲" 등의 4자성어 모두 분석 대상 한적들에 보이지 않으므로 앞선 단락들과 마찬가지로 고구려 특유의 한자어 내지 한자성어의 생산력을 보여주고 있다.

B-8: 영락 20년조(3·6·3~3·8·15)

卄年庚戌, <u>東夫餘</u><舊是>鄒牟王<屬民>, <中叛><不貢>. 王<躬率><往討>. <軍到>餘城, 而餘<舉國><駭服><獻出>□□□□歸□. <王恩> <普覆>. <於是><旋還>. 又其<慕化><隨官來者>, <u>味仇婁鴨盧, 卑斯麻鴨盧, 㟼社婁鴨盧, 肅斯舍鴨盧, □□□鴨盧</u>. 凡所<攻破>城六十四, 村一千四百.

(영락) 20년 경술庚戌(410년)에, 동부여는 예로부터 추모왕의 속민屬民이었는데, 중도에 반란을 일으켜 조공하지 않았다. 왕이 몸소 (군사를) 거느리고 가서 토벌하였다. 군사가 부여의 도성都城에 도착하자 부여는 온 나라가 놀라 복종하고 □□□□을 바치고 귀복歸服하였다. 왕의 은덕이 널리 덮었다. 이에 군대를 돌려 돌아왔다. 또 이때에 왕의 교화教化를 사모하여 관官을 따라온 자는 미구루압로味仇婁鴨盧, 비사마압로卑斯麻鴨盧, 타사루압로㟼社婁鴨盧, 숙사사압로肅斯舍鴨盧, □□□압로鴨盧의 5인이었다. 무릇 (왕이) 공파攻破한 것이 64성, 1,400촌이었다.

No.	文獻 漢字語(句)	儒經類						史書類(1)			史書類(2)					備考
		易經	書經	詩經	禮記	春秋	論語	史記	漢書	三國志	後漢書	宋書	南齊書	魏書	晉書	
⑭⓪	中叛									1	1					中叛不貢: 0
⑭①	不貢					1		2	1		3	1			2	
⑭②	軍到								2	12	8	13	1	7	3	
⑭③	舉國							13	8	5	5	1		7	3	駁服: 0, 獻出: 0
⑭④	王恩													4	1	王恩普覆: 0
⑭⑤	普覆								1							
⑭⑥	旋還								1							
⑭⑦	慕化								3	1	4	1	1	5	1	
⑭⑧	隨官										1				1	隨官來者: 0
⑭⑨	攻破							11	11	22	25	15	3	5	19	所攻破: 0

B-8 단락에서는 사서류 독용 한자어(구)의 절대적 우세가 특징적이다. "不貢"을 제외한 "中叛, 軍到, 舉國, 王恩, 普覆, 旋還, 慕化, 隨官, 攻破" 등 대다수를 차지하고 있기 때문이다(9/10≒90%). 이 중에서 "普覆, 旋還"은 『漢書』에만 보이다는 점도 특기할 만하다. 이는 비문 건립 당시 고구려에 『漢書』의 전래를 증언할 수 있기 때문이다. 이 밖에 "中叛不貢, 王恩普覆" 등의 4자성어는 고구려 특유의 한자성어의 생산력을 보여주는 점에서 앞선 단락들과 비슷한 양상을 보여주고 있다.

다만, "舉國"의 비고란에 보인 "駁服"과 "獻出"이 분석 대상 한적들에 보이지 않음은 비문 해독에 영향을 미칠 수 있다. 두 어휘는 왕젠췬王健群의 판독안에 의거한 추독이므로(본서 제2부 p.151에서의 ⑦⑦⑧에 대한 설명 참조) 문제의 추독 가능성이 조금은 낮아질 것이 아닌가 한다.

C-1: 수묘인 연호(3·8·16~4·5·4)

<守墓人><烟戶>. 賣句余民國烟二 看烟三, 東海賈國烟三看烟五, 敦城民四家<盡爲>看烟, 王城一家爲看烟, 碑利城二家爲國烟, 平穰城民國

烟一看烟十, 訾連二家爲看烟, 俳婁人國烟一看烟卅三, 梁谷二家爲看烟, 梁城二家爲看烟, 安夫連卄二家爲看烟, 改谷三家爲看烟, 新城三家爲看烟, 南蘇城一家爲國烟.

<新來> 韓穢. 沙水城國烟一看烟一, 牟婁城二家爲看烟, 豆比鴨岑韓五家爲看烟, 勾牟客頭二家爲看烟, 求底韓一家爲看烟, 舍蔦城韓穢國烟三看烟卄一, 古須耶羅城一家爲看烟, 炅古城國烟一看烟三, 客賢韓一家爲看烟, 阿旦城·雜珍城合十家爲看烟, 巴奴城韓九家爲看烟, 臼模盧城四家爲看烟, 各模盧城二家爲看烟, 牟水城三家爲看烟, 幹氐利城國烟一看烟三, 彌鄒城國烟一看烟七, 也利城三家爲看烟, 豆奴城國烟一看烟二, 奧利城國烟一看烟八, 須鄒城國烟二看烟五, 百殘<南居>韓國烟一看烟五, 太山韓城六家爲看烟, 農賣城國烟一看烟七, 閏奴城國烟二看烟卄二, 古牟婁城國烟二看烟八, 瑑城國烟一看烟八, 味城六家爲看烟, 就咨城五家爲看烟, 彡穰城卄四家爲看烟, 散那城一家爲國烟, 那旦城一家爲看烟, 勾牟城一家爲看烟, 於利城八家爲看烟, 比利城三家爲看烟, 細城三家爲看烟.

수묘인 연호는 다음과 같다. 매구여민은 국연 2 간연 3으로 하고, 동해고는 국연 3 간연 5로 하고, 돈성민 4가는 모두 간연으로 하고, 우성 1가는 간연으로 하고, 비리성 2가는 국연으로 하고, 평양성민은 국연 1 간연 10으로 하고, 자련 2가는 간연으로 하고, 배루인은 국연 1 간연 43으로 하고, 양$^?$곡 2가는 간연으로 하고, 양$^?$성 2가는 간연으로 하고, 안부련 22가는 간연으로 하고, 개곡 3가는 간연으로 하고, 신성 3가는 간연으로 하고, 남소성 1가는 국연으로 한다.

새로 들어온 한예의 경우, 사수성은 국연 1 간연 1로 하고, 모루성 2가는 간연으로 하고, 두비압잠한 5가는 간연으로 하고, 구모객두 2가는 간연

으로 하고, 구저한 1가는 간연으로 하고, 사조성한예는 국연 3 간연 21
로 하고, 고구야라성 1가는 간연으로 하고, 경고성은 국연 1 간연 3으로
하고, 객현한 1가는 간연으로 하고, 아단성과 잡진성을 합한 10가는 간
연으로 하고, 파노성한 9가는 간연으로 하고, 구모로성 4가는 간연으로
하고, 각모로성 2가는 간연으로 하고, 모수성 3가는 간연으로 하고, 간
저리성은 국연 1 간연 3으로 하고, 미추성은 국연 1 간연 7로 하고, 야리
성 3가는 간연으로 하고, 두노성은 국연 1 간연 2로 하고, 오리성은 국연
1 간연 8로 하고, 수추성은 국연 2 간연 5로 하고, 백잔남거한은 국연 1
간연 5로 하고, 태산한성 6가는 간연으로 하고, 농매성은 국연 1 간연 7
로 하고, 윤노성은 국연 2 간연 22로 하고, 고모루성은 국연 2 간연 8로
하고, 전성은 국연 1 간연 8로 하고, 미성 6가는 간연으로 하고, 취자성 5
가는 간연으로 하고, 삼양성 24가는 간연으로 하고, 산나성 1가는 국연
으로 하고, 나단성 1가는 간연으로 하고, 구모성 1가는 간연으로 하고,
어리성 8가는 간연으로 하고, 비리성 3가는 간연으로 하고, 세성 3가는
간연으로 한다.

No.	文獻 漢字語(句)	儒經類						史書類(1)		史書類(2)					備考
		易經	書經	詩經	禮記	春秋	論語	史記	漢書	三國志	後漢書	宋書	南齊書	魏書	晉書	
⑮⓪	守墓											1		3		守墓人: 0
⑮①	煙戶															
⑮②	盡爲~			1		1		5	6	3	11	39		36	34	
⑮③	新來~					1										
⑮④	南居~									1	1				1	

C-1 단락에서는 사서류 독용례("守墓, 南居~"), 유경류 독용례("新來~"), 사서
류·유경류 공용례("盡爲~"), 사서류·유경류 불용례("煙戶") 등 다양한 한자어

(구)들이 나타난다.

　"新來~"는 분석 대상 한적들 중에서 『春秋左氏傳』에만 보이므로 비문 건립 당시 이 유경의 전래를 다시금 확인할 수 있다는 점에서 소중한 예이다. 한편, "煙戶"는 분석 대상 한적들에 전혀 나타나지 않는데, 이는 아무래도 고구려 특유의 호구관戶口觀이 반영된 어휘일 가능성이 있는 듯하다. 이에 따라 "國煙, 看煙" 모두 중국 문헌들에 보이지 않음이 설명될 수 있을 것이다.

C-2: 광개토왕 유언(4·5·5~4·7·32)

　<u>國岡上廣開土境好太王</u>, <存時><教言>, <祖王><先王>, 但教取<遠近><舊民>, <守墓><洒掃>, 吾慮<舊民><轉當><羸劣>. 若吾<萬年之後>, 安<守墓>者, 但取吾<躬巡><所略>來韓穢, <令備><洒掃>. <言教><如此>, <是以>如<教令>, 取韓穢二百卄家. 慮其不知<法則>, <復取><舊民>一百十家. 合<新舊><守墓>戶, 國烟卅看烟三百, <都合>三百卅家.

　국강상광개토경호태왕이 살아 계실 때에 교하시어 '조왕과 선왕들이 다만 원근의 구민들만을 데려다가 묘를 지키고 소제를 맡게 하였는데, 나는 이들 구민이 점점 몰락하게 될 것이 염려된다. 만일 나 이후 만년 뒤에도[=내가 죽은 뒤에도] 나의 무덤을 안전하게 수묘하려 한다면, 내가 몸소 다니며 약취해온 한예인들만을 데려다가 무덤을 소제하는 데 충당[/대비]하게 하라'고 말씀하셨다. 왕의 말씀이 이와 같았으므로 명에 따라 한예의 220가를 데려다가 수묘하게 하였는데, 그들이 묘를 지키는 법도를 모를 것이 염려되어 다시 구민 110가를 더 데려왔다. 신·구의 수묘호를 합치면 국연 30, 간연 300으로서 도합 330가이다.

No.	漢字語(句)	儒經類						史書類(1)			史書類(2)					備考
		易經	書經	詩經	禮記	春秋	論語	史記	漢書	三國志	後漢書	宋書	南齊書	魏書	晉書	
⑮⑤	存時									1					3	
⑮⑥	敎言											2				
⑮⑦	祖王							1	1			2	2	2		『爾雅』: 12
⑮⑧	先王	7	41	7	49	48	2	116	66	23	31	36	2	41	122	
⑮⑨	遠近	2		5				5	16	31	43	45	14	85	106	
⑯⓪	舊民									2		3	2	3		
⑯①	灑掃			1								2		2	2	
⑯②	轉當											1				轉當羸劣: 0
⑯③	羸劣									1	1				1	
⑯④	萬年之後								1			1			1	
⑯⑤	躬巡											1		1	1	
⑯⑥	所略							2	4	5	12	3		1	6	所略來: 0
⑯⑦	令備											2				
⑯⑧	言敎								1	1					2	言敎如此: 0
⑯⑨	如此			5	50	7		103	185	114	85	199	60	273	294	
⑰⓪	是以	30	1	9	42	169	4	143	262	185	175	178	41	216	424	
⑰①	敎令							2	13	2	8	1		1	1	
⑰②	法則				1	1		6	6	1	6				1	
⑰③	復取				1			7	5			1	3	2	4	
⑰④	新舊													13	5	
⑰⑤	都合							1				2			1	

　C-2 단락에서도 사서류 독용 한자어(구)의 우세가 두드러진다. "存時, 敎言, 祖王, 舊民, 轉當, 羸劣, 萬年之後, 躬巡, 所略, 令備, 言敎, 敎令, 新舊, 都合" 등 그 비율이 높기 때문이다(14/21=66.7%). 유경류·사서류 공용 한자어(구)는 "先王, 遠近, 灑掃, 如此, 是以, 法則, 復取"에 그치고 있다(7/21=33.3%). 또한 "轉當羸劣, 所略來, 言敎如此" 등의 4자성어는 분석 대상 한적들에 보이지 않음 으로 해서 앞선 단락들과 마찬가지로 고구려 특유의 한자성어의 생산력을 보여주고 있다.

C-3: 수묘 규정(4·7·33~4·9·41)

　〈自上〉〈祖先王〉〈以來〉, 〈墓上〉不安〈石碑〉, 〈致使〉〈守墓人〉烟戶<差錯>. 唯國岡上廣開土境好太王, <盡爲><祖先王>, <墓上><立碑>, 銘其<烟戶>, 不令<差錯>. 又制, 守墓人, <自今以後>, 不得更相<轉賣>, 雖有<富足>之者, 亦不得<擅買>, 其有<違令>, <賣者>刑之, <買人><制令><守墓>之.

위로 조왕 선왕 이래로 묘역[/묘 곁]에다 석비를 안치하지 않았기 때문에 수묘인 연호들로 하여금 섞갈리게 하기에 이르렀다. 오직 국강상광개토경호태왕만이 (총력을) 다하여 조왕 선왕들을 위하여 묘역[/묘 곁]에 비를 세우고 그 연호를 새겨 기록하여 착오가 없게 하셨다. 또한 규정을 제정하여, '수묘인은 이제부터 다시 서로 팔아 넘기지 못하며, 비록 부유한 자라도 함부로 사들이지 못할 것이니, 만약 이 법령을 어기는 자가 있으면, 판 사람은 그에게 형벌을 내리고, 산 사람은 제하여 (그로 하여금) 수묘하게 한다' 하셨다.

文獻 No. / 漢字語(句)	儒經類						史書類(1)			史書類(2)					備考
	易經	書經	詩經	禮記	春秋	論語	史記	漢書	三國志	後漢書	宋書	南齊書	魏書	晉書	
⑰⑥ 自上~	2	1	1	1		2	12	16	5	19	22	2	9	15	
⑰⑦ 祖先王															
⑰⑧ ~以來				2	21	1	61	108	63	144	203	81	167	176	
⑰⑨ 墓上~							4		1					1	墓上立碑: 0
⑱⑩ 立碑									1	9	4	5	16	12	
⑱⑪ 致使~				3			1			1	11		18	6	
⑱⑫ 差錯							1	1	1	1	1				
⑱⑬ 自今以後							1		4	4	3	1	9	4	
⑱⑭ 轉賣										1			7		
⑱⑮ 富足									1	3	2			2	富足之者: 0
⑱⑥ 擅買															
⑱⑦ 違令									3		1		2	2	
⑱⑧ 賣者								1		2		1	8	2	
⑱⑨ 買人											1		2	1	
⑲⑩ 制令~				1			1	1		2	8	1	2	2	

C-3 단락에서도 사서류 독용 한자어(구)의 우세가 여전하다. "墓上~, 立碑, 差錯, 自今以後, 轉賣, 富足, 違令, 賣者, 買人" 등 그 비율이 높기 때문이다 (9/15=60%). 유경류·사서류 공용 한자어(구)는 "自上~, ~以來, 致使~, 制令"에 그치고 있다(4/15=26.7%). 여기에 "墓上立碑, 富足之者" 등의 4자성어는 분석 대상 한적들에 보이지 않음으로 해서 앞선 단락들과 마찬가지로 고구려 특유의 한자성어의 생산력을 보여주고 있다.

다만, "祖先王, 擅買"가 분석 대상 한적들에 보이지 않음은 특기할 만하다. "祖先王"은 전후의 문맥으로 보아 앞 단락에서의 "祖王先王"의 준말로 인식되거니와 당시 고구려에 준말 생산력이 있었음을 암시한다는 점에서 중요하다. "擅買"는 최근에 발견된 「집안고구려비문」에도 등장한다는 점도 주목되는데, 역시 고구려 특유의 한자어 생산력을 보여주고 있다.

7.2. 분석 결과와 그 의의

지금까지 190여 항목에 걸쳐 비문 속 한자어(구)들이 중국 한적漢籍들에서 어떠한 쓰임새로 나타나는지에 대하여 자세히 대비·분석해보았다. 여기에서는 앞선 분석 결과를 종합하면서 5세기 초 고구려 한자문화의 몇 가지 두드러진 특징들을 추출함으로써 본 연구의 의의로 삼고자 한다.

우선 앞 절에서의 어휘별·문헌별 분석 결과를 문헌 종류별로 대별大別하여 정리해보면 다음과 같다.

(1) 문헌 종류별 한자어(구)의 분포 종합

㉮ 유경류○, 사서류(Ⅰ)○, 사서류(Ⅱ)○ : 出自~(④), 皇天(⑯), 然後~(⑲),

山上(⑳), 建都(㉑), 來下(㉔), 顧命(㉘), 世子(㉙), 以道~(㉚), 恩澤(㊳), 格于皇天(㊴), 四海(㊹), 其業(㊺), 棄國(㊿), 山陵(52), 於是(53), 後世(57), 其辭(58), 牛馬(62), 田獵(68), 不服(78), 敢出~(79), 男女(86), 自誓(89), ~以後(91), 太王(93), 後順(95), 大臣(96), 偏師(99), 遣使(105), 歸王(108), 請命(109), 孙其(111), 方至(117), 家僕(123), 相遇(126), 斬殺(130+), 無數(131), 所獲(134), 器械(137), 不貢(141), 盡爲~(152), 先王(158), 遠近(159), 如此(169), 是以(170), 法則(172), 復取(173), 自上~(176), ~以來(178), 致使~(181), 制令~(190) ; 52항목

㈏ 유경류○, 사서류(Ⅰ)○, 사서류(Ⅱ)× : [未見]

㈐ 유경류○, 사서류(Ⅰ)×, 사서류(Ⅱ)○ : 生而有~(⑩), 命駕~(⑪), 我是~(⑮), 灑掃(⑯) ; 4항목

㈑ 유경류○, 사서류(Ⅰ)×, 사서류(Ⅱ)× : 不軌(㊸), 新來~(153) ; 2항목

㈒ 유경류×, 사서류(Ⅰ)○, 사서류(Ⅱ)○ : 始祖(②), 創基(③), 天帝(⑤), 河伯(⑥), 巡幸(⑫), 南下(⑬), 應聲~(⑱), 黃龍(㉓), 龍首(㉖), 興治(㉛), 基業(㉝), 二九(㉟), 號爲~(㊲), 威武(㊵), 掃除(㊷), 昊天不弔(㊽), 晏駕(㊾), 遷就(51), 立碑(54), 勳績(56), 躬率(59), 往討(60), 群羊(63), 遊觀(66), 土境(67), 由來~(71), 朝貢(72), 臣民(74), 討伐(75), 攻取(76), 百戰(80), 就便(83), 圍城(84), 困逼(85), 生口(87), 細布(88), 從今~(90), 奴客(92), 旋師(97), 還都(98), 自此以來(102), 論事(103), 和通(104), 城池(107), 忠誠(112), 還告(113), 步騎(114), 往救(115), 官軍(116), 急追(118), 歸服(119), 戍兵(120), 身來(122), 侵入(126), 合戰(132), 蕩盡(133), 鎧甲(135), 軍資(136), 軍資器械(138), 中叛(140), 軍到(142), 擧國(143), 慕化(147), 攻破(149), 南居(154), 存時(155), 祖王(157), 舊民(160), 羸劣(163), 萬年之後(164), 所略

(166), 言敎(168), 敎令(171), 都合(175), 墓上~(179), 立碑(180), 差錯(182), 自
今以後(183), 富足(185), 違令(187), 賣者(188)   ; 81항목

(바) 유경류×, 사서류(Ⅰ)○, 사서류(Ⅱ)× : 屬民(70), ~來渡海(73), 國境(106), 普
覆(145), 旋還(146) ; 5항목

(사) 유경류×, 사서류(Ⅰ)×, 사서류(Ⅱ)○ : 惟昔~(①), 女郎(⑦), 剖卵(⑧), 降世
(⑨), 路由~(⑭), 東岡(㉕), 昇天(㉗), 紹承(㉜), 登阼(㊱), 國富民殷(㊻),
五穀豐熟(㊼), 銘記(55), 旋駕(65), 舊是~(69), 其國城(77), 赫怒(81), 遣
刺(82), 恩赦(94), 恩慈(110), 要截(127), 王恩(144), 隨官(148), 守墓(150), 敎
言(156), 轉當(162), 躬巡(165), 令備(167), 新舊(174), 轉賣(184), 買人(189) ; 30
항목

(아) 유경류×, 사서류(Ⅰ)×, 사서류(Ⅱ)× : 河伯女郎(⑥⑦), 剖卵降世(⑧⑨), 生
而有聖(⑩+), 連葭浮龜(⑰), 造渡(⑲), 世位(㉒), 顧命世子(㉘㉙), 以道
興治(㉚㉛), 紹承基業(㉜㉝), 遝至(㉞), 掃除不軌(㊷㊸), 庶寧(㊹), 庶
寧其業(㊹㊺), 晏駕棄國(㊽㊿), 遷就山陵(5152), 於是立碑(5354), 銘
記勳績(5556), 部洛(61), 牛馬群羊(6263), 不可稱數(64), 遊觀土境(66
67), 敢出百戰(7980), 迫城(84+), 跪王(89+), 從今以後(9091), 先迷之
衍(94+), 後順之誠(95+), 敎遺(99+), 土谷(100), 抄得(101), 潰破(107+), 矜
其忠誠(111112), 官軍方至(116117), 侵背(118+), 委(萎)潰(121), 連船(125), 盪
刺(128), 潰敗(129), 斬煞(130), 斬殺(煞)無數(131132), 斬殺(煞)蕩盡(131133),
還破(139), 中叛不貢(140141), 馭服(143+), 獻出(144+), 隨官來者(148+), 所攻
破(149+), 守墓人(150+), 烟戶(151), 轉當羸劣(162163), 所略來(166+), 言敎如
此(168169), 祖先王(177), 墓上立碑(179180), 富足之者(185+), 擅買(186) ; 56
항목

위에서 정리된 결과를 각 유형별로 수적數的 우세도에 따라 다시 정리해보이면 다음과 같다.

(2) 유형별 한자어(구)의 수적 우세도

㉮유형(81) > ㉯유형(56) > ㉠유형(52) > ㉷유형(30) > ㉺유형(5) > ㉢유형(4) > ㉣항목(2) > ㉡유형(0)

이제 이상의 조사 결과를 바탕으로 비문 설립 당시의 고구려 한자문화의 몇 가지 특징들을 찾아보고자 한다.

첫째, 전체적으로 한자어(구)의 고구려적 변용(내지 창신創新)의 수준이 상당하였음을 확인할 수 있다는 점이다. 중국 한적들(조사 대상에 한정)에서 쓰이지 않은 유경류·사서류 불용 한자어(구)는 ㉯유형의 56항목임에 비하여 나머지 174항목(㉠~㉷유형)의 한자어(구)들은 모두 중국 한적들에 적어도 1회 이상 쓰인 것이라는 사실에서 이러한 추론이 가능할 것이기 때문이다. ㉯유형의 예들 중에서 조사 대상의 한적이 아닌 문헌에서 그 쓰임이 확인되는 '世位<『화엄경』>, 遲至<『묵자』>, 不可稱數<『법화경』 및 위 효문제의 조칙>'을 제외한 예들을 고구려 특유의 한자어(구)로 본다면, 그 비율은 대략 23.04%(53/230)가 되므로 비문 건립 당시 고구려에서의 한자어(구)의 변용 능력이 예상보다 높은 수준에 올라 있었음을 확인할 수 있는 것이다. 전체의 1/4 정도의 수치는 졸고(2012)에서 비문의 서사序辭만을 대상으로 예상한 것보다는 높은 수준임에서 이를 기초로 고구려 한자어(구)의 수준을 말해본다면, 중국으로부터의 단순한 수용에만 머물러 있지 않고 상당한 정도의 변용 내지 창신이 이루어진 수준에 올라 있었다고 보아도 큰 무리가 없는 것으로 판단되는 것이다.

한자어(구)의 변용 내지 창신이라는 점에서 특별히 눈에 띄는 사례들은 ㈕유형에 속하는 사례 중에서 '河伯女郎(⑥⑦), 剖卵降世(⑧⑨), 生而有聖(⑩+), 連葭浮龜(⑰), 顧命世子(㉘㉙), 以道興治(㉚㉛), 紹承基業(㉜㉝), 掃除不軌(㊷㊸), 庶寧其業(㊹㊺), 晏駕棄國(㊾㊿), 遷就山陵((51)(52)), 於是立碑((53)(54)), 銘記勳績((55)(56)), 牛馬群羊((62)(63)), 遊觀土境((66)(67)), 敢出百戰((79)(80)), 從今以後((90)(91)), 先迷之衍((94)+), 後順之誠((95)+), 矜其忠誠((111)(112)), 官軍方至((116)(117)), 斬殺(煞)無數((131)(132)), 斬殺(煞)蕩盡((131)(133)), 中叛不貢((140)(141)), 隨官來者((148)+), 轉當羸劣((162)(163)), 言教如此((168)(169)), 墓上立碑((179)(180)), 富足之者((185)+)' 등과 같은4자성어 내지 한자어들이다. 이들 중 대부분은 성어를 구성하는 성분들이 조사 대상 한적들에서의 쓰임이 확인된다는 점에서 보면, 이들 4자성어들은 기존 문헌들에서 쓰이는 성분들 또는 당시에 유행하던 표현들을 고구려인들이 조합組合한 결과로 보아야 할 것이다. 이러한 한자성어의 생산력이 바로 고구려에서의 한자어(구)에 대한 변용 내지 창신의 본질로 판단되는 것이다. 여기에 '部洛, 先迷之衍'에서 확인되는 통가 용법通假用法 등이 보태어져 마침내 ㈕유형에서 보는 고구려 특유의 한자어(구)들이 생산된 것으로 보고자 한다.

한편, ㈕유형에 속하면서 현대의 사서류인 『清史稿』에 공통적으로 보이는 어휘인 '連船, 潰敗'는 그 정확한 의미를 파악하기는 쉽지 않지만, 비문 한자어(구)의 일부가 중국 쪽으로 영향을 미쳤을 가능성까지도 암시하는 것이 아닐까 한다. 지나치게 순진한 생각일지 모르나 『청사고』가 중화민국 초기(1912~1927) 청清의 유신遺臣들을 중심으로 편찬되었다는 점, 이 시기는 광개토왕비문에 대한 판독 및 해석이 어느 정도 이루어져 있었다는 점 등에서 생각해볼 만한 가능성이 아닐까 한다. 이러한 생각의 연장선상에서 당대唐代 이후의 사서류에 보이는 '土谷, 抄得~'의 예들을 통해서는 이러한 교류 관계가 생각보다 일찍부터 이루어진 것일 가능성을 말한다면 너무 지나친 것일까?

둘째, 고구려의 한자어(구)는 전반적으로 사서류 상용 한자어(구)들이 주류를 형성함을 확인할 수 있다는 점이다. 이를 잘 보여주는 예들은 ㈐·㈑·㈒ 세 유형의 자료인 바, 전체 한자어(구)의 50.43%(116/230)로서 전체의 절반을 넘는 분량을 차지하고 있기 때문이다. 더욱이 이 유형에 속하는 대부분의 예들(㈐유형의 '躬率~攻破', ㈑유형 전체, ㈒유형의 '旋駕~隨官')이 광개토왕의 훈적 기사들에서 쓰이고 있다는 사실도 중요하다. 광개토왕의 훈적 기사를 작성함에 있어서 역대 중국 제왕들의 업적들을 역대 사서들에서 어떻게 표현했는지를 살펴보는 작업이 행하여졌음을 짐작하기 어렵지 않거니와, 사서류 상용 한자어(구)의 분포를 통해 이러한 작업이 실제 수행되었을 가능성이 높음을 알 수 있기 때문이다.

또하나 ㈒유형의 예들이 전체의 13.04%(30/230) 정도의 비율을 보이고 있음은 비문 건립에 가까운 시기에 중국에 유행하였던 한자어(구)들도 비문 작성에 수용되었음을 알려준다는 점도 추가할 만하다.

셋째, 제한적이기는 하지만, 5세기 초 고구려에서의 한적 전래 상황을 확인할 수 있다는 점이다. 그것은 비문 작성 이전에 편찬된 한적들인 유경류와 사서류(1)에만 보이는 한자어(구)를 보여주는 ㈏·㈑ 두 유형의 예들이다. ㈏유형에 속하는 '不軌, 新來~'의 예는 『春秋(左氏傳)』에, ㈑유형에 속하는 '屬民'은 『사기』·『한서』, '~來渡海, 國境'은 『삼국지』, '普覆, 旋還'은 『한서』에 각각 독용獨用되는 어휘들이라는 점에서 비문 건립 당시 고구려에 『春秋』, 『史記』, 『漢書』, 『三國志』 등의 한적들이 전래 내지 학습되었을 가능성을 말하는 것으로 보아 큰 무리는 없을 것으로 판단된다.

이를 고구려의 한적 유통 상황을 알려주는 중국 사서들의 기록과 비교할 때,

○ 高麗俗服窮袴，冠折風一梁，謂之幘。知讀五經。<『南齊書』 58·列傳 39·東
　夷 高麗國>

○ 書籍有五經、三史、三國志、晉陽秋。<『周書』 49·列傳 41·異域上 高麗>

○ 書有五經、三史、三國志、晉陽秋。<『北史』 94·列傳 82·高句麗>

○ 俗愛書籍，至於衡門廝養之家，各於街衢造大屋，謂之扃堂，子弟未婚之
　前，晝夜於此讀書習射。其書有五經及史記、漢書、范曄後漢書、三國志、
　孫盛晉春秋、玉篇、字統、字林；又有文選，尤愛重之。<『舊唐書』　199上·
　列傳 149上·東夷 高麗>

『주서』와 『북사』에서 말하는 고구려에서의 오경五經(=『詩經』,『書經』,『易經』,
『禮記』,『春秋(左氏傳)』), 삼사三史(=『史記』,『漢書』,『後漢書』) 및 『三國志』의 전래
내지 유통에 가까움을 확인할 수 있음이 중요한 것이다. 1차 사료인 「광개토
왕비문」을 통하여 이 정도로 고구려에서의 한적 유통을 확인할 수 있음은 앞
으로 고구려의 한자문화를 구명하는 논의에 이바지할 수 있기 때문이다.

　비문의 한자어를 통하여 5세기 초 고구려에서 유통 내지 학습되었을 가능
성이 큰 한적이 유경류보다는 사서류에 치우쳐 있음은 앞에서 고구려의 한자
어(구)가 전반적으로 사서류 상용 한자어(구) 중심이라고 한 점과 평행된다
는 점에서 보면, 5세기 초 고구려에서 유통된 한적들은 유경류보다는 사서류
중심이었던 것으로 최종 정리되어도 좋을 것이다.

廣開土王碑文 新研究

● ● ●

제3부

관련 논고편

제8장 규장각 소장 원석탁본의 가치

제9장 동이전의 고유명사 표기자 분석

제10장 한문 어법의 선택적 수용과 변용

제11장 출토자료로 본 신라의 유교경전 문화

廣開土王碑文 新研究

제8장
규장각 소장
원석탁본의 가치

[사진 23]
「廣開土大王陵碑拓本」(표지)

서울대학교 규장각한국학연구원에 「廣開土大王陵碑拓本」이라는 제첨題簽이 달린 탁본집 1책(청구기호 古929.5 -G994)이 소장되어 있음은 이 방면의 연구자들에게는 잘 알려진 사실의 하나다. 한 면에 여섯 자씩(3자 2행) 총 40면 분량의 이 탁본(이하 필요시 '규장각본'으로 줄임)이 국내외적으로 희소한 가치를 지닌 원석 탁본[122]으로 추정되면서도 이에 대한 연구는 의외로 부진한 상황이라고 할 수밖에 없다.

---

122 원석 탁본은 광개토왕비의 표면을 두껍게 덮고 있던 이끼를 제거한 것 외에는 아무런 가공도 하지 않은 상태에서 채탁한 탁본을 말한다(1887~1889년 경). 자세한 것은 본서 2.1.의 논의를 참조.

필자의 과문寡聞인지 모르나 현재까지 이에 대한 연구 성과로는 다음의 두 편을 들 수 있을 뿐인데, 다소 길지만 각각의 결론 부분을 원문대로 옮겨보면 아래와 같다.

"서울대학교 규장각奎章閣에 소장되고 있는 원석정탁본은 태동고전연구소泰東 古典硏究所의 탁본과 매우 근사한 점이 많다. 그러나 이 탁본도 제Ⅲ면(제3책)의 전반부 일부(21첩)만이 남아 있어 아쉬운 점이 많으나 역시 원석정탁본으로 추 정되고 있어 앞으로 많은 연구를 필요로 하는 탁본이다. 필자의 생각으로는 혹 태동고전연구소 소장탁본과 함께 1조組를 이루고 있던 것이 서로 흩어진 것이 아닌가도 생각된다."   <이형구 1996: 349>

"한편 본 자료는 광개토왕릉비 제3면의 일부를 탁본첩으로 만든 것으로, 비면에 석회를 바르기 이전에 제작된 이른바 원석 탁본으로 추정된다. 탁본 또는 탁본 첩의 정확한 제작연대는 알 수 없지만 '光緖 己丑(1889)'에 탁본했다는 발문이 있는 태동고전연구소 소장 원석 탁본첩의 일부로 보는 견해가 있다. 현재 탁본 첩은 본래 탁본첩을 해체한 후 더 큰 종이에 한 면씩 붙여 다시 첩으로 만든 것으 로 총 46면이다. 실제 비석 탁본은 제3면부터 시작된다. <중략> 탁본은 총 40면 으로 한 면에 3자씩 2행이 들어가도록 구성되어 있다. 제1행 제37자에서 제7행 제24자까지 탁본했으리라 생각되는데 제31면부터 거의 판독하기 어려워 확실 치 않다. 그럼에도 태동고전연구소 소장본과 함께 국내에 남아 있는 몇 안되는 원석 탁본이란 점에서 그 가치가 크다."   <남동신 2011: 479>

위에서 보면 양자 모두 규장각본奎章閣本에 대하여 청명 임창순구장본靑溟 任昌淳舊藏本(=현 태동고전연구소 소장본, 이하 '청명본靑溟本'으로 줄임)과 일정한 관 련성을 지니는 원석 탁본일 가능성을 언급함으로써 이 탁본의 정체를 밝힐 수 있는 단서를 제공하고 있음은 주목할 만하다. 다만, 남동신(2011)의 추정대 로라면 규장각본과 청명본의 결락 부분缺落 部分[123]이 일치하지 않음으로써 이 탁본의 정체에 대한 궁금증을 증폭시키는 결과를 낳고 말았다.

이러한 점을 염두에 두고서 광개토왕비문에서 이 탁본이 차지하는 정확한 위치를 파악함으로써 규장각본과 청명본의 관계에 대하여 논의함에 본고의 목표를 두고자 한다.

8.1. 규장각본과 길림본의 대비

규장각본의 정체를 밝히기 위해서는 무엇보다 이 탁본이 「광개토왕비문」에서 차지하는 정확한 위치 파악이 선행되어야 한다. 이 장에서는 기존에 알려진 원석 탁본들 중에서 규장각본과 동일한 체재를 갖추고 있는 탁본과의 대비를 행하고자 한다.

선행 연구들을 통하여 규장각본이 광개토왕비문의 3면 전반부에 해당한다는 것에는 이견異見이 없다. 따라서 원석 탁본 중에서 규장각본과 동일한 체재로 제본되어 있는 전장본剪裝本[124] 중에 3면이 온전하게 남아 있는 탁본을 찾아 양자를 대비하는 작업이 필수 불가결한 것이 된다. 필자가 찾아본 결과 원석 탁본 중에서 규장각본과 동일한 체재를 갖춘 전장본으로는 청명본靑溟本, 가네코본金子本과 함께 孫寶文(編)(1999)에서 편집된 북경대학 C본(이하 '길림본'으로 줄임)[125] 등 세 탁본을 들 수 있는데, 이 중에서 제3면이 온전한 것은 길

---

123 청명본에는 두 군데 커다란 결락이 있다. 그것은 제3면 1행 1자부터 6행 35자까지와 제4면 3행 3자부터 5행 40자까지다. 임세권·이우태(편) (2002) 해설편의 일러두기 제11항 참조.

124 전장본은 탁본을 보관하기 편리하도록 일정한 크기로 오려내어 책 형식(상→하, 우→좌)로 편집한 것을 말한다.

125 필자가 吉林本을 접한 것은 최근의 일이다. 송기호 교수를 단장으로 한 "2012 중국 동북지방 고구려유적답사단"의 일원으로 2012년 6월 23일 장군총 매점에서 윤선태 교수와 함께 구입함으로써 비로소 보게 된 것이다. 프롤로그 참조.
   길림본은 북경대 C本을 저본으로 출판을 위해 전장 편집剪裝編輯한 것이다. 처음에는 고광

림본이 유일한 것임이 드러났다.[126]

이에 따라 길림본의 제3면 첫 글자부터 한 면(6자)씩 제시하면서 규장각본 마이크로필름(MF 98-35-7-D) 복사본[127]과 비교하여 일치되는 면을 찾는 방식 (이때 규장각본의 원장차原張次는 무시함)으로 규장각본의 비문 속에서의 위치 파악을 위하여 행한 대비 작업의 결과를 보이면 다음과 같다.

[범례]

1. 아래의 도표들에서 첫 칸에는 광개토왕비문의 위치 정보(3.1.1=제3면 1행 1자 등)와 함께 졸고(2011)에서의 판독문을 실어 이해를 도운 것이다. 둘째 칸에는 길림본의 사진을, 셋째 칸에는 규장각본의 사진을 실었으며, 넷째 칸에는 길림본과 규장각본의 장차張次를 보인 것이다.

2. 규장각본의 사진은 마이크로필름(MF) 복사본을 스캔한 것이다. 다만, MF 제작시 음양이 반대로 된 면들(원장차 2, 4~7, 9~10, 12~13면)은 반전 처리反轉處理하여 제시한 것임을 밝혀둔다.

3. 판독 약호:

　　□ → 자획字劃의 잔흔殘痕 여부에 상관없이 판독하기 어려운 글자

　　Ⓐ → 남아 있는 자획으로 보아 "A"자로 추정 가능한 글자

의(2005: 63)에서 지적한 대로 陸和九의 제첨題簽이 있는 것으로 보아 북경대 A본으로 판단하였으나, 최근에 고 선생과의 통화에서 C본에 陸和九의 제첨만 덧붙인 것이라는 사실을 알게 되었다고 알려주었다.

126　청명본에는 각주 124)에서 말한 바와 같이 3.1.1(=제3면 1행 1자)~3.6.35까지 결락이 있으며, 金子本에도 3면 전반부 곳곳에(3.1.2~3.1.26, 3.1.28 ~3.1.40, 3.3.1~3.3.3, 3.3.31~3.3.34, 3.4.1~3.4.3, 3.4.27, 3.4.31 ~3.4.38, 3.5.1~3.5.2, 3.5.36~3.5.41 등) 결락 부분이 있다.

127　이 마이크로필름 복사본은 2011년 12월 29일 규장각 열람실 관계자의 도움으로 얻을 수 있었다. 이를 위하여 필자를 도와주신 李賢熙 선생님과 김유진 조교께 謝意를 표하고자 한다. 두 분의 도움으로 이때에 남동신(2011)에서 필요한 부분도 복사할 수 있었음을 밝혀둔다. 또 한 사람 남동신(2011: 478f.)의 "集安 廣開土王陵碑" 부분을 집필한 서울대학교 국사학과 박사과정의 홍기승 동학에게도 감사의 마음을 전한다. 홍 선생은 규장각본을 조사한 경험을 저자에게 알려줌으로써 본고의 논의에 큰 보탬이 되었음을 밝혀둔다.

	吉林本	奎章閣本	張次
①3.1.1- 3.1.6 □□ 倭□ □□			吉_142 /奎_17a
②3.1.7- 3.1.12 □□ □□ □□			吉_143 /奎_17b
③3.1.13- 3.1.18 興□ □□ □□			吉_144 /奎_20a
④3.1.19- 3.1.24 □□ □□ □□			吉_145 /奎_20b

①3.1.1이 어떤 글자인지 정하기는 어려우나,[128] 이 자획의 일치로 해서 두 탁본

---

128 이 글자에 대해서는 초기에 榮禧, 金毓黻에 의해서 '官'자로 추정된 바 있으나 받아들이기
    어렵다. 자흔字痕으로 판단컨대 혹 '昆'자가 아닐까 하나 확정하기는 어려운 듯하다.

면의 일치를 주장할 수 있는 결정적인 근거로 삼을 수 있다. 3.1.5에 대해서는 왕젠췬王健群(1984)에서 '且'자로 추독되었으나, 남아 있는 자획상 '倭'자에 더 가까운 것으로 판단된다.

② 글자의 자획이 전혀 남아 있지는 않으나, 착묵상의 농담濃淡 차이를 제외하면 두 탁본의 늑흔泐痕의 일치가 분명해 보이는 면 중의 하나다.

③ 늑흔상으로는 양자간의 일치를 주장하기는 어려운 듯하나, 3.1.16의 상단 자획이 두 탁본 모두 '興'자의 윗 부분으로 보아 무방할 만큼 일치를 보이고 있으므로 두 탁본면의 일치를 주장할 수 있는 결정적인 근거로 삼아도 좋을 것이다.

④ 역시 글자의 자획은 남아 있지는 않으나, 하단에서 늑흔의 상사相似를 볼 수 있는 면 중의 하나다.

	吉林本	奎章閣本	張次
⑤3.1.25- 3.1.30 □□ □□ □辞			吉_146 /奎_19a
⑥3.1.31- 3.1.36 □□ □□ □□			吉_147 /奎_19b

⑤ 착묵상의 농담 차이를 제외하면 늑흔의 일치로 보거나, 3.1.28의 '辭'자의 자형으로 보아 두 탁본면의 일치가 분명해 보인다.

⑥ 역시 글자의 자획은 남아 있지는 않으나, 착묵상의 농담 차이를 제외하면 두 탁본의 늑흔의 일치가 확실해 보이는 면 중의 하나다.

	吉林本	奎章閣本	張次
⑦3.1.37-41, 3.2.1 □□ 潰□ 帀□			吉_148 /奎_01a
⑧3.2.2- 3.2.7 安囚 羅隨 人□			吉_149 /奎_01b

⑦ 3.1.41이 '潰'자임이 양자간 일치를 보이므로 두 탁본 사이의 일치가 확실해 보이는 면 중의 하나다.

⑧ 3.2.6~3.2.7의 '羅人'의 일치로 보아 두 탁본 사이의 일치를 의심하기는 어렵다. 3.2.2는 규장각본에 남아 있는 자형이 '以'자에 좀더 가까운 듯하고, 3.2.3은 두 탁본 모두 우측 '有'의 흔적이 보이는 듯하므로 '隨'자로, 3.2.5는 문맥상 '安'자로 본 것이다.

	吉林本	奎章閣本	張次
⑨3.2.8- 3.2.13 新戌 羅兵 寐昔			吉_150 /奎_2a

	吉林本	奎章閣本	張次
⑩3.2.14- 3.2.19 身錦 來未 䛁有			吉_151 /奎_2b
⑪3.2.20- 3.2.25 □事 □□ □□			吉_152 /奎_3a
⑫3.2.26- 3.2.31 好開 太圡 田境			吉_153 /奎_3b

⑨~⑩, ⑫ 착묵상의 농담 차이를 제외하고는 두 탁본 사이의 일치가 가장 확실
한 면들에 해당된다. ⑩의 3.2.19에 대해서는 '論'자로 보는 안과 '聆'자로 보
는 안으로 나뉜다. 외견상 '聆'자에 근사한 자획으로 보이나, 우측 자형이 이
비문에서의 '令'의 자형(奎 4.6.33)과는 약간의 차이를 보일 뿐만 아니라 '聆
事'라는 용례를 중국 한적들에서 찾을 수 없음을 고려하여 '論'자로 보는 안
을 따른 것이다. 졸고(2012)에서 살펴본 대로 이 비문에 나타난 한자어들은
대부분 중국의 문헌 용례들과 일치할 정도로 한자어 수용의 초기 단계를 보
여주므로 '聆事'보다는 '論事'의 가능성이 큰 것으로 판단하였기 때문이다.
⑫의 3.2.31은 문맥상 '王'자로 추독한 것이다.

⑪ 두 탁본에 있어서 3.2.20의 상단부가 '事'자의 윗 부분과 비슷한 특징을 지니

고 있을 뿐만 아니라, 늑흔의 모양이나 흐름이 유사하므로 두 탁본면의 일치
를 의심하기 어려울 듯하다.

	吉林本	奎章閣本	張次
⑬3.2.32- 3.2.37 □□ 寐□ □□			吉_154 /奎_16a
⑭3.2.38- 3.3.2 勾□ □家 □僕			吉_155 /奎_16b
⑮3.3.3- 3.3.8 貢□ 十□ 四朝			吉_156 /奎_4a
⑯3.3.9- 3.3.14 而年 倭甲 不辰			吉_157 /奎_4b

⑬~⑯ 역시 착묵상의 농담 차이를 제외하고는 자형으로 보나 늑흔 형태로 보거나 양자간의 일치가 가장 확실한 면들임을 의심할 만한 여지는 전혀 없다.

	吉林本	奎章閣本	張次
⑰3.3.15- 3.3.20 帶軌 方侵 界入			吉_158 /奎_5a
⑱3.3.21- 3.3.26 □和 至□ 石殘			吉_159 /奎_5b
⑲3.3.27- 3.3.32 舡城 □□ □連			吉_160 /奎_18b (180° 回轉)
⑳3.3.33- 3.3.38 率□ □□ □□			吉_161 /奎_18a (180° 回轉)

⑰~⑱ 역시 착묵상의 농담 차이를 제외하고는 자형으로 보나 늑흔 형태로 보거

나 양자간의 일치가 가장 확실한 면들임을 의심할 만한 여지는 전혀 없다.
3.3.21은 두 탁본 모두 어떤 글자인지 정하기 어려운 상태이다. 졸고(2011b:
324-325)에서 말한 바와 같이 특히, 中研本에서 좌변 '禾'의 형상을 찾을 수
있을 뿐만 아니라 문맥상으로도 '和'자로 인정할 만한 자리이므로 이 판독안
을 유지한 것임을 밝혀둔다.

⑲~⑳ 규장각본의 현재 제본 상태는 양면의 천지天地가 뒤집혀져 있다. 따라서
180° 회전 처리한 것이 위에 제시한 사진들이며, 동시에 순서상으로도 원 장
차 18b→18a로 조정된 것임을 밝혀둔다. 3.3.27은 규장각본으로는 무슨 글자
인지 알기 어려운 상태이나, 길림본으로는 좌변 '土'의 형상은 불분명하지만
우변 '成'의 자형은 비교적 분명하므로 '城'자로 추독한 것임도 밝혀둔다.

	吉林本	奎章閣本	張次
㉑3.3.39~ 3.4.3 □從 □平 □穰			吉_162 /奎_6a
㉒3.4.4- 3.4.9 王鋒 幢相 要遇			吉_163 /奎_6b

	吉林本	奎章閣本	張次
㉓3.4.10- 3.4.15 倭截 寇盈 潰刺			吉_164 /奎_7a
㉔3.4.16- 3.4.21 無敗 數斬 十煞			吉_165 /奎_7b

㉑~㉔ 역시 착묵상의 농담 차이를 제외하고는 자형으로 보나 늑흔 형태로 보거나 양자간의 일치가 가장 확실한 면들임을 의심할 만한 여지는 전혀 없다.

	吉林本	奎章閣本	張次
㉕3.4.22- 3.4.27 未七 敎年 遣丁			吉_166 /奎_8a

	吉林本	奎章閣本	張次
㉖3.4.28- 3.4.33 萬步 □騎 □五			吉_167 /奎_8b
㉗3.4.34- 3.4.39 □□ □□ □□			吉_168 /奎_9a
㉘3.4.40- 3.5.4 □□ 合師 戰□			吉_169 /奎_9b
㉙3.5.5- 3.5.10 盡斬 所煞 獲蕩			吉_170 /奎_10a

㉕~㉙ 역시 착묵상의 농담 차이를 제외하고는 자형으로 보나 늑흔 형태로 보거나 양자간의 일치가 가장 확실한 면들이다.

	吉林本	奎章閣本	張次
㉚3.5.11- 3.5.16 萬鎧 餘甲 領一			吉_171 /奎_10b
㉛3.5.17- 3.5.22 械軍 不資 可器			吉_172 /奎_11a
㉜3.5.23- 3.5.28 破稱 沙數 溝還			吉_173 /奎_11b
㉝3.5.29- 3.5.34 □城 □婁 城城			吉_174 /奎_12a

㉚~㉝ 역시 착묵상의 농담 차이를 제외하고는 자형으로 보아 양자간의 일치가
가장 확실한 면들임을 의심할 만한 여지는 전혀 없다.

	吉林本	奎章閣本	張次
㉞3.5.35- 3.5.40 □□ □□ □□			吉_175 /奎_12b
㉟3.5.41- 3.6.5 卅□ 年□ 庚城			吉_176 /奎_13a
㊱3.6.6- 3.6.11 餘戌 舊東 是夫			吉_177 /奎_13b
㊲3.6.12- 3.6.17 屬鄒 民牟 中王			吉_178 /奎_14a

㉞~㊲ 역시 착묵상의 농담 차이를 제외하고는 자형으로 보나 늑흔 형태로 보거나 양자간의 일치가 가장 확실한 면들임을 의심할 만한 여지는 전혀 없다.

	吉林本	奎章閣本	張次
㊳3.6.18-3.6.23 王叛 躬不 率貢			吉_179 /奎_14b
㊴3.6.24-3.6.29 □住 餘討 城軍			吉_180 /奎_15a
㊵3.6.30-3.6.35 國而 駄餘 □舉			吉_181 /奎_15b

㊲~㊳, ㊵ 역시 착묵상의 농담 차이를 제외하고는 자형으로 보나 늑흔 형태로 보거나 양자간의 일치가 가장 확실한 면들임을 의심할 만한 여지는 전혀 없다.

㊴ 규장각본의 3.6.24가 '到'자가 아님을 알게 된 것은 2014년 2월 27일 규장각본 조사 자리였다. 함께 조사에 임했던 정재영 교수의 교시 덕분인데, 남아 있는 자형으로 어떤 글자인지를 특정하기가 어렵다. 처음 본 순간 '度'자로 볼 수 있지 않을까 했으나, 비문에 쓰이지 않은 글자라는 점에서 그 가능성은 접을 수밖에 없다.

8.2. 규장각본과 청명본의 관계

이상 규장각본과 길림본의 대비를 통하여 드러난 것들을 정리해보면 다음과 같다.

첫째, 앞에서 본 대로 규장각본은 광개토왕비문의 3.1.1~ 3.6.35에 해당하는 부분임이 분명하다. 이는 앞서 각주 123)에서 소개한 바와 같이 청명본의 3면 결락부와 정확히 일치함으로써 양 탁본간의 밀접한 관련성을 생각하기에 충분한 근거가 될 수 있다.

둘째, 규장각본은 원석 탁본인 길림본(=북경대 C본)과의 대비를 통해 원석탁본일 가능성이 매우 높은 것으로 드러나고 있다. 자형으로 보거나 늑흔痢痕의 상태로 보거나 원석 탁본의 특징들을 지닌 것으로 판단해도 좋을 것인바, 특히 3면의 첫 행이 온전히 보존되어 있는 점이 기존의 석회 탁본들과의 결정적인 차이점으로 부각시켜도 좋을 것이다.

셋째, 탁본 대비 과정에서 잘 드러난 바와 같이 규장각본의 장차張次는 무질서하게 흐트러져 있다. 대체로 글자가 분명한 면을 앞세우고, 그렇지 않은 면들을 뒤쪽에 불규칙하게 배열하고 있는데, 이렇게 된 것은 규장각에 입고入庫되기 전 원소장자 또는 중개상에 의해 그리된 것일 수도 있고, 규장각에 입고된 후 모종의 과정에서 그리된 것일 수도 있는데, 현재로서는 어느 쪽인지를 알기 어렵다. 이러한 점에서 규장각 입고 전후 사정에 대하여 자세히 추적해 볼 필요가 있을 것이다.

이 탁본이 규장각에 입고된 전후의 사정에 대해서는 현재 남아 있는 자료가 부족하여 자세히 밝히기는 어려운 듯하다.

저자는 2013년 6월 24일~27일에 규장각 정보자료관리부의 권재철 선생과 서울대학교 중앙도서관의 수서정리과 원부 담당 이지선 선생의 도움을 받아 다음과 같은 몇 가지 사실만을 확인할 수 있었다. 친절히 답변해주신 두 분께 이 자리를 빌어 다시 한번 감사의 뜻을 전한다.

첫째, 규장각본의 입고 과정을 알 수 있는 도서 원부의 소재는 예상과는 달리 서울대학교 중앙도서관이었다. 2013년 6월 24일 오후 2시 경 이지선 선생께 규장각본의 도서등록번호 "374157"을 근거로 도서 원부의 확인을 요청한 바 있는데, 26일 오후 4시 경 "도서 원부에는 1975년에 편입된 자료로만 나오고, 구입 경로나 기증자에 대한 정보는 없다"라고 하는 다소 실망스런 답변을 듣고 말았다. 남아 있는 것은 수리 과정에서 어떤 실마리를 찾을 수 있지 않을까 하는 기대뿐이었다.

둘째, 앞서 소개한 남동신(2011: 479)의 인용문에 따라 규장각본의 수리 과정에 관한 것은 2013년 6월 27일 오후 4시 30분 경 권재철 선생으로부터 확인할 수 있었다. 그에 따르면 규장각본은 2000년 7월 12일자로 수리·복원이 완료되었는데, 수리 담당자는 배첩장褙貼匠 김표영 선생[129]이었다고 한다. 또한 규장각본의 순서가 현재처럼 불규칙하게 된 것에 대해서는 당시 사진으로 제출된 검수 조서에 의하건대, 수리 과정에서가 아니라 규장각에 입고될 당시부터 그리되어 있었을 가능성이 거의 확실하다고 한다.

따라서 규장각본에 대하여 우리가 알 수 있는 사실은 1975년 서울대학교 중앙도서관에 편입된 후, 2000년 9월에 배접·수리만 이루어진 것으로 정리할 수 있을 뿐이다.

---

129 김표영 선생(1925~)은 중요무형문화재 제102호 배첩장(1996년 3월 기능보유자 인정)으로서 1978년부터 규장각, 국립중앙도서관, 창덕궁 등에 소장된 국가 지정 문화재들을 수리하기 시작한 것으로 알려져 있다. 「금강신문」(www.ggbn.co.kr) 2012.2.3. "⑪ 김표영 배첩장 (중요무형문화재 제102호)" 소개 기사 등 참조.

한편, 청명본과 규장각본의 관계를 알기 위해서는 청명본의 구입에 관한 정보도 필요하다. 그러나 안타깝게도 청명 선생이 이에 관한 기록을 남긴 것은 없는 듯하다. 다만, 필자는 청명 선생과의 인연이 깊으신 서울시립대학교 사학과의 이우태李宇泰 선생님과의 대화를 통하여 청명본의 구입 시기에 관한 작은 실마리를 얻을 수 있었다. 그것은 청명 선생이 문화재위원으로 활동할 무렵에 탁본을 구입한 것으로 들으셨다는 것이다. 청명 선생이 1971년에 문화재위원으로 위촉되었으므로(『민족문화대백과사전』 참조) 그 구입 시기는 1971년 이후가 분명하다.

여기에 청명본이 『서통書通』 창간호(1973.9.15)에 부분 영인되었음도 중요한 단서가 될 수 있다.

[사진 24] 『書通』 창간호에 영인된 청명본

[사진 24]에서 보듯이 『서통』 창간호 pp.18-21에는 청명본 1~4면(1.1.1~1.1.24)이 축소 영인되어 있고, pp.22-24에는 "阿旦"(1.10.35-36/3.13.18-19), "隨官"(3.7.15-16),

"看烟'(3.8.28-29 외 도처)의 두 글자씩이 원 크기대로 영인되어 있다. 여기서 "隨官", "看烟'은 3면 중반부에 위치하는 자들일 뿐만 아니라, 규장각본에 해당하는 부분의 글자들이 영인에 전혀 이용되고 있지 않음은 청명 선생이 1973년 9월 이전부터 현재와 같은 상태의 탁본을 구입·소장하고 있었음을 알려준다. 따라서 청명본은 대체로 1971~1973년 무렵에 구입된 것으로 추정하여도 좋을 것이다.

이상에서 규장각본이 원석 탁본이면서 청명본의 결락부와 정확히 일치한다는 점, 청명본의 구입 추정 시기와 규장각본의 입고 시기 사이에 몇 해 차이가 나지 않는다는 점을 확인할 수 있게 된다. 이는 두 탁본 사이의 밀접한 관련성을 생각하기에 충분한 근거가 될 수 있을 것이다. 필자의 판단으로는 이형구(1996)에서 추정된 것처럼 규장각본은 청명본과 한 조를 이루다가 모종의 사정으로 인하여 현재와 같이 서로 흩어진 것으로 결론을 내려도 좋을 것이 아닌가 한다.

이를 입증하기 위해서는 탁본의 지질紙質, 착묵 상태着墨狀態 등에 대한 종합적인 조사가 필요하나, 현재의 필자로서는 청명본에 대해서도 아직 원본 조사를 행하지 못한 형편이므로 단정적인 언급은 삼갈 수밖에 없다.[130]

다만, 한 가지 두 탁본의 크기에 대해서는 기존에 보고된 바가 있으므로 이

---

130 두 탁본에 대한 원본 조사를 하지 못한 점은 본고의 치명적인 약점으로 지적될 것이다. 필자가 원본 조사를 시도하지 않았던 것은 아니나 규장각본의 상태가 생각보다 좋지 못하다는 전언에다(노태돈 선생님) 앞서 말한 것처럼 배접 수리가 되어 있다는 점에서 비전문가인 필자가 육안으로 또는 손의 감각만으로 조사를 한다고 해도 그 결과가 믿음직하지 못할 것이라는 생각에 원본 조사를 머뭇거리게 된 것임을 고백하고 싶다. 앞으로 기회가 된다면 지질 조사 전문가와 함께할 수 있기를 기대한다.
[프롤로그에서 소개한 바와 같이 규장각본에 대해서는 2014년 2월 27일 정재영 교수와 함께 규장각의 고문헌열람실에서 조사를 행하였음을 부기해둔다.]

를 바탕으로 양자간의 동일성 여부에 대한 판단을 내려보고자 한다.

"매수 및 크기: 1帖(24折 46面). 전체 54×34.5㎝ 탁본 41.3× 26.5㎝"<남동신 2011: 478>

"청명본은 帖의 형태로 되어 있는데 첩의 크기는 가로 322밀리미터 세로 510밀리미터이며, 비의 각 면을 한 책으로 하고 제1면부터 元, 亨, 利, 貞으로 이름을 붙여 모두 4책으로 나누어 제책하였다.
  첩을 구성하고 있는 각 면은 두 면이 한 장으로 붙어 있으며 가운데가 접혀 있어서 면이 구분되어 있다. 각 면은 상부 여백 58밀리미터 하부 여백 48밀리미터 외측 여백 44밀리미터 내측 여백 17밀리미터인데 오른 쪽 면은 외측 여백이 오른쪽이고 왼쪽 면은 외측 여백이 왼쪽이다. 면 중심에는 한 줄 석자씩 두 줄 여섯 자로 탁본을 잘라 배접하여 붙였다."<임세권·이우태(편) 2002: 14>

  위의 증언에 따라 청명본의 탁본 크기를 계산해보면, 세로 40.4㎝×가로 26.1㎝로서 규장각본에 비하여 가로 4㎜, 세로 9㎜ 정도 작은 것으로 드러난다. 이 정도의 차이는 무시해도 좋을 것인가. 그런데 앞서 소개한 남동신(2011: 479)에서 규장각본에 대하여 "현재 탁본 첩은 본래 탁본첩을 해체한 후 더 큰 종이에 한 면씩 붙여 다시 첩으로 만든" 것이라고 하였으므로 수리 결과에서 또는 탁본의 크기를 잰 면의 차이에서[131] 현재와 같은 오차가 생겨났을 가능성이 충분할 듯하다. 따라서 위에서의 두 탁본간 크기 차이가 규장각본이 청명본과 한 조를 이루다가 흩어진 탁본인 것으로 추정함에 있어서 결정적인 반

---

131 규장각본 조사 시에 몇 면을 실측한 결과는 다음과 같다.
    1a: 41.2×26.5㎝, .1b: 41.2×26.5㎝
    2a: 40.1×26.7㎝, .2b: 40.0×26.7㎝
    15a: 40.8×26.4㎝, 15b: 40.8×26.5㎝
    이로 미루어보면, 청명본도 면에 따라 그 크기에 있어서 변동의 폭이 있을 것으로 예상된다. 따라서 현재 드러난 양 탁본 사이의 크기의 차이는 그리 큰 문제는 아닌 것으로 판단된다.

증은 아닌 것으로 보아도 좋을 것이다.

본론에서의 추정이 사실에 가깝다면, 규장각본은 청명본의 결락부를 메울 수 있는 유일한 탁본이라는 점에서 그 가치는 다대多大할 것이다. 사실 청명본은 국내 유일의 광개토왕비문의 원석 탁본이면서도 3면과 4면에 있는 결락 부분 때문에 저평가된 측면이 없지 않은 듯한데, 우리의 논의를 통하여 3면의 결락 부분을 메울 수 있는 가능성을 발견하였다는 점에서 이 글의 의의를 찾아도 좋을 것이다.

이렇게 된다면 졸고(2011b)의 논의 과정에서 청명본의 3면 결락 부분을 "欠"로 처리할 수밖에 없었으나, 이제는 규장각본으로 대신할 수 있는 근거를 마련할 수 있게 된 것이다. 앞으로 원본 조사를 통하여 필자의 결론이 보강될 수 있기를 기대해마지 않는다.

제9장
동이전의 고유명사
표기자 분석

이 글은 『三國志』卷三十·魏書三十·烏丸鮮卑東夷傳第三十의 「동이전東夷傳」(이하 「동이전」으로 줄임) 중에서 부여조夫餘條~왜인조倭人條에 실려 있는 고유명사 표기들을 수집·정리하여 이들에 쓰인 글자들에 대한 음운학적 분석을 목표로 한 것이다. 이를 위하여 크게 부여계夫餘系, 한계韓系, 왜인조倭人條로 나누어 전이자前二者[夫餘系·韓系]에 대한 성모聲母, 운모韻母, 성조별聲調別 분포적 특징을 분석하여 A.D. 3세기 경 한반도의 언어, 특히 음운 상태를 재구하고자 한 것인데, 이 과정에서 후자後者[倭人條]와의 비교도 함께 행할 것이다.

잘 알려져 있듯이 『삼국지』는 진晉 진수陳壽가 사찬私撰한 삼국시대 66년간(220~265)의 정사로서 특히 「동이전」은 위나라가 당시의 동북아 각국과의 교류·전쟁·정복 등을 통하여 전보다 많은 정보를 얻을 수 있었던 점에서 유일한 외국전으로 실린 만큼 그 자료적 가치가 상당한 것으로 인정되고 있다. 특히 여기에 실린 고유명사 표기의 대부분이 당시의 종군자나 외국에 파견된 군리郡吏 등으로부터 직접 보고된 것에 기초하였을 가능성이 높다는 점에서 (국사편찬위원회 1987: 200-202) 우리의 분석 작업을 통하여 어느 정도 의미있는 결과를 기대해도 좋을 것이다.

이러한 점에 주안점을 두고서 시론적인 논의를 펼치고자 하거니와, 국내에서는 아직 이 방면의 연구가 활발하지 않은 만큼[132] 필자의 논의가 어느 정도로 사실에 가까이 다가갈 수 있을지 걱정이 앞선다. 그럼에도 불구하고 이러한 분석 작업을 행하고자 하는 의도는 최근에 계속적으로 발굴되고 있는 금석문, 목간 등 우리의 출토 자료들에서 고유명사 표기들이 많이 보이나, 애초에 기대했던 것과는 달리 동일 고유명사의 이표기들이 거의 나타나지 않는 상황에서 고유명사 표기들을 이용한 고대한국어 음운 연구의 새로운 방법론을 개척하고자 하는 미충微衷에서 출발한 것임을 밝혀두고자 한다. 본고의 분석 결과는 앞으로 이루어질 한국의 출토 문자자료들에서의 고유명사 표기자들에 대한 분석 및 해석을 위한 하나의 기준점이 될 수 있을 것이다. 다만, 필자의 역량 부족으로 여러가지 문제점들이 드러날 것이다. 아낌없는 질정을 빌어마지 않는다.

132　지금까지 「동이전」에 실려 있는 고유명사 표기들을 자료로 이용한 논의로는 필자의 과문寡聞인지 모르나, 도수희(1987·1990/2008)의 두 편이 거의 유일한 것이 아닌가 한다. 전자는 변·진한弁·辰韓의 언어 자료로서 「동이전」 진한·변진조辰韓·弁辰條의 인명, 관명, 국명 표기들을, 후자는 마한의 언어 자료로서 역시 「동이전」 마한조의 관명, 국명 표기들을 대상으로 궁극적으로 삼한어의 음운체계를 재구한 선구적인 업적들이다. 다만, 도수희 선생의 논의들에서는 특히 음운체계의 재구 방법론에 있어서 분포상의 특성을 고려하지 않은 채, 모든 음소들을 음운체계에 수용하는 평면적인 처리를 함으로써 결과적으로 한어漢語와 삼한어의 음운체계가 거의 동일하게 귀납되고만 문제점을 안고 있는 것으로 판단된다.

9.1. 고유명사 표기의 수집과 정리

9.1.1. 고유명사 표기의 수집

여기에서는 「동이전」 중 '부여·고구려·동옥저·예·마한·진한·변진조' 등 우리 선조들과 직접 관련되는 고대국가들을 대상으로 '국명/부명'(A), '지명'(a), '인명'(B), '관명'(C), '기타어'(D)로 구분하여 고유명사 표기들을 모으되, 한문적 요소 또는 중국화하였거나 불확실한 자료들에는 ( )로 감싸 제시함으로써 용자用字 분석 시 제외할 부분임을 표시할 것이다.[133] 이때 인위적인 용자율의 증가를 막기 위해 동일 표기의 중출 횟수는 무시하며, 인명이나 기타 어휘에 필요한 설명을 [ ] 속에 부기附記하도록 한다.

    (1) 부여조
        A : 夫餘 / a : 濊(城)
        B : 尉仇台[王], 簡位居[王], 麻余[王=簡位居之孼子], 位居[大使=牛加兄之子], 依慮[王=麻余之子]
        C : (馬)加, (牛)加, (猪)加, (狗)加, (大使), (大使者), (使者), (大)加
        D : 迎鼓[祭天行事]

관명인 '馬加, 牛加, 猪加, 狗加, 大加'에서의 '馬, 牛, 猪, 狗, 大'는 해당되는 부여어에 대한 한역어漢譯語일 가능성이 높으므로 ( )로 감싸 제시한 것이다. '大使, 大使者, 使者'도 중국화한 관명이라는 견해가 지배적이므로(국사편찬위원회 1987: 224-225), 또한 지명 후부요소 '城'은 한문 요소로 보아 역시 ( )로 감싼 것이

---

133 여기서 한문적(또는 중국화한) 요소, 불확실한 요소들을 용자 분석에서 제외하고자 함은 되도록 중국어의 영향이 배제된 순수한 상태의 표기들을 대상으로 함으로써 분석 결과의 신뢰도를 높이고자 함임을 밝혀둔다.

다. 제천행사명 '迎鼓'도 한역어일 가능성이 없지 않으나, 『한어대사전』의 검색 결과 중국 문헌들에서는 쓰이지 않는 어휘로 나타나므로 그대로 둔다.

(2) 고구려조

　A : 高句麗, (下)句麗, 消奴(部), 絕奴(部), 順奴(部), 灌奴(部), 桂婁(部)

　a : 丸都, (幘)溝漊, (小水)貊

　B : 騶[句麗侯], 宮[太祖王], 伯固[新大王], 優居[大加], 然人[主簿], 拔奇[伯
　　　固之長子], 伊夷模[山上王=伯固之小子], 駁位居[古鄒加], 位宮[東川王]

　C : 相加, 對盧, 沛者, 古鄒加, (主簿), 優台, (丞使者), 皁衣, 先人, (大)加, (小)加

　D : 溝漊[城], 枋京[小倉], 東盟[祭天行事], (幘), (折風), (隧穴), (壻屋), 位[相似]

왕망王莽에 의한 신국호인 '下句麗'에서의 '下'는 중국측의 경멸 의식이 반영된 것이 분명하므로, 그리고 5부명에서의 '部', 지명들에서의 '幘'과 '小水' 등은 한문 요소로 보아 ( )로 감싸 제시한다. '主簿, 丞(·)使者', '折風, 隧穴, 壻屋' 등도 중국화한 관명 또는 한어로 본 것이다. '東盟' 역시 한역어일 가능성이 없지 않으나 역시 『한어대사전』의 검색 결과 중국 문헌들에서는 쓰이지 않는 어휘로 나타나므로 그대로 둔다.

(3) 동옥저조

　A : (東·北·南)沃沮, 置溝婁[=北沃沮]

　a : 蓋馬(大山)[高句麗 地名], (不耐), (華麗), (沃沮)

　B : ---

　C : (長帥), (三老)

　D : ---

국명에서의 관칭冠稱 '東·北·南', 지명 접미사 '大山'은 한문 요소가 분명하므로, 지명으로 나오는 '不耐, 華麗, 沃沮'는 후한대의 현명으로 소개되어 있

으로 ( )로 감싸 제시한 것이다. 관명인 '長帥[134], 三老'도 중국화한 것으로
본 것이다.

(4) 예조

    A : 濊 / a: ---

    B : ---

    C : (侯), (邑君), (三老), (渠帥)

    D : 舞天[祭天行事], 責禍[罰]

관명 '侯, 邑君, 三老, 渠帥[135]'도 중국화한 것으로 보아 역시 ( )로 감싸 제시
한 것이다. '舞天'이나 '責禍'도 한역어일 가능성이 없지 않으나 역시 『한어대
사전』의 검색 결과 중국 문헌들에서는 「동이전」 외에는 쓰이지 않는 어휘로
나타나므로 그대로 둔다.

(5) 마한조

    A : 馬韓, 爰襄(國), 牟水(國), 桑外(國), (小)石索(國), (大)石索(國), 優休牟涿
        (國), 臣濆沽(國), 伯濟(國), 速盧不斯(國), 日華(國), 古誕者(國), 古離(國),
        怒藍(國), 目支(國), 咨離牟盧(國), 素謂乾(國), 古爰(國), 莫盧(國), 卑離
        (國), 占離卑(國), 臣釁(國), 支侵(國), 狗盧(國), 卑彌(國), 監奚卑離(國), 古
        蒲(國), 致利鞠(國), 冉路(國), 兒林(國), 駟盧(國), 內卑離(國), 感奚(國), 邁
        盧(國), 辟卑離(國), 臼斯烏旦(國), 一離(國), 不彌(國), 支半(國), 狗素(國),
        捷盧(國), 牟盧卑離(國), 臣蘇塗(國), 莫盧(國)[重出], 古臘(國), 臨素半
        (國), 臣雲新(國), 如來卑離(國), 楚山塗卑離(國), 一難(國), 狗奚(國), 不雲

---

134 '長帥'라는 말은 『國語』 卷六·齊語·管仲對桓公以覇術條를 비롯하여 『通典』, 『藝文類聚』
    등에 보인다. 대만 중앙연구원의 한적전자문헌자료고 참조.

135 '渠帥'도 『漢書』, 『後漢書』, 『三國志』 등에 자주 보이는 말이다. 상동 한적전자문헌자료고
    참조.

(國), 不斯濆邪(國), 爰池(國), 乾馬(國), 楚離(國)

　a : 蘇塗, (州胡)

　B : ---

　C : (長帥), 臣智, 邑借, 臣雲遣支報, 安邪踧支, 濆臣離兒不例, 狗邪秦支廉,

　　　(魏率善), (邑君), (歸義侯), (中郎將), (都尉), (伯長), (邑長), (主帥), (天君)

　D : ---

　마한 55소국명에서의 '-國'은 한문 요소가 분명하므로, 지명 중 '州胡'는 주
민 집단의 특성을 기록한 한어로 보아(국사편찬위원회 1987: 310) ( )로 감싸 제시
한 것이다. 관명인 '長帥, 邑君, 歸義侯, 中郎將, 都尉, 伯長, 邑長, 主帥, 天君'
등은 모두 중국화하였거나, 중국(=漢)의 관명을 원용援用한 것으로 본다.

　(6) 진한조

　　A : 辰韓, (秦韓) / a: ---

　　B : ---

　　C : ---

　　D : 邦[國], 弧[弓], 寇[賊], (行)觴[行酒], 徒[相呼], 阿[我]

　국명의 이칭 '秦韓'은 중국인들의 의식이 반영된 것으로 보아 ( )로 감싸 제
시한 것이다.

　(7) 변진조

　　A : 弁辰, 已柢(國), 不斯(國), 勤耆(國), 難彌離彌凍(國), 冉奚(國), 軍彌(國),

　　　如湛(國), 戶路(國), 州鮮(國), 馬延(國), 斯盧(國), 優由(國), (弁辰)彌離彌

　　　凍(國), (弁辰)接塗(國), (弁辰)古資彌凍(國), (弁辰)古淳是(國), (弁辰)半

　　　路(國), (弁辰)樂奴(國), (弁辰)彌烏邪馬(國), (弁辰)甘路(國), (弁辰)狗邪

　　　(國), (弁辰)走漕馬(國), (弁辰)安邪(國), (弁辰)瀆盧(國)

a : ---

B : ---

C : (渠帥), 臣智, 險側, 樊濊, 殺奚, 邑借

D : ---

23소국명(진한 11국, 변진 12국)에서의 '-國'은 한문적 요소가 분명하므로, 그리고 변진 12소국에서의 관칭 '弁辰'은 인위적인 용자율의 증가를 막기 위하여 ( )로 감싸 提示한 것이다.

9.1.2. 고유명사 표기자의 정리

이상에서 수집된 고유명사 자료들을 크게 부여계와 한계로 나누어 그 용자들을 정리하고자 한다. 여기서 부여계와 한계로 대별함은 위에서 수집된 자료들을 일별하여도 부여계에 비하여 한계 고유명사들에 입성자들이 빈번하게 사용된다든가, 부여계에는 '加, 居, 奴' 등의 용자가, 한계에는 '盧, 離, 彌, 卑' 등의 용자가 더 자주 등장하는 차이점을 발견할 수 있을 뿐만 아니라, 한국어 계통론의 관점에서도 의미있는 결과가 예상됨을 고려한 것이다.

(8) 부여계 고유명사 종합

  A : 夫餘 / 高句麗, (下)句麗, 消奴(部), 絕奴(部), 順奴(部), 灌奴(部), 桂婁(部) / 沃沮, 置溝婁 / 濊

  a : 濊(城), 丸都, (幘)溝漊, (小水)貊, 蓋馬(大山)

  B : 尉仇台, 簡位居, 麻余, 位居, 依慮 / 駒, 宮, 伯固, 優居, 然人, 拔奇, 伊夷模, 駮位居, 位宮

  C : (馬)加, (牛)加, (豬)加, (狗)加, (大)加 / 相加, 對盧, 沛者, 古鄒加, 優台, 皁衣, 先人, (大)加, (小)加

(9) 부여계 고유명사의 표기자 정리(가나다순)

加[9], 簡, 蓋, 居[4], 桂, 古, 固, 高, 灌, 仇, 句[2], 溝[2], 宮[2], 奇, 奴[4], 對, 駒, 都, 慮, 麗[2], 盧, 婁[2], 漊, 麻, 馬, 貊, 模, 駮, 拔, 伯, 夫, 相, 先, 消, 順, 余, 餘, 然, 濊, 沃, 優[2], 位[4], 尉, 依[2], 伊, 夷, 人[2], 者, 沮, 絕, 皁, 鄒, 置, 台[2], 沛, 丸 (字種 56, 延字數 83)

(10) 한계 고유명사 종합

A : 馬韓, 爰襄(國), 牟水(國), 桑外(國), (小)石索(國), (大)石索(國), 優休牟涿 (國), 臣濆沽(國), 伯濟(國), 速盧不斯(國), 日華(國), 古誕者(國), 古離(國), 怒藍(國), 目支(國), 咨離牟盧(國), 素謂乾(國), 古爰(國), 莫盧(國)[2], 卑離 (國), 占離卑(國), 臣釁(國), 支侵(國), 狗盧(國), 卑彌(國), 監奚卑離(國), 古 蒲(國), 致利鞠(國), 冉路(國), 兒林(國), 駟盧(國), 內卑離(國), 感奚(國), 萬 盧(國), 辟卑離(國), 臼斯烏旦(國), 一離(國), 不彌(國), 支半(國), 狗素(國), 捷盧(國), 牟盧卑離(國), 臣蘇塗(國), 古臘(國), 臨素半(國), 臣雲新(國), 如 來卑離(國), 楚山塗卑離(國), 一難(國), 狗奚(國), 不雲(國), 不斯濆邪(國), 爰池(國), 乾馬(國), 楚離(國) / 辰韓 / 弁辰, 已柢(國), 不斯(國), 勤耆(國), 難彌離彌凍(國), 冉奚(國), 軍彌(國), 如湛(國), 戶路(國), 州鮮(國), 馬延 (國), 斯盧(國), 優由(國), (弁辰)彌離彌凍(國), (弁辰)接塗(國), (弁辰)古資 彌凍(國), (弁辰)古淳是(國), (弁辰)半路(國), (弁辰)樂奴(國), (弁辰)彌烏 邪馬(國), (弁辰)甘路(國), (弁辰)狗邪(國), (弁辰)走漕馬(國), (弁辰)安邪 (國), (弁辰)瀆盧(國)

a : 蘇塗

B : ---

C : 臣智, 邑借, 臣雲遣支報, 安邪踧支, 濆臣離兒不例, 狗邪秦支廉 / 臣智, 險 側, 樊濊, 殺奚, 邑次

(11) 한계 고유명사의 표기자 정리(가나다순)

感, 甘, 監, 乾[2], 遣, 古[7], 沽, 狗[5], 臼, 鞠, 軍, 勤, 耆, 難[2], 內, 奴, 怒, 旦, 湛, 塗[4], 瀆, 凍[3], 樂, 藍, 臘, 來, 廉, 例, 盧[11], 路[4], 利, 離[15], 林, 臨, 馬[5], 莫[4], 萬, 牟[4], 目, 彌[9], 半[3], 伯, 樊, 弁, 報, 不[6], 濆[3], 卑[9], 斯[5], 邪[6], 駟, 山, 殺, 桑, 索[2], 石[2], 鮮, 素[3], 蘇[2], 速, 水, 淳

是, 新, 臣⁸, 兒², 安², 襄, 如², 延, 冉², 濊, 烏², 外, 優², 雲³, 爰³, 謂, 由, 邑², 已, 一²,
日, 咨, 者, 資, 柢, 占, 接, 濟, 漕, 州, 走, 支⁶, 智², 池, 秦, 辰², 借, 次, 捷, 楚, 踧,
側, 致, 侵, 㳨, 誕, 蒲, 辟, 韓², 奚⁵, 險, 戸, 華, 休, 釁(字種 117, 延字數 239)

(12) 기타 어휘 종합

　① 迎皷[祭天行事]<夫餘> / 溝漊[城], 桴京[小倉], 東盟[祭天行事], 位[相
　　似]<高句麗> / 舞天[祭天行事], 責禍[罰]<濊>

　② 邦[國], 弧[弓], 寇[賊], (行)觴[行酒], 徒[相呼], 阿[我]<辰韓>

　이상 (8)~(11)에서 보는 바와 같이 「동이전」에 실려 있는 고유명사 표기는
(1)부여계는 44개 항목에 걸쳐 자종字種56자(연자수 83)의 한자가 쓰인 것으로,
(2)한계는 94개 항목에 자종 117자(연자수 239)[136]의 한자가 쓰인 것으로 종합·
정리될 수 있는 것이다.

　한편, (12)에서와 같이 13개(부여계 7, 한계 6)의 기타 어휘들도 정리될 수 있
는데, 이들 중에서 진한의 예들은 「동이전」 텍스트의 신빙성을 높여준다는
점에서 특기할 만하다. 예를 들어, 한 고조의 휘자諱字이기도 한 "邦"과 "國"
의 쓰임을 『한서』, 『후한서』를 대상으로 검색해보면, 그 검색건수상으로도
140 : 4,902로 "邦"의 쓰임이 극히 낮음을 보여주기 때문이다.[137] "弧" : "弓"의

136　초고에서의 '月支國, 萬盧國'(마한조)을 『한원翰苑』에 의거 '目支國, 邁盧國'으로 수정하
　　고, 한계의 정리 과정에서 누락된 '馬延國'을 보충하여 바로잡은 결과이다.
137　이 문제와 관련하여 윤재석(2012)에서 다음과 같이 서술한 것도 참조.
　　"여기서 가장 분명하게 드러나는 것은 劉邦의 '邦'과 이를 避諱한 '國'자의 사용례이다. 이
　　는 13經註疏本 論語에서 '邦'과 '國'이 혼용된 것[48 : 10, 저자 보충]과 비교하면 [定州竹簡
　　本 論語에서는] 의도적으로 '邦' 대신 '國'자를 절대적으로 많이 표기했음을 짐작케 한다[1
　　: 26]. (중략) 그런데 이와는 반대로 劉邦이 한제국을 세우기 11년 전에 사망한 雲夢睡虎地
　　11號秦墓의 묘주 喜가 소장한 睡虎地秦簡에는 '邦'자가 28예나 나오는 반면 '國'자는 단 한
　　차례도 나오지 않는다. 이는 秦末까지 '邦'자가 꾸준히 사용되었으나 劉邦이 황제가 되면
　　서 이 글자에 대한 避諱가 불가피하게 된 상황이 닥치자 '邦'을 모두 '國'으로 바꾸어쓴 결
　　과임이 분명하다."

예도 42 : 232로 동일한 경향을 보여주고 있다. 따라서 「동이전」을 중심으로 3세기 경의 언어 상태를 알아보려는 우리의 시도가 의미있는 것임을 말할 수 있게 되는 것이다.

9.2. 고유명사 표기자의 분석 결과와 그 의의

이제 앞 장에서의 조사 결과를 바탕으로 부여계와 한계로 구분하여 고유명사 표기자들에 대한 음운학적 분석을 행하고자 한다. 즉, 성모, 운모, 성조별로 의미있는 분포상의 특징들을 찾아서 양 계통 자료들의 이동異同을 대비함으로써 「동이전」이 말하는 3C 경 부여계어와 한계어의 음운 상태를 재구해 보려는 것이다(각 용자들의 한어 중고음 음위는 [부록]을 참조).

9.2.1. 성모

<표 11> 부여계 고유명사 표기자의 성모 분포

		全清	次清	全濁	次濁	全清	全濁	計
唇音		幫 p 3.0	滂 p' 1.0	並 b 1.0	明 m 4.0			9.0
舌音	舌頭	端 t 2.0	透 t' 2.0	定 d 1.0	泥 n 4.0			9.0
	舌上	知 ṭ 1.0	徹 ṭ'	澄 ḍ	娘 ṇ			1.0
	半舌				來 l 7.0			7.0
齒音	齒頭	精 ts 0.5	清 ts'	從 dz 2.5		心 s 3.0	邪 z	6.0
	齒上	莊 tʂ 1.0	初 tʂ'	崇 dʐ		生 ʂ	俟 ʐ	1.0
	正齒	章 tɕ 1.0	昌 tɕ'	船 dʑ 1.0		書 ɕ	禪 ʑ	2.0
	半齒				日 ɲ 3.0			3.0
牙音		見 k 25.5	溪 k'	羣 g 2.0	疑 ŋ			27.5
喉音		影 ʔ 9.0	曉 h	匣 ɦ 1.5	雲 ø 4.0 / 以 j 3.0			17.5
計		43.0	3.0	9.0	25.0	3.0		83.0

※ 위 표에서 0.5와 같은 소수점이 나타나는 것은 복수음의 용자인 경우 "延字數÷聲母數"

의 값을 제시한 결과임. 예를 들어, 見·匣의 복수 성모를 지니면서 延字數가 1인 「蓋」자의 경우는 1÷2=0.5의 값을 見·匣 양쪽에 배분한다는 뜻이다(이하 운모·성조의 경우도 이와 같다).

<표 12> 한계 고유명사 표기자의 성모 분포

		全清		次清		全濁		次濁		全清		全濁		計
脣音		幫p	20.0	滂p'	1.0	並b	6.0	明m	22.0					49.0
舌音	舌頭	端t	5.5	透t'		定d	6.0	泥n	5.0					16.5
	舌上	知ţ	3.5	徹ţ'		澄ḍ	2.0	娘ŋ						5.5
	半舌							來l	38.5					38.5
齒音	齒頭	精ts	7.0	清ts'	1.0	從dz	3.0			心s	18.0	邪z	3.0	32.0
	齒上	莊tʂ	1.0	初tʂ'	1.0	崇dẓ				生ʂ	3.0	俟ẓ		5.0
	正齒	章tɕ	9.0	昌tɕ'		船dʑ				書ɕ	1.0	禪ʑ	14.5	24.5
	半齒							日ɲ	7.0					7.0
牙音		見k	19.0	溪k'	1.0	羣g	3.5	疑ŋ	1.5					25.0
喉音		影?	11.0	曉h	4.0	匣ɦ	8.0	雲0 以j	7.0 6.0					36.0
計			76.0		8.0		28.5		87.0		22.0		17.5	239.0

위의 성모 비교표에 나타나는 부여계와 한계의 차이점과 공통점은 다음과 같다.[138]

첫째, 조음 방법면에서 부여계가 "全清 46.0(55.4%)>次濁 25.0(30.1%)>全濁 9.0(10.8%)>次清 3.0(3.6%)"의 순서로, 한계도 "全清 98.0(41.0%)>次濁 87.0(36.4%)>全濁 46.0(19.2%)>次清 8.0(3.4%)"의 순서로 나타남으로써 전체적으로 큰 차이는 찾아지지 않는다. 또한 全清音 : 次清音의 비율도 55.4% : 3.6%(부여계), 41.0% : 3.4%(한계)로 양쪽 다 차청음자(=유기음)의 비율이 미약한 상태인 점에서도 비슷하다. 다만, 무성음(全清+次清) : 유성음(全濁+次濁)의 비율에 있어서는 59.0% : 40.9%(부여계), 44.4% : 55.6%(한계)로 나타남으로써

---

138 초고와는 달리 (표 1, 2)에서 순음脣音을 중순重脣과 경순輕脣으로 나누지 않은 것은 한어에서 경순음의 발달이 7세기 중엽 이후에 시작되었음을 고려한 것이다. 최영애(2000: 214-215), 이재돈(2007: 136) 등 참조.

양계의 차이를 찾을 수 있는데, 이는 아마도 차탁음 중의 악음자樂音字(=明·微·泥·娘·來·日·疑母)가 차지하는 비율의 차이(21.7% : 30.9%)에서 비롯된 것으로 보아야 할 것이다. 이는 그만큼 부여계에 비하여 한계어가 좀더 부드러운 소리로 실현되었을 가능성이 높다고 하겠다.

둘째, 조음 위치면에서 부여계는 "喉·牙音 45.0(54.2%)>舌音 17.0(20.5%)>齒音 12.0(14.5%)>脣音 9.0(10.8%)"의 순서로, 한계는 "齒音 68.5(28.7%)>喉·牙音 61.0(25.5%)>舌音 60.5(25.3%)>脣音 49.0(20.5%)"의 순서로 나타남으로써 그 차이가 상당함을 알 수 있다. 이를 변자음邊子音(喉·牙音+脣音) : 중자음中子音(舌音+齒音)의 비율로 환산해보아도, 각각 65.0% : 35.0%(부여계), 46.0% : 54.0%(한계)로 나타남으로써 부여계가 변자음 특히, 후부 변자음자(喉·牙音)의 비율이 매우 높았던 것으로 나타난다. 부여계에서 중자음자의 비율이 저조한 것과 관련하여 舌頭 : 舌上, 齒頭 : 齒上+正齒의 비율이 각각 8 : 1, 6 : 3으로 나타남으로써 舌上音과 齒上+正齒音字의 쓰임이 낮은 것과 일정한 관련성이 있는 듯하다.[139]

한편, 모리森博達(1995: 202)에 제시된 [表 4]를 바탕으로 동시대의 왜인조와 비교해보면 다음과 같은 이동異同을 보인다. 우선 조음 방법면에서는 "全淸 71(48.6%)>次濁 65(44.5%)>全濁 10(6.8%)>次淸 0(0.0%)"로 나타남으로써 次淸 音字가 전무한 점을 제외하고는 부여계나 한계와의 큰 차이점은 찾아지지 않으나, 無聲音 : 有聲音의 비율로는 48.6% : 51.4%로 나타남으로써 당시의 왜어가 부여계어다는 한계어에 가까운 모습을 보이고 있다. 반면에 조음 위치

---

139 이는 한어음운사의 면에서 볼 때, 위진남북조대에는 아직 舌上音의 분화가 이루어지지 않았을 뿐만 아니라 齒上·正齒音(=正齒2·3等)의 발달이 미약한 것(王力 1985: 110-111)과 평행되는 결과이다. 이는 또한 고대한국어에서 舌上音과 齒上·正齒音에 해당되는 구개음의 발달이 미약하였을 가능성도 시사한다고 할 수 있겠는데, 다만 한계와는 일치하지 않는 면이 있으므로 단정적으로 말하기는 어려운 듯하다.

면에서는 "喉·牙音 46(31.5%)>脣音 41(28.1%)>舌音 37(25.3%)>齒音 22(15.1%)"
로 나타나는데, 이를 변자음 : 중자음의 비율로 환산할 때, 59.6% : 40.4%의 수
치를 보임으로써 후부 변자음자의 비율이 높은 것까지 왜어가 한계보다는 오
히려 부여계어에 더 가까운 모습을 보이는 점에서 왜어의 양면성을 확인할
수 있을 뿐 더 이상의 특별한 의미를 발견하기는 어려울 듯하다.

9.2.2. 운모

〈표 13〉 부여계 고유명사 표기자의 운모 분포

聲母＼韻尾攝韻	陰聲韻						陽聲韻/入聲韻						計
	-∅		-i	-u			-m/p	-n/t		-ŋ/k			
	果假	遇	蟹	止	效	流	咸深	山	臻	宕江	曾梗	通	
脣音	2.0	2.0	1.0					0/1.0		0/1.0	0/2.0		9.0
舌音		8.0	5.0	1.0	1.0	2.0							17.0
齒音	1.0	1.0			2.0	1.0		2.0/1.0	3.0/0	1.0/0			12.0
牙音	9.0	7.0	1.5	1.0	1.0	4.0		2.0/0				2.0/1.0	28.5
喉音		2.0	2.0	9.0		2.0	0/0.5	1.0/0					16.5
計	12.0	20.0	9.5	11.0	4.0	9.0	0/0.5	5.0/2.0	3.0/0	1.0/1.0	0/2.0	2.0/1.0	83.0
	65.5(78.9%)						11.0(13.3%)/6.5(7.8%)						

〈표 14〉 한계 고유명사 표기자의 운모 분포

聲母＼韻尾攝韻	陰聲韻						陽聲韻/入聲韻						計
	-∅		-i	-u			-m/p	-n/t		-ŋ/k			
	果假	遇	蟹	止	效	流	咸深	山	臻	宕	曾梗	通	
脣音	5.0	2.5	1.0	18.5	0.5	4.0		5.0/0	3.0/6.0	0/1.0	0/1.5	0/1.0	49.0
舌音		21.0	3.5	19.0			5.0/1.5	4.0/0		0/1.3		3.0/1.0	59.3
齒音	5.0	8.0	1.5	20.5	1.0	2.0	4.0/2.0	2.0/0.5	13.0/1.0	2.0/2.0	0/3.0	0/2.0	69.5
牙音		8.0	1.0	0.5	0.3	6.0	3.0/0	3.0/0	2.0/0	0/0.4		0/1.0	25.2
喉音	4.0	3.0	6.0	2.0		4.0	1.0/2.0	8.0/0	4.0/2.0				36.0
計	14.0	42.5	13.0	60.5	1.8	16.0	13.0/5.0	22.0/0.5	22.0/9.0	2.0/4.7	0/4.5	3.0/5.0	239.0
	147.8(61.8%)						62.0(26.0%)/29.2(12.2%)						

위의 운모 비교표에서 나타난 부여계와 한계의 공통점과 차이점은 다음과 같다.

첫째, 섭별 용자攝別 用字의 분포를 살펴보면, 부여계의 경우는 果·深·曾攝이 결핍 분포를 보이는 반면, 한계의 경우는 果攝만 결핍 분포를 보임으로써 공통점과 차이점을 드러내고 있다.

여기서 양계에 果攝字가 전혀 쓰이지 않고 있다는 점은 특기할 만하다. 상고음上古音의 歌部에 통합되어 있었던 假攝과 果攝이 위진대魏晉代 이후에 분화된 것으로 본 견해[140]를 고려하면, 果攝字가 전무하다는 사실은 당시 부여·한계어에서도 아직 假·果攝의 분화가 이루어지지 않았던 것으로 보아야 할 것이다. 이는 3세기 경 한반도의 한자음의 기반이 대체로 한대음漢代音 정도에 머물러 있었음을 알려주는 구체적인 자료가 될 수 있다는 점에서 아래에서 볼 '羅'자의 결핍 분포와 함께 매우 이른 시기에 있어서 한국한자음의 기층음 논의에서 다대한 의의를 지닐 것이다.

둘째, 음성운 : 양성운 : 입성운의 비율은 각각 78.8% : 14.5% : 6.6%(부여계), 61.8% : 26.0% : 12.2%(한계)로 나타남으로써 전체적으로 음성운>양성운>입성운의 순서를 보이는 점에서는 일치한다. 다만 이를 개음절(음성운) : 폐음절(陽聲韻+入聲韻)의 비율로 환산해보면 78.8% : 21.1%(부여계), 61.8% : 38.2%(한계)로 나타남으로써 한계어에서 폐음절의 비율이 부여계어에 비하여 17% 이상 높은 차이가 드러난다. 이는 그만큼 부여계어가 개음절 구조에 가깝다고 한다면, 한계어는 폐음절 구조에 가깝다고 해야 할 것이다. 이러한 결과가 어떤 의미를 지니는지에 대해서는 좀더 고구考究해봐야겠으나, 우선은 지금까

---

140 Ting(1975: 239), 한경호(2010: 56)의 표) 2-27 참조. 양섭의 분화 시기에 대하여 한경호(2010)에서는 동한대 이후로 간략히 말한 반면, Ting(1975)에서는 좀더 자세하게 위진대와 남북조대 사이로 좁혀 말하고 있으므로 여기에서는 후자의 견해를 따른 것이다.

지 고대국어의 음절 구조에 대하여 어느 한 쪽의 구조만 고집하려 한 시도에 대하여 일정한 반성을 요구하는 것이 아닐까 한다.

이 문제와 관련하여 모리森博達(1995: 191)에 제시된 [표2]를 바탕으로 왜인조의 경우와 비교해보면, 왜인조에서의 음성운 : 양성운 : 입성운의 비율은 87.7% : 5.5% : 6.8% 즉, 음성운>입성운>양성운의 순서로 나타나는 차이가 드러난다. 이를 개음절 : 폐음절로 환산해보면, 87.7% : 12.3%로 부여계나 한계와 동궤의 경향을 보이면서도 개음절 수치가 부여계보다 높게 나타남으로써 일반의 예상대로 당시 왜어가 가장 개음절 구조에 가깝다고 말할 수 있을 것이다.

셋째, 음성운 중에서 한어의 상고음 魚部字의 분포는 좀더 흥미로운 결과를 보여주고 있다. 상고음 魚部는 중고음의 魚·模·麻韻을 아우르던 운부로서 전한대까지 이어지다가 후한대 이후 麻韻이 歌韻에 합쳐짐으로써 결국 중고음의 魚部(魚·模韻)와 歌部(麻·歌韻)로 분운되는 것으로 알려져 있다(森博達 (1995: 208)의 [표6] 참조).[141] 이에 해당되는 글자들의 분포는 다음과 같다.

〈표 15〉 한어 상고음 魚部字의 분포

	魚	模	麻
夫餘系	沮¹ 慮¹ 余¹ 餘¹ 居⁴ (8)	古¹ 固¹ 盧¹ 奴¹ 都¹ 模¹ (9)	馬¹ 麻¹ 者¹ 加⁹ (12)
韓 系	如¹ 楚¹ (3)	戶¹ 古⁷ 路⁴ 素³ 怒¹ 盧¹¹ 塗⁴ 烏² 蘇¹ 奴¹ 沽¹ 蒲¹ (38)	華¹ 馬⁵ 者¹ 借¹ 邪⁶ (14)
倭人傳	渠¹ 與¹ (2)	模¹ 謨¹ 觚³ 古² 吾¹ 烏² 呼⁴ 都⁴ 奴¹⁵ 盧¹ 蘇³ (37)	巴¹ 馬⁹ 華¹ 邪¹ 姐¹ (16)

위의 〈표 15〉에서 보면, 부여계가 麻>模≧魚의 순서임에 비해 한계와 왜인조는 模>麻>魚의 순서를 보임으로써 한어 상고음의 魚部字의 쓰임에 관한 한, 한계어와 왜인조가 동양同樣을 보이는 것으로 정리할 수 있겠다.

---

141 이에 대한 좀더 자세한 설명은 韓炅澔(2009: 50-56)의 논의를 참조.

그런데 더욱 흥미로운 점은 부여계, 한계 더 나아가 왜인조에 이르기까지 模韻의 來母字인 '盧'는 자주 쓰이는 반면에 歌韻의 來母字인 '羅'는 전혀 쓰이지 않는다는 사실이다. 특히 한국이나 일본의 후대 자료들에서 고유명사 표기에서의 다용자의 하나인 '羅'字가 전혀 쓰이지 않음은 의외로 받아들여질 수밖에 없는 것이다. 위에서 말한 한어음운사의 변화가 정상적으로 이루어지고 이것이 한·일 양국에 영향을 미쳤다고 한다면 이러한 결핍 분포가 나타나기 어려울 것이라는 점에서 다음의 두 가지 가능성을 말할 수 있을 것이다. 그 하나는 歌韻의 설음자 특히, 來母에 있어서 한어의 변화가 지체되었을 가능성이요, 다른 하나는 來母에 있어서 한반도나 일본 열도에서의 3세기 당시 한자음의 기반이 아직은 한대음 정도에 머물러 있었을 가능성이다. 필자의 과문寡聞인지는 모르나, 전자의 가능성을 명시적으로 말한 논의를 보지 못하였으므로 후자의 가능성이 더 큰 것으로 보아야 할 것이다. 이는 앞서 果攝字의 결핍 분포에서 얻은 결론과 합하여 3세기 경 한반도 한자음의 기반이 대체로 한대음 정도에 머물러 있었음을 알려주는 또다른 근거가 될 수 있을 것이다.

9.2.3. 성조

<표 16> 부여·한계 고유명사 표기자의 성조 비교

	平聲	上聲	去聲	入聲
夫餘系	50.0(60.2%)	7.0(8.4%)	19.5(23.5%)	6.5(7.8%)
韓 系	134.5(56.3%)	34.0(14.2%)	41.3(17.3%)	29.2(12.2%)

위의 (표 6)에서 보듯이 부여계나 한계 모두 정도의 차이는 있으나, 平聲>去聲>上聲>入聲의 순서로 나타난다. 한편, 모리森博達(1995: 193)에 따르면, 왜인조에서는 성조의 분포가 평성 69%>상성 22%>입성 7%임에 비하여 거성은

'對, 智, 利'의 3字種(延字數 6)에 그침으로써 특히 거성을 회피하는 특징을 볼 수 있다고 한다. 그러나 위의 표에서 보듯이 부여계나 한계 모두 거성이 상·입성에 상회하는 수치를 보임은 다소 큰 차이점이라 하겠다.

한편, 평성자의 비율에 있어서 부여계(60%), 한계(56%), 왜어(69%) 모두 측성자(상·거·입성) 전체를 상회할 정도로 높게 나타나는 공통점을 보이고 있음도 주목할 만하다. 그만큼 삼자 공히 평성자의 선호 경향을 보이고 있음이 드러나는데, 이는 이른 시기의 한·일 양국어가 한어와는 다른 악센트 체계를 지녔음을 암시하는 것이 아닐까 한다. 다만, 한어 평성자의 수가 본래 많은 결과의 반영일 수도 있기에 그 구체적 양상을 말하기는 어려울 수밖에 없다.

9.2.4. 기타

이제 마지막으로 위치에 따른 음소 분포 제약의 존재 가능성을 알아보도록 할 것인 바, 疑母字와 來母字의 쓰임을 중심으로 어두에서의 /ŋ/, /l/의 제약에 초점을 맞추고자 한다.

먼저 <표 11, 12>에서 疑母字의 쓰임을 살펴보면, 부여계에는 전혀 나타나지 않는 반면, 한계에는 1.5의 수치로 나타나고 있다. 따라서 부여계에는 어두 및 어중에서 음소 /ŋ/의 제약이 존재했음이 드러난다. 한편, 한계에 쓰인 疑母字로는 '外'와 '樂' 두 글자를 들 수 있다. '外'자는 마한조의 '桑外國'에, '樂'자는 弁辰條의 '(弁辰)樂奴國'에 쓰임이 확인됨으로써 후자만이 어두에 해당되어 문제가 된다. 다만, 한계의 94개 항목 중의 하나일 뿐만 아니라, '樂'자는 疑母와 來母의 복수음자이므로 반드시 疑母의 음으로 읽혔다는 보장도 없다. 따라서 양계 공히 어두에서의 /ŋ/의 제약이 존재했던 것으로 결론을 내려도 좋을 것이다.

다음으로 來母字의 경우는 부여계에 7.0, 한계에 38.5의 수치를 보일 만큼
양계 모두 활발한 쓰임을 보이고 있다.

그런데 <표 17>에서 보면, 한계에서의 '(弁辰)樂奴國<弁辰條>, 臨素半國
<馬韓條>'의 두 예를 제외하고 모두 어두에서 來母字가 쓰이지 않음은 특기
할 만하다. 앞서 말한 바와 같이 '樂'자는 疑母와 來母의 복수음자라는 점에서
진정한 예외는 '臨素半國' 한 예에 불과하다. 따라서 양계 공히 어두/l/의 제약
까지 존재했던 것으로 결론을 내려도 좋을 것이다.

〈표 17〉 부여·한계 고유명사에서의 來母字 분포

	語頭	語中
夫餘系	---	慮[1] 依慮(B) 麗[2] 高句麗(A), (下)句麗(A) 盧[1] 對盧(C) 婁[2] 桂婁部(A), 置溝婁(A) 溇[1] (幘)溝溇(a)
韓系	樂[1] (弁辰)樂奴國 臨[1] 臨素半國	藍[1] 怒藍國(A) 臘[1] 古臘國(A) 來[1] 如來卑離國(A) 廉[1] 狗邪秦支廉(C) 例[1] 濆臣離兒不例(C) 盧[11] 速盧不斯國(A), 咨離牟盧國(A), 莫盧國[2](A), 　　狗盧國(A), 駟盧國(A), 邁盧國(A), 捷盧國(A), 　　牟盧卑離國(A), 斯盧國(A), (弁辰)瀆盧國(A) 路[4] 冉路國(A), 戶路國(A), (弁辰)半路國(A), 　　(弁辰)甘路國(A) 利[1] 致利鞠國(A) 離[15] 古離國(A), 咨離牟盧國(A), 卑離國(A), 　　占離卑國(A), 監奚卑離國(A), 內卑離國(A), 　　辟卑離國(A), 一離國(A), 如來卑離國(A), 　　牟盧卑離國(A), 楚山塗卑離國(A), 楚離國(A), 　　難彌離彌凍國(A), (弁辰)彌離彌凍國(A), 　　濆臣離兒不例(C) 林[1] 兒林國(A)

[동이전 논의 요약]

1. 성모면에서는 한계가 부여계에 비하여 유성음, 특히 樂音(sonorants)의 비율이 높음으로써 그만큼 한계가 부드러운 소리로 실현되었을 가능성이 높은 것으로 드러났다.

2. 운모면에서는 한계가 부여계에 비하여 폐음절의 비율이 높게 나타남으로써 이는 그만큼 부여계가 개음절 구조에 가깝다고 한다면, 한계는 폐음절 구조에 가까운 것으로 드러났다. 또한 음성운 중에서 果攝字와 歌韻의 來母字 '羅'의 결핍 분포로부터 3세기 경 당시 한국한자음의 기층음이 아직 한대음漢代音 정도의 음운 상태에 머물러 있을 가능성이 있는 것으로 드러났다.

3. 성조면에서는 부여계나 한계 모두 '평성>상성>거성>입성'의 순서로 나타남으로써 평성자의 선호 경향 및 왜인조에 비해 거성자의 비율이 상대적으로 높은 특징까지 확인할 수 있는 것으로 드러났다.

4. 음소 분포 제약면에서 부여계나 한계 모두 어두에서의 /ŋ/, /l/ 제약이 존재하는 것으로 드러났다.

[부록] 「동이전」 고유명사 표기 용자 일람(附 漢語 中古音 音位)

<夫餘系>

加[9]	假開二平麻見	拔[1]	山脣二入黠並
簡[1]	山開二上産見	伯[1]	梗脣二入陌幫
蓋[1]	蟹開一去泰見/咸中一入盍匣	夫[1]	遇脣三平虞非
居[4]	遇中三平魚見	相[1]	宕開三平陽心/宕開三去漾心
桂[1]	蟹合四去霽見	先[1]	山開四平先心/山開四去霰心
古[1]	遇中一上姥見	消[1]	效中三平宵心
固[1]	遇中一去暮見	順[1]	臻合三去稕船
高[1]	效中一平豪見	余[1]	遇中三平魚以
灌[1]	山合一去換見	餘[1]	遇中三平魚以
仇[1]	流中三平尤羣	然[1]	山開三平仙日
句[2]	遇中三去遇見/流中一平侯見	濊[2]	蟹合三去廢影
溝[2]	流中一平侯見	沃[1]	通中一入沃影
宮[2]	通中三平東見	優[2]	流中三平尤影
奇[1]	止開三平支羣	位[4]	止合三去至云
奴[4]	遇中一平模泥	尉[1]	止合三去未影
對[1]	蟹合一去隊端	依[2]	止開三平微影
駒[1]	效中一平豪定	伊[1]	止開三平脂影
都[1]	遇中一平模端	夷[1]	止開三平脂以
慮[1]	遇中一去御來	人[2]	臻開三平眞日
麗[2]	蟹開四去霽來	者[1]	假開三上馬章
盧[1]	遇中一平模來	沮[1]	遇中三上語從/遇中三平魚精
婁[2]	流中一平侯來/遇中三上麌來	絕[1]	山合三入薛從
漊[1]	流中一上厚來/流中一平侯來	皁[1]	效中一上晧從
麻[1]	假脣二平麻明	鄒[1]	流中三平尤莊
馬[1]	假脣二上馬明	置[1]	止開三去志知
貊[1]	梗脣二入陌明	台[2]	蟹開一平咍透
模[1]	遇脣一平模明	沛[1]	蟹脣一去泰滂
駮[1]	江脣二入覺幫	丸[1]	山合一平桓匣

<韓 系>

感¹ 咸中一上感見

甘¹ 咸中一平談見

監¹ 咸中二平銜見

乾² 山開一平寒見/山開三平仙羣

遣¹ 山開三上獮溪

古⁷ 遇中一上姥見

沽¹ 遇中一平模見

狗⁵ 流中一上厚見

臼¹ 流中三上有羣

鞠¹ 通中三入屋見

軍¹ 臻合三平文見

勤¹ 臻開三平欣羣

耆¹ 止開三去至禪/止開三平脂羣

難² 山開一平寒泥/山開一去翰泥

內¹ 蟹合一去隊泥/咸中一入合泥

奴¹ 遇中一平模泥

怒¹ 遇中一去暮泥

旦¹ 山開一去翰端

湛¹ 咸中一平覃端/深中三平侵澄

塗⁴ 遇中一平模定

瀆¹ 通中一入屋定

凍³ 通中一去送端

樂 宕開一入鐸來/江中二入覺疑/效中二去效疑

藍¹ 咸中一平談來

臘¹ 咸中一入盍來

來¹ 蟹開一平咍來

廉¹ 咸中三平鹽來

例¹ 蟹開三去祭來

盧¹¹ 遇中一平模來

路⁴ 遇中一去暮來

利¹ 止開三去至來

離¹⁵ 止開三平支來/止開三去寘來

林¹ 深中三平侵來

臨¹ 深中三平侵來/深中三去沁來

馬⁴ 假開二上馬明

莫² 宕開一入鐸明/遇開一去暮明

萬¹ 山開三去願微

牟⁴ 流開三平尤明

彌⁹ 止開三平支明

半³ 山開一去換幫

伯¹ 梗開二入陌幫

樊¹ 山開三平元奉

弁¹ 山開三平桓並/山開三去線並

報¹ 效開一去號幫/遇開三去遇敷

不⁶ 臻開三入物非

濆³ 臻開三平文奉

卑⁹ 止開三平支幫

斯⁵ 止開三平支心

邪⁶ 假開三平麻以/假開三平麻邪

駟¹ 止開三去至心

山¹ 山開二平山生

殺¹ 山開二入黠生/蟹合二去怪生

桑¹ 宕開一平唐心

索² 宕開一入鐸心/梗開二入陌生

石² 梗開三入昔禪

鮮¹ 山開三上獮心

素³ 遇中一去暮心

蘇² 遇中一平模心

速¹	通中一入屋心	接¹	咸中㊂入葉精
水¹	止合㊂上旨書	濟¹	蟹開四上薺精
淳¹	臻合㊂平諄禪	漕¹	效中一平豪從
是¹	止開㊂上紙禪	州¹	流中㊂平尤章
新¹	臻開㊂平眞心	走¹	流中一上厚精
臣⁸	臻開㊂平眞禪	支⁶	止開㊂平支章
兒²	止開㊂平支日	智²	止開㊂去寘知
安²	山開一平寒影	池¹	止開㊂平支澄
襄¹	宕開㊂平陽心	秦¹	臻開㊂平眞從
如²	遇中㊂平魚日	辰²	臻開㊂平眞禪
冉²	咸中㊂上琰日	借¹	假開㊂去禡精
濊¹	蟹合三去廢影	次¹	止開㊂去至清
烏²	遇中一平模影	捷¹	咸中㊂入葉從
外¹	蟹合一去泰疑	楚¹	遇中三上語初
優²	流中三平尤影	趉¹	通中㊂入屋精
雲³	臻合三平文雲	側¹	曾開三入職莊
爰³	山合三平元雲	致¹	止開㊂去至知
月¹	山合三入月疑	侵¹	深中㊂平侵清
謂¹	止合三去未雲	琢¹	江中二入覺知/江中二入覺澄
由¹	流中㊂平尤以	誕¹	山開一上旱定
邑²	深中三入緝影	蒲¹	遇中脣一平模並
已¹	止開㊂上止以	辟¹	梗脣㊂入昔幫/止脣㊂去寘滂
一²	臻開㊂入質影	韓¹	山開一平寒匣
日¹	臻開㊂入質日	奚⁵	蟹開四平齊匣
咨¹	止開㊂平脂精	險¹	咸中三上琰曉
者¹	假開㊂上馬章	戶¹	遇中一上姥匣
資¹	止開㊂平脂精	華¹	假合二平麻曉
柢¹	蟹開四上薺端	休¹	流中三平尤曉
占¹	咸中㊂去豔章/咸中㊂平鹽章	釁¹	臻開三去震曉

제10장
한문 어법의
선택적 수용과 변용

1975년 8월 경주 안압지에서 통일신라 시대의 목간이 처음 발굴된 이래로 최근에 이르기까지 그 출토 사례가 점점 늘어나고 있다. 현재까지 국내 23개 유적지에서 출토된 599점 정도의 목간 중에서 424점 이상의 묵서 목간이 발견되었는데(삭설削屑 제외시), 앞으로도 더 많은 목간의 출토 가능성이 점쳐지고 있다. <표 18>[142] 참조.

〈표 18〉 한국의 고대목간 주요 출토 현황(2011. 12. 현재)

출토 유적(발굴 연도)	목간 제작 시기	총목간수(묵서목간수)
① 경주 안압지(1975)	통일신라(8~9세기)	97(61)
② 경주 월성해자(1984~1985)	신라(6~7세기)	34(25)
③ 경주 황남동(1994)	통일신라(8세기)	3(3)
④ 경주 박물관부지(1998)	통일신라(8세기)	4(2)
⑤ 경주 傳인용사지(2010)	통일신라(8세기말~9세기초)	1(1)

---

142 이 표는 Kwon(2010)/졸고(2010)에 제시한 수치를 기본으로 하면서 손호성(2011), 심상육 외(2011), 손환일 편(2011)에 의거하여 일부 유적의 목간수를 보태고(⑬, ⑭) 수정한 것(⑰, ㉓)임을 밝혀둔다.

출토 유적(발굴 연도)	목간 제작 시기	총목간수(묵서목간수)
⑥ 부여 관북리(1983~2003)	백제(7세기)	12(10)
⑦ 부여 궁남지(1995~2001)	백제(7세기)	4(3)
⑧ 부여 능산리사지(2000~2002)	백제(6세기초)	34(28) <삭설 129점 별도>
⑨ 부여 동남리(2005)	통일신라	1(1)
⑩ 부여 쌍북리 102번지(1998)	백제(7세기)	2(2)
⑪ 부여 쌍북리 현내들(2007)	백제(6~7세기)	14(8)
⑫ 부여 쌍북리 280-5번지(2008)	백제(618)	6(3)
⑬ 부여 쌍북리 뒷개(2010)	백제(7세기)	2(2)
⑭ 부여 구아리 319번지(2011)	백제(7세기)	13(8)
⑮ 익산 미륵사지(1980)	통일신라	2(2)
⑯ 하남 이성산성(1990~2000)	신라(6~7세기)	34(13)
⑰ 함안 성산산성(1992~2011)	신라(6세기 중·후반)	281(224+)
⑱ 김해 봉황대(2000)	신라(6~7세기)	1(1)
⑲ 금산 백령산성(2004)	미상	1(1)
⑳ 인천 계양산성(2005)	통일신라(7세기?)	2(2)
㉑ 창녕 화왕산성(2003~2005)	통일신라(9~10세기)	9(7)
㉒ 울산 반구동(2007)	통일신라(?)	1(1)
㉓ 나주 복암리(2008)	백제(7세기초)	41(13)
총 23개 유적지		599(424+)

<표 18>에서 보듯이 한국에서 출토된 목간의 제작 시기는 대부분 6~8세기로 당시 백제, 신라 및 통일신라 사회의 다양한 모습들을 생생하게 증언하는 1차 사료로서 관련 제 분야 학자들의 이목을 집중시킨 바 있다. 초기에는 사학계를 중심으로 목간 연구가 주도되었으나, 최근에는 고고학·서예학·국어학 등 관련 분야의 업적들이 늘어남으로써 과거 금석문 자료가 누렸던 만큼(또는 그 이상)의 호황을 누리고 있는 상황이다.

국어학계에서도 관련 제 학계의 분위기에 힘입어 최근에 이르러 목간 자료에 대한 연구 성과들이 이어짐으로써 고대국어 연구의 새 지평이 개척되고 있음은 특기할 만하다. 우선 백제 목간에 대한 논의들로는 부여 능산리사지 목간에 대한 김영욱(2003, 2007), 김완진(2005), 정재영(2008b), 이승재(2009)를 비

롯하여 부여 쌍북리, 나주 복암리 목간 등에 대한 정재영(2008b), 졸고(2008c), 이승재(2009), 미륵사지 목간에 대한 이승재(2011) 등을 들 수 있다. 이어서 신라 목간에 대한 논의들로는 함안 성산산성 목간에 대한 권인한(2008b), 김영욱(2008b), 이승재(2009)를 비롯하여 경주 월성해자 목간에 대한 김영욱(2007b), 정재영(2008a·b), 이승재(2009), Kwon(2010)/졸고(2010), 경주 안압지 목간에 대한 김영욱(2007b), 傅인용사지 목간에 대한 김영욱(2011a·b, 2012) 등을 들 수 있다.

이상의 어학적인 논의들을 통하여 우리의 차자표기법의 발달에 대한 이해의 폭과 깊이를 더하고 있다는 점에서 그 성과와 의의가 실로 크다고 하지 않을 수 없다. 그러나 반성해야 할 점 또한 없지 않은 듯하니 그것은 논의의 시각이 한반도 안에 머물러 있음으로써 동일한 한자 문화권에 있는 중국·일본 등과의 비교를 게을리하지 않았나 하는 점이다. 예를 들어, 이승재(2009: 123)에서 "백제 목간에서 처격조사 '-中', 문장 종결사 '-之', 조건·가정의 '-者'를 확인한 것은 아주 큰 수확이다. 이들을 통하여 고구려·백제·신라가 하나의 언어로 묶일 수 있음을" 주장함으로써 목간 자료들로써 삼국어의 이동異同 내지 계통에 관한 논의로까지 확대하고 있음을 들 수 있다. 본론에서 살펴볼 것처럼 예로 든 세 글자는 모두 중국이나 일본에서도 그 쓰임을 확인할 수 있으므로 이들을 근거로 언어 계통론으로까지 확대시키기에는 다소간 무리가 있다고 판단되기 때문이다.

따라서 우리의 시각을 같은 한자 문화권에 있는 동아시아 전체로 확대하여 문자문화의 수용과 교류에 관한 논의로 발전시킬 필요가 있는 것이다. 이러한 점들을 염두에 두고서 이 글은 차자표기법 발달에 관한 새로운 방법론 개척에 초점을 맞추어 중국·한국·일본의 출토 문자 자료들을 중심으로 동아시학적인 접근을 시도한 것임을 밝혀두고자 한다.

10.1. 목간의 판독과 해석 보유

이 장에서는 한국의 월성해자 출토 149호 목간과 일본의 시가현滋賀縣 니시가와라西河原 모리노우치森ノ內 출토 목간에 대한 졸고(2010)에서의 판독 및 해석 결과를 소개한 뒤, 남아 있는 문제들에 대한 보완을 하고자 한다.

10.1.1. 경주 월성해자 149호 목간

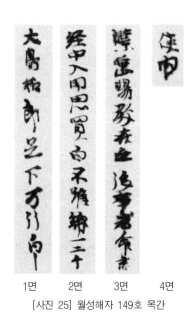

1면 2면 3면 4면
[사진 25] 월성해자 149호 목간

이 목간이 출토된 월성해자는 신라의 왕궁이었던 월성에 대한 방어 시설로서 5세기 말엽에 축조되었다가 신라가 삼국통일을 이룩함으로써 외적의 침입에 대한 불안이 사라진 후인 7세기 말엽에 폐쇄된 연못형 해자를 말한다(윤선태 2005). 따라서 여기서 출토된 목간들의 제작 시기는 대체로 7세기 중반인 것으로 추정되고 있다. 이 목간에 대한 저자의 판독 및 해석안은 다음과 같다.

제1면: 大鳥知郞足下万拜白 ㅣ (=之)
　　　　(大鳥知郞 足下께 萬拜하고 사룁니다.)
제2면: 經中入用思買白不雖紙一二个
　　　　(經에 들여쓸 생각으로 白不雖紙 한두 个[143]를 사라(고),)

제3면: 牒垂賜敎在之 後事者命盡

(牒을 내리시어 敎(=命令)하셨다. 뒷일은 命대로 다하였다.)

제4면: 使內

(시킨 대로 處理함.)

이 목간은 설총薛聰이 살던 당대(또는 약간 앞선 시기) 신라 이두의 구체적인 모습을 담고 있을 뿐만 아니라, 사경소寫經所에 관련된 내용을 담고 있다는 점에서 더욱 주목되는 자료이다(정재영 2008a·b). 이 목간의 판독과 해석에 대해서는 졸고(2010)에서의 논의 내용에서 크게 달라진 것은 없다. 따라서 여기에서는 이에 관한 논의를 반복하는 대신 다음의 두 가지 사항에 대하여 논의를 보완하고자 한다.

(1) 'ㅣ'(=之)의 사례의 추가

졸고(2010)에서는 제1면 맨 끝 글자를 '之'자로 판독하면서 그 근거로 宇多天皇의『周易抄』(897)와 藤原定家가 臨寫한『土佐日記』(1235)에 나타난 특이 자형을 들었었다. 그런데 이 두 자료와 우리의 월성해자 목간 사이에 시대적인 거리가 너무 크다는 문제점이 제기될 수 있다

---

143 이 글자에 대해서는 졸고(2010)에서는 이승재(2009)의 견해를 좇아 'ㄱ'로 판독하고 그 단위명사로도 '마'를 인정한 바 있다. 그러나 오늘날 종이나 피륙 등을 세는 단위명사 '마'는 그 기원이 영어 'yard'의 중국 번역어 '碼'에서 온 것으로 본다면(『표준국어대사전』 '마09' 항목 참조) 신라에서 종이를 세는 단위로 '마'가 존재한 것인지가 의심스럽기 때문에 정재영(2008a·b)에서처럼 원본대로 제시하면서 대고자待考字로 남겨둔 것임을 밝혀둔다. [저자는 졸고(2013c)를 통하여 이 목간에 대한 해석을 수정한 바 있다. 2면 마지막 글자를 '个'(=張, 枚)로 수정함과 동시에 4면의 '使內'의 뜻을 '부림 받은 바(=관리로서의 행정 사무 일체)를 합당하게 처리함'으로 수정한 것이 그것이다.]

는 점에서 이 문제점을 해결해줄 수 있는 자료의 출현을 고대해왔던 것이다. 다행히 필자는 츠키시마築島裕(1986)에 제시된 헤이안[平安]시대 훈점본訓點本들에 나타난 가나[仮名] 'シ'의 초기 자형을 통하여 약간의 실마리를 찾을 수 있었기에 여기서 간단히 소개하고자 한다.

가나 'シ'의 자형은 '之'의 초서체에서 기원한 것으로 알려져 있으므로 이들의 초기 자형 양상을 조사할 필요성을 느끼게 된다. 실제로 훈점이 시작된 9세기 초반을 중심으로 'シ'의 자형을 살펴보면 다음과 같이 상부에 점(丶)이 있는 A류와 점이 없는 B류의 자형이 혼재되어 나타나되, 의외로 B류가 선행됨을 알 수 있다.

〈표 19〉 가나[仮名] 'シ'의 자형 분포

年度	800	828	828	830	850	850	897	900	950
字形	㇄*	㇄ ㇄	㇆	㇄	㇄	㇄	㇄	㇄ ㇄	ㅣ
類型	B	BA	A	B	B	B	B	B	B
文獻	①	②	③	④	⑤	⑥	⑦	⑧	⑨

① (聖語藏·斯道文庫藏[144]) 『大方廣佛華嚴經 十九卷』
② (聖語藏·東大寺圖書館藏) 『成實論 十一卷』
③ (法隆寺藏) 『維摩經義疏 二卷』
④ (西大寺藏) 『金光明最勝王經 十卷』 ※書寫者: 百濟豐蟲(762년)
⑤ (石山寺藏) 『佛說不增不減經 一帖』

---

144 ①번 자형의 우측 어깨에 *표시를 한 것은 이 자형이 게이오대학慶應義塾大學 부속연구소인 사도문장斯道文庫藏『大方廣佛華嚴經 卷第十四』에 보인다는 의미이다. 이 자료와 성어장 경권의 관계는 분명치는 않으나 혹시나 요권 관계에 있지 않을까 의심스럽다.

⑥ (石山寺藏)『瑜伽師地論 一帖』

⑦ (京都大學藏)『蘇悉地羯羅經略疏 二卷』

⑧ (高野山學園藏)『胎藏秘密略大軌 一卷』 ※加點者: 宇多天皇?

⑨ (國立國會圖書館藏)『大毗盧遮那成佛經 六卷』

즉 [표 19]에서 9세기 극초의 성어장 경권聖語藏 經卷(또는 그 요권傔卷)에 초점을 맞추어 보면, 가나 'シ'의 B류 자형이 A류 자형[145]에 선행함이 잘 드러난다. 물론 월성해자 목간 자형과 완전 동일한 자형은 ⑨번 자료에서 보듯이 10세기 중반에 가서야 출현하지만, 중요한 것은 상부의 점이 없는, 월성해자 목간과 동일 계통의 자형이 9세기 극초기까지 소급될 수 있다는 점이다. 더욱이 신라 유학승으로 알려진 심상[=신조審祥]의 화엄경 강의의 맥을 이은 것으로 추정되는 성어장 경권에서 B류 자형이 선행할 뿐더러, 백제 유민 百濟豊蟲이 서사한 ④번 자료의 경우에도 그 가점자加點者가 분명치는 않으나 서사자의 후손 또는 백제계 도래인일 것으로 추정하기 어렵지 않다는 점에서 9세기 초반 가나 'シ'의 B류 자형이 선행한 배경에 한반도와의 모종의 관련성이 있을 것으로 암시 받을 수 있다는 점도 중요하다.

요컨대 월성해자 149호 목간 제1면의 맨 끝 글자를 '之'자로 판독함에 있어서 그 근거 자료와의 시대적인 상거相距 문제는 완전하지는 않으나 전고前稿에 비하여 근 1세기 이상의 간극을 좁힐 수 있었다는 점에서 의의를 찾고 싶다.

(2) '白不躇紙' 보유

졸고(2010: 79) 각주 9)에서 필자는 "'백불유지白不躇紙'는 종이의 한 종류를

---

145 <표 18>에서는 B류 자형을 중심으로 본 결과, 편의상 A류 자형의 상당 부분을 생략한 것인데, A류 자형은 ②, ③에서 보듯이 828년 경에 거의 최초로 보이는데, 헤이안시대 전 시기에 걸쳐 계속 나타나고 있음을 밝혀둔다.

가리키는 한자어로 추정된다. '踓'의 의미 중에 '밟다'가 있으므로 '희고 두드
리거나 밟지 않은 종이' 즉, 가공하지 않은 흰 종이를 말하는 것으로 보아야 할
것이다. 이와 관련하여 손목孫穆의『계림유사雞林類事』(1103)에 나타난 '백추지
白硾紙'의 존재가 주목된다. '硾'의 훈이 "찧다, (눌러)짜다" 등이므로 '踓'와의
모종의 상관관계가 성립될 수 있지 않을까 생각된다."라고 말한 바 있다.
과연 이러한 설명을 뒷받침할 수 있는 근거가 무엇인지에 대하여 그 동안
필자가 찾아본 결과를 소개하여 논의를 보강함이 여기에서의 주요 내용이
된다.

먼저 '白不踓紙'의 정체에 관한 것이다. 필자가 '踓'의 의미 중에 '밟다'가
있다고 한 것은『漢語大詞典』에서의 '踓²'에 대한 풀이에[146] 근거한 것이다(이
에 따르면 '踓'자의 음은 '七六切' 즉, '축'으로 수정되어야 할지도 모른다).

여기서 발로 밟는 행위[踐蹹]가 종이 가공법과 관련된 것인지가 문제가 될
것인데, 한지의 표면 가공법인 도침법에 대한 설명 어디에도 발로 밟는 행위
가 보이지 않음에서 그러하다. 그런데 현재의 도침법이 그대로 신라 시대와
같았던 것으로 보기는 어려울 것이라는 점에서 뭔가 또다른 실마리를 찾아야
할 것이다.

필자는 그것을 옷감을 다듬이질 하던 광경에서 찾고자 한다. 어린 시절의
기억에 의하면, 집에서 다듬이질 할 때 일단 옷감을(특히 삼베옷의 경우에) 가지
런히 펴서 물을 뿜고서 보나 천으로 싸서 발로 충분히 밟아준 후에 다듬잇돌
에 올려 방망이로 두드렸던 듯하다. 실제 다듬이질에 관한 글에서 발로 밟는
과정을 찾을 수 있으니, "진홍 다듬기는 대왐[白芨]풀에 아교풀을 섞어 먹이고

---

146 *踓¹ [wěi ㄨㄟˇ]
　　《廣韻》以水切, 上旨, 以。] 1.蹩。2.走貌。3.狂走。
　　踓² [cù ㄘㄨˋ]
　　《集韻》七六切, 入屋, 淸。] 同'蹴1'。踐蹹, 踩。

방망이로 치면 빛이 상하니 밟아서 무수히 다듬어 살이 오르고 물기 거의 마른 후 홍두깨에 올려 다듬는다."(『규합총서閨閤叢書』2·도침법·眞紅, 정양완역주 (1975: 156) 참조) 등이 그것이다. 따라서 다소간의 논리적 비약을 감수할 수밖에 없지만 한지 표면 가공의 초기 단계에서는 이처럼 발로 밟는 과정을 거치지 않았을까 추측해본다. 결국 '白不踤紙(백불축지?)'는 '도침 과정을 거치지 않은 흰 종이'로 볼 수 있으리라는 것이 현재 필자의 판단이다.

한편, '白硾紙'에서의 '硾'자는 '搗'의 의미를 지니는 '捶'자와 통하는 글자일 뿐더러[147] '硾紙'는 '砑光紙'[148] 즉, '광택을 낸 종이'이므로 '白硾紙'는 '도침과 광택 가공이 된 고급 한지'로 보아야 할 것이다. 말하자면 '硾紙'는 신라 시대의 '踤紙'에서 한층 가공 기술이 발전된 고급 한지로 보아 양자 간의 상관 관계를 의심하기는 어려운 것으로 믿어지는 것이다.

10.1.2. 滋賀縣 西河原 森ノ內 2호 목간

이 목간은 일본 시가현滋賀縣 니시 가와라 모리노우치西河原 森ノ內 유적에서 출토되었는데, 이 유적은 논 농

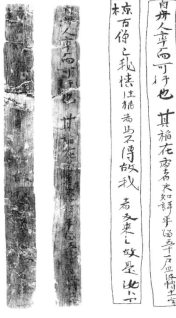

[앞면]   [뒷면]   [앞면]   [뒷면]

[사진 26-1] 森ノ內 2호 목간

---

147 *硾① [zhuì ㄓㄨㄟˋ] [《廣韻》馳僞切, 去寘, 澄。] 亦作"碰"。…… 3. 通 "捶"。舂; 搗。唐 徐夤《釣車》詩: "荻灣漁客巧妝成, 硾壽銀星一點輕。"

148 【硾紙】 即砑光紙。宋 吳淑《江淮異人錄·耿先生》: "上乃取水銀, 以硾紙重複裹之, 封題甚密。"

[뒷면]　[앞면]　[뒷면]　[앞면]

[사진 26-2] 森の內 2호 목간
(적외선 및 실물 사진)

사의 경영에 관한 지방 관아 시설로 추정되고 있다(沖森卓也·佐藤信 1994). 그 제작 시기는 675~682년 사이로 추정됨으로써(고바야시小林芳規 1998) 일본에서는 매우 이른 시기에 제작된 목간에 해당된다.

이 목간에 대한 판독은 [사진 26-1]에서 보듯이 [앞면]은 그 상태가 매우 불량한 관계로 시가현滋賀縣 中主町敎育委員會에서 제공한 모사본으로 판독할 수밖에 없었는데, 최근 필자는 이보다 상태가 좋은 목간 적외선 사진을 담고 있는 도록을 구할 수 있었다.[149] 여기에서는 이에 의거하여 이 목간에 대한 필자의 판독 및 해석안을 보강하고자 한다.

먼저 새로 찾은 이 목간의 사진([사진 26-2])과 필자의 판독·해석안을 보이면 다음과 같다.

[앞면] 京直傳之我持往稻者馬不得故我者反來之故是汝卜ア(=部)

[뒷면] 自舟人率而可行也 其稻在處者衣知評平留五十戸旦波博士家

149　滋賀縣立安土城考古博物館에서 편집·발행한 『古代地方木簡の世紀-文字資料からみた古代の近江-』(2008.7.19)이 그것인데, 2012년 7월 31일 동박물관 방문 시에 필자가 구입한 것이다. 바쁜 일정 속에서도 오미[近江] 지역의 문자 자료들을 살펴볼 수 있도록 주선해주신 우츠노미야宇都宮啓吾 교수께 감사의 뜻을 표한다.

(1) [앞면] 열두 번째 글자는 '得'인가, '傳'인가?

문제의 글자에 대하여 김영욱(2008)에서는 [사진 26-1]의 모사본에 의거하여 '傳'자로 판독함으로써 일본학계의 판독안에 이의를 제기한 바 있다. 확실히 [사진 26-1]의 자형상 우측 상부가 김 교수의 지적대로 '傳'에 가까운 모습을 보이고 있다. 그런데 [사진 26-2]의 적외선 사진상의 자형을 자세히 보면 우측 상부가 '田'이 아니라 '曰'의 형상에 가깝다는 점에서 '得'자로 본 필자의 판독안이 옳았음을 재확인할 수 있다.

(2) [뒷면] '衣知評平留五十戶 旦波博士'는 어디의 누구일까?

전고에서 말한 바와 같이 '評=郡', '五十戶=里'이므로 이 지명은 '衣知郡 平留里'로 고쳐볼 수 있다. 그 위치에 대하여 滋賀縣野洲郡中主町教育委員會(1990: 35)에서 현재의 彦根市 稻里町 西部로 비정하고 琵琶湖岸으로부터 2㎞ 정도 내륙으로 들어간 곳임을 밝히고 있다.

또한 '博士'에 대해서는 Kwon(2010: 141)에서 'Craftsman'으로 번역한 외에는 그 지위에 대한 의견을 내놓을 수 없었는데, 상동(1990: 35)에서 '衣(=愛)知郡 平留里'의 이장직인 것으로 추정한 것에 주목한 바 있다. 그러나 한 마을의 이장에 대하여 '博士'로 호칭하는 것은 아무래도 자연스럽지 못하므로 그 정확한 지위에 대한 의문은 여전히 풀리지 않는 숙제로 남길 수밖에 없었다.

그러던 중에 滋賀縣立安土城考古博物館(編)(2008: 21)에서 문제의 '博士'를 'ふひと'로 해석한 데에 다시금 주목하게 되었다. 'ふひと'는 'ふみひと'의 준말인데, 바로 이 'ふみひと'는 646년에 선포된 이른바 다이카[大化]개신의 조칙詔勅 2조에 등장하는 '主帳'을 가리키는 말로서 서도書道와 산술算術에 능하여 군사郡司에 배치된 서기관임을 감안하면, 과하기는 하나 이를 '博士'로 칭할 수도 있지 않을까 생각하기에 이른 것이다.

이상을 종합하여 문장별로 이 목간에 대한 필자의 판독과 해석을 최종 정리하여 보이면 다음과 같다.

① 椋直傳之 (椋直이 傳한다.)
② 我持往稻者馬不得故我者反來之 (내가 가지고 간 벼는 말을 얻지 못한 까닭에 나는 되돌아왔다.)
③ 故是汝卜ア自舟人率而可行也 (그러므로 너 卜部가 스스로 뱃사람을 이끌고 가야 한다.)
④ 其稻在處者衣知評平留五十戸旦波博士家 (그 벼가 있는 곳은 衣知郡 平留里(현재 彦根市 稻里町 西部)에 있는 旦波 博士(=書記官)의 집이다.)

10.2. 한문 어법의 선택적 수용과 변용

이제 앞서 살펴본 한국과 일본의 목간 속에서 문법 형태 표기에 쓰인 글자들을 중심으로 중국의 한문 어법을 수용하여 이를 어떻게 변용 즉, 자국화하였는지에 대한 하나의 미시적인 관찰을 보이고자 한다.

10.2.1. 문장 종결사 용법의 '-之'

문장의 종결사 용법을 지닌 '-之'는 월성해자 목간의 1면 "大鳥知郎足下万拜白ㅣ(=之)"과 3면 "牒垂賜敎在之"에 보일 뿐만 아니라, 모리노우치森ノ內 목간의 앞면 "椋直傳之", "我者反來之"에도 나타난다. 이러한 '-之'의 종결사적 용법의 기원에 대해서는 논란이 있어 왔는데, 최근 김병준(2011)에서 중국 진·한대秦·漢代의 간독簡牘들에서 이와 유사한 기능을 지닌 '-之'의 사례들을 소개함으로써 중국에서도 쓰이던 한문 어법이 한국과 일본으로 전파된 것이라는 새로운 견해를 제기하고 있음이 주목된다.

(1) ① 而令, 丞弗明知, 甚不便. 今且令人<u>案行之</u>, 擧劾不從令者, 致以律. <雲夢
睡虎地秦簡 語書>

② 爲都官及縣效律: 其有贏, 不備, 物值之, 以其價多者<u>罪之</u>. <雲夢睡虎地
秦簡 秦律十八種>

③ 諸侯人來攻盜, 不堅守而<u>棄去之若降之</u>, 及謀反者, 皆要斬 <張家山漢
簡·二年律令 賊律 1-2>

④ 駕傳馬, 一食禾, 其顧來又一食禾, 皆八馬共. 其數駕, 毋過日一食. 駕縣
馬勞, 又<u>益壹禾之</u>. <雲夢睡虎地秦簡 秦律十八種>

김 교수의 논의에 따르면, 위의 (1)-①의 '案行之'(각지를 돌며 잘 살펴 시행토록
하라는 뜻), (1)-②의 '罪之'(죄를 묻는다는 뜻)은 구체적 지칭을 갖고 있지 않다는
점에서, 그리고 (1)-③의 '棄去之若降之'(버리고 가거나 항복한 경우라는 뜻)의
'之'는 아무런 의미도 없다는 점에서 지시대명사로 보기에 애매함이 있음을
지적하고 있다. 다만, 이들은 동사 뒤에 이어짐으로써 확실한 종결사적 용례
로 보기에는 부족한 반면에, (1)-④의 '又益壹禾之'(또 한 차례 사료를 준다는 뜻)
은 명사(또는 체언술어문) 뒤에 이어지는 예로서 '又益壹禾'로 해도 충분하다는
점에서 종결사적 용법으로 사용된 거의 확실한 사례로 들고 있다. 여기서 한
국과 일본의 두 목간에 나타난 종결사적 용법의 '-之'를 진·한대 간독에서의
사례들과 비교할 때, 공통점뿐만 아니라 부분적인 차이점도 발견할 수 있으
므로 이들이 중국의 한문 어법을 수용하여 발전시킨 것으로 볼 수 있는 가능
성을 발견할 수 있다.

이에 따라 종전의 논의들에서 종결사 용법의 '-之'로 거론된 사례들을 중심
으로 한문 어법의 수용과 변용의 흐름을 재정리해 보아야 할 필요성을 느끼

게 된다. 우선 고대 삼국에서의 '-之'의 주요 사례들을 보이면 다음과 같다.

(2) ① 其有違令賣者刑之 買人制令守墓之(만약 이 영슈을 어기는 자가 있으면, 판 사람은 그에게 형벌을 내리고, 산 사람은 제制하여 (그로 하여금) 수묘하게 한다.) <「광개토왕비문」, 414>

② 五月中 高麗太王祖王 令□新羅寐錦 世世爲願 如兄如弟 上下相和 守天東來之(5월중에 고려태왕(=문자왕)의 조왕(=장수왕)이 신라 매금으로 하여금 세세로 원하되 형제처럼 위아래가 서로 화하고 수천하게 하도록 동으로 왔다.) <「중원 고구려비」, 495?>

③ 丙戌 十二月中 漢城下後□ 小兄文達節(=卽) 自此西北行涉之(병술년 12월 한성하 후부의 소형 문달이 여기서부터 서북쪽을 걸치었다(=맡았다).) <「평양성 각자서석」 제4, 566>

④ 于時教之(이때에 교하였다.) <「울진 봉평신라비」, 524>

④ 書亦從此法爲之…(서법 역시 이 법을 따르는 것으로 한다. …) <부여 능산리사지 301호 목간, 6세기 초반>

⑤ 并游友妹 麗德 光妙 於史鄒安郎 三之(함께 놀러온 벗과 누이는 여덕과 광묘, 어사추안랑의 셋이다.) <「울주천전리서석 원명」, 525>

⑥ 刟鐵十之(조철이 열 개다.) <함안 성산산성 48호 목간, 6세기 중·후반>

⑦ …合五人之(… 합하여 5인이다.) <「단양 신라적성비」, 550?>

⑧ …十三日 了作 事之(… 13일에 만들기를 마친 일이다(=마쳤다).) <「무술오작비」, 578>

⑨ 如法以 作後三年 崩破者 罪教事爲 聞教令 誓事之(만약 법으로 지은 지 3년 안에 무너지면, 죄주실 일로 삼아 주문奏聞하라는 영으로 맹서하는 일이다.) <「경주 남산신성비」, 591>

⑩ 牒垂賜教在之(첩을 내리시어 교(=명령)하셨다.) <월성해자 149호 목간, 7세기 중반>

⑪ 天寶 十三載 甲午 八月 一日 初 乙未載 二月 十四日 一部 周了 成內之(천보 13년 갑오 8월 1일 시작하여 을미년 2월 14일에 1부를 두루 마치어 이루었다.) <「신라화엄경사경조성기」, 695?>

⑫ 娚姊妹 三人業以 成在之(오라비와 자姊와 매妹 삼인의 선업으로 이루
었다.)   <「갈항사조탑기」, 785~798>
⑬ 十方旦越 勸爲 成內在之(시방의 단월檀越을 권하여 이루었다.)
                                                  <「선림원종명」, 804>

우선 (2)-①~④는 동사구 뒤에 '-之'가 쓰인 삼국의 예들로서 (1)-①~④에서
의 한문 어법과 크게 다르지 않은 용법을 보인다는 점에서 중국의 한문을 수
용한 예들에 해당될 것이다. 다만, 여기서 수용이라는 용어를 씀에 있어서 '선
택적'이라는 수식어를 덧붙여야 더 정확한 표현이 됨을 말하고 싶다. 주지하
듯이 한문에서 평서문 종결사로는 '-之' 외에도 '-也', '-矣' 등이 더 있는데,
한·일의 초기 출토 자료들에서는 '-之' 종결사가 중심으로 이루어진 점에서
보면, 중국에서의 여러 종결사 중 율령이나 공문서에 다용多用된[150] '-之'의 용
법을 선택적으로 수용한 것으로 보아야 할 것이기 때문이다. 결국 종결사 용
법의 '-之'가 고구려(5세기 초)에서 선택적으로 수용되어 신라·백제(6세기 초
반)로 전파되었음을 알 수 있다. 여기에 일본의 사례들(7세기 말엽 森ノ內 목간:
"椋直傳之", "我者反來之" 등)[151]을 합해서 볼 때, 시간상으로 '중국⇒고구려⇒
백제·신라⇒일본'의 순서로 수용과 전파가 이루어진 것임이 분명해지는 것
이다.
  그런데 (2)-⑤~⑬은 이들과는 달리 체언(⑤~⑨)이나 선어말어미(또는 조동

---

150 이와 관련하여 김병준(2011: 75-77)에서 진한시대 문서의 종류별로 종결사 '-之'와 '-也'의
   빈도수를 비교한 것이 참고가 된다. 그는 하급관리와 수졸 등이 작성하거나 접촉한 율령한
   공문서에는 '-之' 종결형이 다용되는 반면, 『논어』 등의 서적이나 조칙 등에서는 '-也' 종결
   형이 우세함을 밝히고 있다.
151 이 밖에 일본의 문헌 용례를 더 보이면 다음과 같다.
   •故 平寢出之.(그래서 평안하게 잠자고 나왔다.) <『古事記』上·大國主神, 712>
   •吾心淸淸之.(내 마음은 맑다맑다.) <『日本書紀』神代上, 720>
   •…太朝臣安萬侶以癸亥年七月六日卒之.(…에 죽었다.)<「太安萬侶墓誌銘」, 723>

사)(⑩~⑬) 뒤에 '-之'가 쓰인 예들로서 중국이나 일본은 물론[152] 고구려나 백제에서조차 이들과 비슷한 사례를 찾기가 쉽지 않다는 점에서 중국의 한문 어법을 넘어서고 있음이 주목된다. 이들은 신라에서 독자적으로 변용시킨 용법임이 분명하다는 점에서 진정한 의미에서의 '이두'라는 용어로 설명되어 부족함이 없는 것으로 판단된다.

요컨대 필자는 이러한 점에서 신라에서의 종결사 용법의 '-之'가 초기에는 중국의 간독들을 중심으로 선택된 한문 어법을 고구려로부터 수용하여 일본으로 전파시킴으로써 동아시아에서의 문어적 공통성을 이룩하였다가, 6세기 초반 이후가 되면서 신라만의 독자적인 용법으로 변용함으로써 마침내 우리의 이두로 발전·정착시킨 것으로 결론을 내리고 싶다.[153]

10.2.2. 처격조사 용법의 '-中'

이와 비슷한 사례로 월성해자 목간의 제2면에서의 "經中入用思"에 쓰인 처격조사 용법의 '-中'도 주목할 만한 존재이다. 그 동안의 논의들에서 한국에서 발견된 "某月中"의 사례들[154]에서의 '-中'을 처격조사로 보느냐, 마느냐를 두고서 논란이 있어 왔으나, 김병준(2011: 44-45)의 논의를 계기로 중국에서

---

152 모리森博達(2009: 254)에 따르면『일본서기』에 '八百之, 弟之, 天之, 地之, 十丈之' 등 체언 뒤에 '-之'가 쓰인 예들이 존재하는 것으로 보고되어 있다. 다만, 이들은『일본서기』의 β군에 편재偏在되어 있다는 점에서 일본 고유의 예로 보기는 어려울 듯하다.

153 여기서 말하는 '한문 어법의 선택적 수용과 변용'이라는 개념이 이성시(2012: 165)의 논의와 상당 부분 일치함을 알게 된 것은 최근의 일이다. 뒤늦게나마 여기에 특기하여 두되, 내용상 필자가 실제 사례들을 보강한 차이가 있음을 밝혀둔다.

[중국 대륙(A)→한반도(A'→B)→일본 열도(B'→C)]<이성시 2012: 165>

154 삼국의 주요한 예들만을 보이면 다음과 같다.
- 延壽元年太歲在卯三月中<「서봉총 은합우명」, 451>
- 乙丑年九月中沙喙部……<「울주 천전리서석 을축명」, 545?>
- 戊寅年六月中/佐官貸食記<부여 쌍북리 목간, 618>

도 “居某里 酒四月中盜牛”<雲夢睡虎地秦簡>의 예를 비롯하여 『사기史記』
등의 문헌 사료 등에서 수많은 사례의 “某月中”이 존재할 뿐만 아니라,[155] 일
본에서도 “辛亥年七月中記(신해년 7월중에 쓴다.)”<이나리야마稻荷山 철검명,
471?>, “牒 玄逸去五月中□□蔭人…”(첩: 玄逸이 지난 5월중에 □□한 음인인
데…)<유노베湯ノ部 유적지목간, 676> 등에 나타나므로 이러한 “某月中”의
‘-中’은 앞서 본 ‘-之’의 초기 사례와 비슷하게[156] 중국의 한문 어법을 거의 그
대로 수용한 것에 해당된다고 해야 할 것이다.

이러한 “某月中”의 사례와는 달리 월성해자 목간에서의 “經中”은 동즈차
오董志翹(2011: 267)에서 논의된 시간적 범위를 가리키는 용법의 “夜中₂, 春中₂,
五更中₂, 九月中₂, 數日中₂” 등의 예들과는 달리 일반명사 뒤에 ‘-中’이 위치하
여 처격을 표시하는 신라적인 변용을 보인 사례(예시(3) 참조)의 하나라는 점이
중요한 것이다.

(3) ① 國法中 分與(국법에 맞게 나누어준다.)   <「단양 신라적성비」, 550?>
     ② 經中入用思…(경에 들여쓸 생각으로…)

<월성해자 149호 목간, 7세기 중반>

     ③ 經之成內 法者 楮根中 香水 散尒…(경을 이룬 법은 저근楮根에 향수 뿌
        리어서…)   <「신라화엄경사경조성기」, 695?>
     ④ 石毘盧遮那佛……石南巖藪 觀音巖中 在內如(석비로자나불을 …… 석
        남암의 숲에 있는 관음암에 둔다.)

<「영태이년명석비로자나불 조상기」, 766>

---

155 구체적인 것은 安田尚道(1983), 藤本幸夫(1986) 등을 참조.

156 ‘某月中’의 수용에 있어서도 ‘선택적’이라는 용어를 쓸 수 있겠느냐는 점이 문제점으로 지
     적될 수 있겠으나, 굳이 선택적이라고 한다면, 중국에서는 ‘某月中, 某年(間)中, 某年某月
     某日中’ 등 다양한 용례로 쓰임에 비하여 우리의 경우 초기에 주로 ‘某月中’의 예에 집중된
     다는 점이 선택적이라고 할 수도 있을 것이다.

이상을 종합해보면, 중국에서의 "某月中"의 용법이 고구려·백제·신라 및
일본으로 수용·전파됨으로써 동아시아에서의 문어적 공통성을 보이다가, 6
세기 후반 이후 신라에서 '-中'에 선행하는 체언류를 일반명사에까지 확장시
키는 변용을 행함으로써 마침내 처소를 표시하는 이두토吏讀吐로 발전시킨 것
으로 정리해도 좋을 것이다.

10.2.3. 주제격조사 및 조건·가정 용법의 '-者'

(1) 주제격조사 용법의 '-者'는 월성해자 목간의 제3면("後事者命盡")과 森ノ
内 목간의 앞·뒷면("我持往稻者", "我者反來之", "其稻在處者")에 공통적으로 보인
다. 한문에서의 '-者'는 여러 다양한 용법으로 쓰이는 만큼 이러한 용법의 기
원에 대하여 어느 하나로 한정하기는 어려울 것이나, 그럼에도 '-者 … -也' 구
문 즉, 판단문에서의 제돈조사提頓助詞로서의 '-者'에 기원하는 것으로 보는
편이 가장 합리적일 것이다.[157]

(4) ① 秦始皇帝者 秦莊襄王子也(진 시황제는 진 장양왕의 아들이다.)
<『史記』秦始皇本紀>
② 諸將易得耳, 至如信者 國士無雙(다른 장수들은 구하기가 쉽습니다만, 한
신과 같은 자는 나라 안에서 비길 자가 없습니다.) 『史記』淮陰侯傳
③ 荀卿 趙人(맹자 순경은 조나라 사람이다.) <『史記』孟子·荀卿傳>

(4)는 판단문에서 '-者'를 사용하여 제시를 표시하는 사례들로서 ①과 같이
'-者 … -也'의 호응 구문으로 나타남이 다수이지만, ②와 같이 '-也'를 생략한

---

157 제돈조사의 사례를 비롯하여 한문 문법에 관한 것은 黃六平/홍순효·한학중 역(1994)을
참조.

채 끝낸 경우도 있을 뿐만 아니라 ③과 같이 '-者'마저도 쓰지 않은 경우도
있다.

고대 한·일의 사례도 위의 중국에서의 (4)-①, ② 용법에서 크게 벗어나지
않는다.

(5) ① 小吏猪耳其身者如黑也(소리 저이猪耳 그 몸은 가무잡잡하다.)
<부여 능산리사지 능2호 목간_3면, 6세기 초>

② 此成在□人者 都唯那 寶藏 阿尺干…(이를 이룬 □人은 도유나 보장 아
척간……이다.)   <「무술오작비」, 578>

③ 此作起數者 三百十二人…(이를 짓는 데 동원한 수는 312인…)
<「무술오작비」, 578>

④ 後事者命盡(뒷일은 명대로 다하였다.)
<월성해자 149호 목간_3면, 7세기 중엽>

⑤ 願旨者 一切衆生 苦離樂得 敎 受 成在(원지는 일체의 중생이 괴로움을
벗어나 즐거움을 얻는 것이니 이 가르침을 받아 조성한 것임.)
<「무진사종명」, 745>

(6) ① 我持往稻者 … 我者反來之(내가 가지고 간 벼는 … 나는 되돌아왔다.)
<森ノ內 木簡_表, 675~682>

③ 其稻在處者…(그 벼가 있는 곳은 …)   <森ノ內 木簡_裏, 675~682>

④ 此取人者盜人妻成(이를 취한 사람은 도둑의 아내가 된다.)
<平城宮木簡h⑳11, 8세기 중엽>

⑤ 右糸布者若翁御物交易糸布用…(위의 사포는 …)
<平城宮木簡h㉑, 8세기 중엽>[158]

(5)는 백제와 신라에서 주제격조사 용법의 '-者'의 사례들인데, 여기서 주
목되는 점은 (5)-①의 백제의 예가 중국의 제돈조사 구문의 전형적인 사례에

---

158 (6)-④, ⑤의 예는 세마瀨間正之(1994)에서 재인용한 것임.

부합되는 반면에, (5)-②~④의 신라의 예들에서는 정돈조사 '-也'를 생략한 중국의 소수 사례에 해당되는 용법으로 일관하고 있다는 점이다. (6)의 일본 사례들은 대체로 신라의 예들과 비슷한 특징을 보이고 있다.

이상에서 보면, 고대 한·일에서의 주제격조사 용법의 '-者'는 한문에서의 관련 용법들 중 특정한 사례를 선택적으로 수용한 것에 그친 것으로 보아야 할 것이다. 말하자면 앞서 본 '-之', '-中'의 사례들과는 달리 특별한 변용 과정으로 볼만한 특징이 찾아지지 않는다는 점에서 차이가 난다고 할 수 있다.

(2) 한편, 앞선 예시 (2)-⑨"如法以作後三年 崩破者…"<「경주 남산신성비」, 591>에서의 '-者'도 한문에서의 가설 어기사假設 語氣詞 용법에서 기원한 조건·가정 용법의 '-者'로서 이 역시 선택적 수용의 사례로 손색이 없음을 분명히 할 필요가 있겠다.

(7) ① 有復言長安君爲質者 老婦必唾其面(또 다시 장안군을 인질로 하라는 자가 있으면, 노부는 틀림없이 그의 얼굴에 침을 뱉으리라.)
<戰國策 趙策>
   ② 若任情失正, 文其殆哉! (만약 정에 맡겨 정도를 잃는다면, 문이 위태로우리라!)   <『文心雕龍』·史傳>
   ③ 若有不能自存者, 郡縣振級之. (만약 스스로 살아갈 수 없는 자가 있다면, 군이나 현에서 구제하도록 하라.)   <『三國志』·魏書4·三少帝紀>
   ⇒ "若…-者, …" / "若…-者, …" / "若…-者, …"

(8) ① 口若後世更導人者 與重罪(만약 입으로 후세에 다시 말썽을 일으키는 자가 있으면 중죄를 준다.)   <「포항 중성리비」, 501?>
   ② 若更導者 敎其重罪耳(만약 다시 말썽을 일으키면 (그) 중죄가 됨을 교시하였다.)   <「영일 냉수리비」, 503>

③ 如法以作後三年崩破者…(만약 법으로 지은 지 3년 안에 무너지면…)

<「경주 남산신성비」, 591>

⇒ "若/如…者, …"

(9) ① 若是定業以背世者, 往登淨土早昇妙果

<「法隆寺金堂釋迦佛光背銘」, 607?>

② □□□有者□將物曾   <藤原宮木簡 f⑤18, 694~704>

③ □詔大命乎伊奈止申者, …   <藤原宮木簡 f⑤05, 694~704>[159]

⇒ ① ≒ 新羅 // ② ~ ③ ≒ 中國

(7)은 가정문에서 가설의 어기를 표시한 '-者'의 사례들인데, 이때에는 가설연사假說連詞 '若'이나 '如'를 앞세울 수도 있다는 점에서(②, ③) (8)과 (9)-①의 '若…者' 구문은 중국의 한문 어법 중에서 소수에 해당하는 용법을 선택적으로 수용하여 발전시킨 사례로 봄이 온당할 것이다. (9)-②, ③의 일본 목간 사례들은 중국의 사례들과 크게 다르지 않은 듯하다.

결국 가정·조건 용법의 '-者'도 앞서 본 주제격조사 용법의 '-者'와 마찬가지로 중국 한문의 관련 용법들 중에서 특정한 사례를 선택적으로 수용한 것에 그칠 뿐, 특별한 변용 과정으로 볼만한 특징이 찾아지지 않는 것으로 정리해야 할 것이다.[160]

이 밖에 월성해자 목간의 제3면 "牒垂賜教在之"에 쓰인 주체 존대의 선어말어미(또는 조동사) '-賜(-)'도 일본의 "大命受賜而"<「法隆寺 金堂藥師如來坐

---

159 (9)의 예들도 세마瀨間正之(1994)에서 재인용한 것임.

160 물론 한문에서는 가설연사(若/如)가 필수적이지 않음에 비하여 신라나 초기 일본의 예들에서는 '若'이나 '如'를 필수적으로 앞세움이 차이점으로 볼 수도 있을 것이다. 그러나 양적인 면에서 소수에 그치고 있다는 점에서 변용으로 설명하기에는 부족함이 있다는 심경호 교수님의 제안을 받아들인 것임을 밝혀둔다.

像光背銘」>, "恐々受賜申大夫前"<藤原京跡 출토목간> 등[161]에서의 존대나 겸양의 보조동사 '-賜'의 기원과 관련시켜 볼 만한 것으로 판단되는데, 역시 그 용법상의 유사성이 우연은 아닌 것으로 보인다. 이러한 '-賜(-)'의 용법도 '賜敎'(교시하시다), '賜復'(답신을 보내주시다) 등과 같이 중국에서도 경어로 쓰이는 사례의 존재로 보아 중국 한문의 유사 용법에 기원하는 것이 아닐까 한다. 앞으로 구명되어야 할 과제의 하나로 남겨두고자 한다.

이상의 논의에서 드러난 바들을 바탕으로 이두의 정의 문제에 대한 필자의 견해를 피력하는 것으로 이 글의 결론으로 삼고자 한다. 앞에서 '-之', '-中'의 사례에서는 한문 어법의 선택적 수용과 변용이 함께 이루어졌음을 본 반면, '-者'의 사례에서는 선택적 수용에만 그치고 있어서 변용의 특징이 잘 나타나지 않음을 본 바 있다. 광의의 이두 개념을 지지하는 편에서는 '선택적 수용'만으로도 이두로 보고자 할 것이고, 협의의 이두 개념을 지지하는 편에서는 '변용'이 나타나는 이후부터 이두로 보고자 할 것이다. 현재의 필자는 후자 즉, 협의의 이두 개념을 지지하는 편이므로 선택적 수용에만 그친 '-者'의 사례와 '-之', '-中'의 초기 사례들에 대해서는 이두로 간주하지 않는 대신, '-之', '-中'의 변용이 확인되는 6세기 중·후반부터 신라의 이두가 본격화된 것으로 결론을 짓고자 한다.

---

161 小林芳規(1998: 49)에서 재인용.

제11장

출토자료로 본
신라의 유교경전 문화

본고는 출토 문자자료의 사례들을 중심으로 삼국통일 전후 신라에서의 유교경전 문화에 대한 고찰을 목표로 한 것이다. 이를 위하여 6세기 금석문 자료, 7~8세기 목간 자료 등에 보이는 유교문화의 흔적들을 찾아서 유교경전이 언제, 어떻게 신라사회에 수용되고, 학습되었는지를 좀더 구체적으로 살펴보고자 한다.

11.1. 신라 이전 한반도에서의 유교문화 수용 양상

#1 평양 정백동 364호분 출토 『논어』 죽간

1990년대 초 평양의 낙랑구역 통일거리 건설장에서 발굴된 정백동 364호분 출토 『논어』 죽간은 2009年 4月 초 한국 학계에 알려져 세간의 이목을 집중시킨 바 있다.[162] 이 죽간의 제작 시기는 같은 고분에서 「樂浪郡初元四年縣別

[사진 27] 평양 정백동 『논어』 죽간(『木簡과 文字』 4, p.8)

戶口簿」 목독木牘이 함께 출토됨으로써 초원4년(BC.45)에 가까운 시기로 추정되고 있는데(이성시 외 2009: 132), 중국 허베이성河北省 딩저우定州에서 출토된 『논어』 죽간(오봉3년=BC.55)과 제작 시기는 물론 그 형태, 규격, 서체 및 부호 등에 걸쳐 흡사한 자료임이 드러난 바 있다. 따라서 선진·안연편의 일부가 서사되어 있는 이 죽간은 BC 1세기 경 『논어』로 상징되는 유교문화와 이데올로기가 한漢의 내군은 물론 예속관계에 있던 한사군에까지 확산되어 있었음을 실증하는 유물로서(윤재석 2012: 140), 『논어』가 한반도에 전래된 최초 유물로서의 지대한 가치를 지닌다고 하겠다.

　이러한 『논어』의 전래가 한반도 한자문화에 끼친 영향은 어느 정도였을까? 이 문제는 쉽사리 답할 수 있는 성질의 것은 아니나, 이 죽간이 지니는 부장품으로서의 성격과 정백동 364호분에서 공반된 유물들과의 관계를 통하

162　이 죽간의 발굴 경위에 대한 자세한 것은 이성시·윤용구·김경호(2009), pp.130-133의 논의를 참조.

여 어느 정도의 추측은 가능하다. 이 죽간은 묘주가 생전에 실제 사용하던 서책으로서 피장자가 사후 세계에서도 문자생활을 향유하도록 한 한대의 매장 풍속에서 서도書刀와 함께 부장되었다는 점과, 정백동 364호분에서 호구부 목독도 함께 출토되었으므로 묘주가 생전에 낙랑군의 호구 관련 업무를 담당한 군리郡吏였을 것으로 추정되고 있다(윤재석 2012: 108-110). 따라서 낙랑군의 군리이면서 지식인층에 속했을 묘주[163]가 생전에 낙랑군 토착민들에게 한제국의 문화 전파에 큰 영향을 끼쳤을 것으로 짐작하기 어렵지 않다. 따라서 이 죽간은 낙랑군의 토착민은 물론 인접 국가들의 한자문화 발달에도 상당한 영향을 미쳤을 것으로 볼 수 있을 것이다.

#2 집안 고구려비

고구려는 백제와 함께 낙랑·대방군 지역에 접해 있으면서 한사군을 통한 한문화의 수용에 가장 유리한 위치에 있었다. 따라서 낙랑 지역으로의 한문화 전파는 최인접 국가인 고구려의 한자문화 발달에 적잖이 영향을 미친 것으로 추정해도 좋을 것이다.

최근 발견된「집안 고구려비」는 고구려 한자문화의 선진성을 보여주는 유물로서 한·중 학자들 사이에 주목을 받고 있다. 이 비는 2012년 7월 중국 집안시 마선하麻線下 구교舊橋 인근 하상河床에서 수습된 것으로서 2013년 1월 4일자『中國文物報』를 통하여 중국 측 조사 결과가 공개된 것을 계기로 한국의 고대사학계에 알려진 것이다. 그 건립 시기에 대해 초기에는 광개토왕대로 알려지기도 하였으나 한문 문체의 세련미에 비추어 오히려 장수왕대일 가능

---

163 "郡初取吏於遼東([낙랑]군 초기에는 요동에서 군리를 취하였다)"<『漢書』28下·地理志8下·犯禁八條>의 기록으로 미루어보면, 이 묘주는 중앙에서 파견된 관원에 가까운 존재였을 것으로 판단된다.

[사진 17] 집안 고구려비 탁본
(『集安 高句麗碑』, p.200)

성도 없지 않은 듯하다. 이 비문에『逸周書』·
諡法 등에 보이는 '辟土'라는 어휘,『논어』의
자한편164 및 위진남북조대 문헌들165에 자주
보이는 '弥高'라는 표현, 도연명陶淵明의「感
士不遇賦」(晉·宋 교체기=419년 이후 도연명의 말
년작으로 추정)에서의 '古人之慷慨'라는 구절
등을 인용하고 있음이 밝혀지고 있기 때문이
다.

여기서 중요한 것은 이 비문의 6행 "先聖功
勳彌高悠烈…(선성의 공훈이 아주 높고 매우 빛나
며…)"라는 문장 속에 바로 '弥高'라는 한자어
구가 등장한다는 점이다. 비록 이 표현이『논
어』에만 있는 것은 아니어서 이를『논어』를
활용한 최초 사례로 단정할 수는 없지만, 시기
적으로나 지리적으로 보아서 낙랑으로의『논

어』의 전래와 상당한 연관성을 지닌 고구려 한자문화의 일단一端으로 볼 수
있지 않을까 한다.

#3 부여 능산리사지 '능9호' 목간

부여의 능산리사지에서 출토된 목간의 제작 시기는 공반 유물 및 목간의

---

164 "顏淵 喟然歎日 仰之彌高 鑽之彌堅"(안연이 깊이 탄식하기를 "스승의 도는 우러러볼수록
높아만지고, 뚫을수록 더욱 단단해 보이네.")
165 대만 중앙연구원 역사어언연구소의「한적전자문헌자료고」를 검색한 결과, '『晉書』(7)>
『後漢書』=『梁書』=『北史』=『舊唐書』(3)>『史記』=『漢書』=『宋書』=『魏書』=『周書』(1)'로
나타남을 참조.

묵서에 나타난 서체 등으로 미
루어 백제의 사비(=부여) 천도(538
년) 직후인 540년 경에서 위덕왕
대 전반기까지 30여년의 기간 즉,
6세기 중엽이었을 것으로 추정
되고 있다(박중환 2002:229). [사진
28]의 '능9호'도 동시대의 목간
으로서 백제의 습서 목간 중에

[사진 28] 능9호 목간 전면(『백제 목간』, p.40)

서 가장 이른 시기의 사례에 속한다. 아래 [사진 28′]에서 보듯이 이 목간에는
'見', '公', '道', '德' 등의 글자들이 서사되어 있음을 확인할 수 있는데,

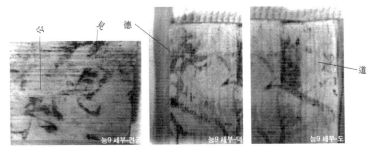

[사진 28′] 능9호 목간 세부(『백제 목간』, p.41)

이 글자들은 유교경전류에 빈번하게 등장한다는 점에서[166] '능9호' 목간의
묵서 내용은 유교경전류에 대한 교수·학습 과정에서의 습서習書일 가능성을

166 「한적전자문헌자료고」의 검색 결과, 『斷句十三經經文』에는 '公', '見', '道', '德'자가 각각
6,408회, 1,092회, 1,167회, 1,055회의 빈도로 나타나므로(※본문 기준) 이들을 유교경전 다
용자로 보아 무리는 없을 것이다.

암시해준다고 할 수 있다.

이 점에서『삼국사기』권26의 백제 성왕 19년조(541)에 양나라로부터『모시毛詩』박사를 초빙하고,『대반열반경大般涅槃經』등 경전 해설서를 들여온 사실이 기록되어 있음이 주목된다.[167] 이는 사비 천도와 더불어 국력 강화 정책의 하나로 국가적으로 경전류의 교수와 학습에 힘썼음을 알려주는 사실임에 틀림없을 것인 바, 이러한 시대적 배경과 '능9호' 목간의 묵서 내용이 어느 정도 부합되는 것으로 보임은 특기할 만하다. 이것이 사실에 가깝다면 이 목간은 백제에서 이미 6세기 중반에 특정하기는 어려우나『모시』(=『시경』)를 비롯한 일부 경전의 수용과 학습이 이루어졌을 가능성을 알려준다고 할 수 있겠다.

이상에서 낙랑, 고구려, 백제의 출토 자료들을 바탕으로 고대 한반도 유교 경전 문화의 일단을 살펴보았다. 이를 통해서 보면,『논어』의 전래는 BC 1세기 경으로까지 소급될 수 있을 뿐만 아니라, 고구려와 백제에서의 유교문화도 각각 5, 6세기에 이르러 상당히 발달되어 있었음을 짐작하기 어렵지 않을 것이다.

실제로 국내·외의 문헌 자료에 나타난 유교문화 관련 기록들은 이러한 예상이 사실에 가까움을 알려주고 있다. 교육기관의 설립과 한적漢籍의 유통에 관한 기록을 중심으로 고구려와 백제에서의 유교문화의 양상을 좀더 구체적으로 알아보면 다음과 같다(남풍현(2009), 가와사키川崎晃(2012), 조경철(2012), 송일

---

167 十九年, 王遣使入梁朝貢, 兼表請毛詩博士·涅槃等經義, 并工匠·畵師等, 從之.(19년(541)에 왕이 사신을 양나라에 보내어 조공하고 겸하여 글을 올려『모시』박사와『대반열반경』등 경전의 해설서와 아울러 공장工匠·화사畵師 등을 청했는데, 양나라에서 이 청을 따랐다.)<『삼국사기』26·백제본기4·성왕>
  이와 동일한 내용의 기록은 연도상의 차이가 있지만『남사南史』에도 있다(남풍현 2009: 97). 是歲(※大同7년(540)) … 百濟求涅槃等經疏及醫工·畵師·毛詩博士, 並許之.<『南史』7·梁本紀中7·武帝下>

기(2013), 박현숙(2014) 등 종합).

우선 고구려에서는 소수림왕小獸林王 2년(372)에 大學(=太學)을 세워 자제들을 교육하였다는 기록[168]이 있으므로 일찍부터 유교경전을 기본으로 역사와 문학 서적 등을 학습하였던 것으로 판단된다(송일기 2013: 239). 실제로 고구려의 한적 유통 상황을 알려주는 중국 사서의 기록들을 보면,

○ 高麗俗服窮袴，冠折風一梁，謂之幘。知讀五經。
<『南齊書』58·列傳39·東夷 高麗國>

○ 書籍有五經、三史、三國志、晉陽秋。　<『周書』49·列傳41·異域上 高麗>

○ 書有五經、三史、三國志、晉陽秋。　　<『北史』94·列傳82·高句麗>

○ 俗愛書籍，至於衡門廝養之家，各於街衢造大屋，謂之扃堂，子弟未婚之前，晝夜於此讀書習射。其書有五經及史記、漢書、范曄後漢書、三國志、孫盛晉春秋、玉篇、字統、字林；又有文選，尤愛重之。
<『舊唐書』199上·列傳149上·東夷 高麗>

등으로서 이들을 바탕으로 할 때, 고구려에서는 늦어도 5세기 경에는 5경五經(=『詩經』·『書經』·『易經』·『禮記』·『春秋(左氏傳)』)이 유통되었을 것인 바, 점차 3사三史(=『史記』·『漢書』·『後漢書』)와 『三國志』, 『文選』 등으로 그 보급이 확대된 것으로 정리해도 좋을 것이다.

한편, 백제의 교육기관 설립에 관한 역사서의 기록은 없으나, 최근에 백제 유민 진법자 묘지명陳法子墓誌銘이 소개되면서(김영관 2014, 정동준 2014) 그의 "증조 춘春이 백제의 태학정太學正으로 은솔恩率"이라는 기록[169]에 의거하여 고구려와 거의 동시대인 근초고왕대近肖古王代에 태학이 설립되었다는 논의

---

168 二年 夏六月 秦王苻堅 遣使及浮屠順道 送佛像經文 王遣使廻謝 以貢方物 立大學 教育子弟<『三國史記』18·高句麗本紀6·小獸林王>

169 君諱法子字士平熊津西部人也(2행) …… 曾祖春本邦太學正恩率(6행)

로까지 발전되고 있다(박현숙 2014). 이 묘지명의 기록에 충실하자면, 진춘陳春의 활동 시기는 대체로 위덕왕대威德王代(554~598)로 추정되므로 백제에서는 늦어도 6세기 후반 이전에 태학의 설립과 함께 그에 상응하는 유교문화가 꽃피웠을 것으로 추정해도 좋을 것이다. 여기에 덧붙여 간략하지만『구당서舊唐書』의 백제국조에 "백제의 서적에는 5경·자·사부五經·子·史部가 있고, 표소表疏가 모두 중화中華의 법을 따르고 있다."[170]고 되어 있음에서 대체로 고구려와 비슷한 정도의 유경儒經의 유통을 말할 수 있을 것이다.[171]

이상에서 살펴본 신라 이전 한반도 유교문화의 수용 양상은 태학이라는 국가 교육기관의 설립,『논어』와 5경, 3사와『삼국지』등의 한적의 수용과 유통으로 정리될 것인 바, 여기에서 정리된 서책 목록은 신라에서 유교경전의 수용 정도를 가늠함에 있어서 유용한 기준으로 삼을 수 있으리라 판단된다.

11.2. 신라의 유교경전 문화

11.2.1. 금석문 등을 통해서 본 유교경전의 수용과 발전

4~5세기 고구려의 영향 하에 선진 문물을 수용한 신라는 6세기에 이르러 정치제도뿐만 아니라 한자문화에 있어서도 거듭된 발전을 이룩하고 있음은 잘 알려진 사실의 하나다(주보돈 1989 참조). 문자문화의 발전상에 대해서는 국

---

170 其書籍有五經, 子, 史, 又表疏並依中華之法<『舊唐書』199上·列傳 149上·東夷 百濟國>
171 이와 관련하여 남풍현(2009: 98)에서 백제에 유통된 서책으로 5경, 분사墳史, 율서律書, 천자문, 도가서道家書, 의약·점상술서류醫藥·占相術書類, 천문지리·둔갑방술서류天文地理·遁甲方術書類 등을 들고 있음을 보아서는 고구려에 비해 그 수준이 높았을 가능성도 없지 않은 듯하다.

어학계를 중심으로 이 시기 금석문과 목간 자료를 통하여 다양한 연구가 진 척되고 있거니와, 사학계에서도 6세기 금석문 및 문헌 사료를 통하여 유교경 전의 수용과 관련된 논의에서 상당한 성과를 거둔 바 있다(노용필 1996, 김영하 2005 등).

#4 울진 봉평신라비

1988년에 발견되어 현재 울진 봉평 신라비전시관에 전시되어 있는 울진 봉 평신라비(524)는 신라에서 『논어』 구절 을 구체적으로 인용한 첫 사례로 주목 을 받아왔다.

[사진 29] 울진 봉평신라비
(『옛 글씨의 아름다움』, p.114–115)

비문의 제10행의 "于時教之, 若此 者, 獲罪於天."(이때에 교[=명]하기를 만약 이와 같이 한다면, 하늘로부터 죄를 얻을 것 이다[=벌을 받을 것이다].)라는 문장이 주 목되는데, 이 문장에서의 '獲罪於天' 이 바로 『논어』 팔일편에 보이는 "子曰 不然 獲罪於天 無所禱也"(孔子께서 말씀하시기를, "그렇지 않습니다. 하늘에 죄를 얻 으면 빌 곳이 없습니다.")라는 예와 정확히 일치하기 때문이다. 이 사례는 앞선 집 안 고구려비에서의 '弥高'에 비하여 피인용 단위가 구절의 수준으로까지 발 전되어 있다는 점에서 신라의 유교경전 수용을 이해하는 하나의 근거로 삼아 온 것이 사실이다.

#5 마운령 진흥왕순수비

[사진 30] 마운령 진흥왕순수비
(『금석문 자료①: 삼국시대』, p.229, 244)

현재 함흥 력사박물관에 보존되어 있는 마운령 진흥왕순수비(568, ≒황초령비)도 『논어』 구절을 인용한 또다른 사례로 주목을 받아왔다.

마운령비 제3-4행의 "是以帝王建号,　莫不脩己以安百姓"(이에 제왕은 연호를 세워 자기 수양을 해서 백성을 편안케 하지 않음이 없다.)라는 문장 속에서 '脩己以安百姓'이라는 구절을 찾을 수 있는데, 이 또한 『논어』 헌문편의 "子路問君子 子曰……修己以安百姓 堯舜其猶病諸"(자로가 군자에 관해서 여쭈었다. 공자께서 말씀하시기를 …… "자기 수양을 해서 백성을 편안케 하는 일은 요·순 임금도 힘들었을 것이다.")라는 예와 정확히 일치하기 때문이다.

이상의 사례를 바탕으로 기존의 논의들에서는 신라에서 6세기 초엽부터 『논어』의 직접 인용이 활발하였던 것으로 보아왔다. 그러나 이 점은 다소간 피상적인 관찰이 아닐까 한다. 왜냐하면 당시 신라 사회에 『논어』의 실물이 유포되어 있었다는 결정적 증거가 없을 뿐만 아니라, 아래에서 보듯 위의 두 구절도 『논어』에만 있지 않고 일부 역사서에도 찾을 수 있기 때문이다. 따라서 6세기 주요 금석문들에 쓰인 한자어구 하나하나에 대하여 중국 고전들에서의 쓰임새를 살핀 후에 유교경전의 수용 정도를 가늠하는 귀납적인 논의가 필요할 것으로 판단된다.

〈표 20〉 6세기 신라 금석문 속 주요 한자어구의 중국 고전 출현빈도

漢字語句<비문_행수>	儒經						史書				備考
	易經	書經	詩經	禮記	春秋	論語	史記	漢書	三國志	後漢書	
後世<중성리_⑩>	3			10	2	1	86	76	13	48	
與重罪<중성리_⑪>								1		1	※教其重罪<냉수리_후①>
得財<냉수리_전②>							1		2	2	
共論<냉수리_전⑦>									6	4	
前世<냉수리_전⑦>							13	14		47	
殺牛<냉수리_후⑦>	2			3			2	6	2	1	※원문: 煞=殺, cf)煞斑牛<봉평리_⑥>
種種<봉평리_⑤>					‡		1				※余髮如此種種<춘추_昭公3> "杜預注: 短也"
獲罪於天<봉평리_⑩>						1			1	3	
國法<적성비_⑪>				1	1		2	3	2	1	※周禮3
大人<적성비_⑰>	29		2	6	3		28	30	38	83	
小人<적성비_⑰>	31	12	12				33	34	31	56	
寡人<창녕비_①>			1	16	40		195	48	5	3	
幼年<창녕비_①>								7		5	
承基<창녕비_①>		1							3	1	
輔弼<창녕비_①>							3	10	5	5	
四方<창녕비_②·⑲/마운령_⑤>	2	30	8				36	103	41	111	
巡狩<북한산_⑤·⑪/마운령_①·⑦>							29	33	1	57	※孟子3
覇主<북한산_②>					2		2				
民心<북한산_⑤/마운령_⑦>		3	1	3	2		6	22	10	6	※孟子1
忠信<북한산_⑤/마운령_⑧>	1		1	10	10	2	25	18	5	16	
精誠<북한산_⑤/마운령_⑧>							1	4	5	5	
純風<마운령_③>											※順風: 史記1, 漢書2, 後漢書7
世道<마운령_③>								1	1		
交競<마운령_③>										1	
建号<마운령_③>							1	2	4	3	
脩己以安百姓<마운령_④>						2		1			
歷數<마운령_④>			1			1	1	2	1	12	
纂承<마운령_④>								4	3		
自愼<마운령_④·⑤>							1	1			
乾道<마운령_⑤>	3									‡	※後漢書: …桑乾 道人…(城名)
神祇<마운령_⑤>		3	1	2		1	5	16	3	11	
應符<마운령_⑤>									1	1	

漢字語句<비문_행수>	儒經						史書				備考
	易經	書經	詩經	禮記	春秋	論語	史記	漢書	三國志	後漢書	
交通<마운령_⑥>				1			5	22	12	57	
撫育<마운령_⑥>									2	3	
黎庶<마운령_⑥>							6	13	5	5	
道化<마운령_⑥-⑦>			2				1	1	4	4	
强戰<마운령_⑧>											※孟子·2
爲國<마운령_⑧>			1	4	16		22	76	54	72	
盡節<마운령_⑧>								6	9	8	
有功<마운령_⑧>	13	3	3	6	7		126	124	79	51	
勳勞<마운령_⑨>				4					2		※孟子·1
計	84	53	32	66	83	8	617	673	366	688	

위의 표는 6세기 신라 금석문 중에서 포항 중성리비(501?), 영일 냉수리비(503), 울진 봉평신라비(524), 단양 적성비(550?), 창녕 진흥왕척경비(561), 북한산·마운령 진흥왕순수비(568)를 대상으로 유의미한 한자어구를 찾아서 앞서 소개한 한적전자문헌자료고로 검색한 결과이다(검색 조건: 본문 및 이체자 대상, 서명·주석·동의사 제외). 검색의 대상이 된 한적들은 앞 장에서 고구려·백제에서 유통되었을 것으로 정리된 『논어』와 5경, 3사와 『삼국지』로 한정한 것이다.[172]

위의 표에는 '後世, 前世, 種種, 大人, 小人, 幼年, 民心, 忠信, 精誠, 交通, 有功' 등 일상어에 가까운 어휘들도 포함되어 있어서 유교경전의 수용 정도를 가늠하려는 우리의 논의에 크게 도움이 되지 않는 측면도 없지 않으나, 이들을 제외한 한자어구들을 통해서는 몇 가지 의미있는 결과를 얻을 수 있는 듯하다. 조사된 한자어구를 유경류와 사서류에서의 존재 여부를 기준으로 나누어본 후, 여기서 찾을 수 있는 신라의 유교경전 수용 상의 의의에 대하여 논의

---

172 이는 고구려와 신라의 특수 관계, 즉 대체로 나물왕 37년(392)~눌지왕 17년(433)에 이르기까지 고구려의 속국 상태에 놓여 있었음을 고려하여 고구려의 유교문화가 거의 그대로 신라에 영향을 미쳤으리라는 가정에서 출발한 것임을 밝혀둔다.

하고자 한다.

   (1) 儒經○, 史書○: 殺牛, 獲罪於天<봉평비>, 國法<적성비>, 寡人, 承基, 四方,
       覇主, 脩己以安百姓, 歷數, 神祇, 道化, 爲國, 勳勞<순수비> (13/30=43.3%)

   (2) 儒經×, 史書○: 與重罪<중성리비>, 得財, 共論<냉수리비>, 輔弼, 巡狩, 世道,
       交競, 建号, 纂承, 自愼, 應符, 撫育, 黎庶, 盡節<순수비> (14/30=46.7%)

   (3) 儒經○, 史書×: 乾道<순수비> (1/30= 3.3%)

   (4) 儒經×, 史書×: 純風, 强戰<순수비> (2/30= 6.7%)

   첫째, 그 동안『論語』의 인용 사례로 주목을 받았던 '獲罪於天'과 '脩己以
安百姓'에 대하여 이들이『논어』의 직접 인용으로 볼 수 있느냐의 문제에 대
하여 어느 정도의 답을 구할 수 있다는 점이다. 이들은 유경과 사서에 공통된
구절이라는 점에서, 그리고 위의 표에서 보듯이 양자에 공통된 사서가『삼국
지』라는 점에서 이들은『논어』의 직접 인용일 가능성도 없지 않겠으나,『삼
국지』를 통한 간접 인용의 가능성을 배제하기 어려운 것이 사실이다. 물론 앞
장에서 본 바와 같이『논어』의 전래가 매우 이른 시기로까지 소급된다는 점
에서 보면 전자의 가능성에 더 큰 비중을 두어야 하겠으나, 낙랑의『논어』죽
간에는 선진·안연편만 남아 있어서 문제의 두 구절의 출처인 팔일·헌문편까
지 존재했으리라는 보장도 없다는 점에서 후자의 가능성이 더 안전한 것으로
판단되기 때문이다.

   둘째, 위의 분류 결과를 신라에서의 유교경전의 유통 여부를 가리는 하나
의 근거로 삼을 수 있다는 점이다. 위에서 보면 6세기 금석문이 진흥왕순수비
이전과 이후로 일정한 구분이 가능하다는 점이 요점인 바, (3), (4)에서 보는
바와 같이 <순수비>에서는 유경에만 나오는 어휘('乾道')뿐만 아니라, 유경 및
사서류에 나오지 않는 어휘들('純風', '强戰')도 찾을 수 있음에서 그 이전의 비

문들과 분명한 차이점을 찾을 수 있으므로 진흥왕대(540~576)에 이르러 유교 경전의 본격 유통을 말할 수 있으리라 판단된다. 왜냐하면 진흥왕대에는 유교경전 특유의 한자어를 직접 인용하고 있을 뿐만 아니라, 유경 및 사서류에 없는 어휘들까지 사용하는 한자문화의 변용까지도 보여주고 있기 때문이다.

그런데 진흥왕대 유교경전의 유통이라는 이러한 결론은 유경에만 나오는 어휘가 '乾道' 한 예에 그치고 있다는 점에서 보면 다소간 불안감을 숨기기 어렵다. 따라서 이를 확정할 수 있는 방증 자료, 특히 진흥왕대에 해당되거나 당시의 상황을 알려줄 수 있는 문헌 및 출토 자료들을 통하여 이 결론이 보강되어야 할 필요성이 제기된다.

이를 위한 문헌 사료로는 우선 다음의 두 記事가 주목된다.

① 六年 秋七月 伊湌異斯夫奏曰 國史者 記君臣之善惡 示褒貶於萬代 不有修撰 後代何觀 王深然之 命大阿湌居柒夫等 廣集文士 俾之修撰(6년 가을 7월에 이찬 이사부가 말하기를, "국사란 군신의 선악을 기록하여 포·폄褒·貶[칭찬과 나무람]을 만대에 보이는 것이니, 사기를 수찬해 두지 않으면 후세에서 무엇을 보고 알겠습니까"라고 하니, 왕이 깊이 공감하고 대아찬 거칠부 등을 명하여 널리 문사를 모아 국사를 수찬케 하였다.)
<『三國史記』4·新羅本紀4·眞興王>

② 挍獵玄儒, 討讐子史(노장학과 유학을 널리 읽고, 제자와 역사서도 연구하였다.)
<『續高僧傳』13·圓光傳>

①은 진흥왕 6년(545)의 국사 수찬에 관한 기사로서 역사서 편찬이 일반적으로 나라의 전통을 세우고 왕실의 권위를 높이며 국가에 대한 백성들의 충성심을 모으기 위해 사실史實의 수집 및 정리, 사관(또는 정치이념)의 정립, 기존 사서의 참조 등의 과정을 밟는다는 점에서 사관의 정립에 필요한 이론서로서

의 유교경전과 역사서 편찬의 참고서로서의 기존 사서류에 대한 섭렵이 이루어졌으리라 짐작하기 어렵지 않다. 따라서 이때의 역사서 편찬 과정에는 유경 및 사서류의 수입과 유통이 필연적인 현상으로 되었을 것이다. ②는 원광법사(542~640?)의 유년기 수학에 관한 기사로서 이를 통하여 진흥왕 초기 서적 유통 상황을 알 수 있다는 점인데, 우리의 짐작대로 유경과 사서의 유통을 간접적으로 증언하고 있는 셈이 된다.

다음으로 출토 문자자료로는 임신서기석이 주목된다.

#6 임신서기석

1934년 5월 경상북도 경주시 현곡면 금장리 석장사지 언덕(현 동국대 경주캠퍼스 후면)에서 발견되어 현재 국립경주박물관에 소장되어 있는 임신서기석은 후반부 신미년 맹서조에 "詩尙書礼傳"(후술)이라는 확실한 유교경전 목록이 등장한다는 점에서 매우 중요한 자료가 된다.

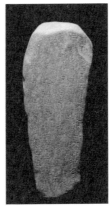

[사진 31] 임신서기석
(『문자로 본 신라』, p.38)

문제는 이 석각의 제작 연대인데, 732년설(쓰에마츠末松保和), 552년 또는 612년설(이병도), 552년설(손환일·남풍현)로 의견이 분분하다(남풍현 2000: 137). 이 중에서 필자는 서체를 근거로 한 552년설에 동조하고 싶다. 손환일(2000: 16)에서 '今, 年, 大, 事, 書, 失, 若, 又, 月, 以' 등 단양적성비 필법과 비슷한 글자들을 지목한 후, 이러한 서풍이 500~550

년대에 쓰여진, 격식을 차리지 않은 생활서체였음을 근거로 한 추정으로서 상당한 설득력을 갖춘 것으로 판단되기 때문이다.

이러한 연대 추정이 옳은 것이라면, 임신서기석은 진흥왕대 유교경전의 유통이라는 앞선 결론을 가장 확실하게 보강해주는 출토 자료가 될 것이다.

한편, 신미년 맹서조에서의 "詩尙書礼傳" 부분을 어떻게 해석하느냐는 당시 신라에 유통된 유교경전의 목록을 살필 수 있다는 점에서 중요하다. 이 부분은 "詩·尙書·礼·傳"(①), "詩·尙·書·礼·傳"(②), "詩·尙書·礼傳"(③)의 세 가지 분절 방안이 가능한데, 대체로 ①안에 따라 "『詩經』, 『尙書』(=書經), 『禮記』, 『左傳』(=春秋左氏傳)"으로 해석함이 일반적이다. ②는 남풍현(2000: 135)에 제시된 안으로 이 부분을 "詩·尙書·書傳·禮記·左傳"으로 해석한 바 있으나, 『書傳』은 『書經』에 주희朱熹의 제자인 채심蔡沈이 주해를 달아 송대에 편찬한 책이기 때문에 시대적으로 맞지 않음이 문제로 지적될 수 있다. ③은 글자 그대로 "詩, 尙書, 禮傳"으로 본 인터넷상(http://m.blog.daum.net/kinhj4801/15959913)에서 제시된 해석안인데, "禮傳"에 "禮記"를 가리키는 용법이 있음을[173] 감안한 듯하다. 그러나 『한어대사전』에서 보듯이 "禮記" 내지 "禮書"를 가리키는 『안씨가훈』에 나오는 용례의 경우도 이 책의 출판 연대가 이 비문에 앞선다는 확실한 보장이 없는 점에서 문제점으로 지적될 수 있다.[174] 따라서 문제의 "詩尙書礼傳"은 "『詩經』, 『尙書』, 『禮記』, 『左傳』"으로 해석함이 무난한 것으로 판단된다. 이렇게 되면 앞서 고구려·백제에서 유통된 유경 목록으로 정리된 5경과 『논

---

173 【禮傳】 1. 指《禮記》。 2. 指禮書。《後漢書·祭祀志下》"古者師行平有載社主, 不載稷也" 南朝梁劉昭注 : "《周禮》爲禮之經, 而《禮記》爲禮之傳." 北齊顔之推《顔氏家訓·序致》 : "雖讀禮傳, 微愛屬文, 頗爲凡人之所陶染。"<『漢語大詞典』>

174 [네이버 지식백과] [顔氏家訓條(고전해설ZIP, 2009.5.10, 지만지)에 제시된 박정숙 님의 해설에 따르면, 『顔氏家訓』은 본문에서 隋 '開皇' 연호를 사용하고 있을 뿐만 아니라, 그 무렵의 피휘자도 보인다는 점에서 이 책은 빨라도 안지추가 사망한 무렵인 수나라 개황 연간에 완성되었을 가능성이 높다고 한다.

어』에 근접하고 있음이 주목된다. 여기에 빠진 『易經』의 경우는 마운령비에서의 "乾道"라는 용례로써 그 존재를 인정할 수 있을 뿐만 아니라 국사 수찬에서 참조하였을 사서류의 존재 등을 미루어볼 때, 6세기 후반인 진흥왕대에 신라에서 유통된 한적의 범위는 고구려·백제에서의 상황과 크게 다르지 않았던 것으로 추정할 수 있는 것으로 판단된다.

끝으로 진흥왕대 이후 신라에서의 한적 유통의 증가 양상을 개관해보면 다음과 같다. 7세기 진덕왕 2년(648) 김춘추가 당 태종으로부터 신찬 『晉書』를 하사받은 일,[175] 태종무열왕대에서 문무왕대에 외교를 담당한 문장가 강수强首(?~692)가 유년 시절에 『孝經』·『曲禮』·『爾雅』·『文選』 등을 학습한 점,[176] 태종무열왕대에 태어나 8세기에 활동한 설총薛聰(?~?)이 우리말로 9경(또는 6경)을 읽어 국학에서 후생들을 가르친 점,[177] 신문왕 2년(682)에 설치된 국학에서 원성왕 4년(788)에 독서삼품과를 실시하여 유학 교육이 제도화된 점[178], 경덕왕대(742~764) 향가 작품인 안민가 제9구에 『논어』 안연편에서의 "君君臣臣父父子子" 구절이 활용된 점 등 일련의 기록들을 바탕으로 할 때, 7~8세기를 거치면서 신라에서 유교경전(9경: 『詩經』·『書經』·『易經』·『春秋(左氏傳)』·『禮記』·『儀禮』·『周禮』·『論語』·『孝經』+『曲禮』) 및 사서류(3사: 『史記』·『漢書』·『後漢書』+『三國志』+『晉書』), 훈고서(『爾雅』), 제술서(『文選』) 등 거의 모든 종류의 한적들

---

175 二年 …… 春秋請詣國學 觀釋奠及講論 太宗許之 仍賜御製溫湯及晉祠碑并<u>新撰晉書</u> <『三國史記』5·新羅本紀5·眞德王>

176 强首 中原京沙梁人也 …… 遂就師讀<u>孝經 曲禮 爾雅 文選</u><『三國史記』46·列傳6·强首>

177 薛聰 字聰智 祖談捺奈麻 父元曉 初爲桑門 淹該佛書 旣而返本 自號小性居士 聰性明銳 生 知道術 <u>以方言讀九經 訓導後生</u><『三國史記』46·列傳6·薛聰>// …… 生薛聰 聰生而睿敏 博 通經史 新羅十賢中一也 <u>以方音通會華夷方俗物名 訓解六經文學</u><『三國遺事』4·義解5·元 曉不羈>

178 二年 …… 六月 立國學<『三國史記』8·新羅本紀8·神文王>// 四年 春 <u>始定讀書三品以出身</u> <u>讀春秋左氏傳若禮記若文選而能通其義 兼明論語 孝經者爲上 讀曲禮論語孝經者爲中 讀</u> <u>曲禮孝經者爲下 若博通五經三史諸子百家書者 超擢用之</u><『三國史記』10·新羅本紀10·元 聖王>

이 유통되고 교수·학습됨으로써 이는 그만큼 통일 이후 유교경전 문화의 비약적인 발전을 이끈 밑바탕이 되었던 것으로 보아도 좋을 것이다.

11.2.2. 목간을 통해서 본 유교경전의 학습

앞 절 말미에서 6~8세기에 이룩된 신라의 유교경전 문화의 수용과 발전 양상을 정리하면서 당시 신라에서의 유교경전에 대한 교수·학습 양상에 대해서도 개관한 바 있다. 이 절에서는 자료를 달리하여 7~8세기 통일신라대의 목간들을 중심으로 국학을 중심으로 한 유교경전의 학습 양상에 대하여 구체적으로 살펴보고자 한다.

#7 경주 안압지 187호 목간

유교경전의 학습을 암시하는 통일신라의 사례로 경주 안압지 187호 목간이 주목된다. 안압지(현재는 '월지月池'로 부르고 있음) 목간의 제작 시기는 안압지가 삼국통일 직후인 문무왕 14년(674)에 조성된 궁원지宮苑池일 뿐 아니라, 여기서 출토된 182호 목간에서의 '寶應四年'(765), 184호 목간에서의 '天寶十一載'(752)의 묵서로 보아 8세기 중엽으로 봄이 사학계의 중론이다. 이 목간에 대한 필자의 판독안은 다음과 같다.

```
        [月] □   □□                    □□
a. 是諸由 □ [箴]之[戟]夕□    b. □□□□□   □
   我飛風□者家宣宮處宮        月月□月□[飛][風]□□□
```

[사진 32] 안압지 187호 목간(『개정판 한국의 고대목간』, p.154)

　　착묵 및 보존 상태가 양호하지 못한 관계로 이 목간에 대한 정확한 판독안
을 세우기 어려우나, 필자의 판독안이 인정될 수 있다면, 앞면에 보이는 '箴
之'나 앞·뒷면에 보이는 '飛風'이 주목된다. 왜냐하면 '箴之'는 『모시정의毛詩
正義』 등에 자주 보이고,[179] '飛風'은 『춘추좌전정의春秋左傳正義』 희공조喜公條
에 보이는 어구[180]이기 때문이다. 양자에 공통되는 문헌인 당 공영달孔穎達
의 『오경정의五經正義』가 653년 3월에 반포되었을 뿐만 아니라, 신문왕 2년에
설치된 국학에서 『易經』, 『書經』, 『詩經』, 『禮記』, 『春秋左氏傳』, 『文選』 등을
교수하였음을 감안하면, 187호 목간은 8세기 후반에 국학에서 공부하던 학생

179　○正義曰因以箴之者言王雖可美猶有所失此失須治若病之須箴三章皆美其勤於政事譏其
　　不正其官是美而因箴之事也宣王既在變詩此言美而箴之以下規誨為衰失之漸而首則六月
　　朶芑末則斯干無羊並不言美者敘以示法見宣王中興置斯干無羊於末見終善以隱之詩承刺
　　後不可復言其美故去美以示意既末不言美故首亦去美令始終相準且見宣王賢君其詩可以
　　次正故終始不言美其間則各從其實也以此王勤政事而不正其官美大過小得中有失故美而
　　因箴之汾沮洳則惡大善小失中有得故刺而因美焉所以相反也<『重刊宋本十三經注疏附
　　校勘記』·小雅> 등 44회 등장.
180　……六鷁遇迅風而退飛風高不為物害故不記風之異<『重刊宋本十三經注疏附校勘記』·
　　僖公 16年>

의 습서 목간일 가능성이 높다고 할 수 있다(이용현 2007b: 277-278). 따라서 이 목
간은 통일신라의 고등교육 기관인 국학에서 행해진 유교경전의 학습에 관한
구체적인 모습을 보여주는 유물이 되는 셈이다.

다음으로 주목되는 유물로는 왕경을 벗어난 인천과 김해 지역에서 출토된
『논어』 목간들을 들 수 있다. 이는 국학에서 수학하는 학생들이 9년간 『論語』와
『孝經』을 공통필수 과목으로 공부하면서, 『禮記』·『周易』, 『春秋左氏傳』·『毛詩』,
『尙書』·『文選』·『算學』을 각각 공부하는 3개의 과정을 이수하였던 통일신라의
유학 제도와 밀접한 관련성을 지니는 유물로 세간의 이목을 집중시킨 바 있다.

#7 인천 계양산성 출토 『논어』 목간

[사진 33] 인천 계양산성 『논어』 목간(『나무 속 암호 木簡』, p.200-201)

2006년 인천 계양산성桂陽山城 안쪽의 집수정에서 출토된 막대모양의 5면
체 『논어』 목간의 제작 시기는 통일신라 시대, 그 중에서도 국학을 세운 신문
왕 2년(682) 이후일 가능성이 높다.[181] 묵서된 내용은 『논어』 공야장편의 전반

---

181 『나무 속 암호 목간』(집필: 이용현), p.203에서는 통일신라설을 제기하였는데, 그 주요한

부로서 그 원형을 복원하면 133.2㎝에 이르는 장대한 다면체 목간이었을 것
으로 추정되고 있다(하시모토橋本繁 2012: 209-210).

[계양산성 목간 판독문]
a. × 賤君子 □若[人]□×
b. ×吾斯之未 能信子 □×
c. ×□不知其仁也求也□×
d. ×冖   ㄱ×
e. ×冖   ㄱ子·曰吾□×

#8 김해 봉황동 출토『논어』 목간

[사진 34] 김해 봉황동『논어』목간(『나무 속 암호 木簡』, p.196-197)

근거로 김해 봉황동『논어』목간과 유사한 특징들을 지녔음을 들었다. 즉, ① 4각 내지 5각
의 막대형을 하고 있고, ② 둘 다 복원 길이가 105~127㎝, 폭 역시 15~20㎜로 비슷하며, ③
동일하게『논어』공야장 부분을 묵서한 점을 증거로 내세웠다. 따라서 이형구(2008)에서
주장한 4~5C 한성백제설은 받아들이지 않았다.

2000년 김해 봉황동 408번지 주택 신축부지에서 출토된 막대모양의 4면체 『논어』 목간도 위와 비슷한 시기에 제작되었을 것으로 추정되고 있다. 출토 지역이 금관가야 해체 이후인 6~8C 유적지에 해당되기 때문이다. 여기에 묵 서된 내용도 『논어』 공야장편의 후반부로서 그 원형을 복원하면 125.4~146.3 ㎝에 이르는 장대한 다면체 목간이었을 것으로 추정되고 있다(하시모토橋本繁 2012: 209).

[봉황동 목간 판독문]
a. ×不欲人之加諸我也吾亦欲无加諸人[子]×
b. ×□□[子]謂子産有[君]子[道]□□[焉]其×
c. ×已□□□[色]舊令尹之政必[以][告][新]×
d. ×□之何如子曰淸矣□仁□□曰□□×

이와 같이 두 목간은 내용, 서체, 형상 및 제원에 이르기까지 매우 비슷한 특 징을 지니고 있다. 소나무를 이용하여 길이 130㎝ 이상, 폭 2.0㎝ 내외의 장대 한 4~5면체로 다듬어 제작한 두 『논어』 목간에 대한 논의에서 가장 핵심적인 쟁점은 그 용도가 무엇인가 하는 점이다. 하시모토橋本繁(2012: 212-224)와 이성 시(2012: 158-163)를 참조하여 기존의 학설들을 정리해보면 다음과 같다.

(1) 학습 목간설: 학교와 같은 곳에서 『논어』를 학습하기 위하여 사용된 목간이 라는 하시모토橋本繁의 구설. 중국 돈황 출토의 『급취편急就篇』 목간[182]이나 일본 飛鳥藤原京 출토의 『천자문』 목간[183] 등이 모두 장대한 다면체 목간으 로서 이를 끈에 매달아서 돌리거나 게시하여 암기하는 학습법의 가능성을 염두에 둔 설명.

---

182 도미야冨谷至(2010: 135)에 실린 [[圖2](D1972A, B, C) 참조.
183 와타나베渡邊晃宏(2009: 99)에 실린 사진 6 참조.

(2) 시각 목간설: 중국 돈황 출토의 『급취편』 목간이 구멍에 끈을 꿰어 매달았다고 한다면, 여러 사람들의 주의를 끌어냄으로써 학습을 장려 고무하는 등의 상징적 역할을 한다는 도미야富谷至 교수의 학설. 한국(김해 봉황동·인천 계양산성)이나 일본(도쿠시마현德島縣 간논지觀音寺)에서 출토된 『논어』 목간도 읽기 위한 것이라기보다는 학습의 고무나 주술적 의미 등의 상징적 의미를 지닌다는 설명.

(3) 의식 목간설: 일본의 가목간歌木簡 사례에 주목하여 고대한국의 석전釋奠[유학의 선성·선사를 제사하는 의식]에서 『논어』를 낭독하기 위한 목간이라는 하시모토의 신설.

(4) 상징 목간설: 두 목간의 출토 지점이 신라의 서북과 동남의 변경이고, 『논어』 공야장편에 공자가 이상으로 하는 도덕이 실행되지 않고 있음을 한탄하며 중국을 버리고 뗏목을 타고 동방의 바다로 가고 싶다는 내용이 담겨 있음(제1장)에 유의한 이성시 교수의 신설.[184] 이러한 내용의 『논어』 목간이 눈앞에 바다가 내다보이는 김해 봉황대나 인천 계양산성의 관아에 걸려 있었다면, 그것은 왕의 덕으로 다스려지는 신라의 경계라는 왕토관王土觀을 상징적으로 말하는 것이라는 설명.

이상 네 가지 학설은 각각 설득력을 갖추고 있지만, 다른 한편으로 몇 가지 의문점도 없지 않다. 우선 (1)의 경우 봉황동 목간의 글자 하나가 차지하는 넓이가 1.21~1.29㎝에 불과하므로 이러한 글자를 4~5면에 300자 이상 기재한 목간을 학교에 세워둘 때 학생들이 과연 글자를 제대로 읽을 수 있었을까 하는 학습 효과상의 의문이 제기될 수 있다(윤재석 2012: 136). (2)의 경우는 日本 觀音寺 유적에서 출토된 『논어』 목간과는 달리 한국의 예들은 주술적 상징성이 발휘될 만한 서체상의 특이성이 보이지 않을 뿐만 아니라, 서사 범위가 상징성이 강한 부분에만 그치는 것이 아니라 『논어』 전체라는 점에서 학습의 고

---

184 이성시 교수는 다른 한편으로 『논어』 목간의 용도를 초보자의 식자識字 교본이 아니라 시험 대비용 학습 도구일 것이라는 학설도 제기한 바 있다.

무나 주술적 목적이었다고 하기에는 의문이 남는다(하시모토橋本繁 2012:
219-220, 이성시 2012: 161). (3)의 경우도 신라의 각 군에 학교가 있었는지 사료상
확인이 되지 않을 뿐만 아니라, 왜 석전에서 다름 아닌 『논어』의 공야장편을
통독하지 않으면 안되는지에 대한 설명이 필요하다(이성시 2012: 160). (4)의 경
우도 신라의 왕토관을 상징하는 유물로는 기존에 잘 알려진 진흥왕순수비로
충분할 것임에도 불구하고 굳이『논어』의 공야장편을 전면 서사한 목간으로
써 재현할 필요성이 있었을까 하는 의문을 지우기 어렵다.

 여하튼 두『논어』목간은 국학의 설치와 여기서 이어지는 교육과 학습이라
는 통일신라 당시의 시대적 배경을 떠나서 생각하기 어려운 존재라는 것이
필자의 생각이다. 이러한 점에서 (1)의 학습용 목간설이 이러한 시대적 배경
에 가장 부합符合된다고 할 수 있다. 다만, 그 학습법의 구체적인 모습에 대해
서는 다른 방식의 접근이 요구된다고 할 수 있다. 이런 점에서 한·중·일에서
출토된『논어』목간에 대한 정밀한 비교 연구를 행한 윤재석(2012: 136-137)에
서 중국에서 발굴된 장대한 다면체 목간의 사용례에서 볼 때, 이러한 목고木觚
형태로 제작된『논어』목간은 학생 또는 관리 지망생 혹은『논어』애호가의
개인적인『논어』학습의 보조 자료로 활용되었을 가능성이 훨씬 높다고 한
견해에 주목하고 싶다. 그 동안 장대한 다면체 목간을 이용한『논어』학습의
구체적인 방식을 두고 설왕설래되었거니와, 윤 교수에 의하면, 중국의 사례
에 비추어 학습자가 목고를 곁에 두고서『논어』중에서 필요한 내용을 기재
해서 익히고, 학습이 끝나면 서도書刀로써 기재된 내용을 수시로 깎아내어 여
기에 다시 새로운 내용을 기재해서 학습하는 방식을 말한 바 있는데, 이 설명
이 기존의 학설들이 지니는 문제점들을 충분히 극복할 수 있는 것으로 판단
되기 때문이다.

  요컨대 김해와 인천에서 출토된 두『논어』목간은 통일신라의 국립 교육기관인 국학의 설치와 더불어『논어』가 필수과목의 하나로 징립되면서 중앙은 물론이고 지방에까지 일었던『논어』의 학습 열풍을 알 수 있는 실물로서의 가치를 지니는 것으로 결론을 짓고자 한다.

廣開土王碑文 新研究

「광개토왕비문」 그 이후

廣開土王碑文 新研究

에필로그

「광개토왕비문」
그 이후

지금까지 저자는 「광개토왕비문」에 대한 신석문新釋文 제출 및 국어
사적 가치 탐구를 목표로 한 장기적인 연구를 진행해왔다. 이 비문이
한국어의 역사 시대를 연 첫 번째 자료로서의 지대한 가치를 지니면서도 의
외로 국어학 방면의 연구가 부진하다는 인식이 이 연구를 여기까지 끌고 온
원동력이었다고 할 수 있다. 이러한 인식 하에서 그간의 논의들에서 문제시
된 글자들에 대한 정확한 판독안 탐색, 문면에 충실한 해석안 도출 및 이를 기
초로 한 국어사적 연구의 개척에 목표를 둔 연구라는 점을 살려 이 책의 제목
을 『광개토왕비문 신연구』로 정하였다.

그러나 저자의 논의 결과가 위에서 정한 목표에 어느 정도로 다가선 것인
지에 대해서는 말하기 어렵다. 비문 판독 면에서는 이른바 신묘년조에서 새
롭게 판독될 수 있는 '東'자 한 글자를 부각시킨 것 외에 기존 연구들과의 차
이가 별로 느껴지지 않을 지도 모르겠다. 그럼에도 불구하고 '판독 이견자/추
독자 변증'을 통하여 80여 자에 걸쳐 최대한 정확한 판독이 될 수 있도록 노력

하였다는 점은 확언할 수 있다. 국어사학자로서 저자가 본서에서 심혈을 기울인 부분은 비문을 자료로 한 음운사적·문법사적·어휘사적인 고찰인 바, 이러한 시도가 기존에 없던 것이라 이에 대한 평가가 어떠할지 두려움과 설렘의 두 감정이 교차됨을 억누르기 어렵다. 다만, 음운사적 고찰에서 두음법칙의 존재를 부각시킨 논의, 문법사적 고찰에서 이두의 존재를 부정한 논의, 어휘사적 고찰에서 고구려 특유의 한자어(구)의 존재 및 고구려에서의 한적漢籍 전래 상황을 전한 논의 등은 기존의 논의들과 차별성을 지니는 부분이 될 것이다.

다 끝낸 원고를 살펴보면서 잘된 것보다는 잘못된 부분들이 더 도드라져 보이는 것은 인지상정일 것이다. 이번 학기에 성균관대학교 국어국문학과 대학원에 개설한 국어사특수연구 시간에 학생들과 함께 읽어본 결과, 가장 크게 다가오는 문제점이 저자 특유의 만연체로 인하여 낭독의 호흡이 쉽지 않다는 것이었다. 독자 여러분께서도 이 문제점을 느끼는 부분들이 많을 것이다. 그러나 이제 와서 쉽사리 해소되기 어려운 일종의 난치병과 같은 것이니 부족함이 있더라도 혜량해주실 것을 부탁드리고 싶다. 제2부는 저자가 심혈을 기울인 부분이지만 한어음운학의 용어나 한문 문법적 설명에 있어서는 읽어내기에 상당한 부담감이 있을 것으로 예상된다. 뿐만 아니라 논의 성과 면에서도 그리 뚜렷한 것이 없음이 저자의 마음 한 켠을 짓누르고 있다. 모두 장기적 관점에서의 자료별, 시대별, 지역별 데이터가 축적된 이후에야 국어의 음운·문법·어휘사 논의에서의 일말一抹의 발언권이 생기지 않을까 생각된다. 앞으로 이 방면의 꾸준한 논의가 필요함을 절감하고 있다.

이러한 의미에서 앞으로도 삼국의 문자자료들에 대한 국어사적 연구를 계속해야 할 것으로 생각하고 있다. 이를 위하여 그 동안 「광개토왕비문」연구와는 별도로 저자가 만나게 된 고대한국의 문자자료들, 특히 금석문·불경 등에 관련된 자료들에 대한 조사 경험을 전하는 것으로 이 책의 에필로그를 삼고자 한다.

아시는 분은 아시겠지만, 저자는 어디로든 여행을 갈 때마다 우측 사진에서 보는 바와 같은 자료조사 노트를 작성한다. 여기에서의 서술도 이 노트들에 적힌 메모를 중심으로 기억을 더듬어 서술한 것임을 미리 밝혀둔다. 또한 이러한 형식의 자료조사기가 이미 몇 차례 발표된 바 있으므로 이들을 제외한 자료들에 집중할 것임도 밝혀둔다. 즉, 「나의 한자 문화유산 탐방기」(『어문생활』124, 2008

[사진 35] 저자의 자료조사 노트들
(2015. 9. 26. 촬영)

년 3월, 한국어문회, pp.6-7), 「일본 문자자료 현장조사(제7차) 탐방기」(『목간과 문자』2, 한국목간학회, pp.277-286), 「『화엄문의요결』및 관련자료 조사기」(『구결연구』23, 구결학회, pp.5-30) 등에 소개된 내용과 겹치지 않는 것들을 중심으로 고대한국의 출토 문자자료들에 대한 조사기를 작성하고자 하는 것이다.

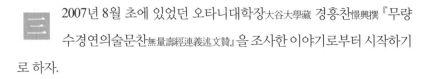

二 2007년 8월 초에 있었던 오타니대학장大谷大學藏 경흥찬憬興撰『무량수경연의술문찬無量壽經連義述文贊』을 조사한 이야기로부터 시작하기로 하자.

● 조사 기간: 2007년 8월 1일 ~ 3일
● 조사 장소: 오타니대학大谷大學 도서관 귀중서 열람실
● 조사 인원: 이승재(서울대), 강인선(성공회대), 저자

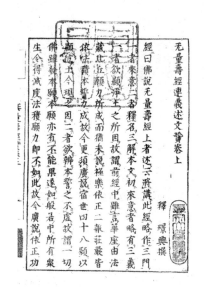

[사진 36] 『무량수경연의술문찬』 첫면(사본)

2007년 7월 31일 출발하여 8월 4일 귀국하는 일정으로 이승재 교수의 제안으로 성사된 조사였다. 2003년 남풍현 선생께서 신라 순경사順憬師의 「법화경음의」와 경흥사憬興師의 「법화경주석」에 대하여 소개하신 후, 순경사의 음의에 대한 연구는 김정빈 교수에 의하여 수행되었으나 (김정빈 2003, 2004), 경흥사의 주석서에 대한 연구는 더 이상 진전되지 못한 점에 대한 반성의 일환으로 성사된 조사였다. 이승재 교수님이 경흥사 편찬의 새로운 자료로 『무량수경연의술문찬』을 찾으셨고, 이를 조사하고 싶다는 제안에 강인선 교수님과 저자가 참여하였던 것이다.

8월 1일 08:50 오타니대학에 도착, 동 대학 도서관 관계자와 인사를 나눈 후, 09:20 비로소 귀중서 열람실에서 조사를 시작할 수 있었다. 열람 신청한 상·

중·하 세 책이 나오자, 가슴 한 켠에 실망감이 떠오른 것은 저자만이 아니었을 듯하다. 17세기 말의 지질紙質·장정裝幀의 특징을 지닌 일본책이어서 귀중서로 관리할 만한 책으로 보기 어려웠기 때문이다. 그럼에도 불구하고 일본 내에서도 얼마 남아 있지 않은 경흥사 편찬의 문헌이라 이승재 교수께서 미리 준비해온 한국불교전서본 「연의술문찬」을 확대한 대본에 조심스레 일본의 점토點吐([사진 36] 참조)들을 일일이 이점移點하면서 오전을 보낼 수밖에 없었다.

오후 조사가 시작되면서 희소식이 날아들었다. 오전 내내 두 시간이 넘게 이점한 분량을 보니 원문 두 장 정도의 분량에 그치고 있었을 뿐만 아니라, 그 내용도 전부 일본의 점토들이다 보니 앞으로의 조사가 걱정될 즈음에 자료의 복사가 허용된 것이었다. 이로부터 사흘 동안 순차적으로 1회 20장씩 3책 전체를 복사할 수 있었던 것이다. 이때 기억에 남은 것은 복사기(MINOLTA BookPro 7000D-B)의 뛰어난 성능이었다. 가운데에 V자 홈이 있어서 한적에 전혀 손상을 입힘이 없이 깨끗하게 복사될 수 있음이 부러웠다. 우리 도서관에도 이런 종류의 복사기가 있었으면 하는 바람이 생겨나기도 하였다.

이 자료에 대한 조사원들의 공통된 관심은 통일신라 당시의 한자음을 알려주는 경흥사의 반절反切들에 있었음은 숨길 수 없는 사실이었다. 이에 대한 조사와 연구는 차후의 과제로 남긴 채로 조사를 마치게 되었다. 이 즈음은 저자가 다른 일로 바빴던 터라 한동안 그리고 어쩌다 보니 현재까지도 이 자료에 대한 고찰을 미룬 채로 오늘에 이르게 되었다. 물론 여기에는 이승재 교수께서 『구결연구』 20집(2008. 2.)에 이 자료에 대한 전반적인 검토를 마친 상태라 저자가 어쩌면 의도적으로(?) 분석을 피해온 것과도 약간은 관련이 있을지도 모르겠다.

경위야 어떻든 저자의 이러한 자세가 정도正道가 아니었음을 반성하고 있다. 최근에 올수록 이 자료에 대한 연구의 필요성을 느끼고 있다. 왜냐하면 반절 기록이 드문 신라의 자료 사정상 이 문헌이 신라한자음을 재구함에 있어서 매우 중요한 자료가 될 수 있으리라 판단하고 있기 때문이다. 앞으로 신라 반절 자료에 대한 종합적인 연구 기회가 오기를 바랄 뿐이다.

四 2009년은 포항 중성리비를 만난 뜻깊었던 해로 기억된다.

이 비의 발견은 문화재청의 2009년 5월 15일자 보도 자료를 통하여 세상에 알려진 바 있다. 그에 따르면 같은 해 5월 11일 포항시 북구 흥해읍 중성리 167-1번지(흥해 중앙교회 앞) 도로공사 현장에서 주민 김헌도 씨(당시 47세)가 발견, 빨래판으로 쓰려고 집마당에 옮겨뒀다가 비에 씻긴 비문이 드러나 13일 포항시 → 14일 오전 문화재청 신고 → 14일 오후 국립경주문화재연구소 박종익 학예연구실장과 김보상 학예연구사의 현지 조사 실시 후 관계 기관과 협의 후 국립경주문화재연구소로 이관 및 보관하게 된 것으로 나와 있다(문화재청·국립경주문화재연구소(편), 『포항 중성리신라비』, p.10, 2009 참조).

저자의 고향에서 불과 몇 10㎞밖에 떨어지지 않은 곳에서 또다른 신라비가 발견되었다는 소식에 한동안 언론 보도를 통하여 알려진 비문 사진 등에 의지하여 판독을 시도해보기도 하였지만, 본격적인 관심을 표명하지는 않았었다.

그러다가 저자에게 비문 연구의 제안이 온 것은 한참 뒤인 그해 7월 하순이었던 것으로 기억된다. 고향 인근에서 발견된 신라비문에 대한 연구를 할 수 있게 되었음에 기쁨과 함께 상당한 책임감도 느끼며 비문 연구에 임할 수 있었다. 박종익 실장으로부터 전달받은 비문 판독문([사진 37]), 탁본 사진 등에 의거하여 그로부터 한 달 정도의 시간 동안 비문의 판독 및 해석에 몰두하였

던 장면이 지금도 눈에 선하다. 본래 복
중伏中 신체 리듬이 향상되는 특이 체질
의 소유자이기는 하지만, 박사학위 논
문을 쓸 때를 제외하곤 그때만큼 열정
적으로 주어진 과제에 몰두한 적이 있
었을까 싶을 정도였다. 그리하여 8월 하
순 경 국립경주문화재연구소에 제출하
였던 저자의 비문 해석문이 거의 그대
로 비문 자료집에 실리는 영광도 맛보
았고, 비슷한 시기에 경향신문 이기환
선임기자와의 인터뷰를 통해 이 비문에
대한 저자의 처음 생각이 지면에 보도
되기도 하였다(「신라 명문비석 '포항 중성
리비' 당초 추정보다 60년 앞서—권인한 교수

[사진 37] 포항 중성리비 판독문
(국립경주문화재연구소 제공)

"441년일 가능성 크다" 주장」, 『경향신문』 2009년 9월 2일자).

이 비문에 대한 학술회의는 2009년 9월 3일 경주 보문단지 내 드림센터에
서 열렸다. 각계의 청중이 운집한 가운데 학술회의 열기는 자못 뜨거웠다. 저
자의 발표는 "『포항 중성리신라비』의 어문학적 검토"라는 제목이었는데, 비
문의 판독과 해석을 보인 후, 속한문 요소의 존재 여부, 고유명사 표기 분석으
로 이어지는 국어학적 검토를 행하였다. 저자의 결론은 다음과 같았다.

　　"여러 가지 면에서 이 비가 영일 냉수리비나 울진 봉평비에 앞서는 특징들을 살
　　핀 바 있거니와, 결론적으로 이 비의 Ⅰ행에 보이는 국명 표기 "斯盧"를 인정할
　　수 있다면 A.D.441년으로 그 건립 연대를 추정할 수 있을 것이나, Ⅱ행에 보이는

인명 표기 "沙喙_斯□智_阿干支"의 "斯□智"가 냉수리비에 보이는 "斯德智"와
동일 인물이라면 A.D.501년 이상으로 소급시키기 어려운 것으로 보아야 할 것
이다. 안전하게 A.D.501년으로 보아도 이 비가 현존 最古의 신라비임에는 변함
이 없으므로 그 가치가 떨어지는 것은 아니다."

사학자 중심의 학술대회였던 때문인지 어학자인 저자의 의견은 비문의 건
립 연대가 501년일 수 있다는 가능성을 말한 부분만 부각되었을 뿐, 나머지 의
견들은 거의 다 묵살되다시피 한 채로 학술대회가 끝나고 말았다. 이에 대한
실망감(?) 때문이었을까? 그로부터 저자는 이 비문에 대하여 침묵으로 일관
해오고 있다. 사학계의 다양한 논의들이 전개되고 있음을 알고는 있었지만,
한동안 이 비문에 대하여 다시금 의견을 개진할 기회를 구하지 못하였을 뿐
더러 그럴 용기조차 내기 어려웠다.

그러다가 이 비문에 대하여 저자 나름의 목소리를 낼 필요성을 느끼게 된
것은 2012년 2월 27일 한국목간학회가 주최한 '<포항 중성리 신라비> 판독
회'에 참가하여 국립경주문화재연구소의 수장고(?) 속에 쓸쓸히 누워 있던
비의 명문을 다시 판독한 이후다.

[사진 38] 포항 중성리비
1행 7자
(심포지엄 포스터 촬영,
2013. 3. 23.)

판독회 당시 동 연구소의 이주헌 실장님의 배려로
1행의 판독에서 대부분의 연구자들과 의견이 갈린
'𣂑'자의 자형을 좀더 자세히 살펴볼 수 있었다. 문제
의 좌하左下 S자로 꼬부라진 획 부분에 반짝이는 운모
雲母가 있음을 확인하면서([사진 38] 참조) 꼬부라진 획
에 의도성이 있는 것으로 느껴졌기에 이 글자를 통설
처럼 '折'자로 보기는 어려운 것이 아닌가 생각되었
기 때문이다. 여기에 더하여 2012년 5월 발행된

『신라 최고의 금석문, 포항 중성리비와 냉수리비』(이기동 외, 주류성출판사)에
실린 윤선태 교수의 글에서 문제의 글자에 대한 저자의 추독안을 지지한 부
분을 읽으면서 용기를 얻은 것도 한 몫을 하였을 것이다.

　여하튼 지금의 저자는 이 비문을 비롯하여 신라의 금석문 및 목간들에 대
하여 본서에서와 같은 음운·문법·어휘사적인 고찰을 행하여야 할 필요성을
느끼고 있다.

五　2010년은 여러 모로 바쁜 일정의 한 해였다.

- 2010년 1월 17일~23일　　：신라사경 자료조사(奈良 → 京博)
- 2010년 1월 29일~2월 2일　：한국목간학회 해외 현장답사(廣州)
- 2010년 7월 25일~8월 1일　：신라사경 자료조사(石山寺 → 奈良)
- 2010년 12월 1일~ 7일　　：한국목간학회 해외 현지조사(飛鳥 등)
- 2010년 12월 29일　　　　：화엄사 서오층석탑 유물조사(求禮)

위의 일정에서 보듯이 이 해부터는 신라사경 자료 조사가 본격화되었다. 이
에 따라 2014년 여름까지 매년 두 차례(1월, 7월) 거의 정기적으로 '교토박물관
京博──이시야마데라石山寺──도다이지東大寺'로 이어지는 자료 조사를 행하였
다. 정재영 교수가 연구 책임을 맡은 "신라 사경에 대한 학제적 연구" 프로
젝트에 공동 연구원으로 참여하면서 얻은 기회였는데, 조사 대상의 핵심은
동대사도서관장 권자·절약본卷子·節略本『대방광불화엄경大方廣佛華嚴經』권
12~20 1축<도서번호 101-2>에 기입되어 있는 각필角筆을 조사하는 것이었다. 이
에 대해서는 졸고(2014), 「동대사도서관장 화엄경의 각필로 본 신라한자음」,
『구결연구』 33에서 비교적 소상하게 조사 과정을 소개한 바 있으므로

(pp.134-140) 여기에서는 이를 제외한 자료들을 소개할 것이다.

그 첫 번째 자료는 2010년 1월 22일에 조사한 「법장화상전」(唐大薦福寺故寺主翻經大德法藏和尙傳, 崔致遠 結)이다. 이 자료에 대한 관심은 2003년 여름 구결학회 회원들과 함께 교토박물관 방문 시에 열람하였던 필사본 「법장화상전」에 음의音義가 있었음을 기억한 것에 비롯되었다. 2009년 1월 19일 교토박물관의 아카오赤尾榮慶 실장께 이 자료에 대한 조사 가능성을 여쭈어 근 1년 만에 성사된 것이었기에 기대감이 큰 조사였다.

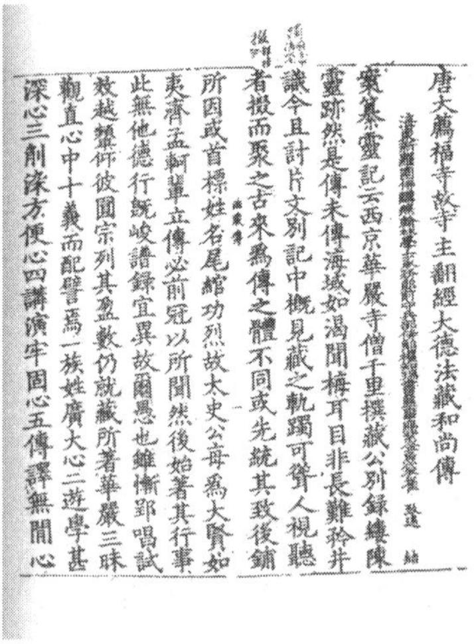
唐大薦福寺故寺主翻經大德法藏和尙傳
實纂靈記云西京華嚴寺僧千里撰藏公別錄纖陳
靈跡然是傳未傳海域如渴聞梅耳目非長難矜并
識今且討片文別記中概見藏之軌躅可資人視聽
者撮而聚之古來爲傳之體不同或先統其致後鋪
所因或首標姓名尾館功烈故太史公每爲大賢如
夷齊孟軻單立傳必前冠以所聞然後始著其行事
此無他德行旣峻諸錄宜異故爾愚也雖慚郢唱試
枚越彈伻彼國宗列其盈數仍就藏所著華嚴三昧
觀直心中十義而配譬焉一族姓廣大心二遊學甚
深心三削染方便心四講演牢固心五傳譯無間心

[사진 39] 『법장화상전』 권두 부분
(김복순 교수 제공)

저자의 기대감은 여기에 나타난 최고운孤雲의 음의 자료를 통하여 신라한자음에 다가설 수 있지 않을까 하는 것이었다. 이 자료는 고잔지高山寺에서 교토박물관에 위탁 보관한 것이었기에 열람을 위해서는 3개월 이전에 신청해야 하고, 열람 시에는 아카오 실장이 처음부터 끝까지 입회해야만 할 만큼 매우 까다로운 절차가 필요하였다. 그런 만큼 조사 당일 오후 두 시간 정도만 열람이 허락되었다. 그래서 미리 복사해간 『최문창후전집崔文昌侯全集』(성균관대학교 대동문화연구원, 1972)에 실려 있는 「법장화상전」 대본에 원문과 대조하여 교감하는 정도에 그칠 수밖에 없었다.

그런데 일본의 중요문화재로 지정되어 있는 남송판南宋版 절첩본折帖本 「법장화상전」의 체재가 2003년에 본 필사본과 전혀 다른 것임에 적이 당황하였다. 필사본에서는 본문 속 협주夾註로 되어 있던 음의들이 난상欄上 또는 난하欄下에 필사되어 있고([사진 39] 참조), 권말 필사기를 통하여 가화嘉禾(현 福建省

建陽縣) 비구比丘 행충行忠이 작성한 것임을 알게 되었기 때문이다. 본문 속에 최치원이 남긴 음의는 "卅[音시]" 하나에 그치고 있었다.

결국 이 자료 속의 음의들은 신라한자음과는 거리가 먼 대신, 남송의 한자음 연구에 이바지할 수 있을 것으로 기대감을 접을 수밖에 없었다. 혹『계림유사』 등의 연구에 도움이 되지 않을까 하는 생각이 미치면서 그런대로 뜻깊은 조사를 마칠 수 있었다.

이왕 송대 음운 연구에 도움을 줄 수 있는 자료에 접한 이상 그해 7월에 있었던 교토박물관 조사 시에는 동 박물관이 자랑하는 일본의 국보『내전수함음소307內典隨函音疏三百七』(B甲234)도 신청하여 열람하였다. 이 또한 아카오 실장의 입회 하에 2010년 7월 29~30일 오후에만 허락된 조사였다. 이 자료는 절강성 호주浙江湖州 출신의 행도行瑫(891~952)가 찬술한,『마하승기율摩訶僧祇律』 40권 중 최초 10권에 대한 음의서였다. 이틀에 걸쳐 음의 부분만 400자 원고지 7장에 모두 옮겨와서 귀국 후 '흔글' 파일로 정리한 바 있다. 그후 2013년 1월 25~26일 확인 조사까지 마쳤으니 송대음운에 대한 저자의 기대감이 상당하였던 듯하다. 그런데 2013년 확인 조사 시에 이 자료에 경주 월성해자 149호 목간의 제2면 13자의 해독에 결정적인 도움을 줄 수 있는 음의가 있음을 알게 되었음은 특기할 만하다.

- 五枚[每盂切. 分也. 个也. 從木] <卷第二: 6行>
- 四枚[末盂切. 个也.] <卷第四: 22行>

즉, 문제의 글자는 '个'자로 판독될 수 있고, 의미도 종이를 세는 단위명사 '枚'로 해석될 수 있음을 알려주는 것이어서 해당 목간의 문맥에도 잘 맞는 해석안을 학계에 제출할 수 있었던 것이다(졸고 2013c 참조). 이와 같이 의외의 소득

도 있었지만, 이 자료는 기본적으로 송대음운 연구에 이바지할 수 있는 자료
이므로 향후 이 방면의 연구에 이바지할 수 있기를 기대한다.

2010년 12월 29일에 있었던 구례 화엄사 서오층석탑 유물 조사도 기억에
남는다. 보존 수리를 마친 다라니와 탑인塔印 등의 유물들을 보면서 신라 종이
및 먹의 우수성을 실감할 수 있었기 때문이다.

六 2011년에는 프롤로그에서 소개한 대로 교토대 인문과학연구소에서
의 역학서학회 발표, 충주대학교에서의 한국목간학회 워크숍 발표
등 「광개토왕비문」 연구로 분주한 일정을 보낸 바 있다.

[사진 40] 모리 선생 일행이 朱恩來作 "雨中嵐山" 시비를
관찰하는 장면(좌로부터 가와사키, 모리, 스기야마,
이현희 교수, 20110731 저자 촬영)

그 중에서 기억나는
장면은 2011년 7월 31일
교토대 일정이 끝난 후,
모리 선생의 배려로 교
토 일원의 하타씨秦氏 관
련 유적들을 자세히 살
펴볼 수 있었던 것이었
다. 자세한 일정을 지금

다 기억하지는 못하지만, 아라시야마嵐山 및 우즈마사太秦 일원의 하타씨 관
련 유적 답사, 고류지廣隆寺 소장 목조 미륵보살반가사유상(일본 국보 1호) 관람,
모리 선생의 단골 식당인 '후시미伏見'에서 맛본 오사카 직송의 풍성한 해물
요리, 가모가와鴨川 천변에서의 맥주 파티 등이 떠오른다. 특별한 문자자료를
살핀 것은 없지만, 이때의 경험이 언젠가 하타씨에 대한 연구에 이바지할 것
으로 기대한다.

사실 신라의 울진에서 일본으로 망명을 한 이들이 시조가 된 성씨로 보는 하타씨에 대한 관심은 이전부터 있어 왔다. 「울진 봉평신라비문」에 나오는 관직명 '파단波旦'과의 관계를 비롯하여 이 성씨에 관련된 것은 항상 저자의 뇌리에 잠재되어 있던 연구 주제의 하나다. 아직 구체화된 것이 없음이 안타까우나, 이날의 뜻깊은 답사로 한 걸음 더 하타씨 연구에 가까워졌으리라 믿고 있다. 답사를 주선해주신 모리 선생님께 다시 한번 감사드린다.

 2012년에는 오츠시大津市 일원에서 기억에 남는 몇 가지 조사를 행하였다.

2012년 2월 12~13일 오츠시역사박물관에서 데라시마寺島典人 학예사와 우츠노미야宇都宮啓吾 교수(大阪大谷大)의 안내로 신라 원측圓測의 『무량의경소無量義經疏 上·中·下』를 만나본 것이 그 첫째다.

[사진 41] 『무량의경소 상』 조사 노트

"無量義經疏卷上惣持院　隣照記"로 시작되는 두루마리본은 『천태종전서天台宗全書』 수록본의 저본이 된 원본으로 1938년 수리된 것이었다. 최근에 와서 원측의 저술로 인정되면서 주로 불교사상사적으로 논의되고 있다. 정재영, 김영욱, 윤행순 교수와 함께 조사한 결과, 이 자료에는 많은 특이 자형들이 나타나므로 신라 또는 고대한국의 자형 연구 등에 이바지할 것으로 생각되었다. 물론 그 본문에 대한 연구가 본격화된다면 언어 방면의 연구에도 소용이 될지도 모른다. 앞으로를 기약하고자 한다.

또하나 기억에 남는 것은 2월 14일 학사이지百濟寺를 찾아간 여행이었다. 10:13 近江塩津行 쾌속선 탑승→10:42 近江鐵道 환승→11:00 요카이치八日坊역 하차→11:03 百濟寺行 택시 탑승→11:20 도착. 우여곡절 끝에 찾아간 백제사에는 수 백년 먹은 스기杉木들만이 세월의 길이를 알려줄 뿐 특별한 유물은 없었음에 실망하였던 기억이 아직도 뚜렷하다.

2012년 7월의 신라사경 조사가 그 두 번째 일인데, 이때에는 남권희 교수 일행도 참가하였다.

7월 27일에 있었던 이시야마데라石山寺 자료 조사에서 신라의 각필로 추정되는 자료를 발견한 바 있다. 남권희 교수가 신청한 일본의 국보『석마하연론釋摩訶衍論』 5권을 돌려보면서 오전 조사를 정리할 즈음, 정재영 교수가 권4에서 '旀'자 모양의 각필을 발견하였음을 보고하였고, 고바야시 선생께서 이를 확인하시면서 잠시 흥분에 빠졌었다. 그러나 오전에만 열람이 허락된 자료였던 터라 더 이상의 조사가 불가능하여 다음 기회로 조사를 미룬 기억이 지금도 아쉽게 느껴진다. 아직껏 본격 조사의 기회를 얻지 못하였기 때문이다. 동대사도서관 소장의 화엄경과 함께 앞으로 신라어 연구를 위하여 다시 한번 조사 기회가 왔으면 한다.

[사진 42] 園城寺 일체경 조사 장면
(좌로부터 우석, 김영욱, 남권희 교수, 저자)

7월 30일에는 오츠시역사박물관의 데라시마 연구사의 주선으로 오전, 오후에 걸쳐 온조지園城寺(=미이데라三井寺) 일체경장一切經藏 건물의 윤장대輪藏臺 속에 보관되어 있던 절첩본들을 직접 조사할 수 있었다. 실제 오전에는 데라시마 연구사,

정재영·남권희 교수 등이 윤장대 속에 보관되어 있던 내용물을 꺼내는 작업을, 오후에는[사진 41]에서 보듯 오츠시역사박물관 회의실에서 내용물 확인 및 조사하는 작업을 하느라 바쁜 시간을 보낸 바 있다.

조사 결과, 이 일체경 속에 원元 지정연간至正年刊(1341~1367)에 고부군古阜郡 만일사萬日寺에서 고려국통직랑전교사승高麗國通直郎典校寺丞 이윤승李允升 부부가 발원하여 조성된 「대방등대집월장경권제10大方等大集月藏經卷第十」을 비롯한 고려대장경 상당수가 포함되어 있음이 반가웠다. 앞으로 정밀조사를 거친 후에 일체경 연구 등에 쓰임새를 찾아야 할 자료로 판단되었다. 이 자리를 빌려서 어려운 자료조사를 성사시켜준 데라시마 연구사와 후케 토시히코福家俊彦 園城寺 집사장을 비롯한 여러분들께 감사드린다.

이어서 7월 31일 오후에는 우츠노미야 교수의 주선으로 시가현립滋賀縣立 아즈치조고고박물관安土城考古博物館에서 일본 목간들에 대한 조사가 있었다. 안내에는 동 박물관 다카키 노보코高木叙子 선생이 수고해주셨다.

기타오츠北大津유적에서 출토된 자전목간字典木簡(677년)을 비롯하여 니시가와라궁西河原宮ノ內25호 가목간歌木簡, 유노베湯の部 1호 첩목간牒木簡 등 10여 점의 일본 목간들을 편리한 YASHICA 적외선 카메라로 조사할 수 있었던 경험, 그리고 이때에 동 박물관에서 구입한 『古代地方木簡の世紀』라는 제목의 목간 도록 등이 저자의 목간 연구에 크게 이바지하였음은 특기할 만하다.

八 2013년 4월 13일 고려대학교에서 열린 한국고대사학회 주최의 "신발견「집안 고구려비」종합 검토" 학술회의에 토론자로 참여하여 비문 건립연대에 대한 저자 나름의 의견을 개진한 일, 동년 6월 16일 와세다早稻田대학에서 열린 R. King 교수 주최의 "Sinographic Cosmopolis 2013" 국제학

[사진 43] 일본 목간 조사 장면
(좌로부터 우츠노미야 교수, 저자, 정재영 교수)

술회의에 참가하여 「고대 한국목간이 말해주는 한자문화의 수용/학습/전파」라는 제목의 글을 발표한 것을 제외하고는 더이상의 문자자료 조사는 이어지지 못하였다(물론 2014년 여름까지 동대사도서관에서의 화엄경 각필조사는 계속). 신라사경 프로젝트의 종료, 2013년 9월부터 성균관대학교의 BK21+ 동아시아학 융합사업단의 책임을 맡게 된 데에 주 원인이 있었음을 숨기기 어렵다.

여하튼 지금까지 서술한 자료조사기를 통해서 보면, 앞으로 저자가 추구하는 연구 방향이 "고구려에서 신라로" 향하고 있음을 눈치챘을지 모르겠다.

저자의 주 전공은 국어사, 그 중에서도 한국한자음사 연구에 있는 만큼 우선은 신라한자음에 대한 연구서를 내고 싶다. 이를 위하여 앞서 소개한 반절 내지 음의 자료 및 동대사도서관 소장의 화엄경 각필 자료 등을 종합하여 신라한자음을 재구해야 할 것이다. 다음으로는 앞서 암시한 대로 「포항 중성리 비문」을 비롯하여 신라 금석문 및 목간 자료를 대상으로 본서와 같은 체재의 어학적 연구를 하고 싶다. 이를 위하여 유관 자료별로 나누어 음운·문법·어휘사적 고찰을 축적한 후, 『출토 문자자료에 의한 고대한국의 한자문화』(가제) 정도의 연구서로 종합해야 할 것이다. 앞으로의 일을 장담하기는 어려우나, 세워진 목표를 향하여 중단없는 정진을 다짐해본다.

➤➤➤➤➤➤➤➤➤➤➤

이제 「광개토왕비문」에 대한 저자의 긴 여정의 연구를 마무리해야 할 때가 되었다. 솔직히 지금 이 순간 어떤 멋진 말로 저자의 감정을 표현하고 싶으나 적절한 단어의 조합이 잘 떠오르지 않는다. 그저 "시원 섭섭" 이 두 단어만이 떠오를 뿐이다. 처음의 목표대로 임무를 완수하였다는 후련함에 시원함을 느끼는 것이요, 그럼에도 불구하고 온전한 해결을 보지 못한 부분들이 많이 남아 있다는 아쉬움에 섭섭함을 느끼는 것이다. 부족하나마 이번의 탐구는 여기서 그칠 수밖에 없음이 안타깝다. 다음 번엔 더 좋은 결과물로 독자 여러분과 만날 것을 다짐한다.

본서가 완성되기까지 참으로 많은 분들의 은혜를 입었다. 재촉하지 않으면서도 어서 빨리 원고를 끝내주기를 학수고대한 가족들에게 우선 고마움을 전한다. 음으로 양으로 저자에게 학문적 능력을 키워주신 은사님들, 그리고 구결·목간·금석문 등 출토 문자자료의 새로운 세계로 인도해주신 구결학회와 한국목간학회의 회원 여러분들, 본서의 집필 방향을 이끌어주신 모리森 선생님, 집필 도중 암초를 만날 때마다 용기를 북돋아주신 멕브라더스 등 도와주신 모든 분들께 충심으로 감사의 인사를 올리고자 한다.

끝으로 어려운 경제 여건임에도 흔쾌히 출판을 수락해주신 도서출판 박문사의 윤석현 대표님을 비롯한 관계자 여러분께도 감사드린다. 덧붙여 저자가 이용한 사진 자료 중 상당 부분은 한국목간학회 역대 총무간사들과 신라사경 연구팀원들의 도움을 받은 것임도 밝혀 정중한 사의를 표하고자 한다.

乙未年 九月 卄九日(陰曆) 碑立 1601週年 새벽 權仁瀚 謹識

廣開土王碑文 新研究

참고 문헌

1. 탁본자료집拓本資料集·도록류圖錄類·사전류辭典類 등

고바야시 요시노리小林芳規(1998), 『圖說 日本の漢字』, 東京: 大修館書店.

국립경주박물관(편)(2002), 『문자로 본 신라』, 예맥.

국립문화재연구소(편)(1996), 『광개토대왕릉비 탁본도록(국내소장)』.

국립부여박물관(2007), 『능사-부여 능산리사지 6~8차 발굴조사보고서』.

국립부여박물관(편)(2008), 『백제 목간』, 학연문화사.

국립부여박물관·국립가야문화재연구소(편)(2009), 『나무 속 암호 목간』, 예맥.

국립중앙박물관(편)(2001), 『낙랑』, 솔(Sol).

국립중앙박물관(편)(2010), 『금석문 자료①: 삼국시대』, 예맥.

국립중앙박물관(편)(2011), 『문자 그 이후』, 통천문화사.

국립창원문화재연구소(편)(2006), 『개정판 한국의 고대목간』, 예맥.

국사편찬위원회, 『中國正史朝鮮傳 譯註一』, 1987.

김학주金學主(역)(2003), 『新完譯 墨子·上』, 明文堂.

다케다 유키오武田幸男(編)(1988), 『廣開土王碑原石初期拓本集成』, 東京: 東京大學出版會.

다케우치 리조竹內理三(校訂·解說)(1977), 『翰苑』, 東京: 吉川弘文館.

단국대학교 동양학연구소(편)(1999~2008), 『대한한사전1~15, 색인』, 단국대학교출판부.

대한한사전편찬실(편)(1998), 『교학 대한한사전』, 교학사.

東方語言學网(http://www.eastling.org).

木簡學會(編)(1990), 『日本古代木簡選』, 東京: 岩波書店.

미즈타니 테이지로水谷悌二郞(1977), 『好太王碑考』(附 水谷拓本), 東京: 開明書院.

徐復 等(編)(2007), 『辭海版 古代漢語大詞典(新一版)』, 上海辭書出版社.

書品編集部(編)(1959), 『書品』 100(好太王碑 特輯號), 東洋書道協會.

孫寶文(編)(1999), 『中國著名碑帖選集27 好太王碑』, 長春: 吉林文史出版社.

오키모리沖森卓也·사토 마코토佐藤信(1994), 『上代木簡資料集成』, 東京: 櫻楓社.

俞敏(監修)/謝紀鋒(編撰)(1993), 『虛辭詁林』, 哈爾濱: 黑龍江人民出版社.

임기중林基中(編)(1995), 『廣開土王碑原石初期拓本集成』, 동국대학교출판부.

임세권·이우태任世權·李宇泰(編)(2002), 『韓國金石文集成(1): 高句麗1 廣開土王碑』
    (解兌篇·圖錄篇), 한국국학진흥원·청명문화재단.

朝鮮畵報社出版部(編)(1985), 『高句麗古墳壁畵』, 朝鮮畵報社.

陳壽(撰)/裵松之(注), 『三國志』三(魏書[三]), 北京: 中華書局, 1959.

集安市博物館(編)(2012), 『集安高句麗碑』, 長春: 吉林大學出版社.

編輯部(2007), 『大書源』, 東京: 二玄社.

漢語大詞典編纂處(編)(2003), 『漢語大詞典』, 上海: 漢語大詞典出版社.

漢籍電子文獻資料庫(http://hanchi.ihp.sinica.edu.tw/ihp/hanji.htm)

2. 논저류論著類(단, 칼럼에 제시된 참고 문헌들은 제외)

가와사키 아키라川崎晃(2012), 「高句麗廣開土王碑の基礎的考察」, 『古代學硏究』, 東
    京: 慶應義塾大學出版部, pp.23-51.

干寶(著)/黃滌明(校譯)/李元吉(韓譯)(2007), 『搜神記 I』, 北京: 外文出版社·延邊人民
    出版社.

강신항姜信沆(2003), 『漢韓音韻史 硏究』, 태학사.

강신항(2011), 『수정증보 훈민정음 연구』, 성균관대학교출판부.

강신항(2012), 『한한음운사 연구 보유편』, 월인.

강진원(2013), 「신발견 <집안고구려비>의 판독과 연구 현황」, 『목간과 문자』 11, 한국
    목간학회, pp.105-134.

경톄회耿鐵華(1994), 『好太王碑新考』, 吉林人民出版社.

고광의(2005), 「중국의 광개토태왕비 석문 연구의 현황과 검토」, 『중국의 한국고대문
    화연구 분석』, 고구려연구재단, pp.47-155.

고광의(2013), 「광개토태왕비의 서체」, 연민수·서영수 외, 『광개토왕비의 재조명』,
    동북아역사재단, pp.119-151.

권덕영權悳永(2002), 『한국고대금석문종합색인』, 학연문화사.

권오엽(2007), 『광개토왕비문의 세계』, 제이앤씨.

권오중權五重(2009), 「'樂浪史' 시대구분 시론」, 『한국고대사연구』 53, 한국고대사학

회, 125-156.

권인한權仁瀚(1996), 「고대국어 한자음 연구의 가능성 모색―가락국호의 이표기를 중심으로」, 『울산어문논집』 11, 울산대 국어국문학과, pp.143-164.

권인한(1997), 「한자음의 변화」, 『국어사연구』, 태학사, pp.283-344.

권인한(2002a), 「고대 한국한자음에 대한 한 고찰―신라국호의 이표기 자료를 중심으로―」, 『문법과 텍스트』, 서울대학교출판부, pp.79-96.

권인한(2002b), 「속지명과 국어음운사의 한 과제―'大丘'와 '達句火'의 관계를 중심으로―」, 『국어학』 40, 국어학회, pp.21-41, 296-297.

권인한(2008a), 「신라국호 이표기와 고대한국어 음운현상의 전개」, 『구결연구』 20, pp.179-211.

권인한(2008b), 「함안 성산산성 목간 속의 고유명사 표기에 대하여」, 『사림』 31, 수선사학회, pp.39-62.

권인한(2008c)(ms.), 「백제식 속한문을 찾아서」, 구결학회 월례연구발표회(2008.12.13.), pp.1-10.

권인한(2009a), 「포항 중성리신라비의 어문학적 검토」, 『포항 중성리신라비』, 국립경주문화재연구소, pp.59-74.

권인한(2009b), 『개정판 중세한국한자음훈집성』, 제이앤씨.

권인한(2009c), 『중세 한국한자음의 분석적 연구 <자료편>』, 박문사.

권인한(2010), 「목간을 통해서 본 고대 동아시아의 문자문화」, 『목간과 문자』 6, pp.69-92.

권인한(2011a), 「삼국지·위서·동이전의 고유명사 표기자 분석」, 『구결연구』 27, pp.217-242.

권인한(2011b), 「광개토왕릉비문의 새로운 판독과 해석」, 『목간과 문자』 8, pp.289-339.

권인한(2012), 「광개토왕릉비문의 국어학적 연구 서설」, 『구결연구』 28, pp.51-97(연민수·서영수 외, 『광개토왕비의 재조명』, 동북아역사재단, pp.173-218에 「광개토왕릉비문의 국어학적 연구」로 개제改題하여 재수록).

권인한(2013a), 「규장각장 「광개토대왕릉비탁본」의 가치」, 『구결연구』 31, pp.5-29.

권인한(2013b), 「한문 어법의 선택적 수용과 변용」, 진재교(책임편집), 『학문장과 동아시아』, 성균관대학교출판부, pp.131-160.

권인한(2013c), 「목간을 통해서 본 신라 사경소의 풍경」, 『진단학보』 119, pp.197-217.

권인한(2015a), 「고대 동아시아의 合文에 대한 일고찰」, 『목간과 문자』 14, pp.125-144.

권인한(2015b), 「출토 문자자료로 본 신라의 유교경전 문화」, 『구결연구』 35, pp.23-51.

김경호(2012), 「출토문헌『논어』, 고대 동아시아에서의 수용과 전개」, 『지하의 논어, 지상의 논어』, 성균관대학교출판부, pp.15-52.

김병준金秉駿(2011), 「낙랑군의 한자 사용과 변용」, 『고대 동아시아의 문자교류와 소통』, 동북아역사재단, pp.39-84.

김성범(2010), 「나주 복암리 유적 출토 목간의 판독과 의미」, 『진단학보』 109, pp.29-83.

김성호(1982), 『비류백제와 일본의 국가기원』, 지문사.

김영관(2014), 「백제 유민 陳法子 묘지명 연구」, 『백제문화』 50, 공주대 백제문화연구소, pp.104-134.

김영만金永萬(1980), 「광개토왕비문의 신연구(1)」 『신라가야문화』 11, 영남대 신라가야문화연구소, pp.23-48.

김영만(1981), 「증보문헌비고본 광개토왕비명에 대하여—광개토왕비문의 신연구 (II)—」 『신라가야문화』 12, 영남대 신라가야문화연구소, pp.145-177.

김영만(2005)(ms.), 「구결문과 한문문법—몇 개 허사에 대한 관견—」, 구결학회 전국학술대회 발표문, pp.1-9.

김영욱金永旭(2003), 「백제 이두에 대하여」, 『구결연구』 11, pp.125-151.

김영욱(2004), 「한자·한문의 한국적 수용」 『구결연구』 13, pp.65-97.

김영욱(2007a), 「중원 고구려비의 국어학적 연구」, 『구결연구』 18, pp.43-65.

김영욱(2007b), 「고대 한국목간에 보이는 석독표기」, 『구결연구』 19, pp.171-189.

김영욱(2008a), 「西河原森ノ內 유적지의 '椋直' 목간에 대한 어학적 고찰」, 『목간과 문자』 1, pp.213-232.

김영욱(2008b), 「한국어 표기의 기원과 전개과정」, 『한국문화』 42, 서울대학교 규장각 한국학연구원, pp.171-191.

김영욱(2011a), 「傳인용사지 목간에 대한 어학적 접근」, 『목간과 문자』 7, pp.67-79.

김영욱(2011b), 「삼국시대 이두에 대한 기초적 논의」, 『구결연구』 27, pp.57-86.

김영욱(2011c), 「동아시아의 문자문화와 한문의 수용 양상」, 『고대 동아시아의 문자 교류와 소통』, 동북아역사재단, pp.293-312.

김영욱(2012), 「고대국어의 처소격 '-良'에 대한 연구」, 『구결연구』 28, pp.33-50.

김영하金瑛河(2005), 「신라 중대의 유학수용과 지배윤리」, 『한국고대사연구』 40, pp.137-179.

김영하(2012), 「광개토대왕릉비의 정복기사해석—신묘년기사의 재검토와 관련하여—」, 『한국고대사연구』 66, pp.209-252.

김완진金完鎭(2000), 『향가와 고려가요』, 서울대학교출판부.

김완진(2005), 「국어학 10년의 앞날을 바라본다」, 『국어국문학, 미래의 길을 묻다: 향후 10년의 지형도』, 태학사, pp.15-27.

김재홍金在弘(1991), 「신라 중고기의 촌제와 지방사회구조」, 『한국사연구』 72, 한국사연구회, pp.1-50.

김정빈金正彬(2003), 「일본 『묘법연화경석문』에 나타나는 신라 순경사의 반절에 대하여(상)」, 『구결연구』 11, pp.275-298.

김정빈(2004), 「일본 『묘법연화경석문』에 나타나는 신라 순경사의 반절에 대하여(gk)」, 『구결연구』 13, pp.99-127.

김태수金泰洙(2010), 『한문 문법』, 한국학술정보.

김현구 외 3인(2002), 『일본서기 한국관계기사 연구(Ⅰ~Ⅲ)』, 일지사.

김현숙金賢淑(1989), 「광개토왕비를 통해본 고구려수묘인의 사회적 성격」, 『한국사연구』 65, pp.1-36.

김현숙(2013), 「광개토왕비의 성격과 건립 목적」, 연민수·서영수 외, 『광개토왕비의 재조명』, 동북아역사재단, pp.451-474.

남동신(2011), 『서울대학교 규장각한국학연구원·중앙도서관·박물관 소장 탁본 자료에 대한 종합적 검토(Ⅰ)』, 2010년도 한국학장기기초연구 지원과제 연구결과보고서, pp.478-481.

남풍현南豊鉉(2000a), 「광개토대왕비문」, 『이두연구』, 태학사, pp.60-61.

남풍현(2000b), 「임신서기석명」, 『이두연구』, 태학사, pp.133-138.

남풍현(2001), 「설총과 차자 표기법」, 『새국어생활』 11-3, 국립국어연구원, pp.21-36.

남풍현(2003), 「신라승 순경順憬과 경흥憬興의 법화경 주석서에 대하여」, 『구결연구』 10, pp.31-46.

남풍현(2005), 「한국 고대이두문의 문말어조사 '之'에 대하여」, 『구결연구』 15, pp.5-28.

남풍현(2006), 「상고시대에 있어서 차자표기법의 발달」, 『구결연구』 16, pp.6-25.

남풍현(2009), 「고대한국에 있어서 한적·불전의 전래와 수용에 대하여」, 『고대한국어연구』, 시간의 물레, pp.88-120.

노용필盧鏞弼(1996), 『신라진흥왕순수비연구』, 일조각.

노태돈盧泰敦(1992), 「광개토왕릉비」/「모두루묘지」, 『역주 한국고대금석문 제1권(고구려·백제·낙랑편)』, (재)가락국사적개발연구원, pp.3-35, 91-102.

다테노 카즈미舘野和己(2009), 「日本への文字文化の傳來」, 『若手支援 Program(四)』, 奈良女子大學 21世紀 COE Program 「古代日本形成の特質解明の研究教育據點」 報告集 Vol. 26, pp.114-126.

다케다 유키오武田幸男(2007), 『廣開土王碑との對話』, 東京: 白帝社.

다케다武田幸男(2009), 『廣開土王碑墨本の研究』, 東京: 白川弘文館.

다케다武田幸男(2013), 「광개토왕비의 제문제」, 연민수·서영수 외, 『광개토왕비의 재조명』, 동북아역사재단, pp.23-48.

도미야 이타루冨谷至(2010), 『文書行政の漢帝國』, 名古屋大學出版會.

도수희都守熙(1987), 『백제어 연구(Ⅰ)—전기어를 중심으로—』, (재)백제문화개발연구원.

도수희(1987/2008), 「마한어 연구」, 『삼한어 연구』, 제이앤씨.

도수희(1989), 『백제어 연구(Ⅱ)—어원·어휘론을 중심으로—』, (재)백제문화개발연구원.

도수희(1990/2008), 「변한·진한어 연구」, 『삼한어 연구』, 제이앤씨.

도수희(1994), 『백제어 연구(Ⅲ)—왕명·국호 등의 어휘론을 중심으로—』, (재)백제문화개발연구원.

도수희(2000),『백제어 연구(IV)』, (재)백제문화개발연구원.

도수희(2003),『한국의 지명』, 아카넷.

동즈차오董志翹(2011),「"中"的語法意義與語法功能」,『고대 문자자료로 본 동아시아 문화 교류와 소통』, 동북아역사재단, pp.265-278.

李佐豊(2005),『古代漢語語法學』, 北京: 商務印書館.

모리 히로미치森博達(1982),「三世紀倭人語の音韻」, 森浩一(編),『倭人傳を讀む』, 東京: 中央公論社, pp.155-195.

모리森博達(1994),「魏志倭人傳と彌生時代の言語」,『月刊 日本語論』 2-11(終刊號), 山本書房, pp.114-123(권인한·김경호(편)(2013),『삼국지 동이전의 세계』, 성균관대학교출판부, pp.81-95에「삼국지·동이전의 왜인조倭人條와 야요이彌生 시대의 언어」로 개제·번역하여 수록).

모리森博達(1995),「倭人傳の地名と人名」, 森浩一(編),『日本の古代 1—倭人の登場』, 東京: 中央公論社, pp.181-217.

모리森博達(2010),「コラム①: 朝鮮俗漢文と吏讀」, 石井公成(編),『新アジア佛敎史 10(朝鮮半島·ベトナム)』, 東京: 佼成出版社, pp.60-63.

모리森博達(2011),「한·일 속한문의 세계—『일본서기』구분론과 종결사 '之'—」,『고대 동아시아의 문자교류와 소통』, 동북아역사재단, pp.315-343.

모리森博達/심경호(옮김)(2006),『일본서기의 비밀』, 황소자리.

미즈타니 테이지로水谷悌二郎(1959),「好太王碑考」,『書品』 100, 東洋書道協會, pp.123-171.

민병훈閔丙勳(1996),「국립중앙박물관 투르판출토墓塼 管窺」,『미술자료』 57, 국립중앙박물관, pp.95-130.

박성봉朴性鳳(1996),「'광개토호태왕' 왕호와 세계관」,『광개토호태왕비 연구 100년』,『고구려발해연구』2, pp.617-635.

박시형(2007),『광개토왕릉비』, 푸른나무.

박영섭朴英燮(1995),『국어한자어휘론』, 박이정.

박종익(2009),「고고자료로서의 고대목간」,『고대의 목간, 그리고 산성』, 국립가야문화재연구소·국립부여박물관, pp.37-61.

박중환朴仲煥(2002),「부여 능산리발굴 목간 예보」,『한국고대사연구』 28, pp.209-230.

박진석(1993),『호태왕비와 고대 조일관계 연구』, 서광학술자료사.

박진석(1997),「북경대학 도서관에 보존된 호태왕비탁본(3021326-3)의 채탁연대 고증」,『고구려연구』 3, pp.7-23.

박현숙朴賢淑(2014),「백제 태학의 설립과 정비 과정」,『역사교육』 132, 역사교육연구회, 105-129.

方國花(2010),「古代朝鮮半島と日本の異體字研究-「部」の字を中心に」, 遠山一郎·丸山裕美子編,『いくさの歷史と文字文化』, 東京: 三弥井書店, pp.168-183

方有國(2002),『上古漢語語法研究』, 成都: 巴蜀書社.

백승옥(2011), 「광개토태왕릉비 탁본의 편년방법―연구현황을 中心으로」, 『목간과 문자』 8, pp.15-44.

백승옥(2015), 「광개토태왕릉비문 신묘년조에 대한 신해석」, 『동양학』 58, 단국대학교 동양학연구원, pp.251-277.

서길수(1998), 『고구려 역사유적 답사: 홀본·국내성편』, 사계절.

서영수(2012), 「광개토태왕릉비 原石精榻本(혜정소장본)―공개의 의의와 그 성격―」, 『박물관학보』 23, pp.63-94.

세마 마사유키瀬間正之(1994), 「上代に於ける「者」字の用法-助辭用法から助詞表記へ―」, 『國語文字史の研究 二』, 東京: 和泉書院, pp.31-53.

세마瀬間正之(2001), 「上代漢文訓讀の一端―文末の「之」をめぐって―」, 『季刊 悠久』 86, 鶴岡八幡宮悠久事務局, pp.25-38.

손영종(2001), 『광개토왕릉비문 연구』, 중심.

손호성(2011), 「부여 쌍북리 119안전센터부지 출토 목간의 내용과 판독」, 『목간과 문자』 7, pp.139-148.

손환일孫煥一(2000), 「임신서기석의 서체고」, 『미술자료』 64, 국립중앙박물관, pp.1-16.

송일기(2013), 「삼국시대 서적 유통에 관한 연구」, 『한국도서관·정보학회지』 44-1, 한국도서관·정보학회, pp.227-259.

쉬젠신徐建新(2005), 「고구려 호태왕비 초기 탁본에 관한 연구―조기 묵본의 제작과 유전(1880~1888년)을 중심으로―」, 『고구려연구』 21, pp.191-219.

쉬젠신徐建新(2006), 『好太王碑拓本の研究』, 東京堂出版.

쉬젠신徐建新(2013), 「好太王碑發見史と早期拓本制作史の新資料―李超瓊『遼左日記』の發見―」, 후루세古瀬奈津子(編), 『廣開土王碑拓本の新研究』, 東京: 同成社, pp.25-45.

스즈키 야스타미鈴木靖民(2013), 「광개토왕비에 보이는 왜」, 연민수·서영수 외, 『광개토왕비의 재조명』, 동북아역사재단, pp.247-257.

시라사키 쇼이치로白崎昭一郎(著)/권오엽·권정(역)(2004), 『廣開土王碑文 研究』, 제이앤씨.

심경호(2012), 『한국 한문기초학사 1』, 태학사.

심상육 외2인(2011), 「부여 '중앙성결교회유적' 및 '뒷개유적' 출토 목간 보고」, 『목간과 문자』 7, pp.117-138.

야마치카 구미코山近久美子 外(2011), 「廣開土王碑文を將來した酒匂景信の中國大陸における活動」, 『朝鮮學報』 221, pp.117-159

야스다安田尚道(1983), 「上代日本の金石文等に見える「○月中」の原流について」, 『青山語文』 13, 青山學院大學日本文學會, pp.1-30.

여호규余昊奎(2004), 「고구려 건국설화가 모두루무덤에 묻힌 까닭은」, 『고대로부터의 통신』, 푸른역사, pp.31-57.

여호규(2009), 「<광개토왕릉비>에 나타난 고구려 천하의 공간 범위와 주변 족속에 대한 인식」, 『역사문화연구』 32, 한국외국어대 역사문화연구소, pp.3-48.

여호규(2011a), 「고구려의 한자문화 수용과 변용」, 『고대 동아시아의 문자교류와 소통』, 동북아역사재단, pp.85-123.

여호규(2011b), 「<광개토왕릉비>의 서사구조와 훈적기사의 서술체계」, 『특별전 <문자, 그 이후> 기념 심포지엄 광개토대왕비와 탁본』, 국립중앙박물관, pp.11-26.

여호규(2013), 「신발견 <집안고구려비>의 구성과 내용 고찰」, 『한국고대사연구』 70, pp.51-100.

연민수(1998), 「광개토왕비문에 보이는 대외관계」, 『고대한일관계사』, 혜안, pp.61-105.

연민수(2013), 「광개토왕비에 나타난 고구려의 남방 세계관」, 연민수·서영수 외, 『광개토왕비의 재조명』, 동북아역사재단, pp.221-245.

오키모리 타쿠야沖森卓也(2008), 「고대 동아시아의 한문 변용」, 『구결연구』 20, pp.45-70.

오타 타츠오太田辰夫(1981/1985), 『中國語歷史文法』, 東京: 朋友書店.

와타나베 테루히로渡邊晃宏(2009), 「日本古代の習書木簡と下級官人の漢字教育」, 다카다 도키오高田時雄(編), 『漢字文化三千年』, 東京: 臨川書店, 91-112.

왕리王力(1985), ≪漢語語音史≫, 北京:中國社會科學出版社(한국어역: 권택룡역(1997), ≪중국어음운사≫, 도서출판 대일).

왕젠췬王健群/林東錫(역)(1984/1985), 『廣開土王碑研究』, 역민사.

윤선태尹善泰(2004), 「부여 능산리 출토 백제목간의 재검토」, 『동국사학』 40, pp.55-78.

윤선태(2005), 「월성해자 출토 신라 문서목간」, 『역사와 현실』 56, pp.113-142.

윤선태(2006), 「한국고대목간의 연구현황과 전망」, 『목간과 한국고대의 문자생활』, 한국역사연구회, pp.1-11.

윤선태(2008), 「한국 고대문자자료의 부호와 공격」, 『구결연구』 21, pp.277-308.

윤선태(2011), 「백제와 신라의 한자·한문 수용과 변용」, 『고대 동아시아의 문자교류와 소통』, 동북아역사재단, pp.127-158.

윤선태(2012), 「<포항 중성리 신라비>가 보여주는 '소리'—정보전달에 있어 구두와 문자의 기능—」, 『신라 최고의 금석문, 포항 중성리비와 냉수리비』, 주류성출판사, pp.151-198.

윤용구尹龍九(2013), 「집안 고구려비의 탁본과 판독」, 『한국고대사연구』 70, 한국고대사학회, pp.5-49.

윤재석(2012), 「한국·중국·일본 출토 『논어』 목간의 비교연구」, 『지하의 논어, 지상의 논어』, 성균관대학교출판부, pp.53-141.

이경섭(2009), 「고대 한일의 문자문화 교류와 목간」, 『신라문화』 34, pp.267-312.

이기문李基文(1981), 「이두의 기원에 대한 일고찰」, 『진단학보』 52, 진단학회, pp.65-78.

이나다 나츠코稻田奈津子(2013), 「金光圖書館所藏『初拓好太王碑』と「水谷舊藏精拓本」」,

후루세古瀬奈津子(編),『廣開土王碑拓本の新硏究』, 東京: 同成社, pp.121-138.

이누카이 타카시犬飼隆(2005),「森ノ內遺跡出土手紙木簡の書記樣態」,『木簡による 日本語書記史』, 東京: 笠間書院, pp.67-90.

이등룡李藤龍(1990),「廣開土大王碑文에 쓰인 '烟'字의 語彙的 意味」,『碧史李佑成敎 授定年退職紀念論叢 民族史의 展開와 그 文化·上』, 창작과비평사, pp.17-54.

이명식李明植(1992),「경주 남산신성비」,『역주 한국고대금석문 제2권(신라1·가야편)』, (재)가락국사적개발연구원, pp.103-121.

이성시李成市(2000),「한국목간연구의 현황과 함안성산산성출토의 목간」,『한국고대 사연구』19, pp.77-108.

이성시(2005),「古代朝鮮の文字文化」, 히라카와 미나미平川南(編),『古代日本 文字の 來た道』, 東京: 大修館書店, pp.32-53.

이성시(2007)(ms.),「광개토왕비의 건립목적」, 한국고대사학회 제100회 정기발표회 발표문, pp.1-18.

이성시(2009),「新羅の識字敎育と『論語』」, 다카다 유키오高田時雄(編),『漢字文化三 千年』, 東京: 臨川書店, 113-131.

이성시(2012),「목간·죽간을 통해서 본 동아시아의 세계─한반도 출토 목간의 의의를 중심으로─」,『지하의 논어, 지상의 논어』, 성균관대학교출판부, pp.143-165.

이성시·윤용구·김경호李成市·尹龍九·金慶浩(2009),「평양 정백동364호분출토 죽간 『논어』에 대하여」,『목간과 문자』4, pp.127-166.

이성시李成市/박경희(역)(2001),「표상으로서의 광개토왕비문」,『만들어진 고대』, 삼 인, pp.35-79.

이승재李丞宰(2008),「7세기 말엽의 한국어 자료─경흥찬「무량수경연의술문찬」의 주석을 중심으로─」,『구결연구』20, pp.123-178.

이승재(2009),「목간과 국어학」『고대의 목간, 그리고 산성』, 국립가야문화재연구소· 국립부여박물관, pp.111-124.

이승재(2011),「미륵사지 목간에서 찾은 고대어 수사」,『국어학』62, pp.4-46.

이승재(2013a),「함안 성산산성 221호 목간의 해독」,『한국문화』61, 서울대학교 규장 각한국학연구원, pp.3-32.

이승재(2013b),『한자음으로 본 백제어 자음체계』, 태학사.

이영호李瀅鎬(2003),「논어의 사역문 연구」,『중국문학연구』24, 한국중문학회, pp.407~441.

이영호(2007),「맹자의 사역문 연구」,『중국문학연구』34, pp.347~380.

이용李勇(2006),「광개토대왕비문의 이두적 요소」,『구결연구』17, pp.71-89.

이용현(2006),『한국목간기초연구』, 신서원.

이용현(2007),「목간으로 본 신라의 문자·언어 생활」,『구결연구』18, pp.105-139.

이우태(2013),「금석학적으로 본 광개토왕비」, 연민수·서영수 외,『광개토비의 재 조명』, 동북아역사재단, pp.153-171.

이재돈(2007), 『중국어음운학』, 학고방.

이주언(2014), 「김혜순 시의 주술적 언술 연구—향가의 주술성 계승을 중심으로—」, 『한민족어문학』 66, 한민족어문학회, pp.469-498.

이진희李進熙(1972), 『廣開土王陵碑の硏究』. 吉川弘文館.

이진희/이기동(역)(1982), 『광개토왕릉비의 연구』. 일조각.

이치 히로키市大樹(2008), 「慶州月城垓字出土の四面墨書木簡」, 奈良文化財硏究所·大韓民國 文化財硏究所編, 『日韓文化財論集 I 』, 奈良文化財硏究所.

이형구李亨求(1996), 「국내소장 광개토대왕릉비탁본 조사연구」, 국립문화재연구소(편)(1996), pp.346-363.

이형구·박노희朴魯姬(1986), 『광개토왕릉비신연구』, 동화출판공사.

임기환林起煥(1992), 「영화 9년명전」, 『역주 한국고대금석문 제1권(고구려·백제·낙랑편)』, (재)가락국사적개발연구원, pp.385-386.

임기환(2004), 「100년 동안의 논쟁, 광개토왕릉비」, 한국역사연구회 고대사 분과, 『고대로부터의 통신』, 푸른역사, pp.369-394.

임창순任昌淳(1973), 「광개토대왕비 역문」, 『書通』 창간호, pp.14-16.

滋賀縣立安土城考古博物館(編)(2008), 『古代地方木簡の世紀—文字資料からみた古代の近江—』.

滋賀縣野洲郡中主町敎育委員會(1990), 『西河原森ノ内遺跡第1·2次發掘調査報告書 I 』, pp.35-41.

장세경(2007), 『한국 고대 인명사전』, 역락.

장세경·최병선(1997), 「광개토호태왕 비문의 성 이름 연구」, 『韓國學論集』 31, 한양대 한국학연구소, pp.7-67

전덕재(2006), 「함안 성산산성 목간을 통해서 본 중고기 신라의 지방통치체제」, 『목간과 한국고대의 문자생활』, 한국역사연구회, pp.13-37.

전덕재(2007), 「함안 성산산성 목간의 연구현황과 쟁점」, 『한국고대목간과 고대 동아시아세계의 문화교류』, 한국목간학회 제1회 국제학술회의 논문집, pp.66-87.

전해종全海宗(1980), 『동이전의 문헌적 연구』, 일조각.

정광鄭光(2003), 「한반도에서 한자의 수용과 차자표기의 변천」, 『구결연구』 11, pp.53-86.

정동준(2014), 「「陳法子 墓誌銘」의 검토와 백제 관제」, 『한국고대사연구』 74, 한국고대사학회, 175-215.

정두희鄭杜熙(1972), 「광개토왕릉비문 신묘년 기사의 재검토」, 『역사학보』 82, pp.197-210.

정양완(역주)(1975), 『閨閤叢書』, 보진재.

정인보/정양완(역)(2006), 「국강상광개토경평안호태왕릉비문 대충 풀이」, 『담원문록 중』, 태학사, pp.27-37.

정재영(2008a), 「월성해자 149호 목간에 나타나는 이두에 대하여」, 『목간과 문자』 1, pp.93-110.

정재영(2008b), 「한국 고대 문서목간의 국어사적 의의」, 『朝鮮學報』 209, pp.(1)-(18).

정재영(2011), 「한국 고대 문자자료에 나타나는 종결어미 '之'」, 『고대 동아시아의 문자교류와 소통』, 동북아역사재단, pp.373-406.

조경철(2012), 「고려 광개토왕대 불교와 유교의 전개양상」, 『한국고대사연구』 68, 한국고대사학회, 67-99.

조법종趙法鍾(1995), 「광개토왕릉비문에 나타난 수묘제연구」, 『한국고대사연구』 8, pp.185-242.

조법종(2012), 「고구려 국내성의 공간과 광개토왕릉」, 『광개토왕비의 재조명』, 동북아역사재단, pp.52-79.

주보돈朱甫暾(2001), 「신라에서의 한문자 정착 과정과 불교 수용」, 『영남학』 1, 경북대 영남문화연구원, 191-224.

주보돈(2002), 『금석문과 신라사』, 지식산업사.

酒井改藏(1955), 「好太王碑面の地名について」, 『朝鮮學報』 8, pp.51-63.

최영애崔玲愛(2000), 『중국어음운학』, 통나무.

최진열(2012), 「고구려 광개토대왕 전후 왕호의 성격—오호제국·북위의 시호·묘호 및 유목국가의 '生諡'와의 비교—」, 『고구려 광개토왕과 동아시아』(광개토왕 훙거 1600주년 기념 국제학술대회), 한국고대사학회, pp.15-42.

추지아닝竺家寧(2004), 「晉代佛經和『搜神記』中的'來/去'」, 『政大中文學報』 1, pp.1-48.

츠키시마 유타카築島裕(1986), 『平安時代訓點本論考-ヲコト點圖 假名字體圖』, 東京: 汲古書院.

하마다 고사쿠濱田耕策(2013), 『朝鮮古代史料研究』, 東京: 吉川弘文館.

하시모토 시게루橋本繁(2007), 「안압지 목간 판독문의 재검토」, 『신라문물연구』 1, pp.93-115.

하시모토橋本繁(2012), 「한국에서 출토된 『논어』 목간의 형태와 용도」, 『지하의 논어, 지상의 논어』, 성균관대학교출판부, 205-225.

한경호韓炅澔(2009), 「中古音 三等韻의 前舌母音化」, 성균관대 석사학위 논문.

한국고대사회연구소(편)(1992), 『역주 한국고대금석문』 제2권(신라1·가야편), 가락국사적개발연구원.

홍기문, 1957『리두 연구』, 과학원출판사(1989 태동, 1995 한국문화사 영인).

黃六平/洪淳孝·韓學重(역)(1973/1994), 『漢文文法綱要』, 미리내.

후루세 나츠코古瀬奈津子(編)(2013), 『廣開土王碑拓本の新研究』, 東京: 同成社.

후지모토 유키오藤本幸夫(1986), 「'中'字攷」, 『論集 日本語研究(二) 歷史編』, 東京: 明治書店, pp.386-420.

히라카와 미나미平川南(2007), 「목간연구의 視點과 展開」, 『한국고대목간과 고대 동아시아세계의 문화교류』, 한국목간학회 제1회 국제학술회의 논문집, pp.14-44.

BEVERIDGE, Annette S.(1922), *The bābur-nāma in English(Memoirs of Bābur)*, London: Luzac&co..

CLAUSON, Gerard(1972), *An Etymological Dictionary of Pre-Thirteenth-Century Turkish*, Glasgow: Oxford University Press.

KWON, In-Han(2010), The Evolution of Ancient East Asian Writing Systems as Observed through Early Korean and Japanese Wooden Tablets, *Korea Journal* 50-2, Korean National Commission for UNESCO, 124-157.

TING, Pang-hsin(1975), *Chinese Phonology of the WEI-CHIN Period: Reconstruction of the Finals as reflected in Poetry*, Taipei: Institute of History and Philology Academia Sinica Special Publications No. 65.

· · · ·
찾아보기

범례

1. '판독 이견자/추독자 변증' 일람: "글자 위치─판독 이견자─페이지"의 순으로 제시하되, 판독 이견자란에는 기존의 판독안들을 'A/**B**/C······' 형식으로 나열한 후, 저자의 판독/추독안은 밑줄친 짙은 글씨(**B**)로 표시하였다.
   <약호> 1·1·29: 1면 1행 29자, □: 판독 불능자.
2. 주요 용어, 인명, 서명, 한자어(구) 등: 통상적인 색인 작성례에 따라 일괄하여 가나다 순으로 배열하였다.

---

1. 판독 이견자/추독자 변증 일람

1·1·29	出/**世**	76-77		1·3·41	黃/**履**	89-90
1·1·31	子/**而**	77		1·4·2	負/**首**	90-91
1·1·34	□/**德**	77-78		1·4·24	**邌**/還	102-103
1·2·2	車/**幸**	78		1·5·13	冶/**格**	103
1·2·15	津/**聿**	78-79		1·5·19	**振**	103-104
1·2·35	茯/鼈/**葭**	79		1·6·5	**晏**/宴/宦	104
1·3·2	茯/鼈/**葭**	79		1·6·38	詞/**辭**	104-105
1·3·27	因/**天**	89		1·7·14	息/**□**/歸/問/伺	108

1·7·16	又/人/久	108
1·7·24	負/賁/岂	109
1·8·12	駕/'加$万'/胬/襄	109-110
1·8·23	五/王	110
1·8·25	猶/貊/獵/猶/海	110-111
1·8·31	獵/獵/猶	111
1·9·12	渡/侵	114
1·9·13	海/□/每/盪/泗/淇/王/沺	114-115
1·9·17	□/東	116-117
1·9·33	水/□/大	117
1·9·36	利/伐/滅	117-118
1·10·1	首/南/道/但/國/因/□	118
1·11·17	頁/莫/須/漠	118-119
1·11·23	分/芬	119
1·11·28	易/陽/楊/場/瑒	119
1·11·30	□/於	120
2·2·11	至/□/坐/三/岂	120
2·2·13	林/味	121
2·2·15	但/□	121
2·2·21	耒/□	121
2·3·2	□/曾/普/昔	121-122
2·3·5	□/儒/宗	122
2·3·6	□/古	122
2·3·20	賊/殘	123
2·3·40	橫/殘/□	123
2·4·1	□/歸/侵/偪	123-124
2·4·3	□/就/城	124
2·4·5	國/圍	124-125
2·4·41	□/先/始	125
2·5·3	御/愆/衍	125-126
2·6·1	□/帛/肅/畾	132
2·6·10	新/□/斯	132
2·7·36	恩	134
2·7·37	後/慈	134-135
2·7·41	□/誠	135
2·8·1	寺/時/□/特	135
2·9·9	來/倭/侵/□	137
2·9·28	成/戎	138
2·9·34	□/鹽/是	138
2·9·37	滿/寇/□	138-139
2·9·38	倭/大/委	139
2·9·41	大/六/內/□	139
2·10·17	□/士	140
2·10·18	□/九	140
2·10·20	□/拒	140
2·10·21	□/隨	140
2·10·22	□/倭	140
2·10·28	□/滿/新/捕	141
3·1·5	□/倭	141
3·1·16	□/興	141-142
3·2·1	□/亦	142
3·2·2	□/以	142
3·2·3	□/隨	142
3·2·39	□/家	142-143
3·3·21	□/和	145
3·3·23	□/殘	145
3·3·25	□/至/兵	145-146
3·3·39	□/從	146
3·4·40	□/王	147-148
3·5·28	溝/溝	148
3·5·33	□/由/住/留	148-149
3·6·32	擧/城/□	150
3·6·35	□/服	151
3·6·36	□/獻	151
3·7·1	□/歸/餘	151
3·7·2	□/王/城	151
3·7·29	楕/瑞	152
3·7·37	□/鴨	152
3·7·38	□/盧	152

2. 주요 용어, 인명, 지명, 서명, 한자어(구), 기타

(ㄱ)

가네코본金子本	75
'家僕'	144
歌韻	222
'看烟'	157-158
갈홍葛洪	97
江攝	222
개음절	221, 330
경톄화耿鐵華	74
'格于皇天'	103
겸어문兼語文	247
耿鐵華	74
경흥憬興	392
고구려의 한적 전래	290-291
'顧命世子'	101
고유명사 표기_광개토왕비문	
가야	197
고구려	195
백제	196-197
부여	195
불명	199
식?신	199
신라	197
왜	199
패려	199
고유명사 표기_동이전	
고구려조	320
동옥저조	320
마한조	321-322
변진조	322-323
부여조	319
예조	321
진한조	322

곤코도서관金光圖書館	36, 70-71
공명음자	218
果攝	330
關月山	48
'廣開土境'	242
「광개토대왕릉비탁본」	37, 295
'광개토왕비체'	56
'廣開土地'	242
橋本繁	382-383
구결	228
『舊唐書』	291, 367
國岡(=岡)上	106, 196, 240-242
'國境'	136
國博本	75
'國烟'	157-158
규장각본	39-41, 295
金光圖書館	36, 70-71
金子本	75
'其國城'	131
길림본	297
김병준金秉駿	244-245
김영만金永萬	179-182, 244
김영욱金永旭	178-179, 231-232
김해 봉황동 『논어』 목간	381-382

(ㄴ)

'男居城'	144
남동신	296
『南齊書』	291, 367

남풍현南豊鉉	178-179, 232
『內典隨函音疏三百七』	399
'女郞'	86-87
'寧業'	106
'奴客'	131
노태돈盧泰敦	74
『論語』	369-370
늦흔勍痕	17, 57
'능9호' 목간	364-366

（ㄷ）

다케다 유키오武田幸男	74
'遝至'	105-106
'大開土地'	242
「덕흥리벽화고분명」	243
『東國正韻』	219
동대사 화엄경	397
「東夷傳」	317-318
'童子騎龍圖'	100
두음법칙	25, 29, 224-225

（ㄹ）

'來+VP'	97, 129
'來渡海'	35, 129
'來下'	97
'連葭浮龜'	87-88
'領'	149
'論事'	133
『龍飛御天歌』	49
'龍頁'	90
'履龍首'	42, 98-101
李超瓊本	61-63

（ㅁ）

마운령 진흥왕순수비	370
'買人制令守墓之'	244-245
「牟頭婁墓誌銘」	78, 106, 236, 242
모리 히로미치森博達	17-18, 252-253
模韻	222
'母河伯女郞'	234-235
『妙法蓮華經』	268
'墓上'	160-161, 241
『無量壽經連義述文贊』	392-393
『無量義經疏』	401
武田幸男	74
묵수곽전본	60-65
『墨子』	106, 266
문예 한문	250
"문자, 그 이후" 특별전	28
문장 표기 I	228
문장 표기 II	228
미즈타니 데이지로水谷悌二郞	74

（ㅂ）

박시형	74, 244
白崎昭一郞	17, 74
'白不躇紙'	345~347
'白硾紙'	347
「法藏和尙傳」	398-399
변격 한문	228
변격성	231, 237
변자음	328
'不軌'	106
'部洛'	112
'部落'	112

부여계 고유명사 195-196, 323-324
'不樂世位' 93-96
北大本 74
『北史』 291, 367

(ㅅ)

『史記』 290
사동 보조사 247
사동문=사역문 247-249
사서류 상용 한자어 290
사카와본酒匈景信本 61-62, 74
『三國史記』 93-95
『삼국지 동이전의 세계』 28
『三國志』 290, 317
森博達 17-18, 252-253
三史 259, 367
'生而有聖' 78
徐建新 62, 69, 76
『書通』 창간호 313-314
『書品』 100호 18, 71-72
西河原 森ノ内 2호 목간 347-348
『釋摩訶衍論』 402
석회탁본 65-68
선택적 수용과 변용 250, 350-360
舌頭 328
설상·정치음의 미분 상태 219-220
설상음 218, 328
성모 209-211
聖語藏 經卷 344-345
성조 215
성현成俔 "望皇城郊" 50
'世位' 71, 91-92

『續高僧傳』 273
속한문 228
손영종 74
水谷本, 水谷悌二郎 74
'脩己以安百姓' 370, 373
『隋書』 233
『搜神記』 86-87, 97
술목문述目文 247
쉬젠신徐建新 62, 69, 76
'乘龍神·乘朱雀神圖' 99
시라사키 쇼이치로白崎昭一郎 17, 74
'息愼' 133, 199
신라의 한적 유통 376-377
신묘년조 128-130
『神仙傳』 97
신충일申忠一 『建州紀程圖記』 50-51
실용 한문 250
'十九' 144
쌍구가묵본 60

(ㅇ)

악음자樂音字 328
'晏駕' 104
'安羅人戍兵' 144
안압지 187호 목간 378-379
安土城考古博物館 403
'鴨盧' 153
어두 /l/의 분포제약 224-225, 334
어두 /ŋ/의 분포 제약 224, 333
어순 도치 231-232, 235, 243
魚韻字 331
어이사語已詞 246
어휘 표기 227

연합가나連合仮名 25
'鹽水上' 43, 241
「영화9년명전」 243
五經 259, 367
오녀산성五女山城 49-50
온조 95-96
兀剌山城 49
y자 균열부 115
王健群 74
'王幢' 147
왕젠췬王健群 74
'용그림' 99-100
'龍王圖' 100
우라산성兀剌山城 49
운모 211-214
울진 봉평신라비 369
원석탁본 58-60
園城寺 一切經藏 402-403
원측圓測 401
월성해자 149호 목간 342-343
'委潰' 144
『魏書』 233
유리명왕 93-94
'唯昔' 80, 261
'惟昔' 80, 261
'維昔' 80, 261
유연柔然 시호 241
윤재석 383-384
이기문李基文 23-24, 178
'以道興治' 101
이두吏讀 228
'~以來', '以…來' 128-130, 230
이성시李成市 382-383
이용李勇 13, 181, 232-233
이우태李宇泰 74

이형구 296
'人物御龍圖' 98
인천 계양산성『논어』목간 380-381
일본 시호 241-242
'壹八城' 130
임기중林基中 74
임세권任世權 74
임신서기석 375-377

(ㅈ)

장군총 50-51
장세경 182-183
章樔 48
정광鄭光 178
정백동『논어』죽간 361-363
正齒音 218-219, 328
조건·가정 용법 '-者' 358-359
'造渡' 88
종결조자 '之' 161, 251-255, 350-354
'從拔城' 42, 144
酒匂景信本 61-62, 74
朱蒙 81-85
『周書』 291, 367
주술어의 문법 87, 237-239
周雲臺本 75
주제격조사 '-者' 356-358
中研本 75
중자음 328
지시대사指示代詞 '焉' 247
「陳法子墓誌銘」 367-368
「集安高句麗碑」 236-237, 363-364

(ㅊ)

차청자次淸字	217-218, 327
'創基'	86
처격조사 '-中'	354-356
처소사 '上'	106, 112, 240-241
처용가	238-239
'遷就'	107
'天帝之子'	86
첩운자疊韻字	246
청명본	296-297, 311-315
초균덕初均德「手抄本」	116-117
'抄得'	133
「初拓好太王碑」	69-71
최병선	182-183
『春秋(左氏傳)』	290
齒頭音	219, 328
齒上音	328
則天武后無字碑	54

(ㅌ)

태왕릉	53
통가자通假字	112, 126, 289

(ㅍ)

『팔도지도』	51
'粺麗'	112
'偏師'	133
평성자 선호 경향	223, 333
폐음절	221, 330
포항 중성리비	394-397

(ㅎ)

'河伯'	86-87
하시모토橋本繁	382-383
한계 고유명사	196-198, 324-325
한국목간 출토 현황	339-340
『漢書』	290
한어 중고음 체계	206-207
'韓穢'	158
『翰苑』	253-254
한자성어 생산력	288-289
漢籍電子文獻資料庫	257-259
해가사海歌詞	237-238
향찰	228
'赫怒'	131
홍기문	178, 231
『華嚴經』	92, 263-264
황조가	101
'皇天之子'	231-233
懷仁縣	48
'獲罪於天'	369
孝文帝 詔勅	268
흉노匈奴 시호	241